趋势交易入门与技巧

趋势研判与投资策略

股市实战专家

永良　韦铭锋◎著

立信会计 出版社
LIXIN ACCOUNTING PUBLISHING HOUSE

图书在版编目（CIP）数据

趋势交易入门与技巧/永良，韦铭锋著.--上海：
立信会计出版社，2017.6
ISBN 978-7-5429-5445-9

Ⅰ.①趋… Ⅱ.①永… ②韦… Ⅲ.①股票交易—基
本知识 Ⅳ.①F830.91

中国版本图书馆CIP数据核字（2017）第089984号

策划编辑　蔡伟莉
责任编辑　蔡伟莉
封面设计　久品轩

趋势交易入门与技巧
QUSHI JIAOYI RUMEN YU JIQIAO

出版发行	立信会计出版社			
地　　址	上海市中山西路2230号	邮政编码	200235	
电　　话	（021）64411389	传　　真	（021）64411325	
网　　址	www.lixinaph.com	电子邮箱	lxaph@sh163.net	
网上书店	www.shlx.net	电　　话	（021）64411071	
经　　销	各地新华书店			

印　　刷	北京柯蓝博泰印务有限公司		
开　　本	787毫米×1092毫米	1/16	
印　　张	19.75	插　页	1
字　　数	319千字		
版　　次	2017年6月第1版		
印　　次	2020年12月第2次		
书　　号	ISBN 978-7-5429-5445-9/F		
定　　价	45.00元		

前　　言

怀着破解股市密码的梦想，我和大多数股民投资者一样，曾有几度欣喜，也不缺少失败和悲伤。

经历2005至2007年的疯癫牛市，传统交易法则多有胜算，不管你是高手还是新手，都能从中获利。

但是到了2008年后，上证指数到达高点6124点，大幅度下跌开始了，传统交易法则显得力不从心，不再适用于市场，股民们也皆受其害，毫无胜算可言。

在2009年的报复性大涨之后，尤其是2014年和2015年股市经历过山车，证监会推出熔断机制，以致股市一泻千里。待暂停使用熔断机制后，中国股市便开始了长期震荡市行情，使得传统交易法则更加不适应震荡行情。

本书我们罗列了很多趋势形态，设计了一些合适交易的买卖形态，让读者明明白白炒股票、轻轻松松赚大钱。

但是不管我们使用哪种交易方法都不应缺少灵活机动性。

祝大家心想事成，财源滚滚！

永良

2017年春写于北京

目 录

第一章

指标基础

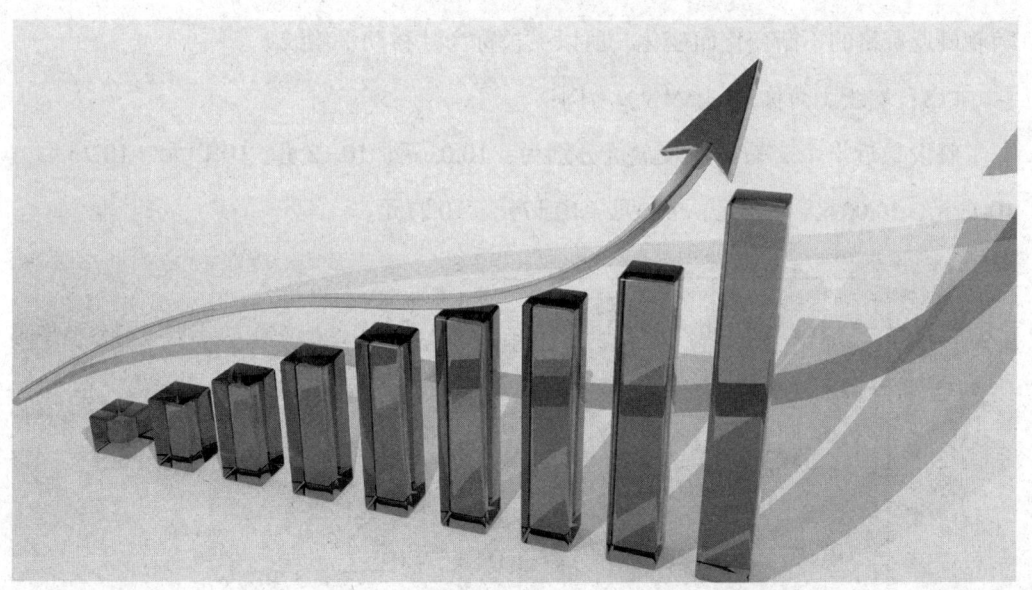

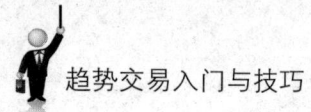

一、什么是均线？

均线又叫移动平均线（Moving Average），常简称为M或MA。

它是以道琼斯的"平均成本概念"为理论基础，采用统计学中"移动平均"原理，将一段时期内的价格平均值连成一条曲线，以此来显示股票价格的历史波动情况，进而反映股价未来发展趋势的技术分析方法，是道氏理论的形象化表述。

该指标是由著名的美国投资专家葛兰碧（Joseph E.Granville）于20世纪中期所提出来的，目的是帮助交易者确认现有趋势，判断即将出现的趋势，发现即将反转的趋势。

均线指标的计算方法是将最近N个交易日的收盘价格之和除以N，这个数值会随着最近价格的不断变化而变化，所以又被称为"移动平均线"。

以5日均线（简称5M或5MA）为例：

假设最近十个交易日的收盘价分别为：10.01元、10.12元、10.13元、10.25元、10.11元、10.00元、9.98元、9.90元、10.17元、10.27元。

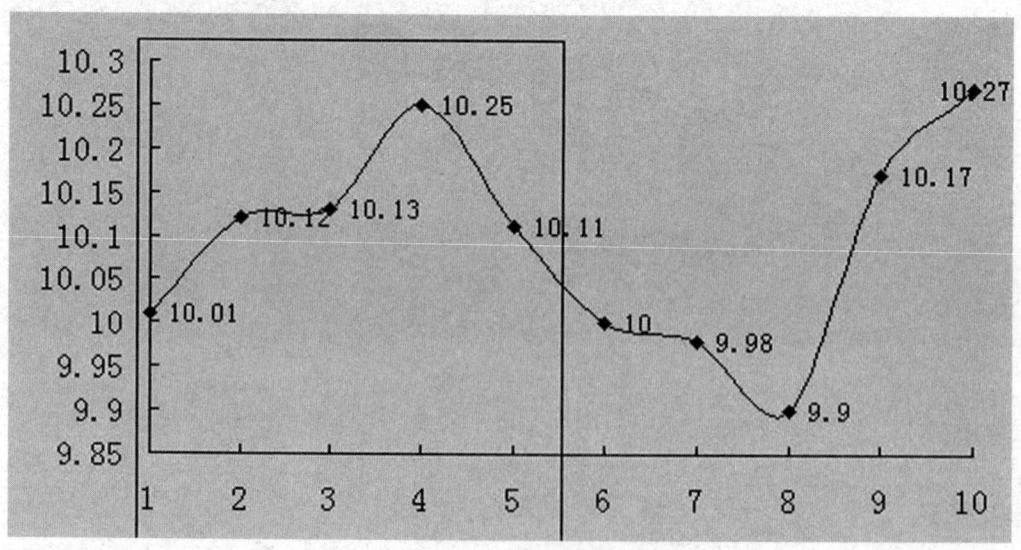

图1-1　第一个5日均线的针算

第五天的收盘价为10.11元，这一天的5日均线则是指当天的收盘价和之前四天的收盘价相加，一共是五天的收盘价，求出它们的总和再除以5，所得到的数值（见图1-1）。

即：（10.01＋10.12＋10.13＋10.25＋10.11）÷5＝10.124

所以10.12元就是第五天的5日均值。

第六天的收盘价为10.00元，这一天的收盘价和之前四天的收盘价相加，一共是五天的收盘价，求出它们的总和再除以5，所得到的数值便是当日的5日均值（如图1-2）。

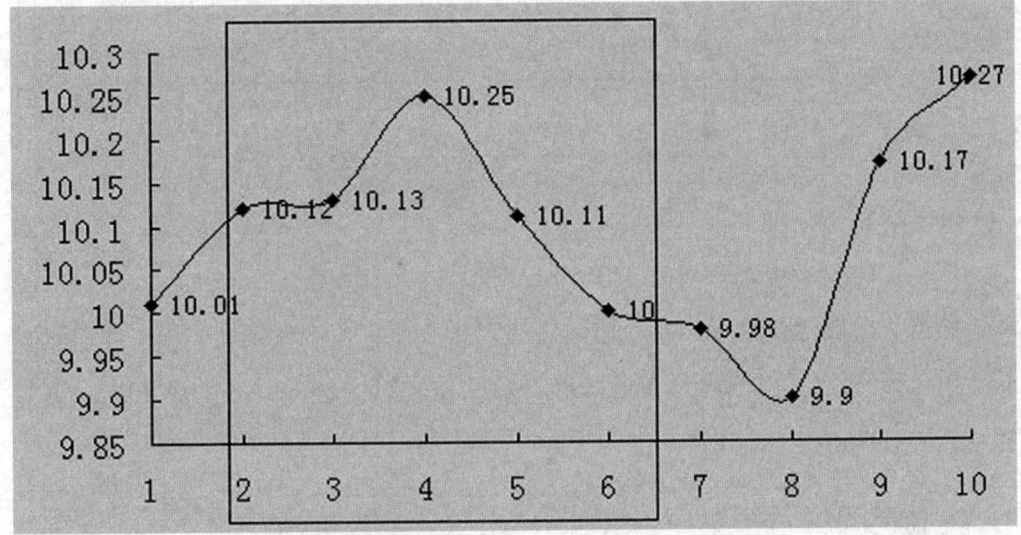

图1-2　第二个5日均线的计算

即：（10.12＋10.13＋10.25＋10.11＋10.00）÷5＝10.122

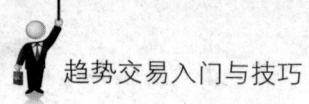

第七天的收盘价为9.98元，这天收盘价和之前四天的收盘价相加，它们的总和再除以5便得到当日的5日均值（见图1-3）。

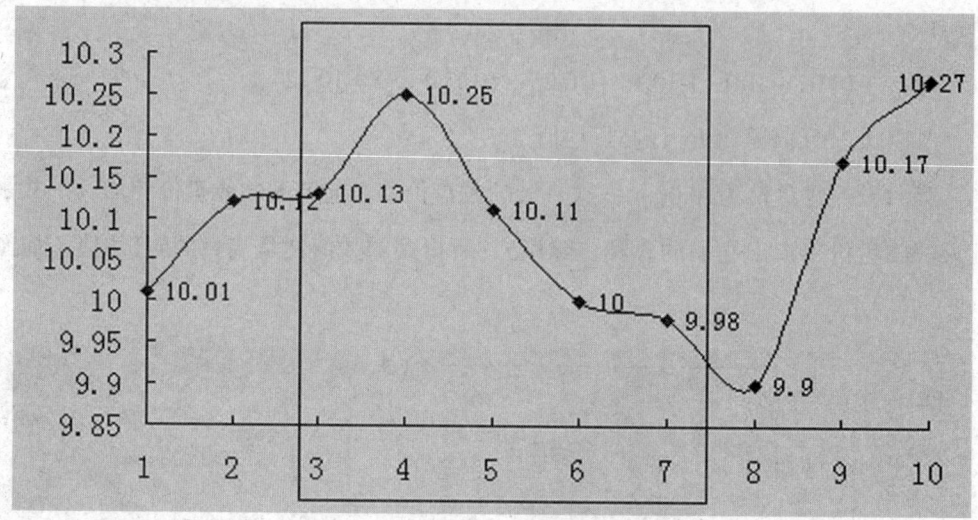

图1-3　第三个5日均线的计算

即：（10.13＋10.25＋10.11＋10.00＋9.98）÷5＝10.094

第八天的收盘价为9.90元，用同样的方法将第八天的收盘价、第七天的收盘价、第六天的收盘价、第五天的收盘价、第四天的收盘价相加，总和再除以5，就是第八天的5日均值（图1-4）。

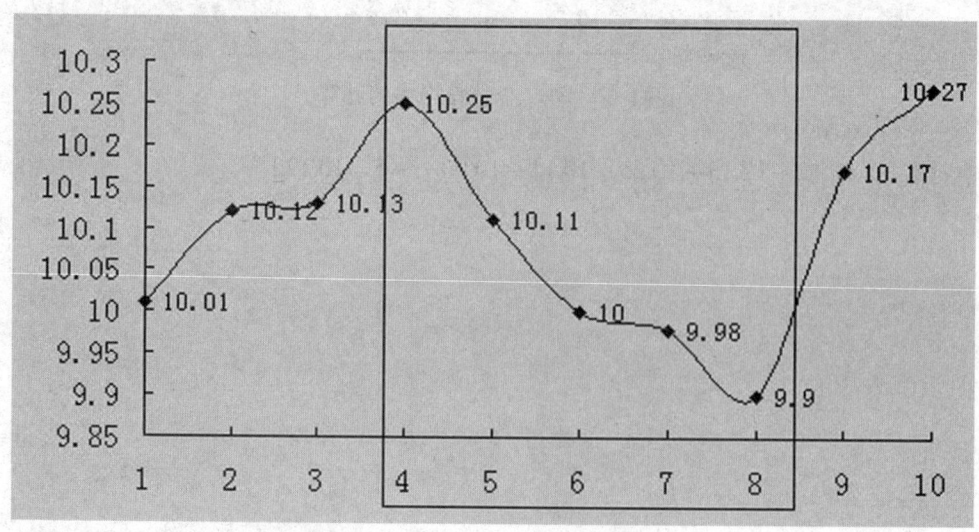

图1-4　第四个5日均线的计算

即：（10.25＋10.11＋10.00＋9.98＋9.90）÷5＝10.048

第九天的收盘价为10.17元，用同样的方法将第九天的收盘价、第八天的收盘价、第七天的收盘价、第六天的收盘价、第五天的收盘价相加，总和再除以5，就是第九天的5日均值（见图1-5）。

即：（10.11＋10.00＋9.98＋9.90＋10.17）÷5＝10.032

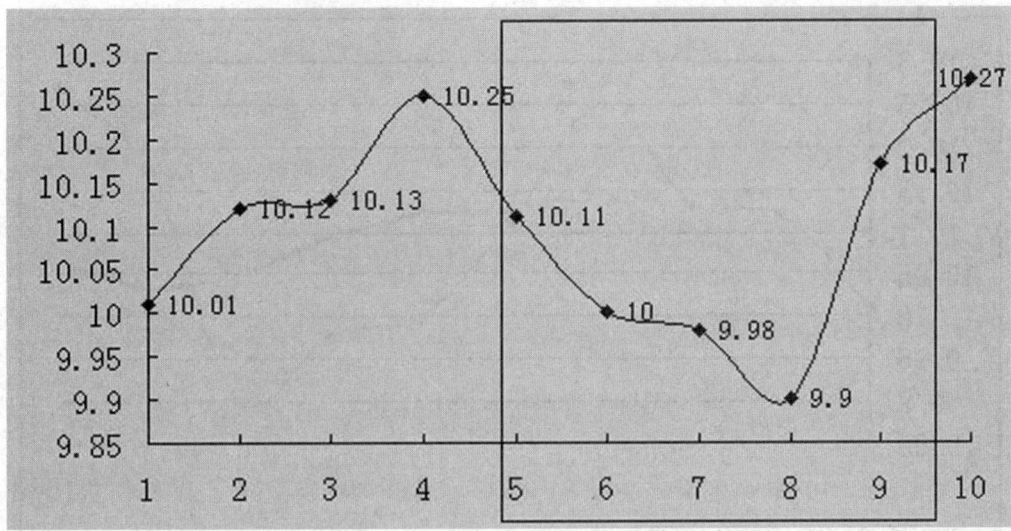

图1-5 第五个5日均线的计算

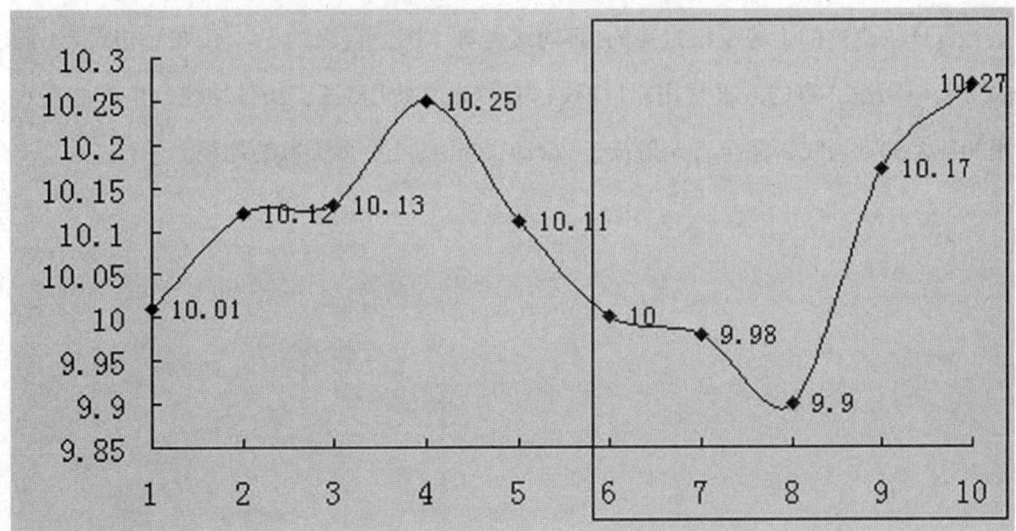

图1-6 第六个5日均线的计算

第十天的收盘价为10.27元，将最近五天的收盘价相加除以5，得出第十天的5日均值（图1-6）。

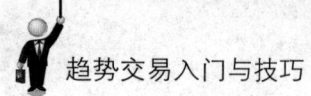

即：（10.00＋9.98＋9.90＋10.17＋10.27）÷5＝10.064

将这几天的5日均值画在走势图上，就形成一条波动起伏的曲线，这条线就称为均线。5日均值所走出的曲线便是5日均线，N日均值走出的曲线便是N日均线（如图1-7）。

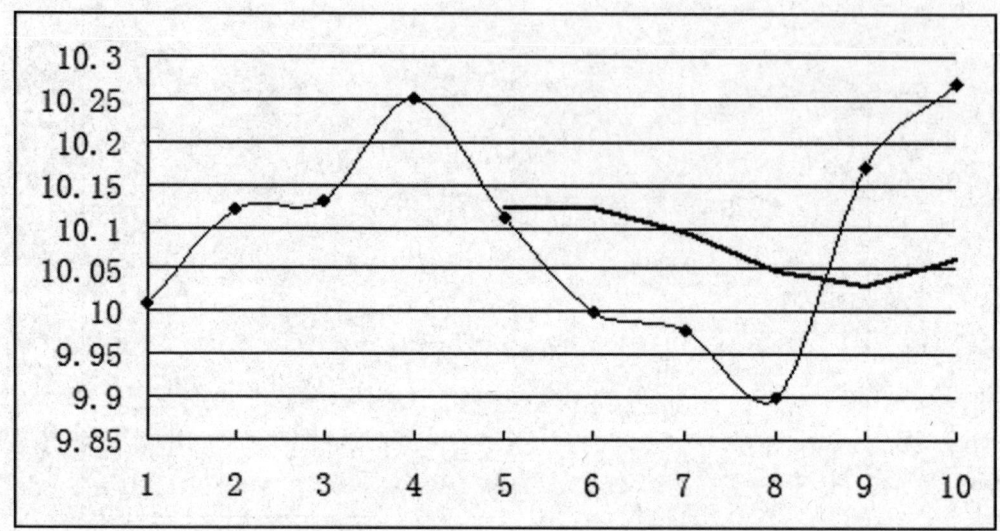

图1-7　第七个5日均线的计算

每日收盘价的走势及该走势的5日均线走势（图上粗黑线）。不同的均线有不同的含义与用途，有的人喜欢用3日均线，有的人喜欢用5日、10日均线，也有的喜欢用20日、60日均线，甚至有人擅长于120日、250日或更多天数的均线。

二、均线的参数与含义

均线的参数是指参与计算的天数。如5日均线参与计算的天数是5天，20日均线参与计算的天数是20天，所以N日均线的参数就是N天。

股票软件中常用的参数有：5日均线、10日均线、20日均线、60日均线、120日均线、250日均线等，由于参与计算的范围不同，每个参数的均线含义也各有不同。

下面分别举例说明：

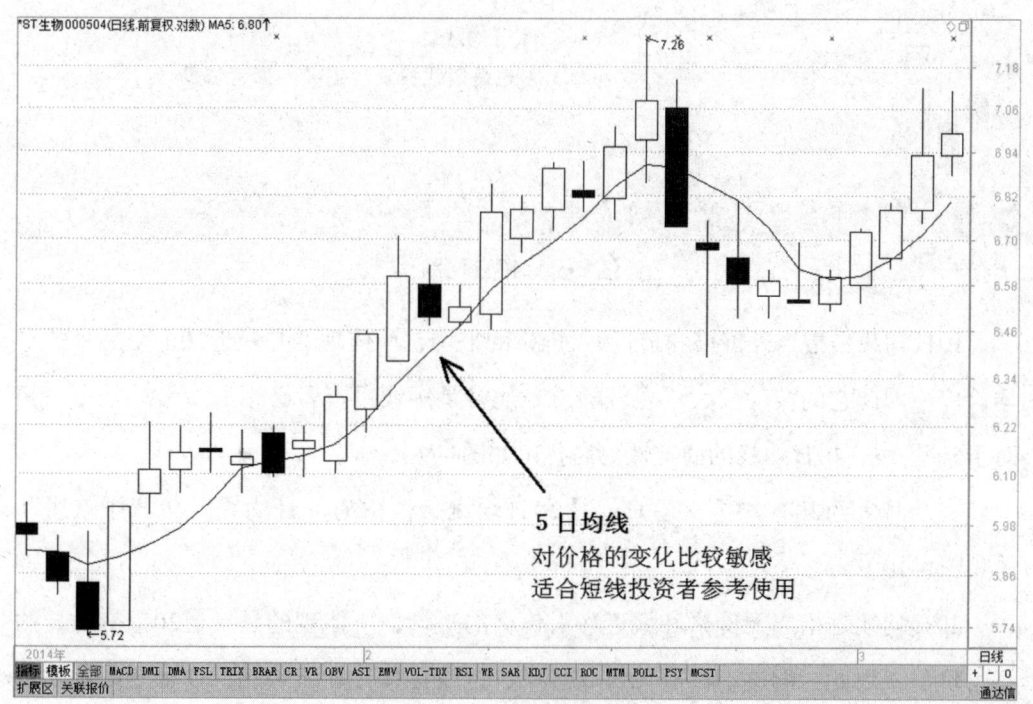

图1-8　5日均线（周均线）

一星期共有5个交易日，故5日均线又被称为"周均线"（如图1-8）。

5日均线是指当天价格和最近4天价格的平均，所体现的是最近5个交易日的平均价位，因此它的波动会比较大、比较敏感，适合短线投资者使用。

所谓短线投资者，是指不在忽股价长期走势，只看准短期获利的投资者。中线

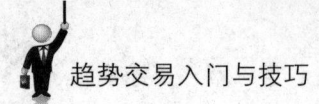

和长线投资者则跟他们不同，中线或长线投资者更看重中长期的走势，而不在意短期的波动。

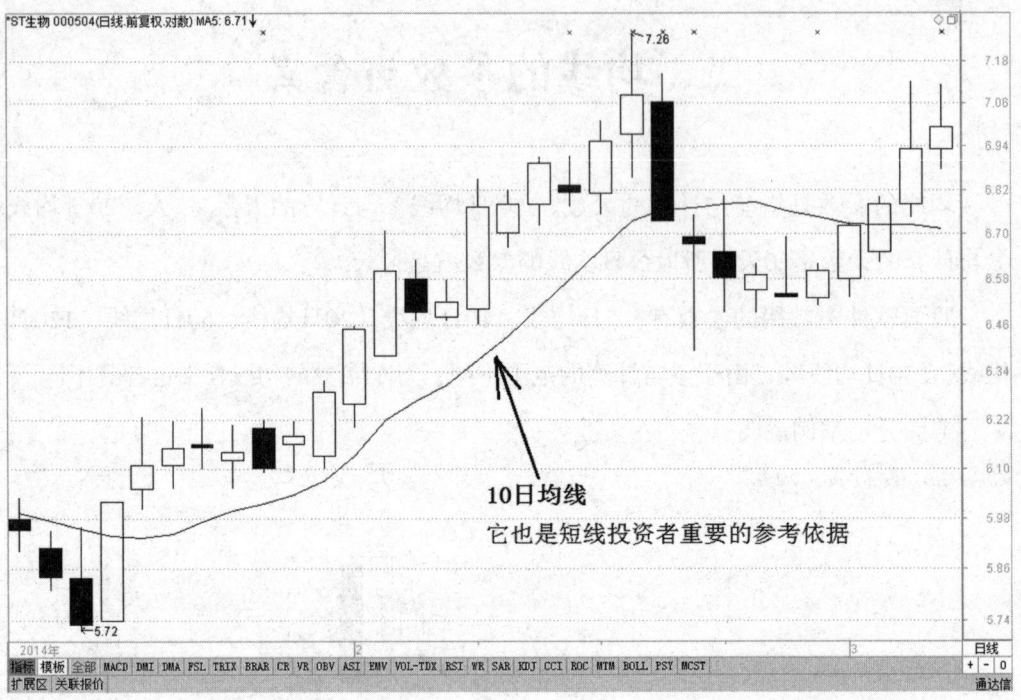

图1-9　10日均线

10日均线是指当天价格和最近9天价格的平均，所体现的是最近10个交易日的平均价位，因此它的波动较大，也较敏感，通常是短线投资者必用的参考线之一。相对于5日均线，10日均线的稳定性更高些（如图1-9）。

一个月大约共有20个交易日，故20日均线又被称为"月均线"或"庄家线"（见图1-10）。

20日均线是指当天价格和最近19天价格的平均，所体现的是最近20个交易日的平均价位，因此它的波动没有10日均线大、也没有10日均线敏感，通常是中短线投资者使用的参考线之一。相对于5日均线，10日均线的稳定性更高些。又由于一般的主力机构建仓通常需要20个交易日，所以20天均线又被称为"庄家线"。

一个季度约有3个月时间，所以60日均线又被称为"季均线"（图1-11）。

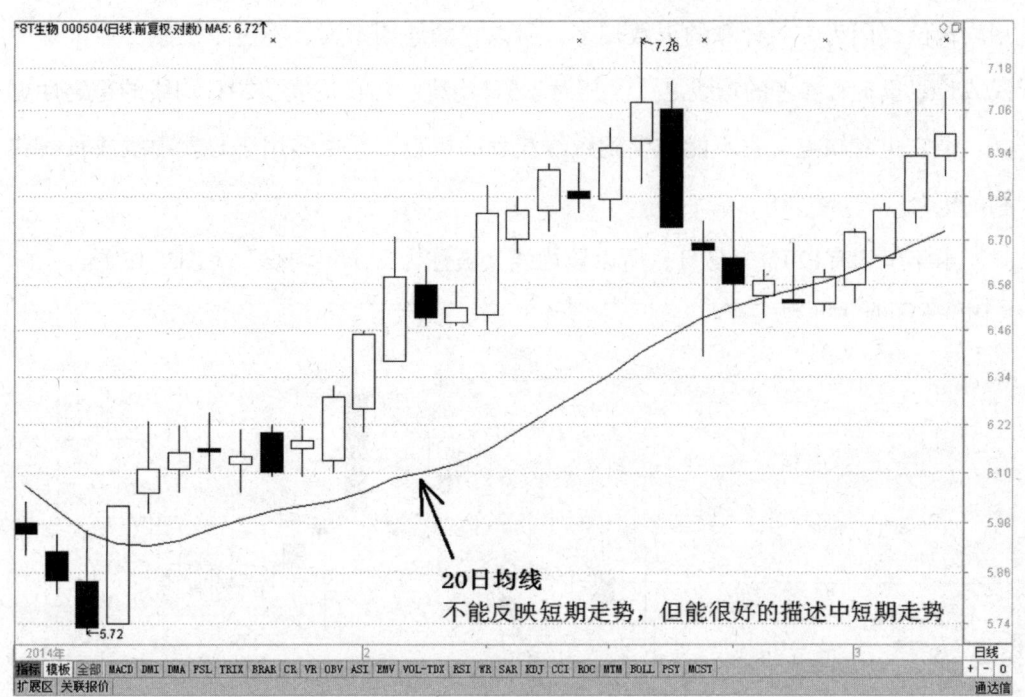

图1-10　20日均线（月均线）

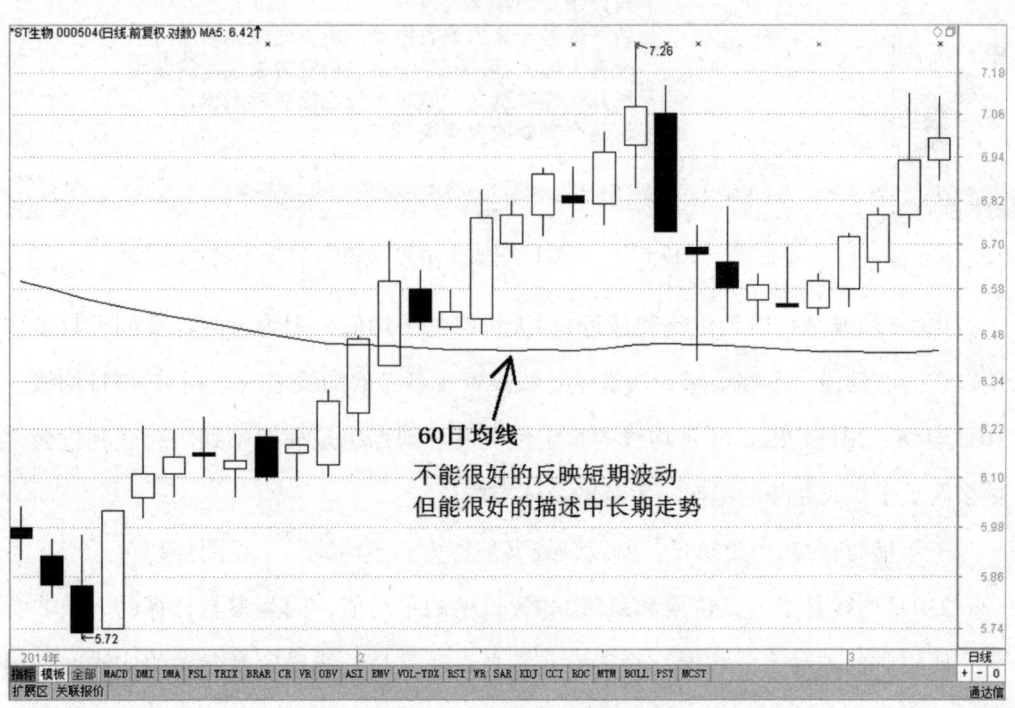

图1-11　60日均线（季均线）

60日均线是指当天价格和最近59天价格的平均，所体现的是最近60个交易日的

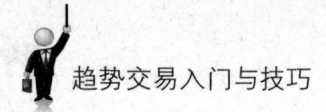

平均价位，因为参与计算的天数较多，所以它的波动不大、不过于敏感，通常是中线或长线投资者参考的均线之一。相对于5日均线、10日均线、20日均线的稳定性更高。但它也有缺点，它不能捕捉到短线获利的机会，它更多用于寻找中线或长线获利的机会。

半年里约有120个交易日，所以该均线又被称为"半年均线"（图1-12）。

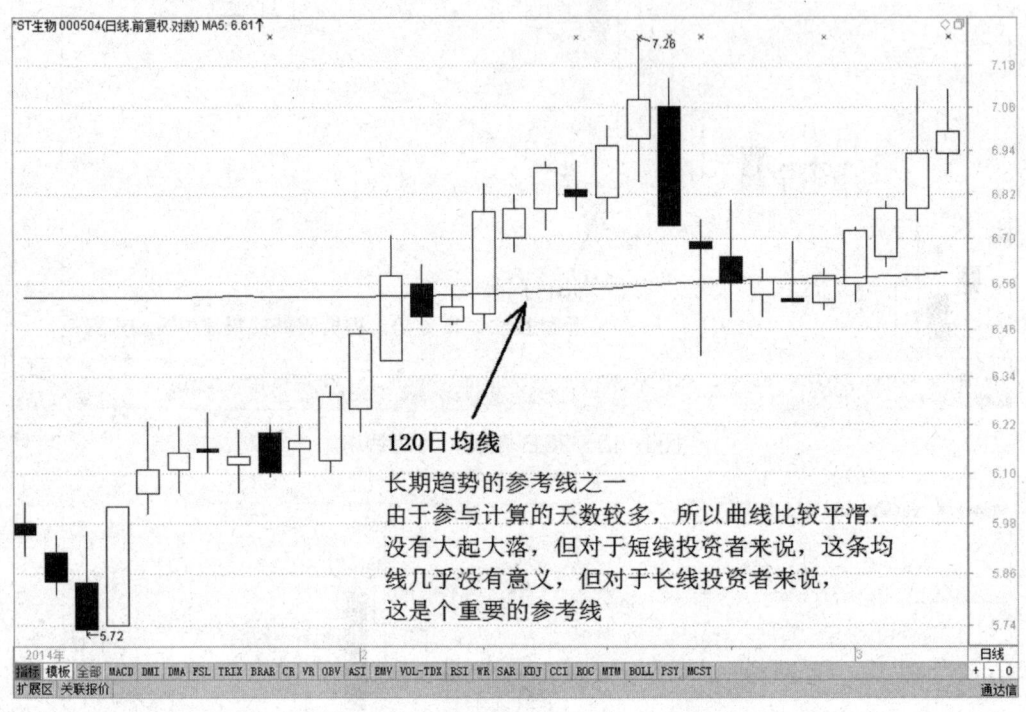

图1-12　120日均线（半年均线）

120日均线是指当天价格和最近119天价格的平均值，因为参与计算的天数多，所以它的波动慢、不够敏感，通常是长线投资者参考的均线之一。相对于5日均线、10日均线、20日均线、60日均线的稳定性更高。缺点也是捕捉不到短线获利机会，更多侧重于长线趋势的走向，大势的总体方向。

一年里约有250个交易日，所以该线又被称为"年均线"（见图1-13）。

250日均线是指当天价格和最近249天价格的平均值，因为参与计算的天数非常多，所以它的波动十分缓慢，稳定性非常高，通常是长线投资者参考的均线。是用于区分大势走向的主要参考线，如果股价在其上不断上涨，则是牛市行情；如果股价在其下不断下跌，则是熊市行情。因此250日均线又被称为"牛熊分界线"。

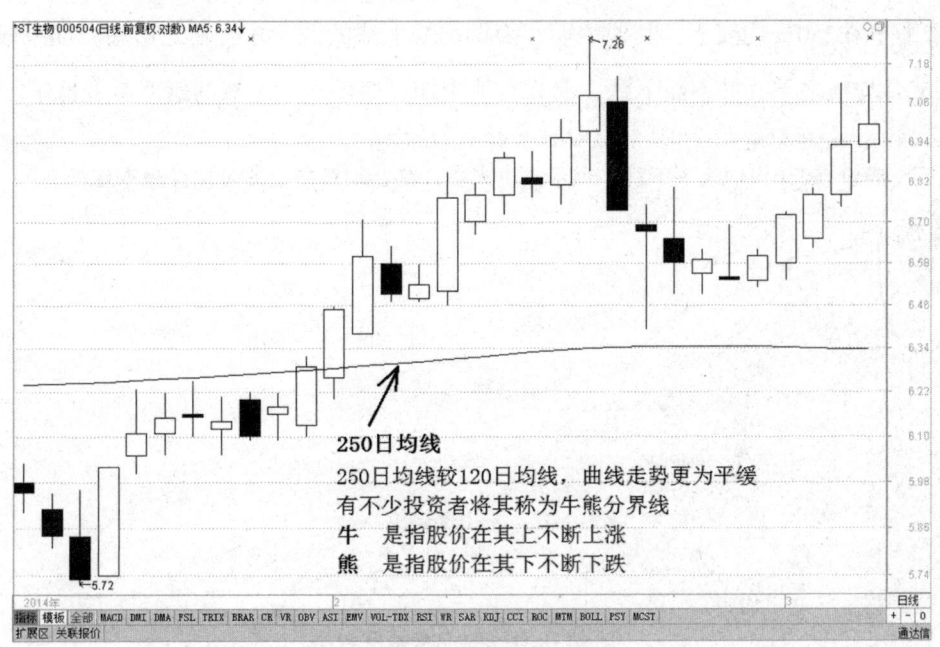

图1-13 250日均线（年均线）

下面我们来看一下5日、10日、20日、60日、120日、250日均线在股价走势图上的表现。见图1-14、图1-15：

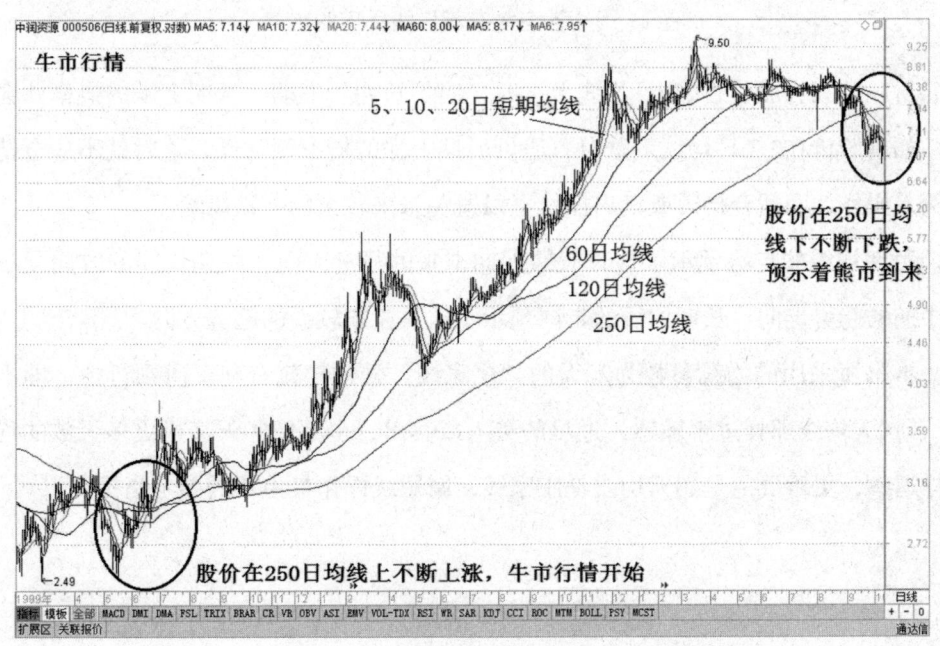

图1-14 各均线在年均线之上的走势

首先，股价在250日均线上，不断上涨，这就意味着牛市的开始，这一点很重要，只要股价在250日均线上，其他中期、短期均线上涨的概率才会随之增高。如果股价在250日均线之下，并不断下跌，那么其他中期、短期均线上涨的概率就变低了。

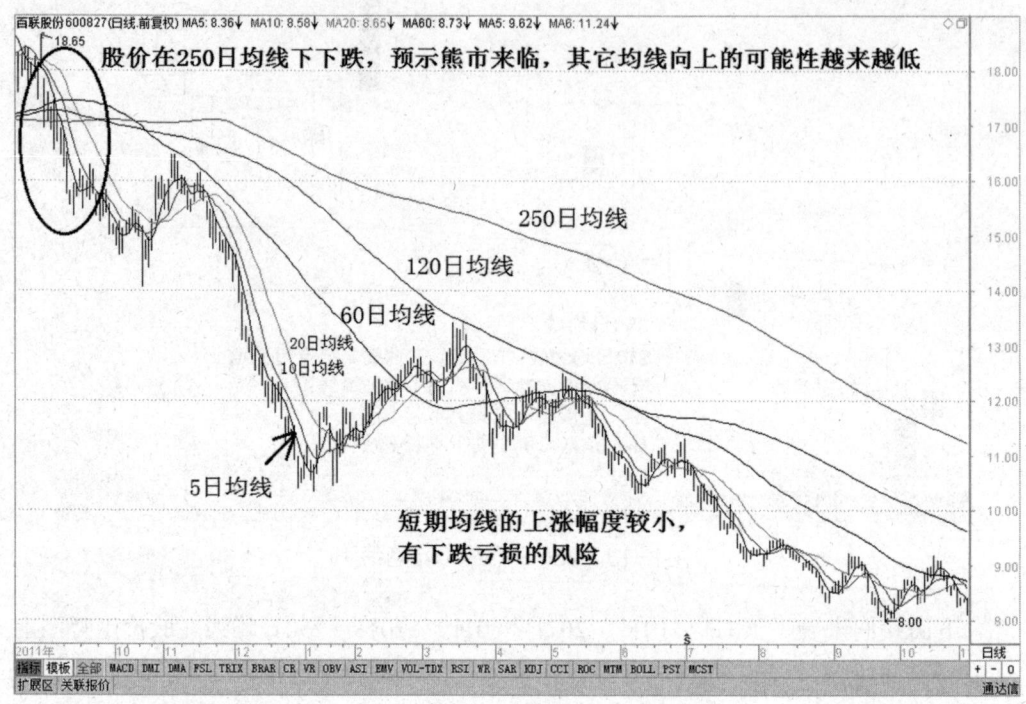

图1-15　各均线在年均线之下的走势

所以，只有股价在250日均线上涨时，股价短期、中期、长期上涨的概率才会增大。如果股价在250日均线下跌时，股价后期上涨的概率便降低，这时就不适合持股或买入操作，而适合持币或卖出操作，以避免未来较大的下跌风险。

短期均线的走势预示了这只股票近期未来的行进方向，中期均线的方向预示的是中期的趋势走向，长期均线的走向预示了这只股票较大的趋势方向。

本书所采用的均线参数为20天的"庄家线"，这样就有利于研判行情，即不像5天、10天均线那样过于敏感，过早的买入或卖出，也不像60天甚至更多天数的均线那样迟钝，更重要的是20天均线是庄家线，属短线操作最主要的参考指标线。

三、什么是趋势？

趋势是指某一段价格总体的走向，这种走向因为不同的选取时段或周期的不同而不同。

什么是上升趋势？

上升趋势是指在某一时段内，价格点位逐渐上升（如图1-16和图1-17）。

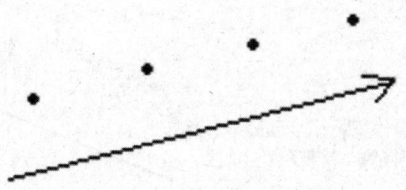

图1-16 典型上升趋势

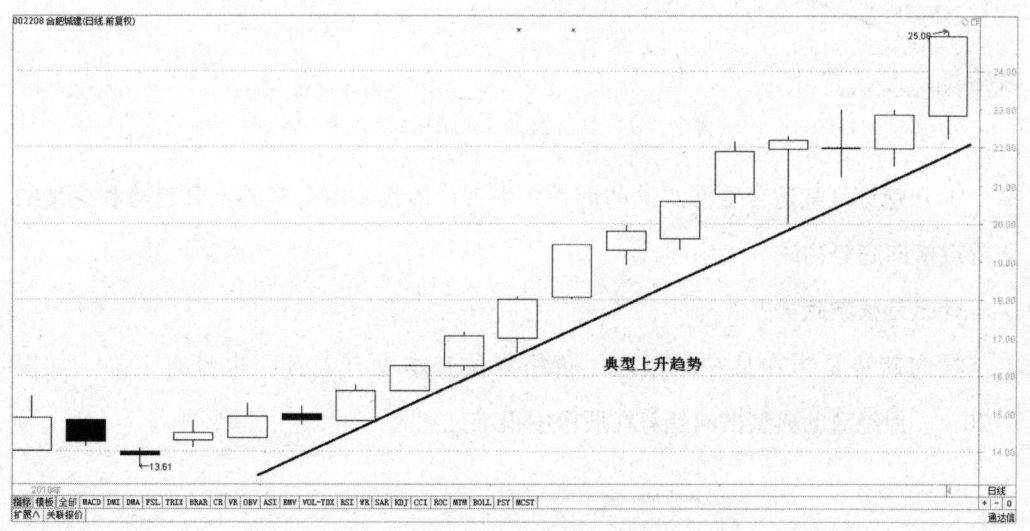

图1-17 股价典型上升趋势

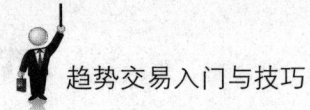
当震荡明显时，价格就会形成震荡上行的上升趋势（如图1-18、1-19）。

震荡幅度越小的上升趋势，上涨力道越大！

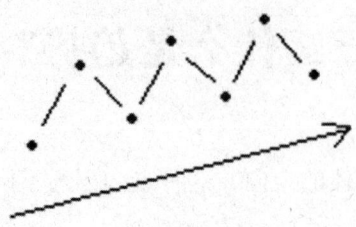

图1-18　震荡上行的上升趋势

图1-19　股价震荡上行的上升趋势

上升趋势是最适合看涨买涨的形态，牛市行情就是由众多的上升趋势和少量的下降或横向趋势构成。

什么是横向趋势？

横向趋势是指在某一时段内，价格点位基本没有上升，也没有下降（如图1-20）。但绝对的典型横向趋势在股市中很难见到。

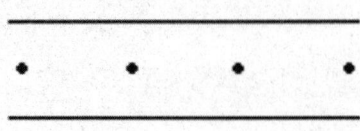

图1-20　典型横向趋势

震荡明显时，价格就会形成震荡的横向走势（如图1-21和图1-22）。

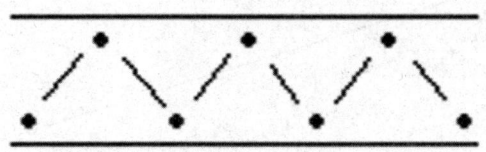

图1-21 震荡幅度较大的横向趋势

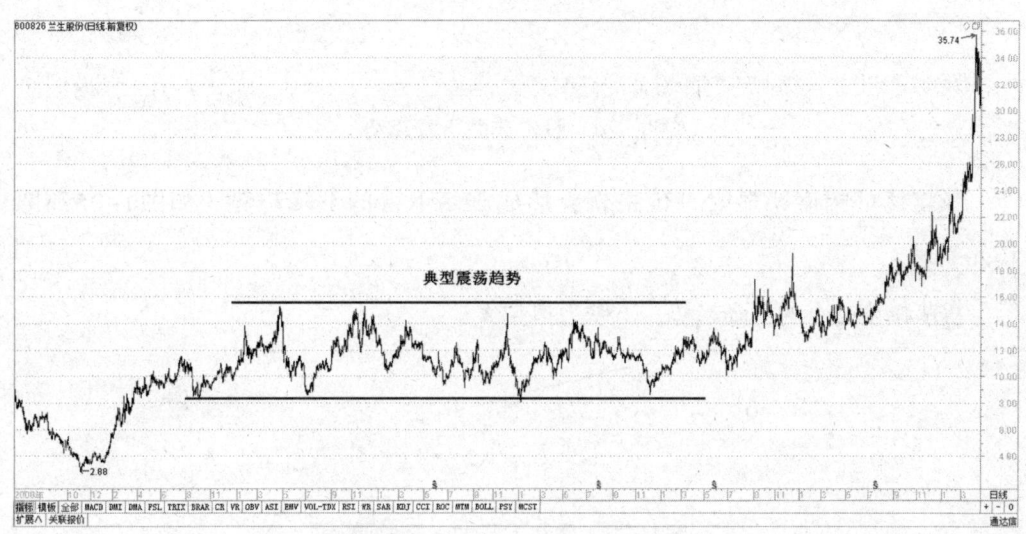

图1-22 股价横向震荡趋势

横向震荡走势最适合波段交易。快进快出。一反大多数投资者对震荡行情无利可图的看法。

什么是下降趋势？

下降趋势是指在某一时段内，价格点位逐渐下降（如图1-23和图1-24）。

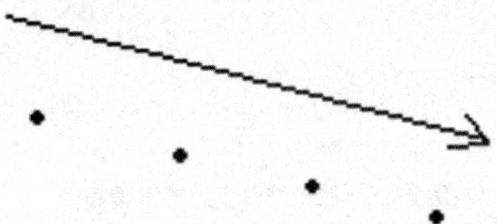

图1-23 典型下降趋势

图1-24　股价典型下降趋势

当震荡的幅度明显时，价格就会形成震荡下行的下降趋势（如图1-25和图1-26）。

震荡幅度越小的下降趋势，下跌力道越大！

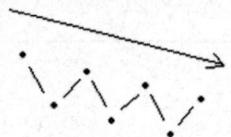

图1-25　震荡下行的下降趋势

图1-26　股价震荡下行的下降趋势

与上升趋势相反。下降趋势最适合看跌买跌，熊市行情就是由众多的下降趋势和少量的上升或横向趋势构成。

四、相关参数设置

图1-27　股价走势图

　　下面以招商证券股票软件为例说明，首先打开股票软件，然后点击任意一只个股，进入到某只个股的走势图界面。（如图1-27）

　　在这个走势图上任意一空白处点击鼠标左键，然后键盘上输入"MA"，然后按键盘上的"Enter"键，这样均线指标就显示出来了。

图1-28　股价走势图与均线指标

图1-28显示的就是股价走势及其各条均线的走势。

假设我们需要参考20天均线，那我们还要进一步把其他均线删掉。

下一步，将鼠标移到任意一条均线之上，点击鼠标右键，这时会出现一个菜单，请选择"修改当前指标公式"。（如图1-29）

图1-29　在均线上鼠标右键

点击后会进入公式编辑器，原有指标代码如下：

MA1:MA(CLOSE,M1);

MA2:MA(CLOSE,M2);

MA3:MA(CLOSE,M3);

MA4:MA(CLOSE,M4);

将他们删除后，改为：

MA1:MA(CLOSE,20);

然后确定修改而退出编辑器，当然用户可以想改多少就改多少天，效果如图1-30：

图1-30　只显示20天均线

这样就将20天均线单独显示出来了，另一个方法是右键选择"调整指标参数"，然后将全部的参数改为20，这样20天均线也就显示出来了，其他天数的均线设置只需要改相关数字就行了。

一般来说，均线也是一种趋势的体现，均线向上时与上升趋势是类似的，均线向下时与下降趋势也有共通之处，用均线指标来辅助参考判断行情是行之有效的，通常我们又把20天均线称为"短期均线"，代表了"短期趋势"。

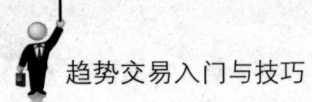

　　成交额均线　是指某一个时间段内股价平均成交金额，我们不光要观察它的走势还要观察它的趋势，这样才不至于被主力庄家"骗线"。

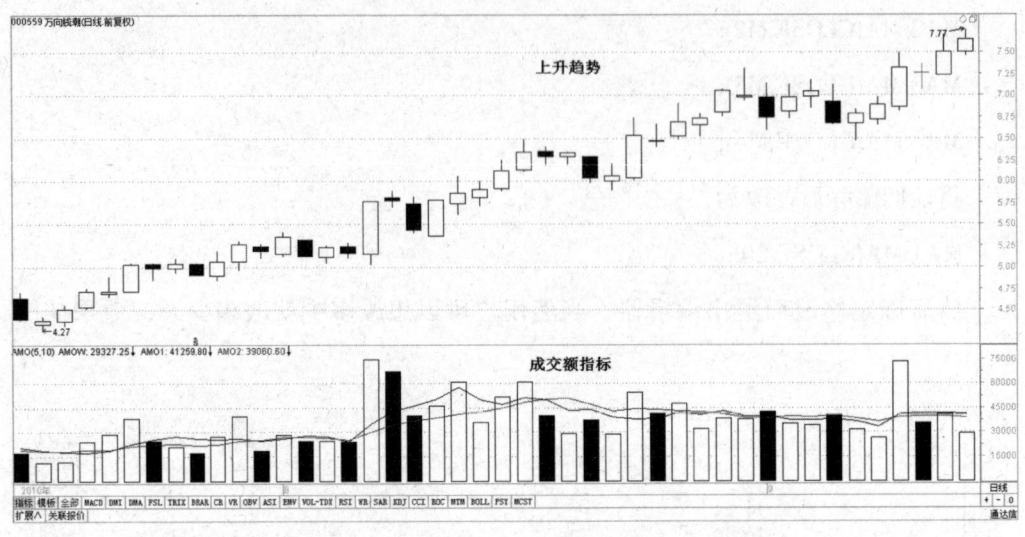

图1-31　输入"AMO"调出成交额指标

　　如图1-31，输入"AMO"就可以调出成交额指标，成交额指标与成交量指标是有一些区别的，毕竟金钱才是最重要的，所以我提倡使用成交额指标。

　　又因为我们之前使用的是20天均线、20天布林线等指标，所以成交额指标我们也用20天为参数。

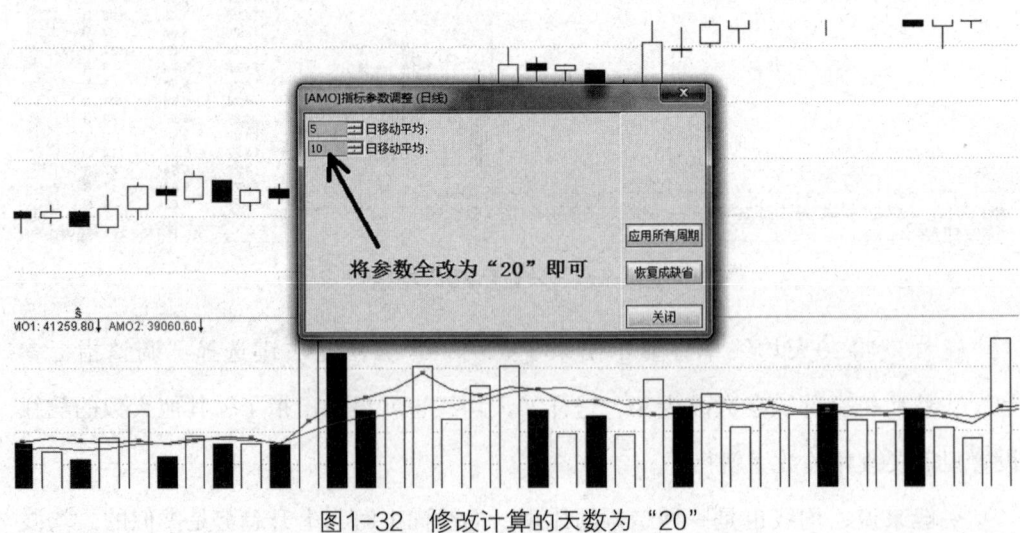

图1-32　修改计算的天数为"20"

　　如图1-32，将5和10全改为20即可，改好后效果如图1-33。

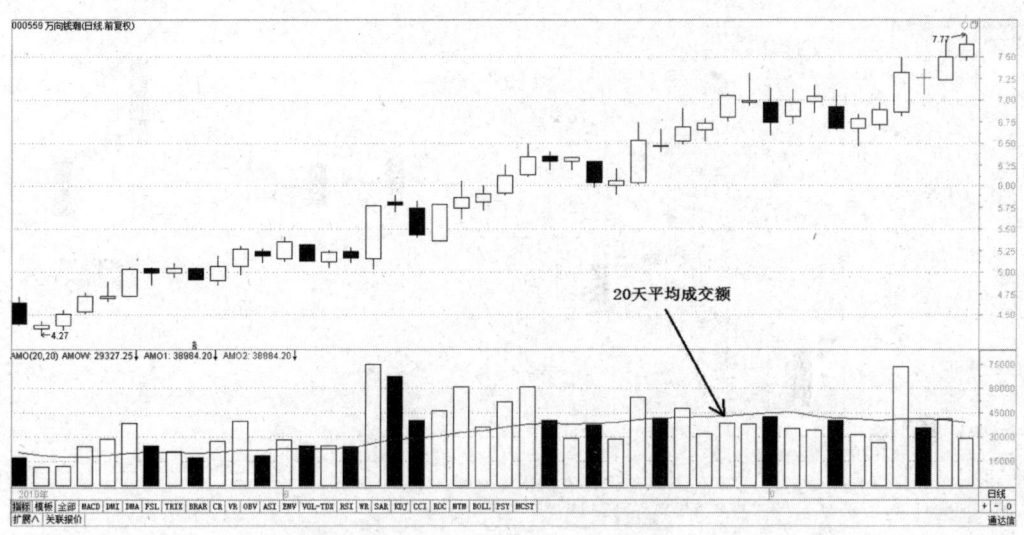

图1-33　20天平均成交额

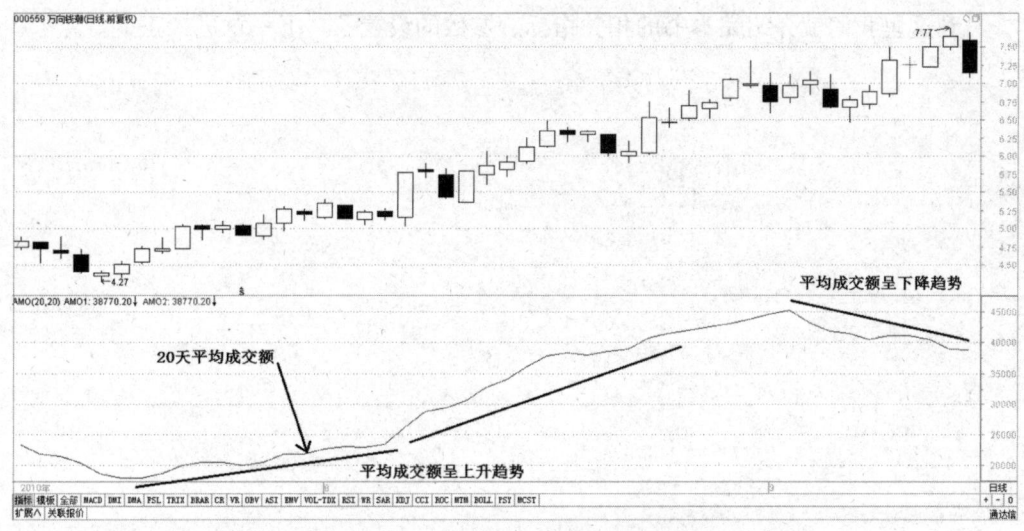

图1-34　20天平均成交额本身的趋势

　　如图1-34，我们将代表单日成交额的柱线去掉，就可以看到他本身的趋势与股价的趋势有相似的地方，并且有时能早于反转前发出卖出信号。如右上角，平均成交额出现了下降趋势，而股价还在不断创出新高，这就意味着行情继续上升很值得怀疑，没有钱的堆积，不可能再涨上去。（如图1-35）

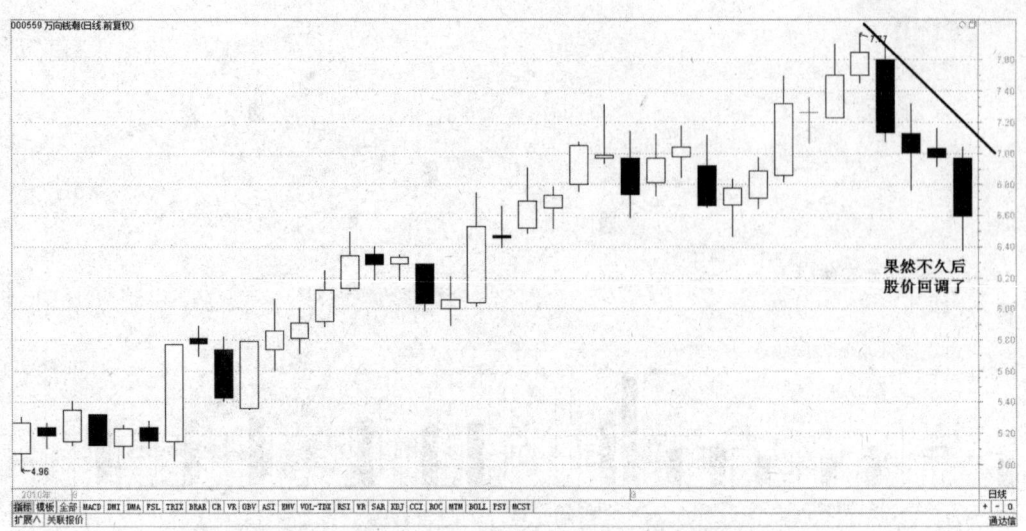

图1-35　没有钱的堆积，股价果然回落了

　　到这里我们就介绍完本书的相关指标、参数的设置了。下一章进入正文。

第二章

上升趋势中

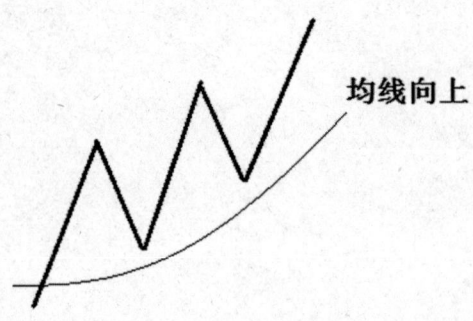

均线向上

图2-1 上升趋势

什么是上升趋势？

如上图2-1所示，股价的低点较前一低点逐渐抬高，虽然一直在震荡中，但是总体上说的，股价一直向右上行进，均线本身也具有趋势性，所以在上升趋势中均线的行进方向也必然是向上的，这样的趋势就叫上升趋势。

在上升趋势中，有利于看多做多、看涨买入。

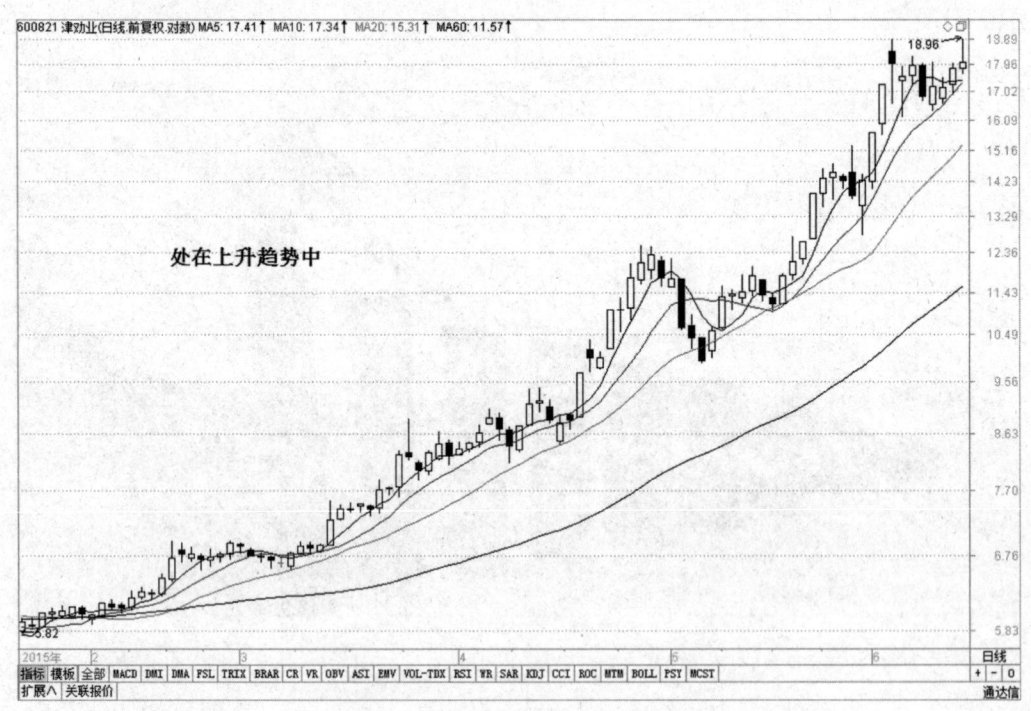

图2-2 均线多头排列与上升趋势

处在上升趋势中，不管在什么价位买入，最后都有不同程度的盈利，所以上升趋势中，均线通常呈现的是多头排列，各类技术指标也都处在相对高位。

一、震荡幅度递减，整体方向向上

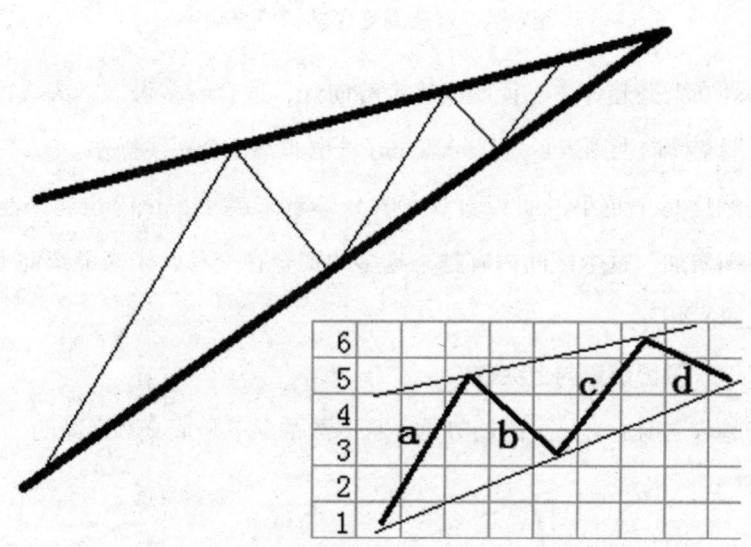

图2-3 震荡幅度递减，整体方向向上

震荡范围逐渐缩小，整体向右上方行进。（如图2-3）

a波段股价从1元涨到5元，上涨400%；

b波段从5元跌到3元，下跌40%；

c波段从3元涨至6元，上涨100%；

d波段从6元跌至5元，下跌16.67%。

整体趋势向上，说明对看涨做多有利，从abcd波段的涨跌幅变化可以看到，涨幅从400%降低为100%，跌幅也由40%降到16%。

这类行情整体来说对买涨有利，但是随着震荡幅度的缩小，后期不管是买涨还是看跌，都趋向于收益与风险的最小化，无利可图，这就意味着未来的行情肯定会有重大变化。

至于怎么变化，要视具体情况而定。

下面我们用成交额指标将本形态分为成交额递增和成交额递减两类。

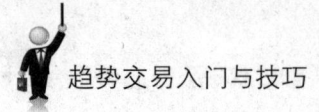

1.成交额递增

图2-4　震荡幅度递减，成交额递增

股价处在上升趋势中，说明股价走势向好，适合看多做多，买入持有，而20天均线或短期整体向上则表示短线行情向好，也非常适合短线操作。

震荡幅度越来越小说明买卖双方的分歧越来越小，风险也越来越低，随着成交额的不断增加，这个区间内有越来越多的资金在交易，未来继续向上的可能性较高。（见图2-4）

买点——股价带量向上突破

上升趋势之前通常是下降趋势，并且多数情况下是成交额递减的。（如图2-5）

图2-5　前期走势

在股价连续下跌并伴随着成交额逐渐减少的情况下，股价终于在随后出现了反转，进入了上升趋势。（如图2-6）

26

图2-6 形态出现

之后股价形成了"震荡幅度递减，整体方向向上"的形态，并且成交额也整体呈现递增的态势。

如果股价之后向上突破了上延或创出新高，就可以在突破或创出新高时择机买入，当然要有量的配合。

图2-7 股价向上突破——买入

股价向上突破了，并且有成交量或成交额的明显增大。（见图2-7）

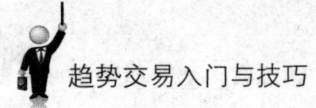

在尾盘收盘前调出当日分时图。（如图2-8）

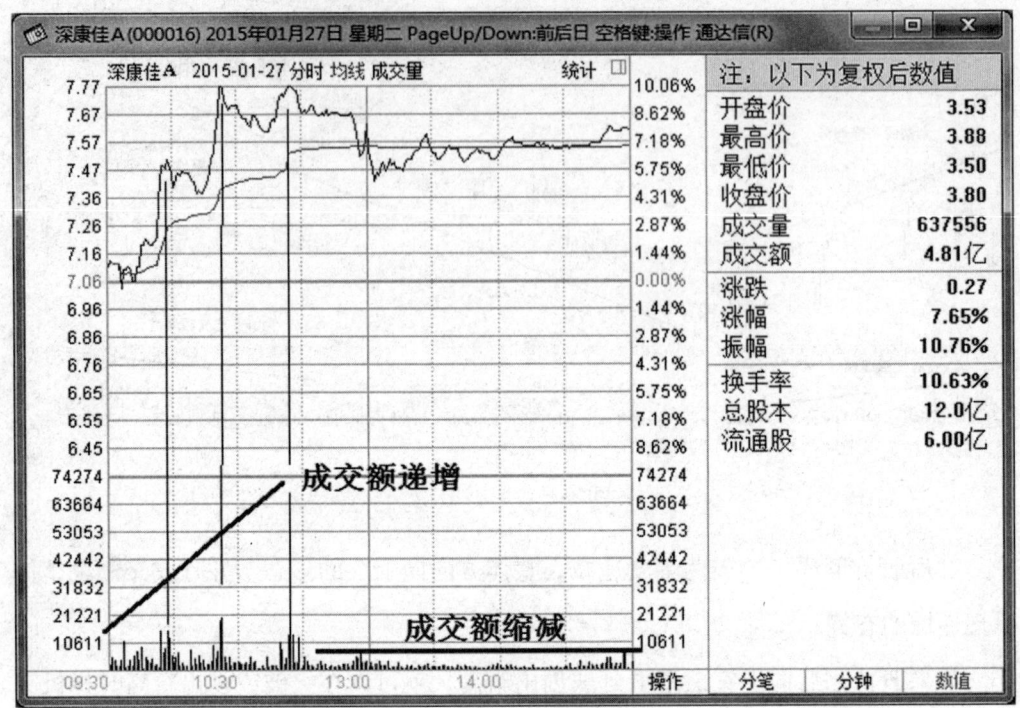

图2-8　突破当日分时图

从分时图2-8中可以看到，股价在早盘呈现放量上涨的态势。对看多做多非常有利，午盘以后进入窄幅震荡行情，成交额也开始明显萎缩。

后市很可能还有更低的价位可以捡到。（如图2-9）

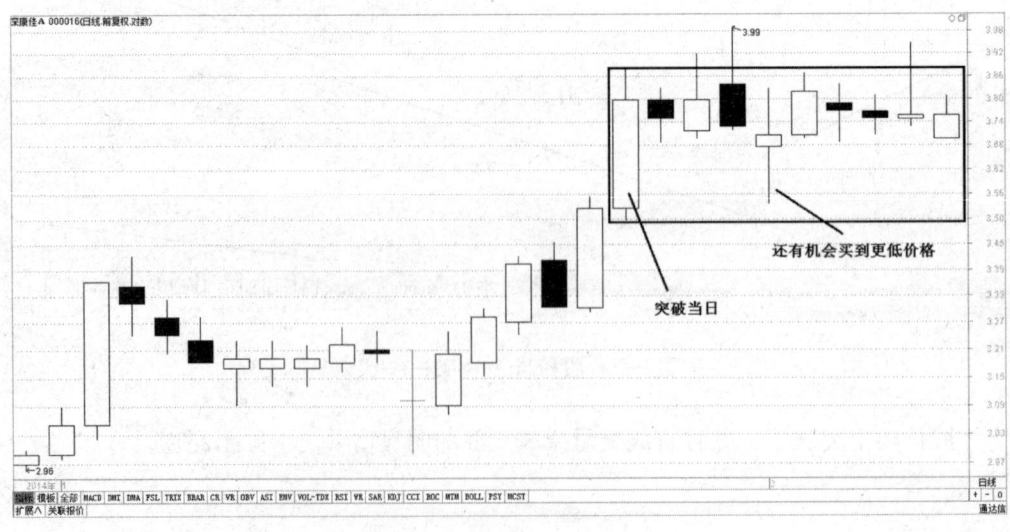

图2-9　捡低价的机会

　　激进的投资者可以在突破当日买入，而稳健的投资者可以选择在后期股价回调时择低买入。

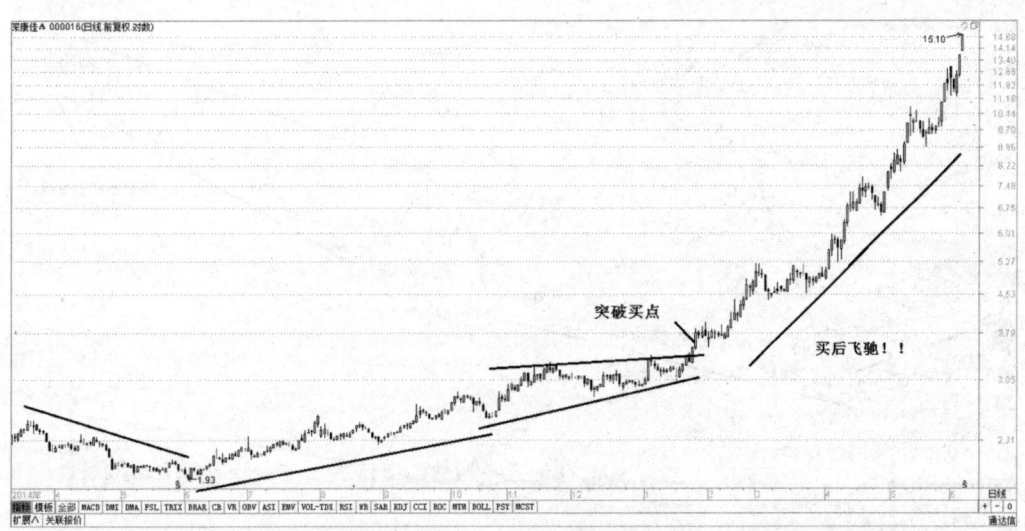

图2-10　后续走势

　　买入后不久，股价开始长途奔驰，获利不菲。（如图2-10）

卖点——股价跌破支撑线

图2-11　形态出现

　　"震荡幅度递减，整体方向向上"的形态出现。（见图2-11）

股价没有向上突破，而是转头向下跌破支撑线的话，就应该卖出。（如图2-12）

图2-12　股价跌破支撑线，卖出

就在卖出后不久，股价进入暴跌阶段。（如图2-13）

图2-13　卖出，暴跌

2.成交额递减

股价处在上升趋势中，说明股价走势向好，适合看多做多，买入持有，而20天均线或短期整体向上则表示短线行情向好，适合短线操作。

震荡幅度越来越小说明买卖双方的分歧越来越小，风险也越来越低，随着成交额的逐渐缩减，这个区间内愿意交易的投资者越来越少，交易越趋于冷淡，未来是否还能延续之前的上升趋势还很难说。（见图2-14）

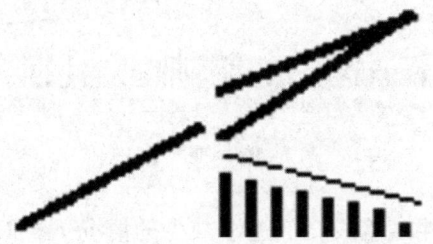

图2-14　震荡幅度递减，成交额递减

买点——股价带量向上突破

上升趋势之前一般都是下降趋势，多数情况下成交额呈递减趋势。（如图2-15）

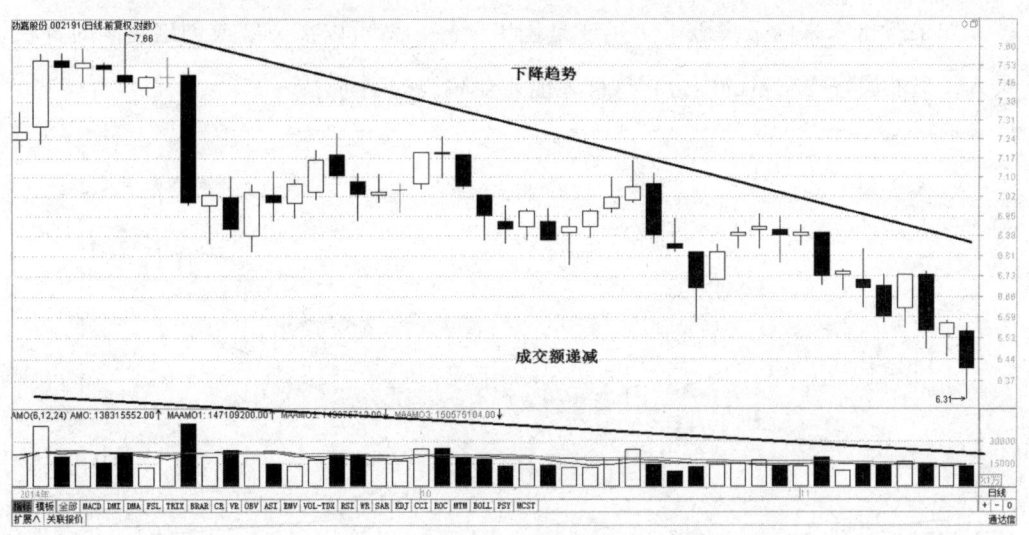

图2-15　前期走势

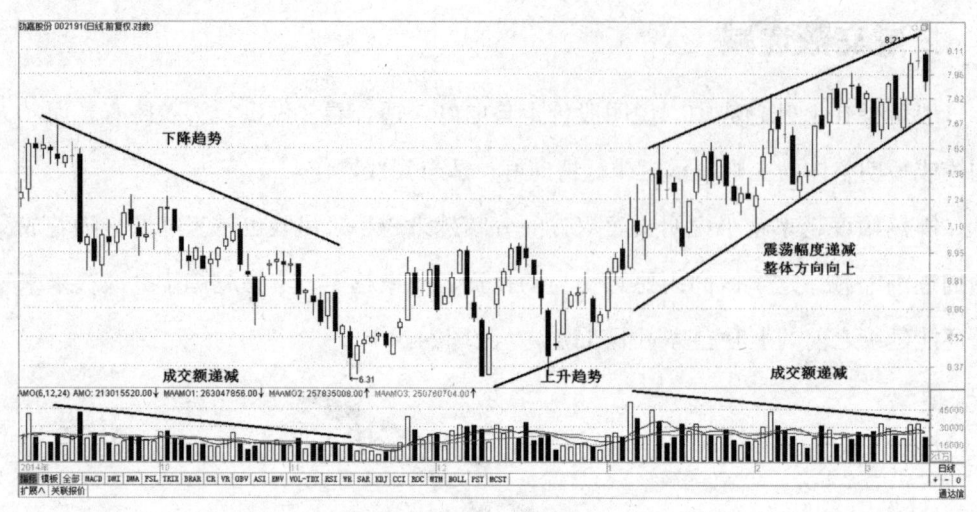

图2-16　形态出现

在股价连续下跌并伴随着成交额逐渐减少的情况下，股价终于在随后出现了反转，并因此进入了新一轮的上升趋势。（如图2-16）

在这之后股价又形成了"震荡幅度递减，整体方向向上"的形态，并且成交额也整体呈现递减的情况。

如果股价未来向上突破了上延或是创出新高，就可以在突破或创出新高时择机买入，当然最好要有量的配合，这样才能避免骗线的陷阱。

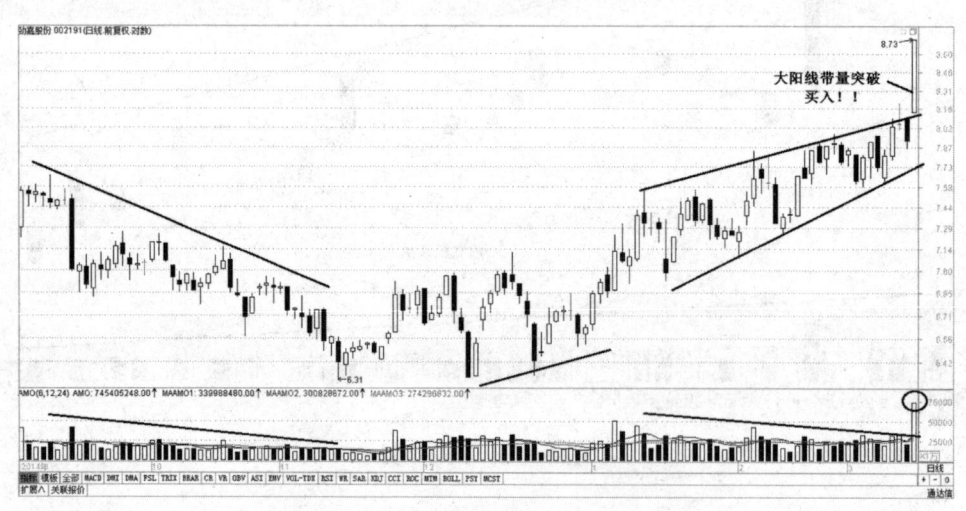

图2-17　股价向上突破——买入！

从图2-17中可以看到，股价成功突破了区间上延，而且成交额一反原有的递减趋势，说明开始有主力机构进场，未来还有上升空间。

在其涨停之前我们调出当日分时图。（如图2-18）

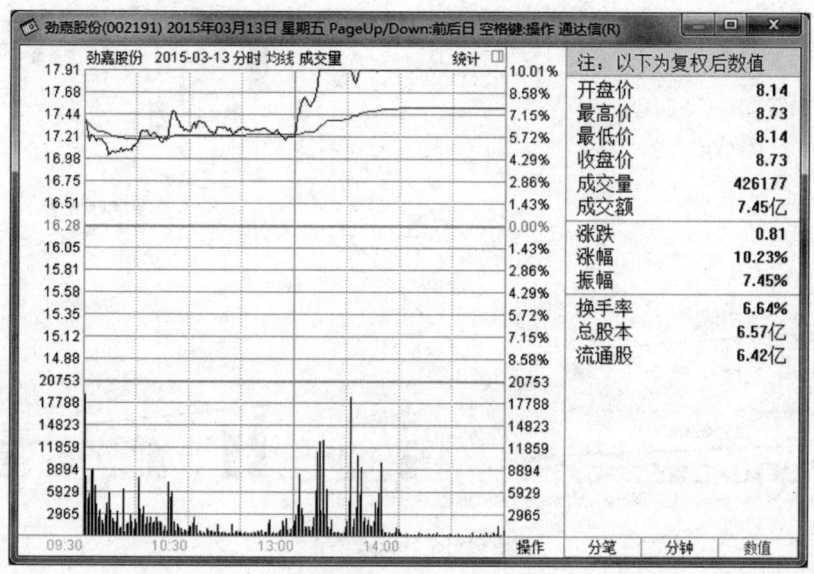

图2-18 突破当日分时图

从分时图2-18中可以看到，股价在早盘基本是在高位横盘，量能逐渐减少，但累计的成交额数已经能在日线上看到量能的增加了，再加上股价也已经突破了区间上延。

因此，我们可以在午盘后适机买入，特别是午盘一开始就放量上涨的时候，更是追涨的好时机。

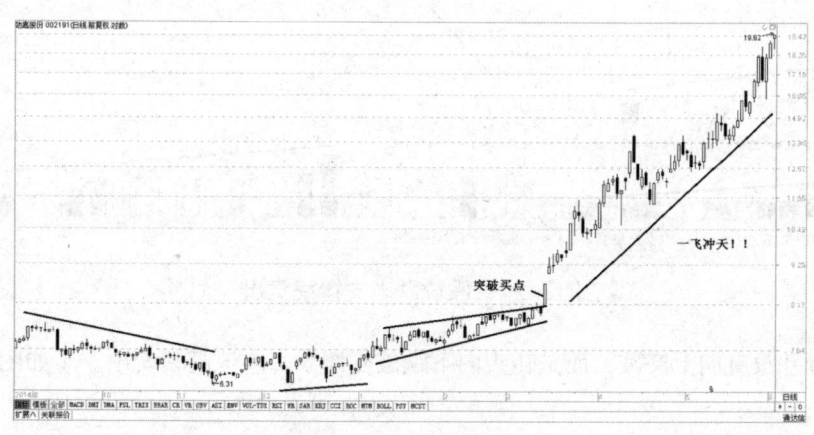

图2-19 后续走势

买入后不久，虽然股价上下震荡的幅度开始增大，但是股价整体还是呈现出一飞冲天的趋势，一路上涨。（如图2-19）

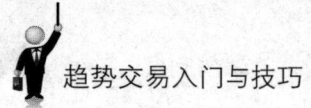

卖点——股价跌破支撑线

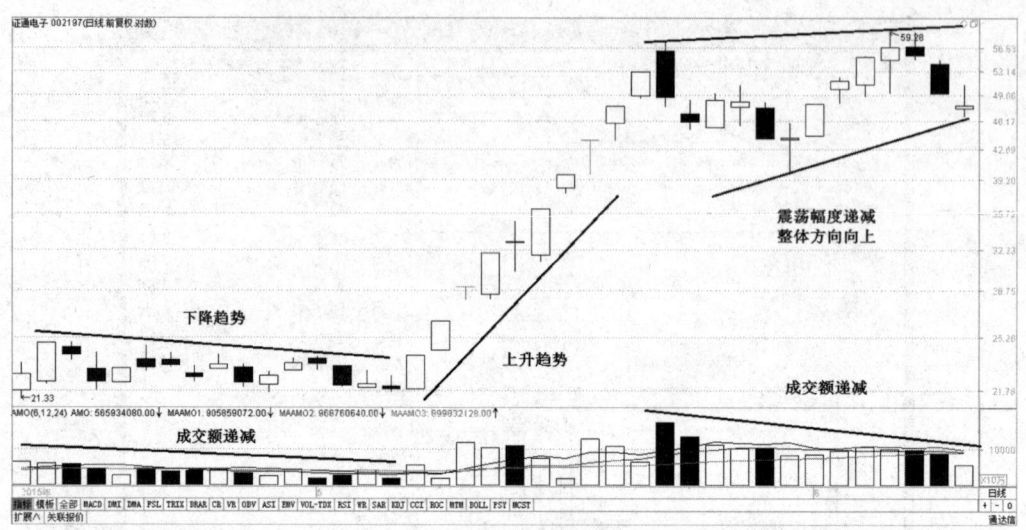

图2-20　形态出现

"震荡幅度递减，整体方向向上"形态出现。（见图2-20）

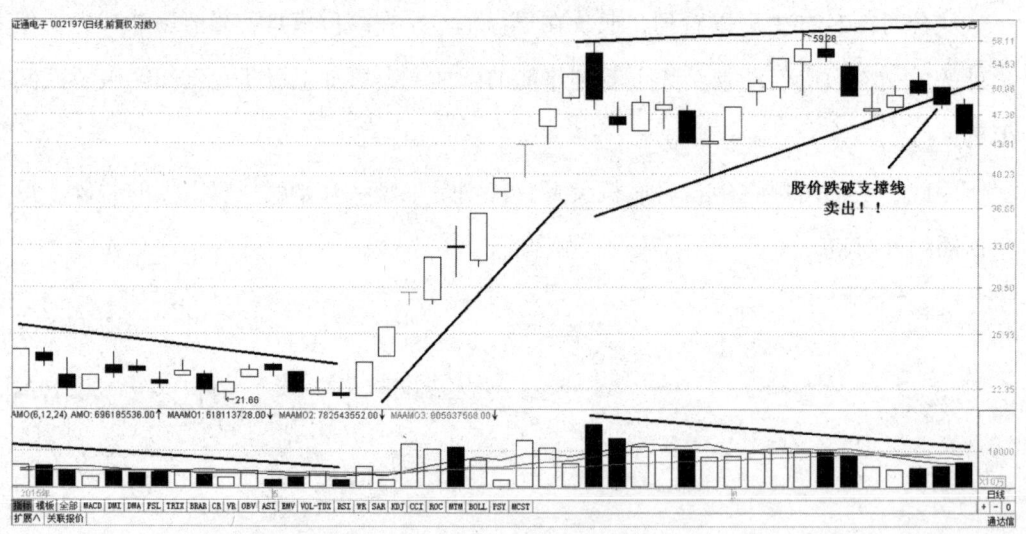

图2-21　股价跌破支撑线卖出

股价并没有向上突破，而是转头向下跌破支撑线，应该赶紧卖出。（如图2-21）

就在卖出后不久，股价进入暴跌阶段，直接跌到这次上升起点以下。（如图2-22）

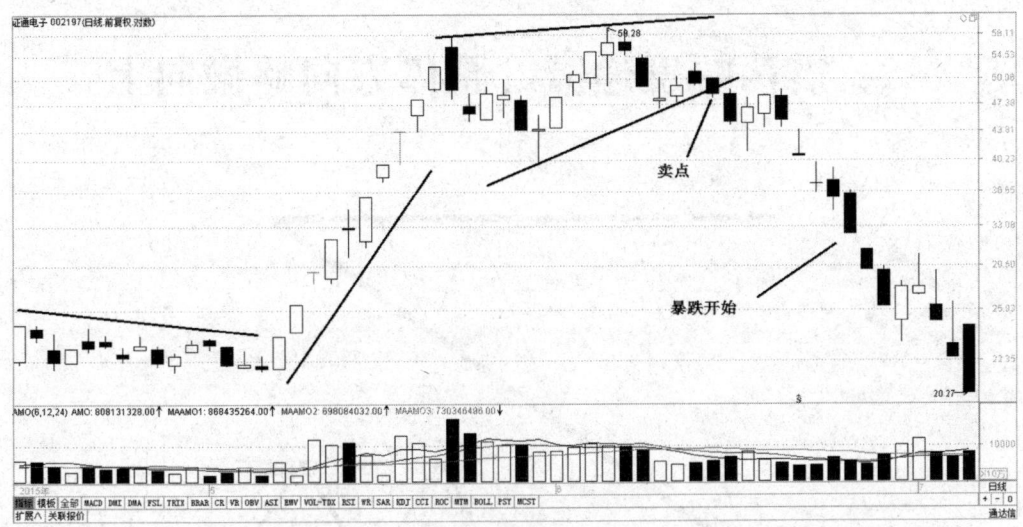

图2-22　卖出、暴跌

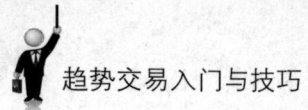
二、震荡幅度递减，整体方向略微向上

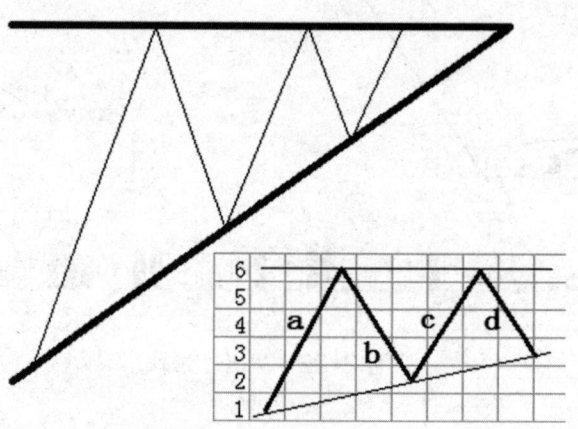

图2-23　震荡幅度递减，整体方向略微向上

震荡范围逐渐缩小，整体略微向右上方行进。（如图2-23）

a波段股价从1元涨到6元，上涨500%；

b波段从6元跌到2元，下跌66.6667%；

c波段从2元涨至6元，上涨200%；

d波段从6元跌至3元，下跌50%。

该形态整体趋势略微向上，只是存在一个水平的压制线，使股价一直没有能够向上突破，但是向上的支撑线仍然支撑着股价上行，说明该形态对看涨做多有利。从abcd波段的涨跌幅变化可以看到，涨幅从500%降低到200%，跌幅也由66.6667%降到50%。

这类行情整体来说对买涨有利，但是随着震荡幅度的缩小，后期不管是买涨还是看跌，都趋向于收益与风险的最小化，无利可图，这就意味着未来的行情酝酿着新的变化。

至于怎么变化，要视具体情况而定。

下面我们用成交额指标将本形态分为成交额递增和成交额递减两类。

1.成交额递增

图2-24 震荡幅度递减，成交额递增

股价之前处在上升趋势中，说明股价走势向好，适合看多做多，买入持有。而20天均线或短期整体向上则表示短线行情向好，也非常适合短线操作。

震荡幅度越来越小说明买卖双方的分歧越来越小，风险也越来越低，随着成交额的不断增加，这个区间内有越来越多的资金在交易，未来继续向上的可能性较高。（见图2-24）

买点——股价带量突破筹码密集区

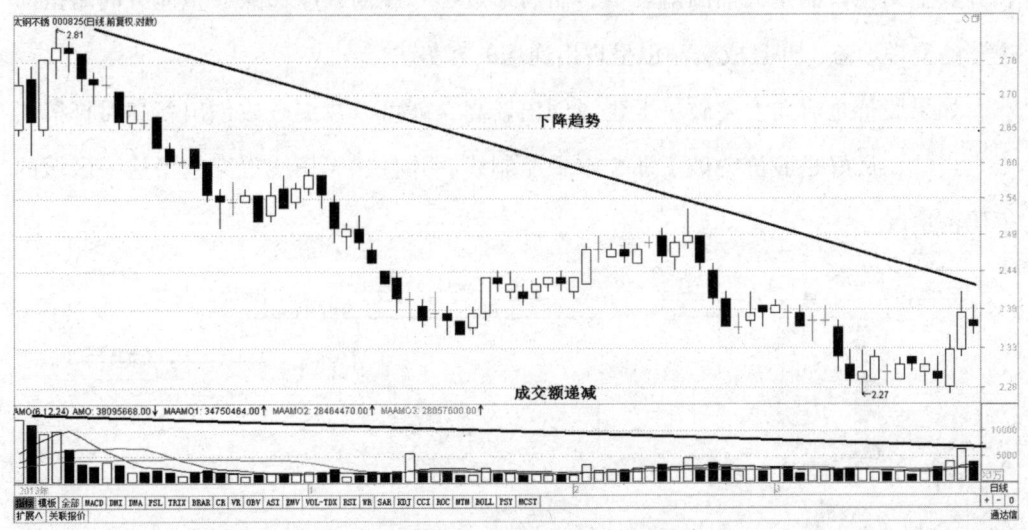

图2-25 前期走势

上升趋势出现之前通常是下降趋势，并且多数情况下该下降趋势伴随着成交额的递减。（如图2-25）

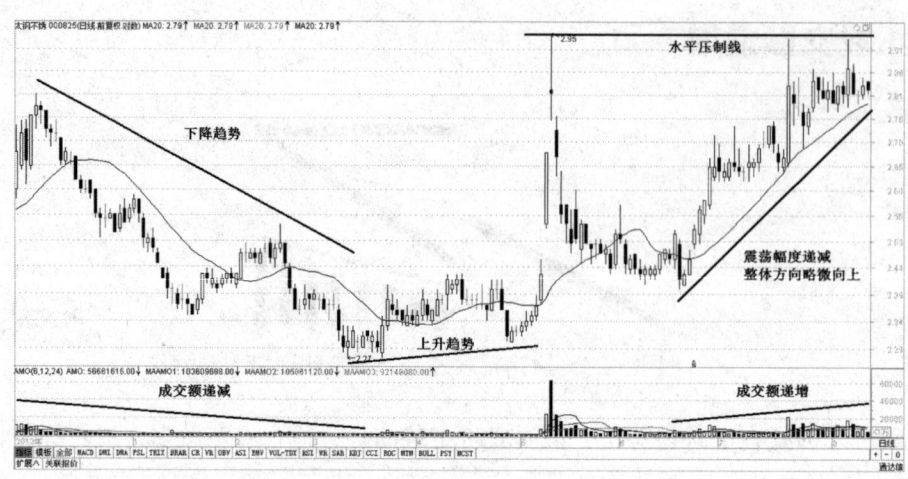

图2-26　形态出现

在股价连续下跌并伴随着成交额逐渐减少的情况下，股价随后出现了反转，出现了上升幅度较小的上升趋势。（如图2-26）

在这之后股价放量拉升，推高股价到了一个新的高点，但是随后股价并没有在高点上站稳，而是大幅回落震荡，而后形成了"震荡幅度递减，整体方向略微向上"的整理形态，并且成交额也呈现出递增的态势。

如果股价之后向上突破了上延或创出新高，就可以在突破或创出新高时择机买入。当然，最好是股价突破了那个水平压制线，并且20天均线也穿越了这一区域的筹码密集区。

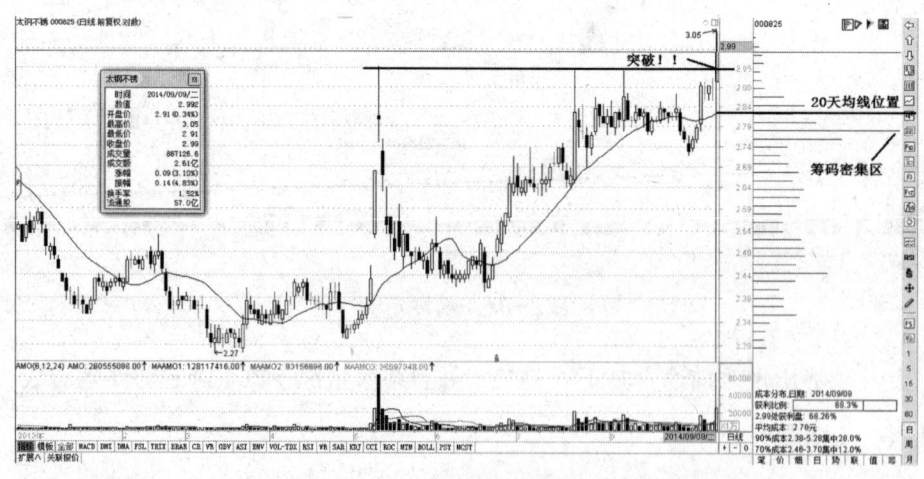

图2-27　股价向上突破，且20天均线也越过了筹码密集区——买入

股价成功突破了，并且伴有成交量的明显增大。（见图2-27）

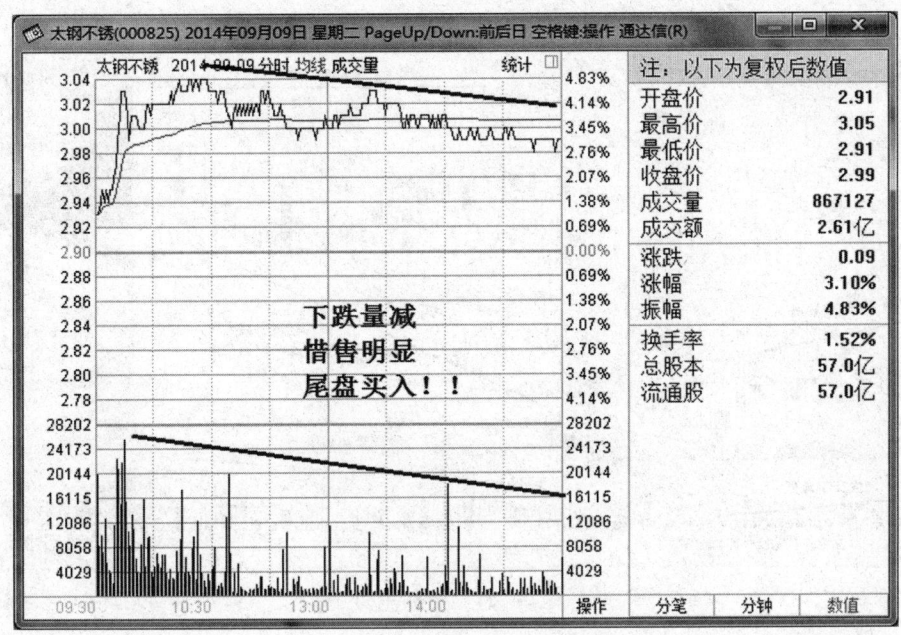

图2-28　突破当日分时图

在尾盘收盘前调出当日分时图。（如图2-28）

从图2-28中可以看到，股价在全天高位慢慢下跌中，但是成交量却也呈现递减的趋势，说明惜售明显，持有该股的投资者都比较倾向于持股不卖，这对后市继续向上十分有利，在该日收盘前买入无疑。

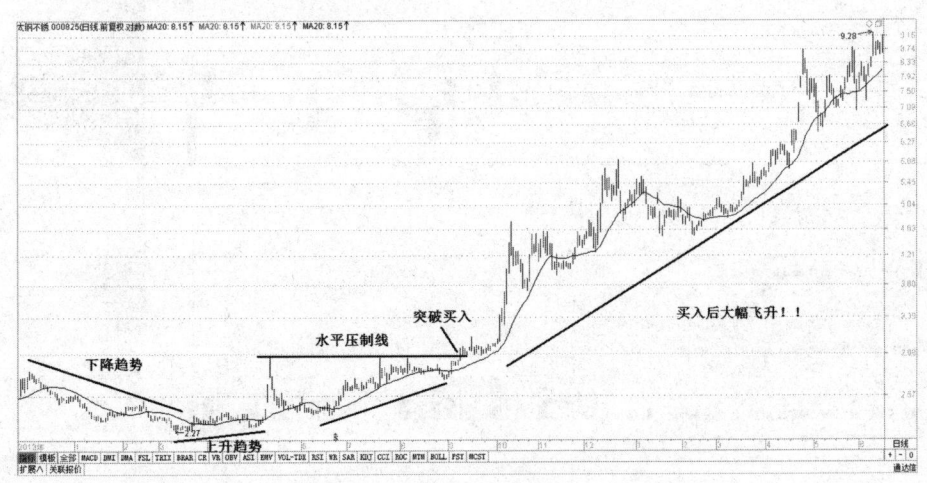

图2-29　后续走势

买入后不久，股价迅速推脱了水平压制线的价位，直线拉升了一段，随后又不断震荡向上，逐渐拉升出一条更高更远的上升趋势来。（见图2-29）

卖点——20天均线跌到筹码密集区之下

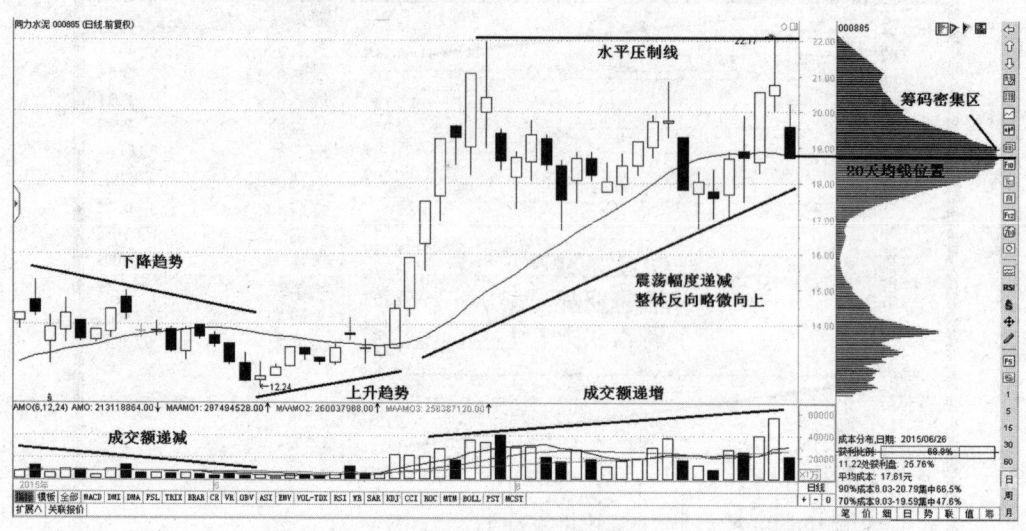

图2-30　形态出现

"震荡幅度递减，整体方向略微向上"的形态出现。（见图2-30）

股价没有向上突破，而是向下跌破了20天均线，代表了短期走势不被看好。同时20天均线向下并且还跌到了筹码密集区之下，说明股价向下跌的可能性在加大，持股者卖出手中的股票。（见图2-31）

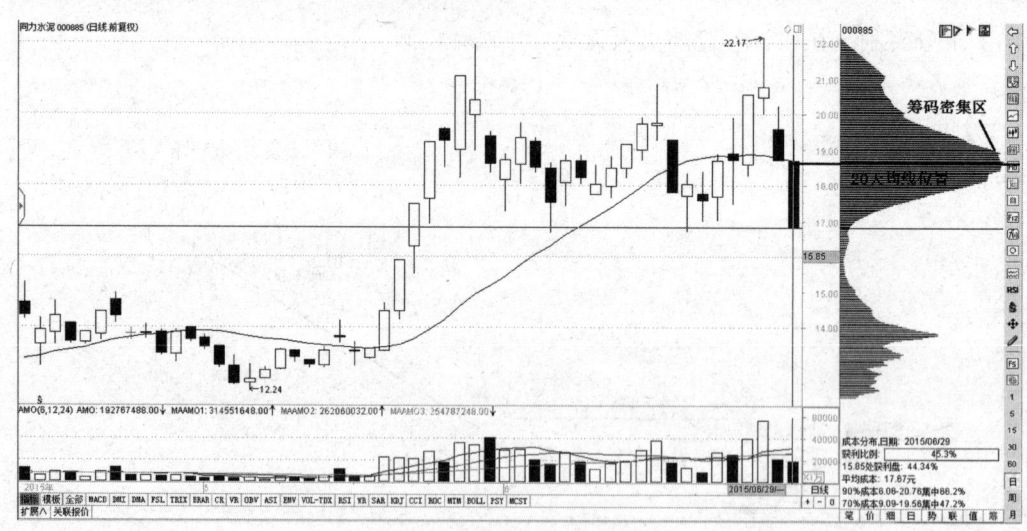

图2-31　股价大幅下跌

卖出后的下一个交易日，股价开始暴跌。（图2-32）

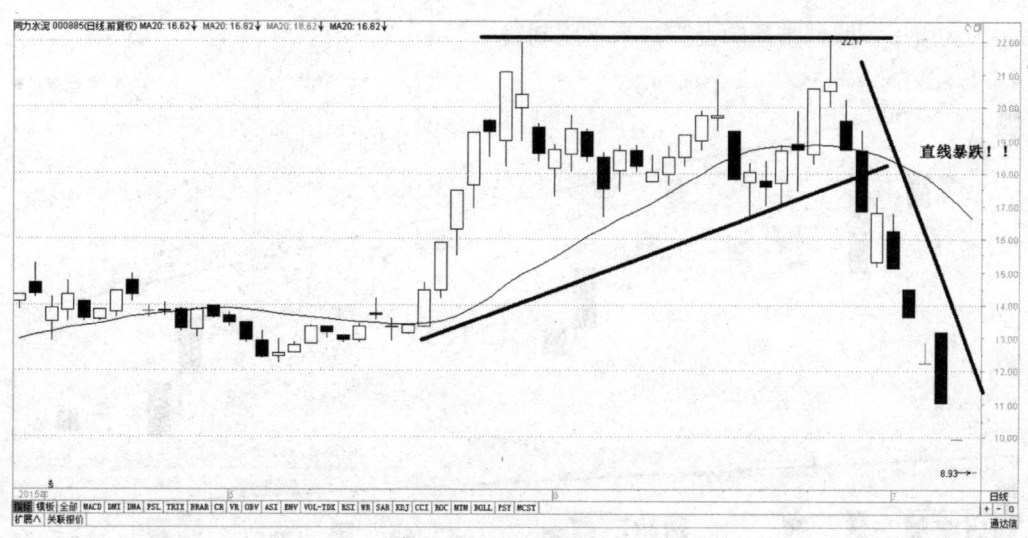

图2-32 直线暴跌

2.成交额递减

图2-33 震荡幅度递减,成交额递减

股价处在上升趋势中,说明股价走势向好,适合看多做多,买入并持有,而20天均线或短期整体向上则表示短线行情向好,适合短线操作。

震荡幅度越来越小说明买卖双方的分歧越来越小,风险也越来越低,随着成交额的逐渐缩减,这个区间内愿意交易的投资者越来越少,交易越来越趋于冷淡,未来是否还能延续之前的上升趋势还很难说。(见图2-33)

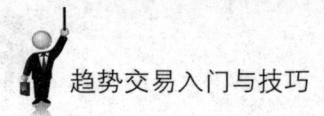

买点——股价带量向上突破水平压制线

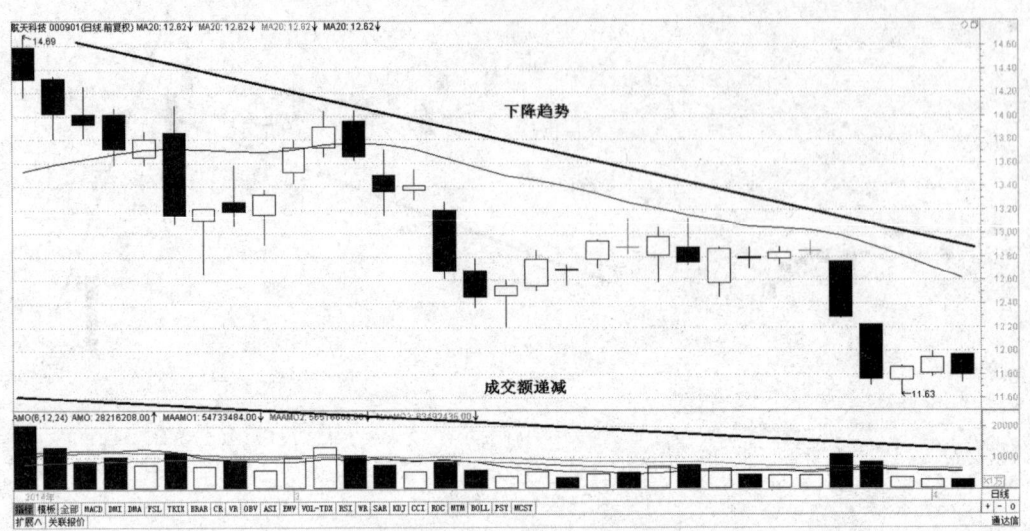

图2-34　前期走势

上升趋势出现之前大都是下降趋势，而且大多数情况下成交额呈递减趋势。

（如图2-34）

图2-35　形态出现

在股价连续下跌并伴随着成交额逐渐减少的情况下，股价随后出现了反转，并因此进入了新一轮的上升趋势。（如图2-35）

随后股价又形成了"震荡幅度递减，整体方向略微向上"的形态，并且成交额也呈现递减的态势。

如果股价未来向上突破了上延或是创出新高，并有量的支持，就可以在突破或创出新高时择机买入。

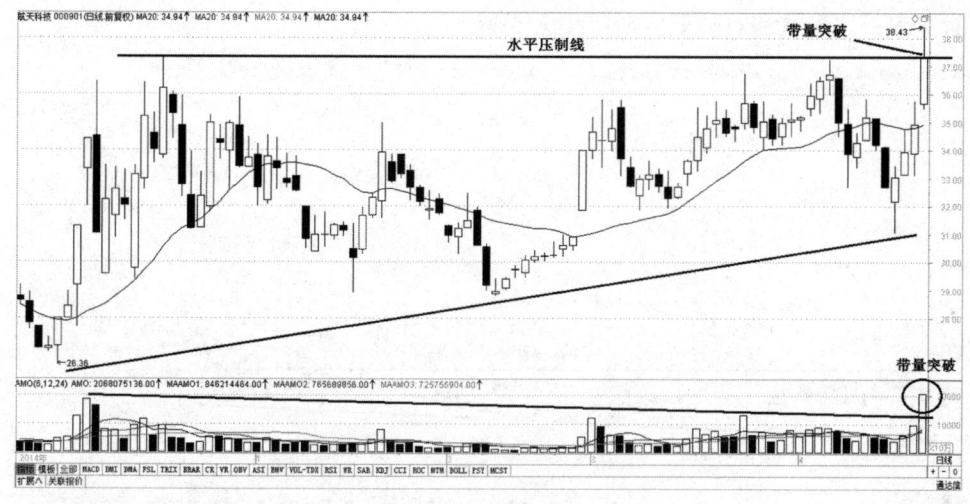

图2-36 带量突破——买入

图2-36中，股价成功突破了区间上延，即突破了水平压制线的压制，而且突破当日有成交量的明显增加，说明开始有主力机构进场，未来还有上升空间。

在其收盘前我们调出当日分时图。（如图2-37）

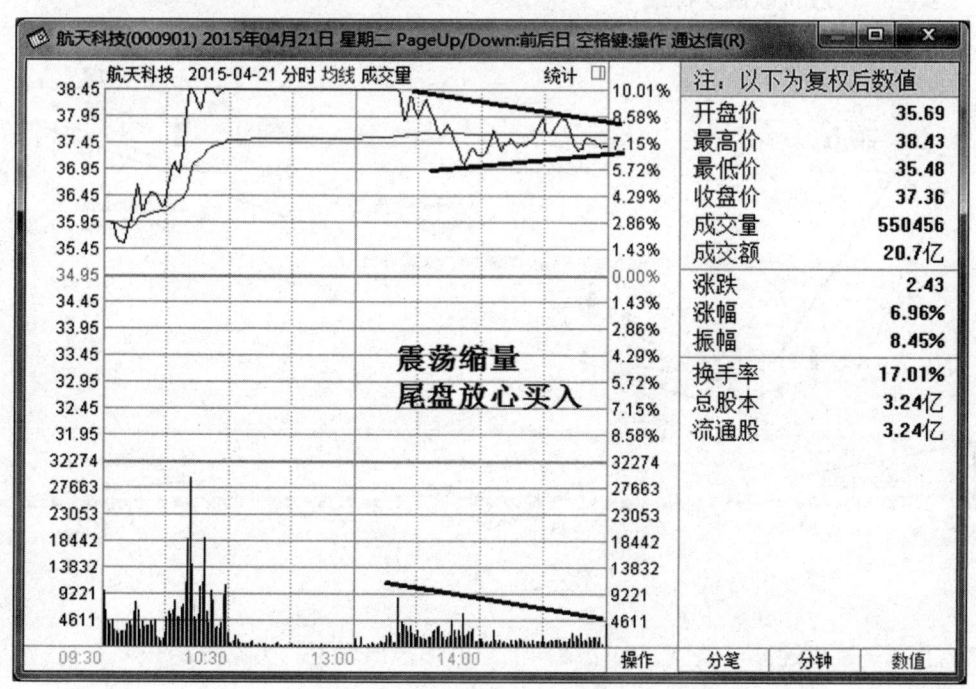

图2-37 突破当日分时图

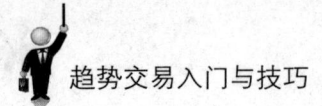

趋势交易入门与技巧

从图2-37重可以看到，股价早盘直接封住涨停板，强势可知，但午盘后涨停板打开，虽然尾盘一直在横向震荡，但成交额却呈递减趋势，说明洗盘已接近尾声，这时买入，风险就相对较低，所以买入无疑。

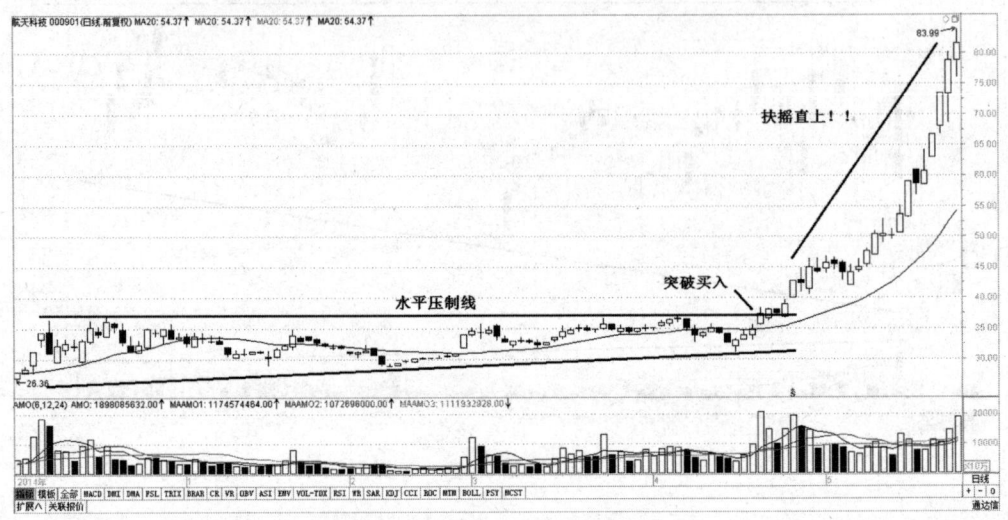

图2-38　后续走势

买入后不久，股价扶摇直上。（见图2-38）

卖点——股价跌破支撑线

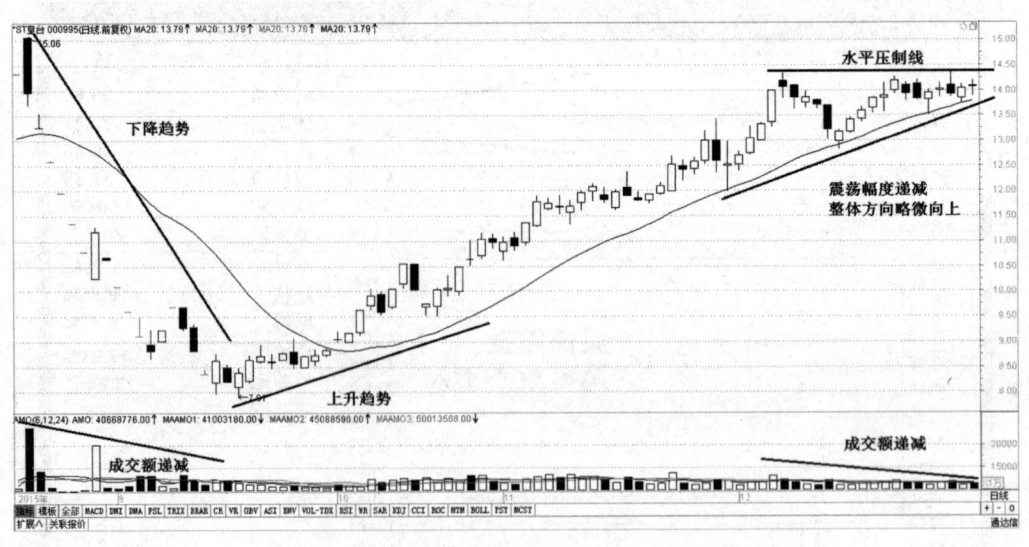

图2-39　形态出现

"震荡幅度递减，整体方向略微向上"的形态出现了。（见图2-39）

图2-40 股价跌破支撑线——卖出

一只大阴K线直接跌破了向上的支撑线和20天均线的支撑，持股者应该赶紧卖出手中的股票。（如图2-40）

图2-41 卖出，暴跌

就在大阴K线出现后不久，股价进入连续下跌的行情。（如图2-41）

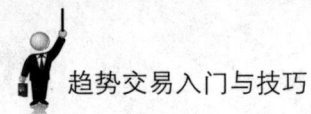
三、震荡幅度递减，整体方向向右

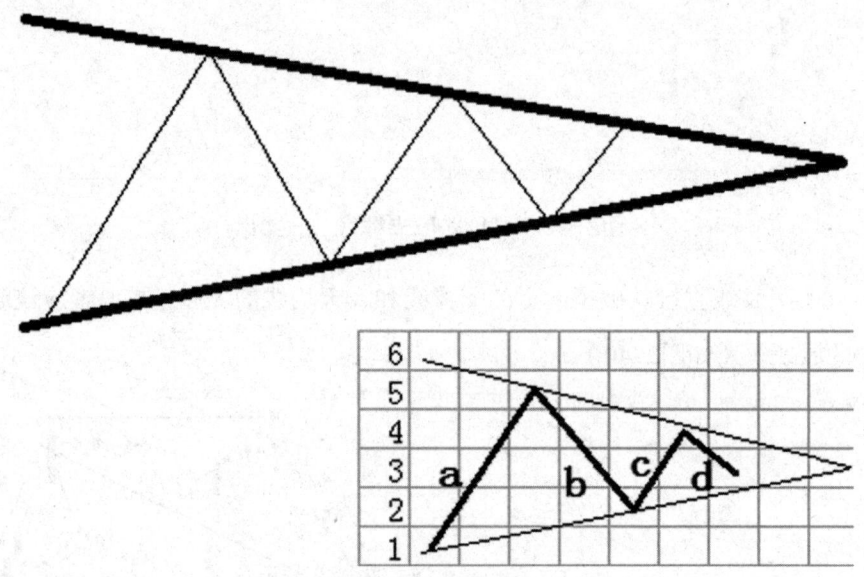

图2-42　震荡幅度递减，整体方向向右

震荡范围逐渐缩小，整体向右方行进。（如图2-42）

a波段股价从1元涨到5元，上涨400%；

b波段从5元跌到2元，下跌60%；

c波段从2元涨至4元，上涨100%；

d波段从4元跌至3元，下跌25%。

该形态整体趋势向右，从abcd波段的涨跌幅变化可以看到，涨幅从400%降低到100%，跌幅也由60%降到25%。

这类行情整体来说是个上涨或下降趋势的中继盘整行情，主要看股价最后的突破方向，向上突破则对看多买入有利，向下突破则对看空下跌有利。

至于怎么变化，要视具体的突破情况而定。

下面我们用成交额指标将本形态分为成交额递增和成交额递减两类。

1.成交额递增

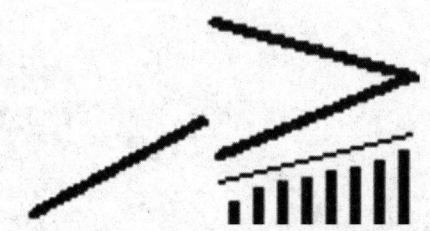

图2-43　震荡幅度递减，成交额递增

股价之前处在上升趋势中，说明股价之前的走势一度向好，适合看多做多，买入并持有，而20天均线或短期整体向上则表示短线行情向好，也非常适合短线操作。

震荡幅度越来越小说明买卖双方的分歧越来越小，风险也越来越低，随着成交额的不断增加，这个区间内有越来越多的资金在交易，未来继续向上的可能性相对增高。（见图2-43）

买点——股价带量突破且20天均线越过筹码密集区

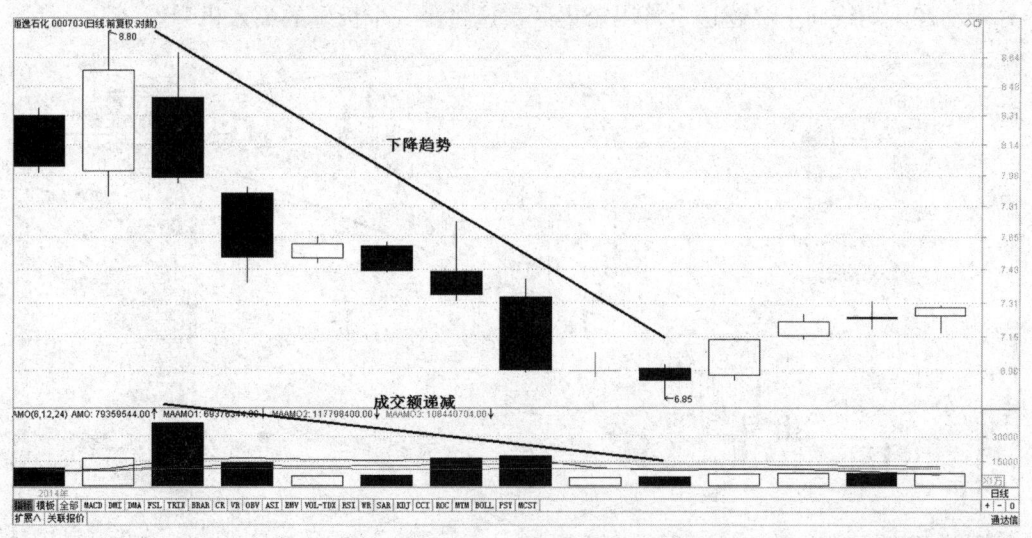

图2-44　前期走势

上升趋势出现之前大都是下降趋势，并且下降趋势总是伴随着成交额的递减。（如图2-44）

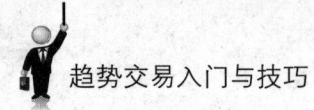

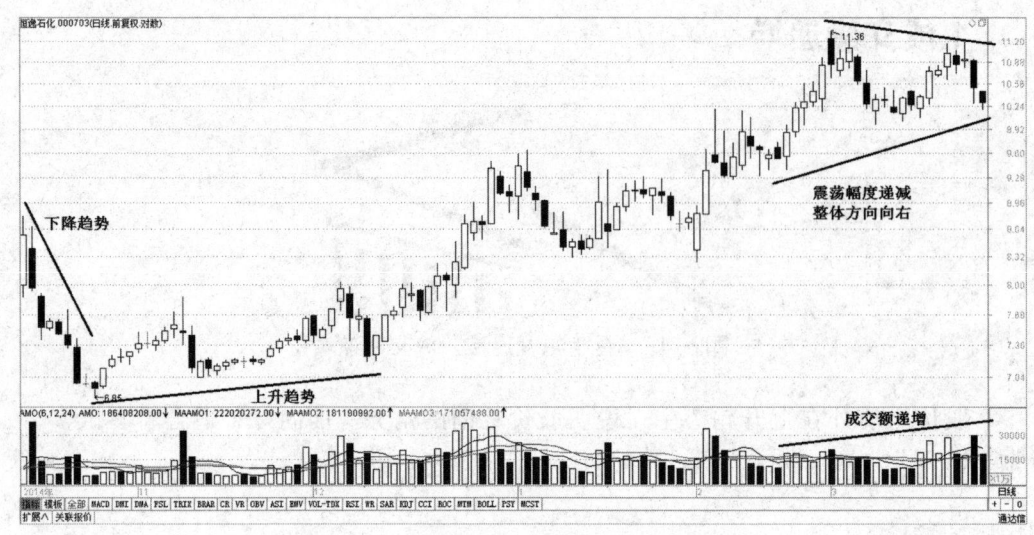

图2-45　形态出现

　　股价反转进入上升趋势，并震荡上行，最后形成了"震荡幅度递减，整体方向向右"的整理形态，并且成交额也呈现出递增的姿态。（如图2-45）

　　这个形态出现的位置应该伴随着一个筹码的密集区，如果股价之后能向上突破并带动20天均线向上穿越这个筹码密集区，这将是一个极好的买入机会。

图2-46　20天均线已经越过了筹码密集区

　　从图2-46中我们可以看到20天均线已经越过了高位的筹码密集区，下一步只要股价带量向上突破就可以放心买入了。

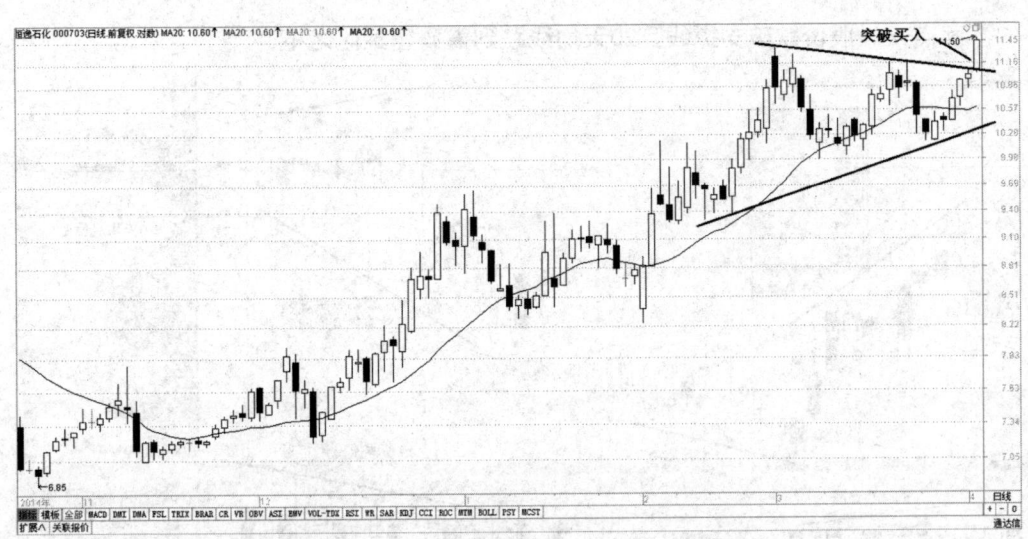

图2-47　20天均线已经越过了筹码密集区

　　股价向上突破了区间上延。（见图2-47）

　　股价成功突破了，并且也伴有成交量的逐步增大，买入勿疑。

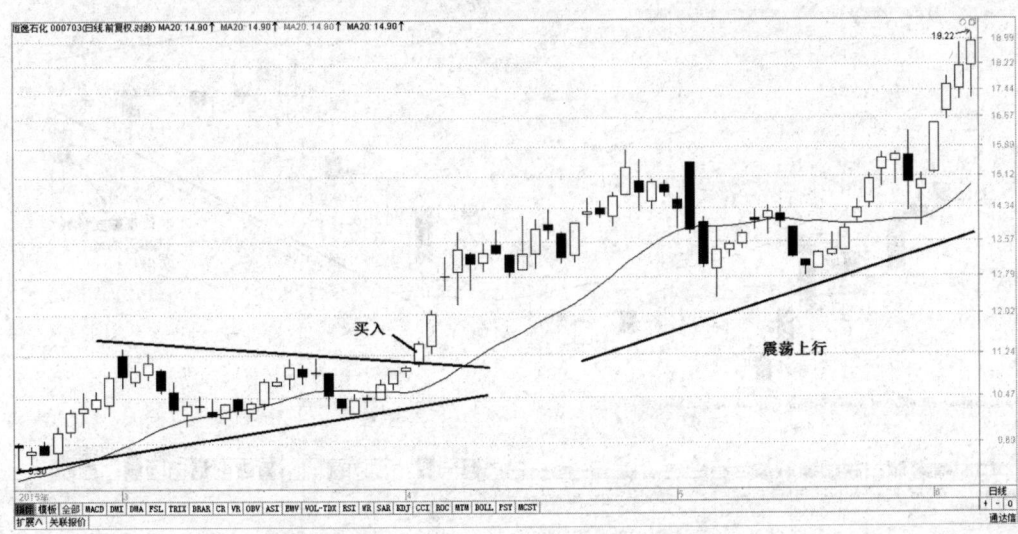

图2-48　后续走势

　　买入后股价迅速脱离了区间上延，但是在高位又再次大幅震荡，震荡结束后才开始真正拉升阶段。（见图2-48）

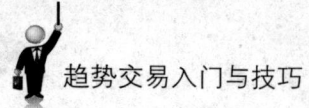
卖点——股价跌破支撑线且20天均线跌到筹码密集区之下

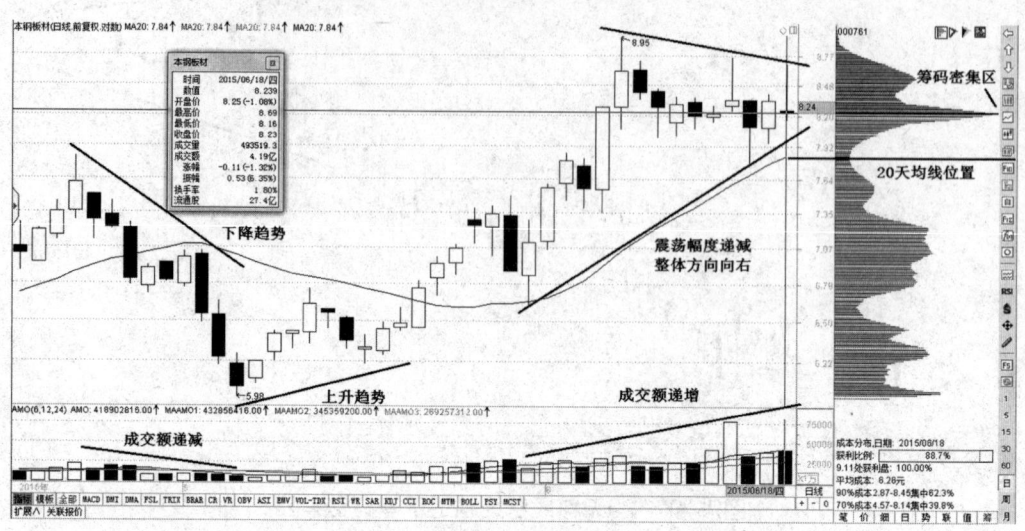

图2-49　形态出现

"震荡幅度递减，整体方向向右"的形态出现。（见图2-49）

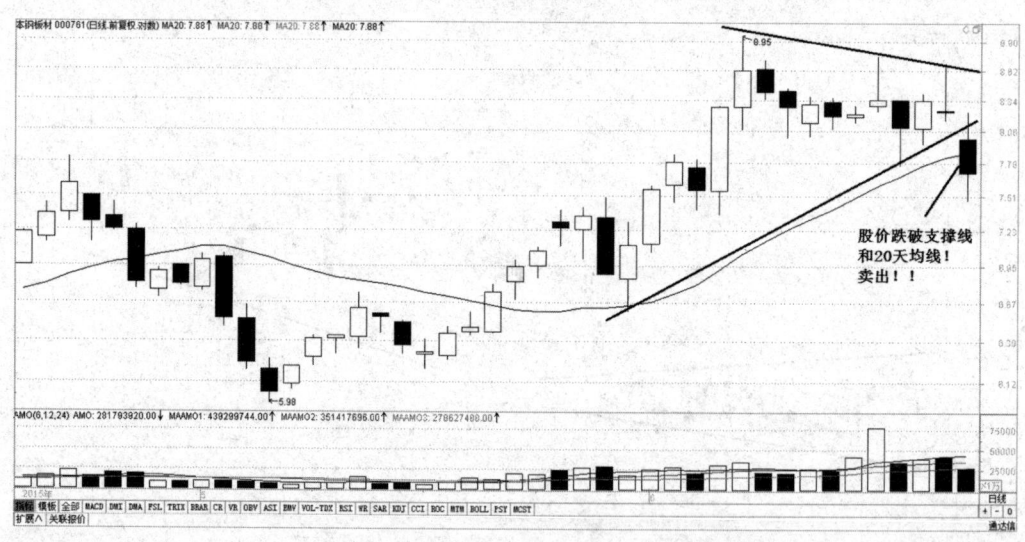

图2-50　卖点出现

股价没有向上突破，而是在更小更窄的空间里上下震荡，20天均线始终处在筹码密集区之下，一旦股价跌破了支撑线，就是卖点。（图2-50）

卖出之后股价开始震荡下跌。（见图2-51）

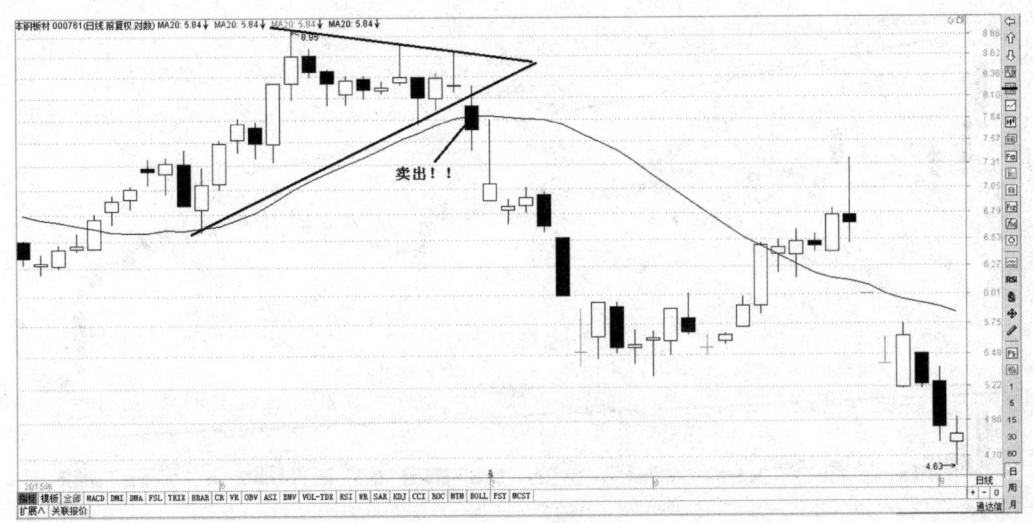

图2-51　震荡下跌

2.成交额递减

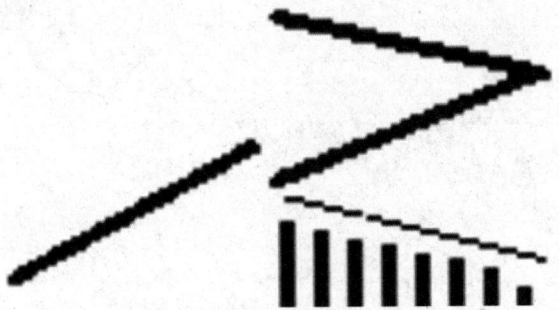

图2-52　震荡幅度递减，成交额递减

股价原先处在上升趋势中，证明股价走势向好，适合看多做多，买入并持有。20天均线或短期整体向上则表示短线行情向好，适合短线操作。

震荡幅度越来越小说明买卖双方的分歧越来越小，风险也越来越低，随着成交额的逐渐缩减，这个区间内愿意交易的投资者越来越少，交易越来越趋于冷淡，未来是否还能延续之前的上升趋势还很难说。（见图2-52）

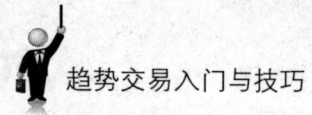

买点——股价突破后回调20天均线买入法

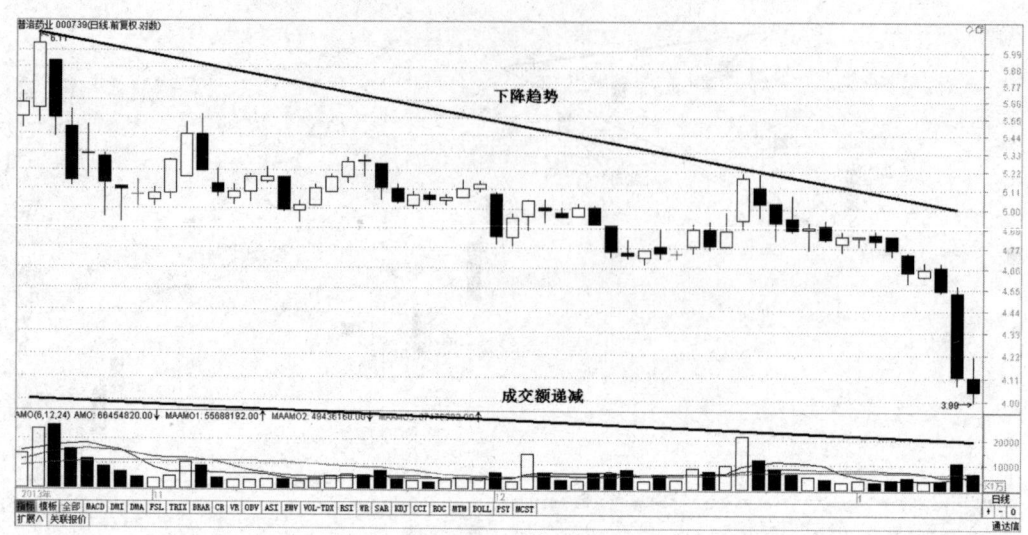

图2-53　前期走势

上升趋势之前通常都是成交额递减的下降趋势。（如图2-53）

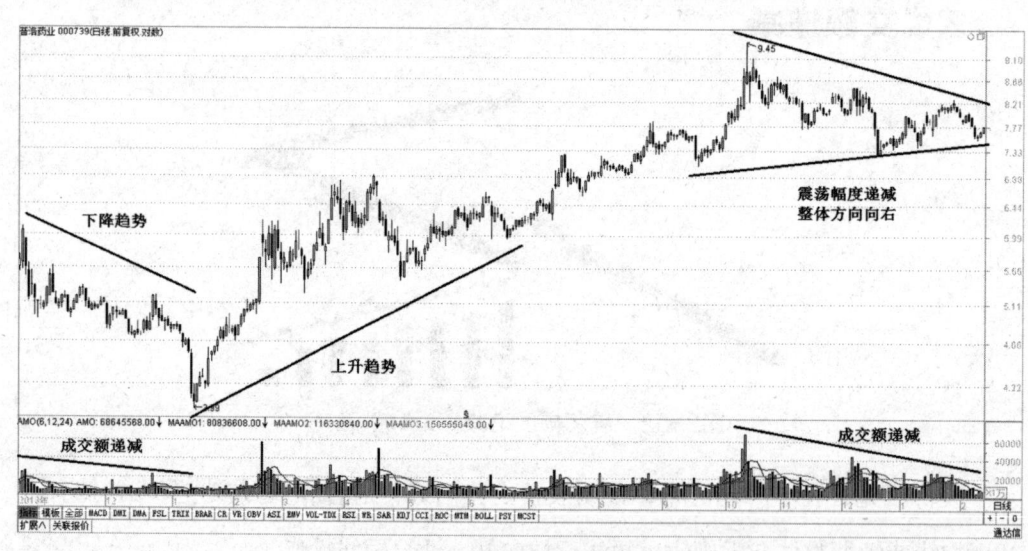

图2-54　形态出现

在股价连续下跌并伴随着成交额逐渐减少的情况下，股价随后出现了反转，并进入了新的上升趋势。（如图2-54）

随后股价形成了"震荡幅度递减，整体方向向右"的整理形态，并且成交额也呈现递减的情况。

如果股价未来向上突破了上延或是创出新高，并有量的支持，就可以在突破或

创出新高时择机买入，但是还有一种更稳妥的方法就是等待股价再次回调至20天均线时再行买入，这样可以买到一个更低更好的价位。

图2-55 股价回调20天均线——买入

图2-55中，股价成功突破了区间上延，激进的投资者可以选择在该日买入，但是稳健型的投资者适合在股价再次回调到20天均线时再行买入。

图2-56 后续走势

买入后不久，股价基本上延着20天均线这条线震荡上行。（见图2-56）

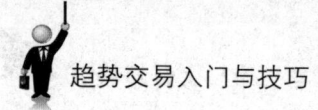

卖点——股价跌破支撑线

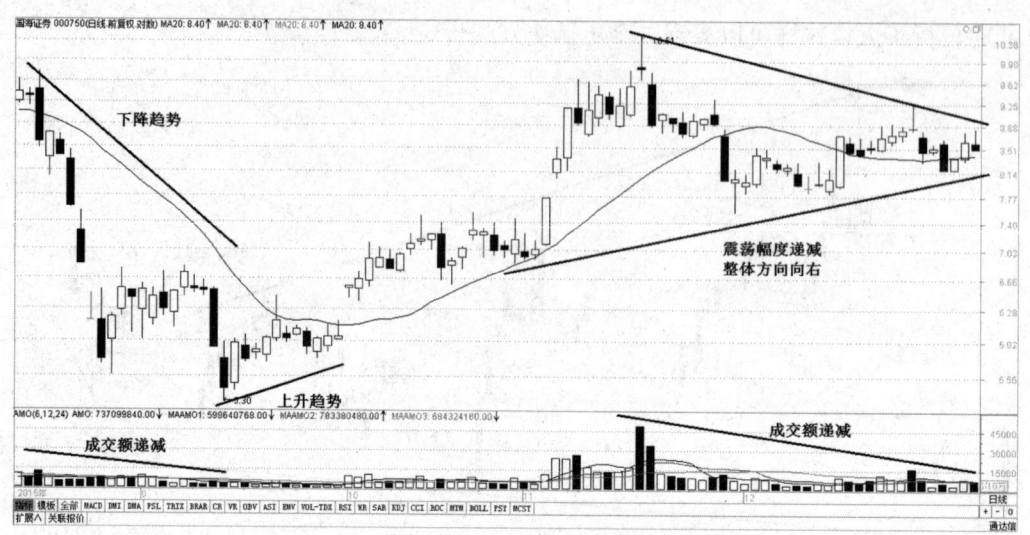

图2-57　形态出现

"震荡幅度递减，整体方向向右"的形态出现了。（见图2-57）

图2-58　股价跌破支撑线——卖出

一只大阴K线直接跌破了向上的支撑线和20天均线的支撑，持股者应该赶紧卖出手中的股票。（见图2-58）

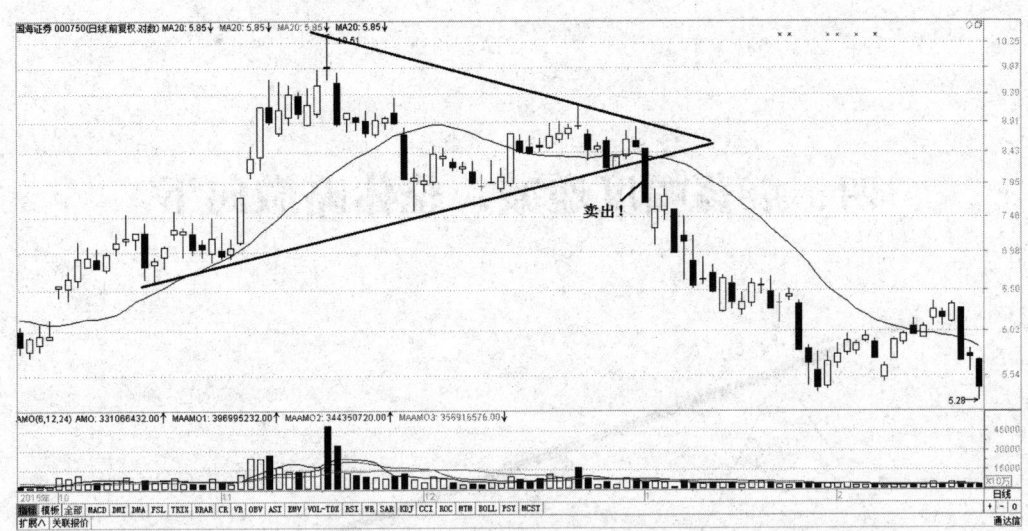

图2-59 卖出，逃过一劫

就在大阴K线跌破支撑线和20天均线后不久，股价进入连续下跌的行情。（见图2-59）

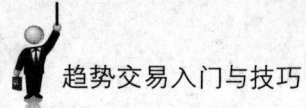

四、震荡幅度递减，整体略微向下

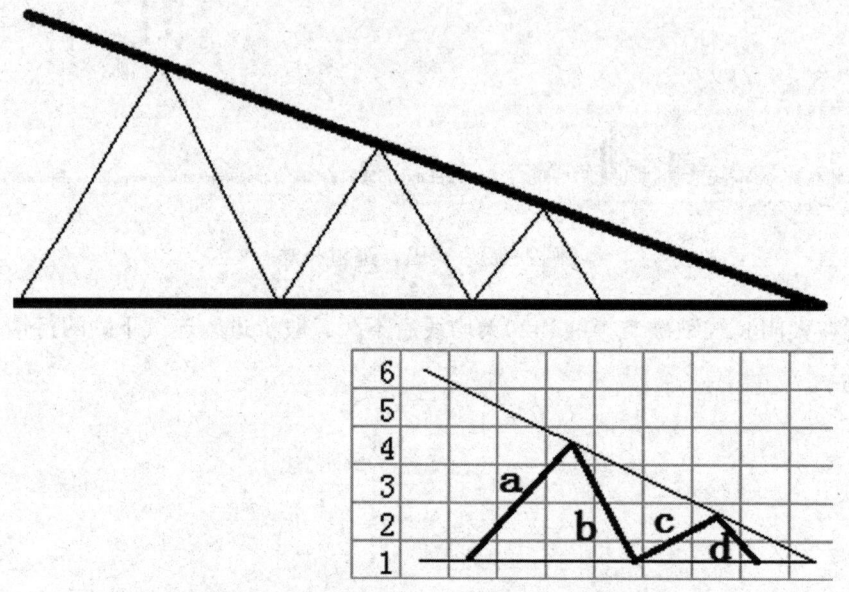

图2-60　震荡幅度递减，整体方向略微向下

震荡范围逐渐缩小，整体略微向右下方行进。（如图2-60）

a波段股价从1元涨到4元，上涨300%；

b波段从4元跌到1元，下跌75%；

c波段从1元涨至2元，上涨100%；

d波段从2元跌至1元，下跌50%。

该形态整体趋势略向右下方，从abcd波段的涨跌幅变化可以看到，涨幅从300%降低到100%，跌幅也由75%降到50%。

这类行情整体来说是个上涨或下降趋势的中继盘整行情，主要看股价最后的突破方向，向上突破则对看多买入有利，向下突破则对看空下跌有利。

至于怎么变化，要视具体的突破情况而定。

下面我们用成交额指标将本形态分为成交额递增和成交额递减两类。

1.成交额递增

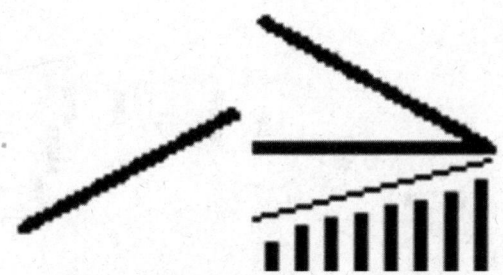

图2-61　震荡幅度递减，成交额递增

之前股价处在上升趋势中，说明股价之前的走势一度向好，适合看多做多，买入并持有，20天均线或短期整体向上则表示短线行情向好，说明适合短线操作。

震荡幅度越来越小说明买卖双方的分歧越来越小，风险也越来越低，随着成交额的不断增加，这说明在这个区间内有越来越多的资金在交易，未来继续向上的可能性相对增大。（见图2-61）

买点——股价得到水平支撑线的支撑或股价向上突破区间上延或筹码密集区

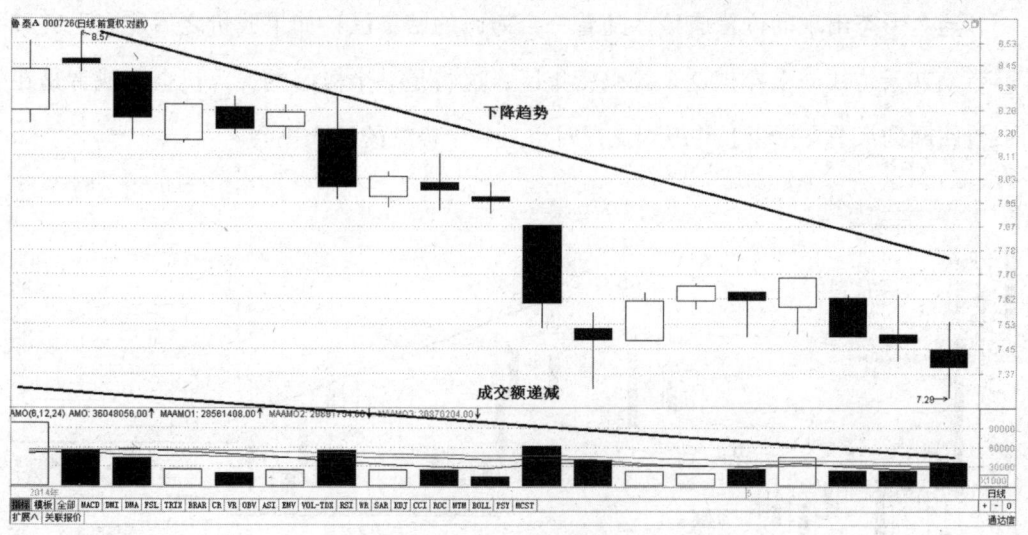

图2-62　前期走势

下降趋势结束时行情才会出现上升趋势。（见图2-62）

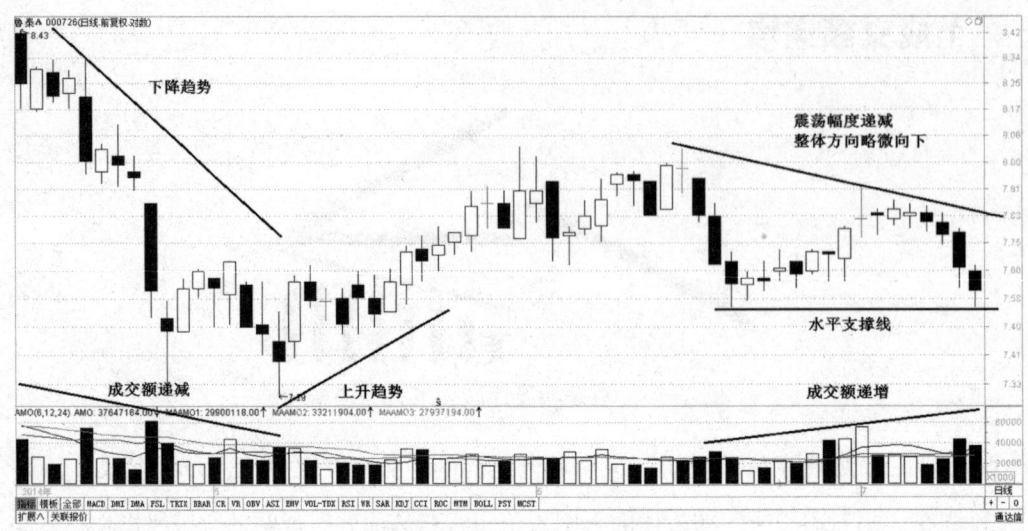

图2-63 形态出现

下降趋势之后股价开始反转进入上升趋势，并震荡上行，之后形成了"震荡幅度递减，整体方向略微向下"的整理形态，并且成交额也呈现的递增状态。（如图2-63）

这个形态出现的位置应该伴随着一个筹码的密集区！如果股价之后能向上突破并带动20天均线向上穿越这个筹码密集区，这将是一个极好的买入机会，或者是在股价回调到水平支撑线上并得到支撑时也是一个极好的买入机会。

图2-64 20天均线已经越过了筹码密集区

从图2-64中我们可以看到20天均线已经越过筹码的密集区，下一步只要股价向

上突破区间上延就可以放心买入了。

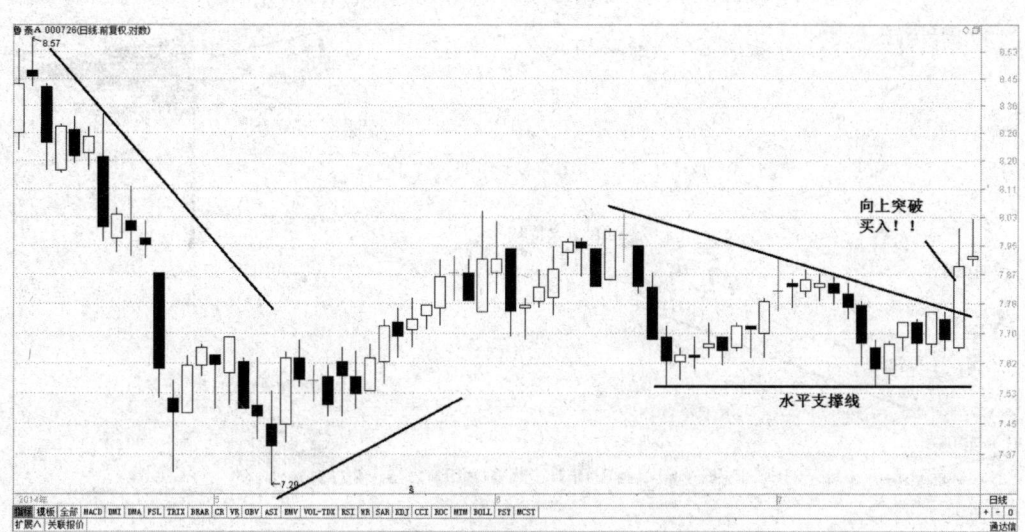

图2-65 股价向上突破——买入

股价向上突破了区间上延！买入！（见图2-65）

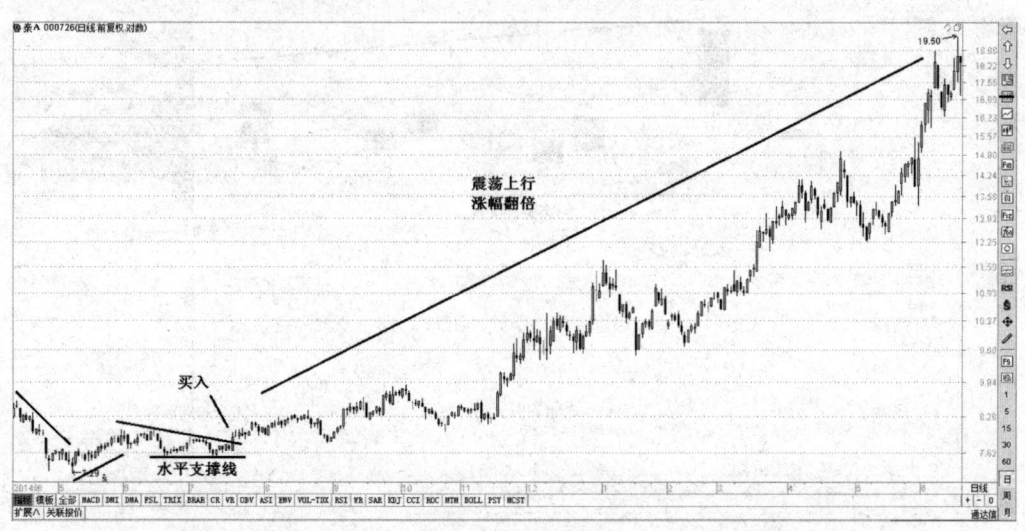

图2-66 后续走势

买入后股价虽然在很长一段时间里处在震荡上行的行情中，但是整体上看还是一路上行的走势，整个行情上涨了一倍。（见图2-66）

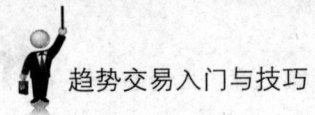

卖点——股价跌破支撑线且20天均线跌到筹码密集区之下

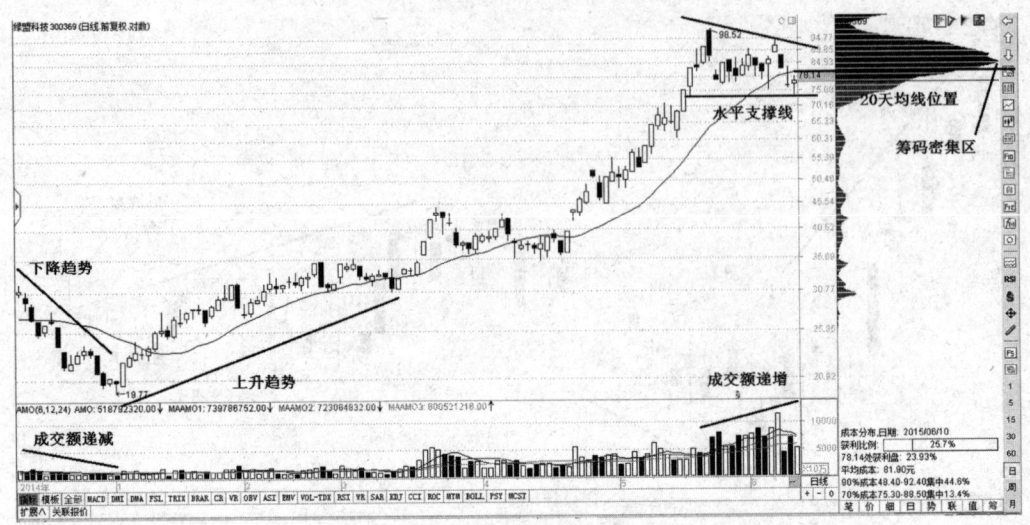

图2-67 形态出现

"震荡幅度递减，整体方向略微向下"的形态出现。（如图2-67）

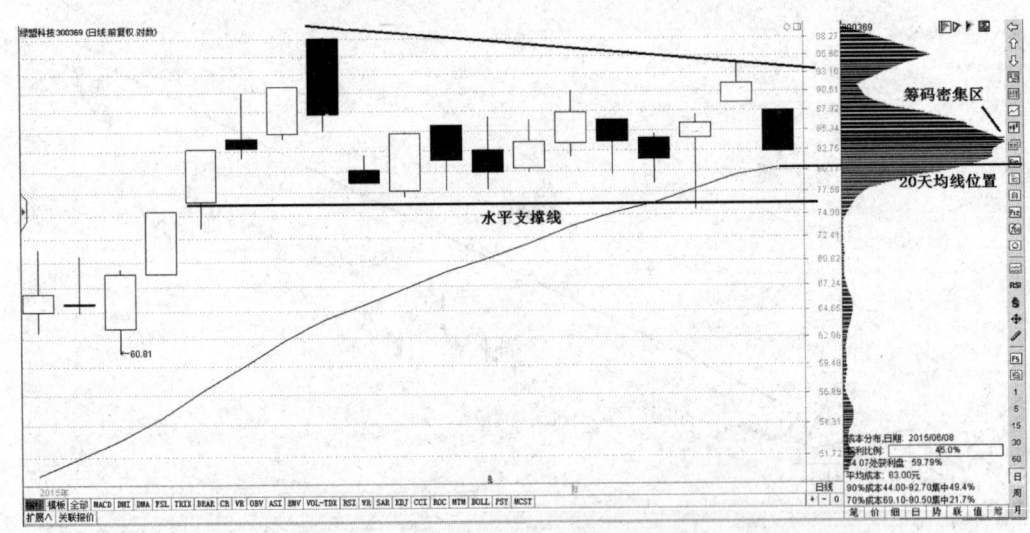

图2-68 20天均线已处在筹码密集区之下

图2-68可以看到股价已回调至20天均线附近，并且20天均线也有转头向下的趋势，更为重要的是20天均线所处的位置也在筹码密集区之下，这说明后市很有可能将选择向下跌破水平支撑线。

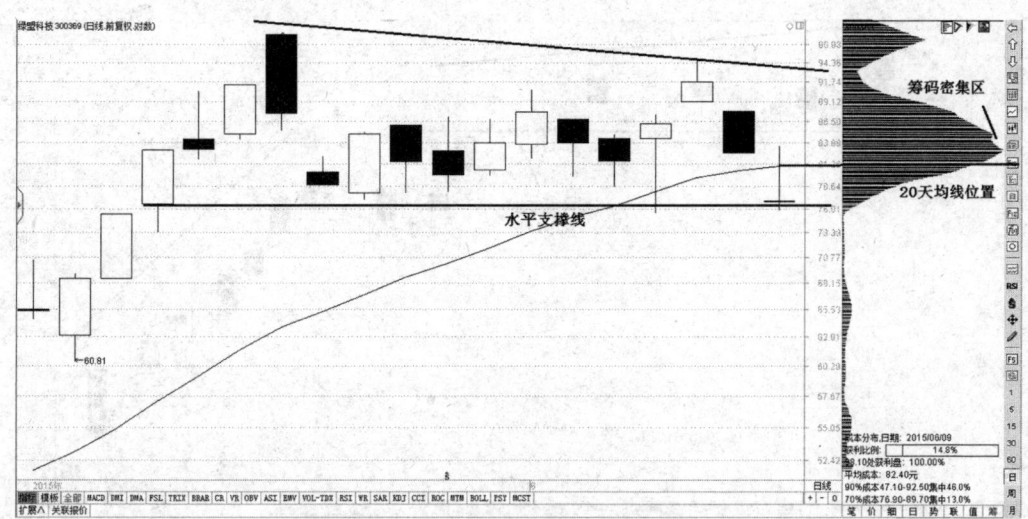

图2-69 股价跌破20天均线——可卖

股价选择了向下跌破20天均线的支撑，可以选择卖掉手中的一部分股票。（图2-69）

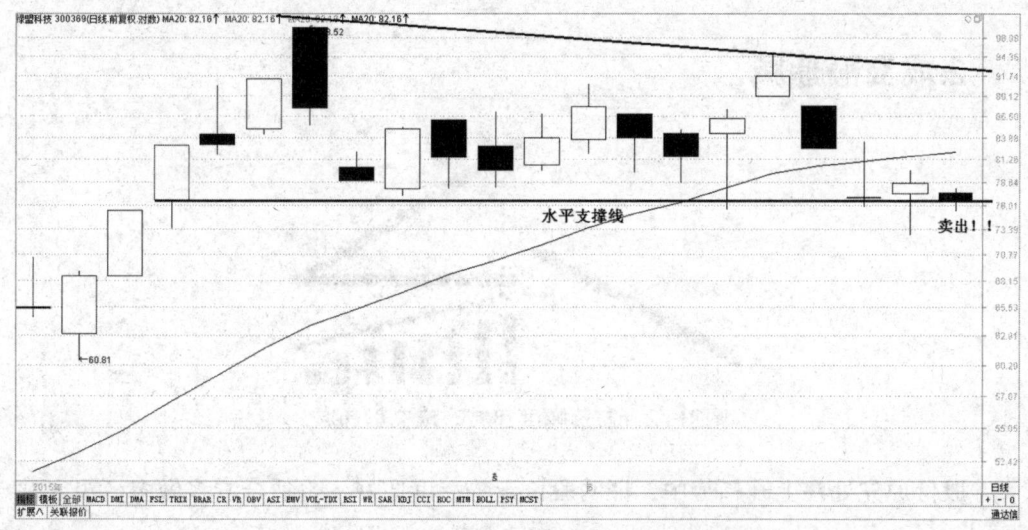

图2-70 股价跌破水平支撑线——卖出

股价再次向下跌穿了水平支撑线支撑，赶紧卖完手中的股票。（见图2-70）

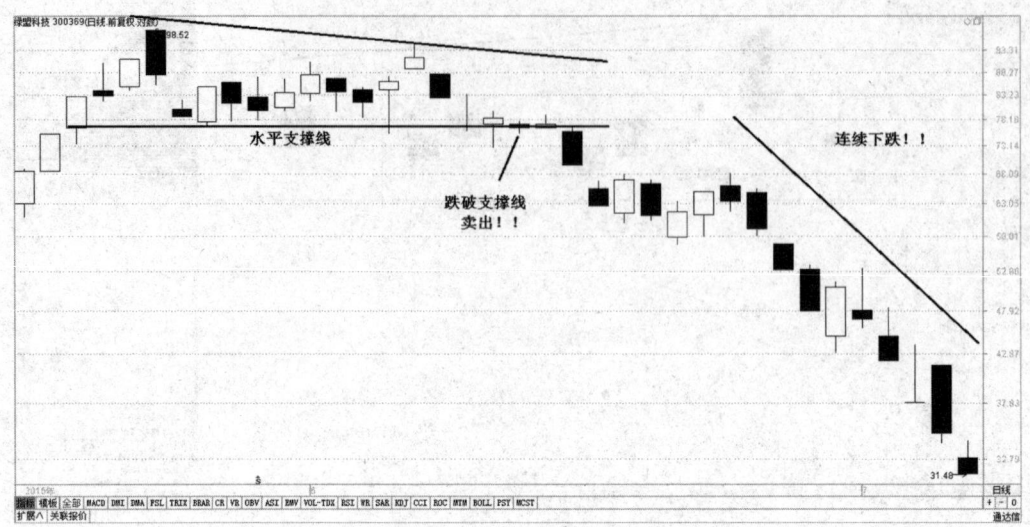

图2-71　卖出后走势

卖出之后股价开始连续下跌、我们卖的位置正好是暴跌的最开端，有幸逃过一劫。（见图2-71）

2.成交额递减

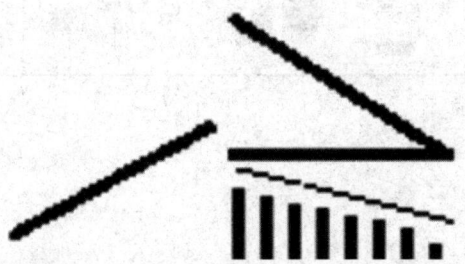

图2-72　震荡幅度递减，成交额递减

股价原先处在上升趋势中，证明股价走势一度向好，也适合看多做多，买入并持有，另外20天均线或短期整体向上则表示短线行情向好，适合短线操作。

从震荡幅度来看，幅度的宽度越来越小说明买卖双方的分歧越来越小，风险也越来越低，随着成交额的逐渐缩减，说明这个区间内愿意交易的投资者越来越少，交易越来越趋于冷淡，未来是否还能延续之前的上升趋势还很难说。（见图2-72）

买点——股价突破趋势上延或20天均线向上穿越筹码密集区

图2-73　前期走势

上升趋势之前总是下降趋势，而且这个下降趋势中的成交额都是呈递减的趋势。（如图2-73）

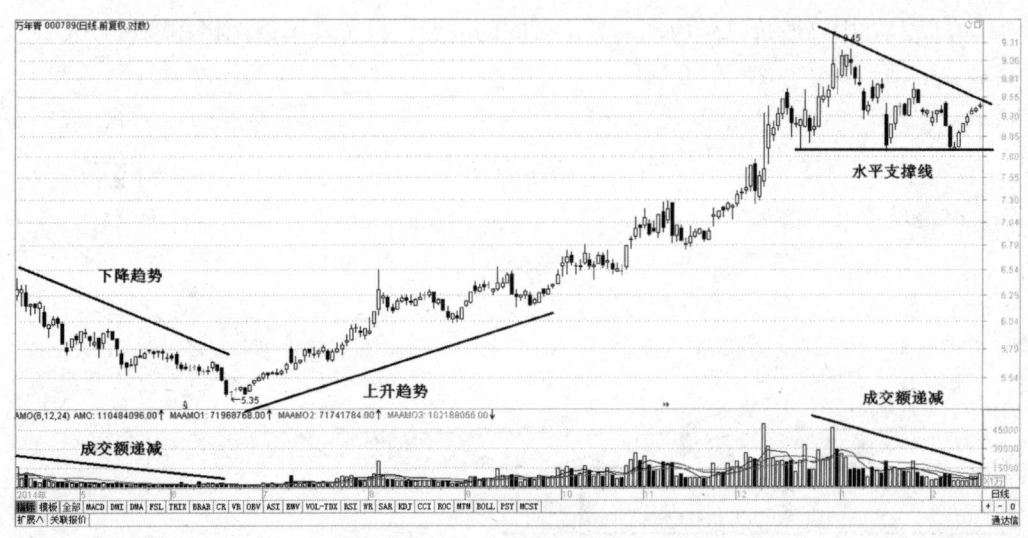

图2-74　形态出现

在股价连续下跌并伴随着成交额逐渐减少的情况下，股价随后出现了反转，并进入了新一轮上升趋势。（如图2-74）

随后股价形成了"震荡幅度递减，整体方向略微向下"的整理形态，并且成交额也呈现递减的情况。

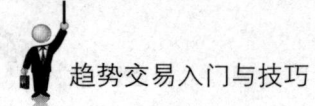

趋势交易入门与技巧

如果股价未来向上突破了上延或是创出新高，并有量的支持，就可以在突破或创出新高时择机买入，还有一种更稳妥的方法就是等待20天均线向上穿越筹码密集区之后再买入。

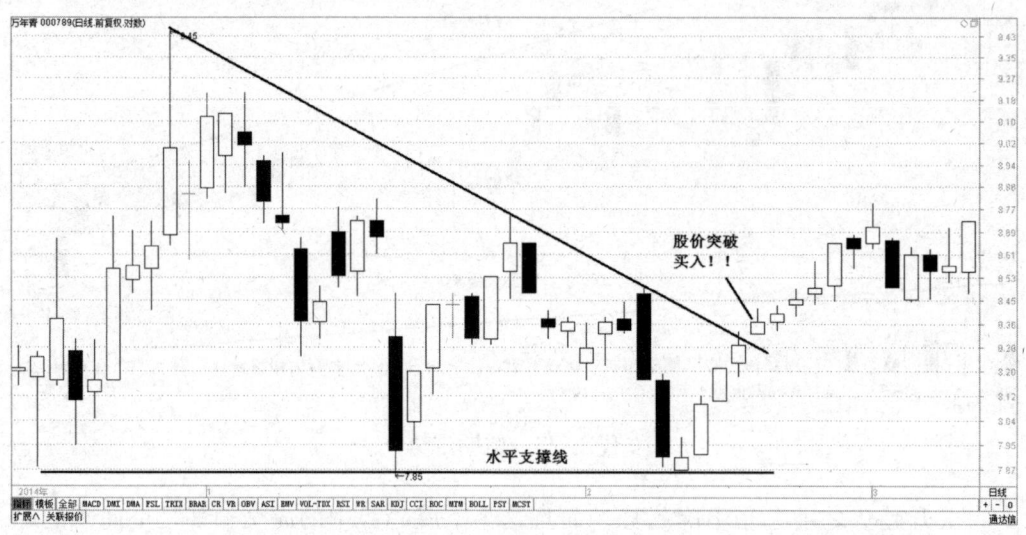

图2-75　股价突破区间上延——买入

在图2-75中，股价已经成功突破了区间的上延，投资者可以选择在该日买入。

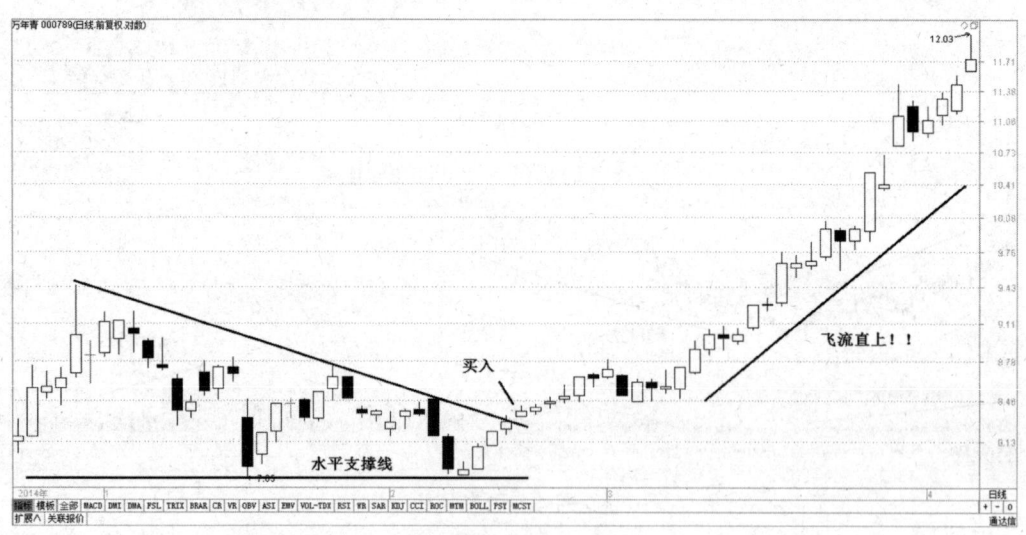

图2-76　后续走势

买入后不久，股价快速拉升，没有较大幅度的回调，上升幅度不小。（见图2-76）

卖点——股价跌破水平支撑线

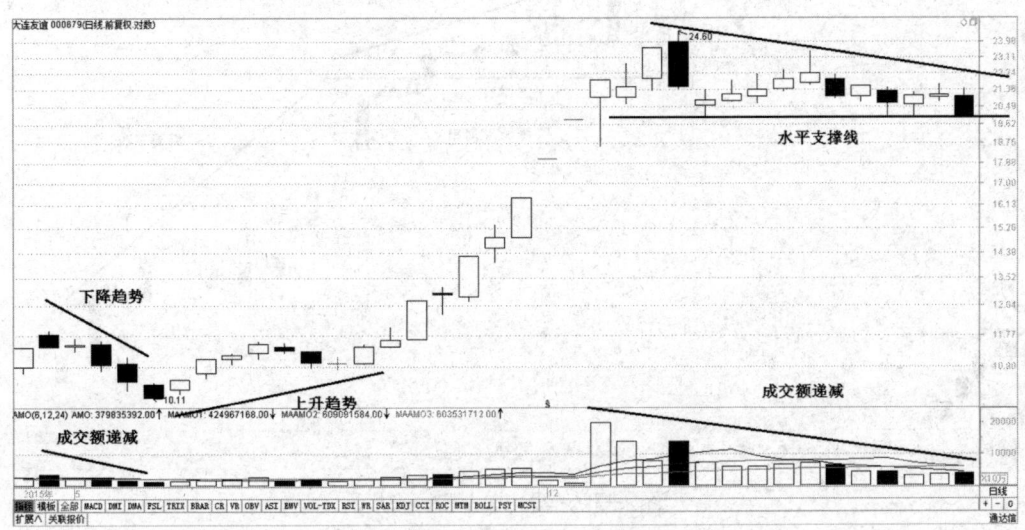

图2-77 形态出现

"震荡幅度递减，整体方向略微向下"的形态出现了。（见图2-77）

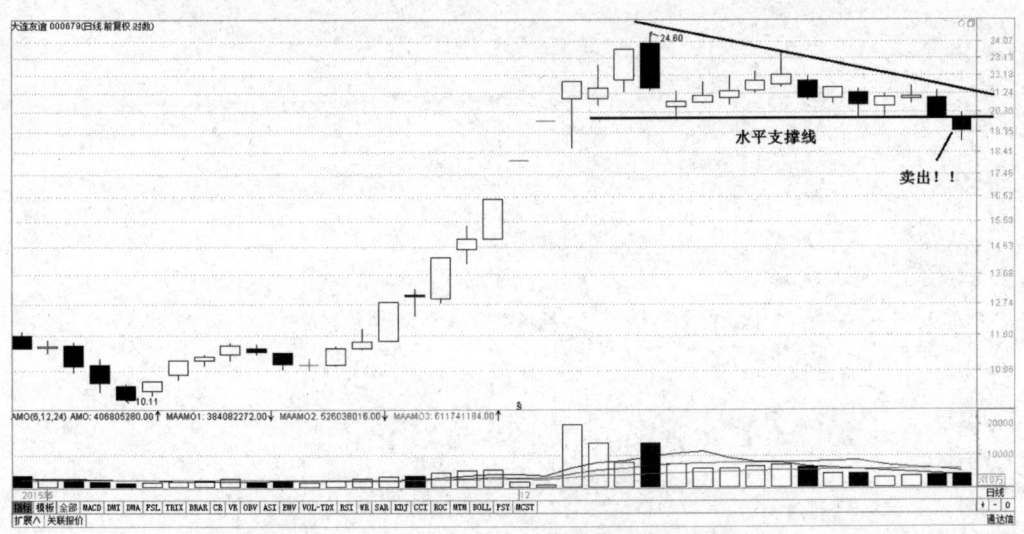

图2-78 股价跌破水平支撑线——卖出

一只小阴K线直接跌破了水平支撑线，持股者应该赶紧卖出手中该股的股票。

（见图2-78）

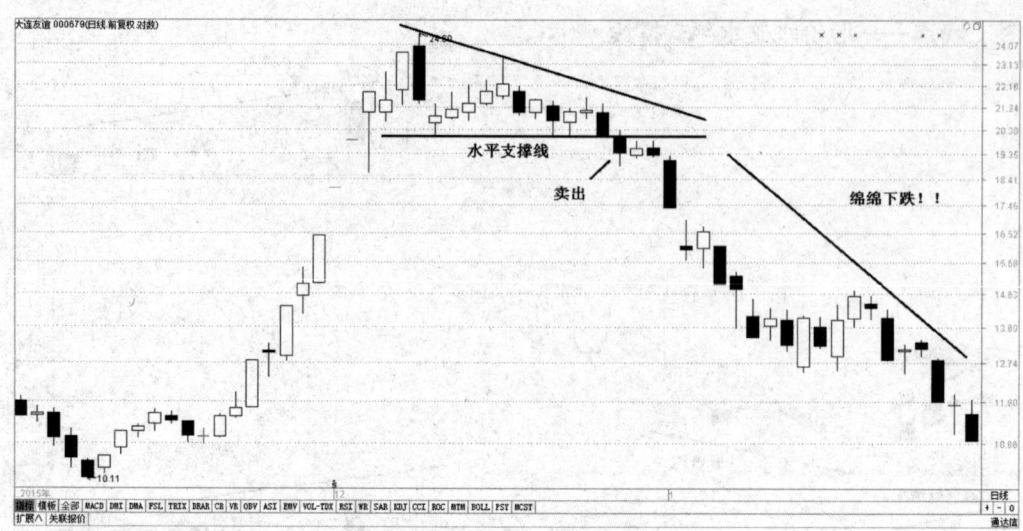

图2-79 卖出，逃过一劫

就在阴K线跌破水平支撑线后不久，股价立即进入加速下跌的行情。（见图 2-79）

五、震荡幅度递减，整体方向向下

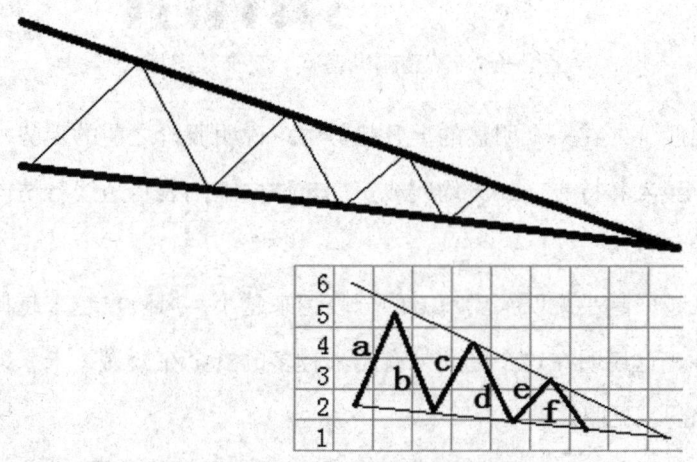

图2-80　震荡幅度递减，整体方向向下

震荡范围逐渐缩小，整体行进方向向下。（如图2-80）

a波段股价从2元涨到5元，上涨150%；

b波段从5元跌到1.9元，下跌62%；

c波段从1.9元涨至4元，上涨110%；

d波段从4元跌至1.5元，下跌62.5%；

e波段从1.5元涨至2.7元，上涨80%；

f波段从2.7元跌至1.4元，下跌48%。

该形态整体趋势略向右下方，从abcdef波段的涨跌幅变化可以看到，涨幅从150%逐渐降低到80%，跌幅也由62%逐渐降到48%。

这类行情整体来说是个上涨或下降趋势的中继盘整行情！主要看股价最后的突破方向！向上突破则对看多买入有利，向下突破则对看空下跌有利！

至于怎么变化，要视具体的突破情况而定。

下面我们用成交额指标将本形态分为成交额递增和成交额递减两类。

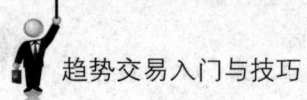

1.成交额递增

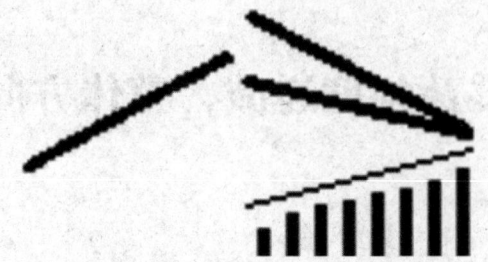

图2-81　震荡幅度递减，成交额递增

在这之前股价处在一个明显的上升趋势中，说明股价之前的走势一度向好，适合看多做多，买入和持有。20天均线或短期整体向上则表示短线行情向好，说明适合短线操作。

震荡幅度越来越小说明买卖双方的分歧越来越小，风险也越来越低，随着成交额的不断增加，这说明在这个区间内有越来越多的资金在交易，未来继续向上的可能性相对增加。（见图2-81）

买点——股价向上突破区间上延或20天均线穿越筹码密集区

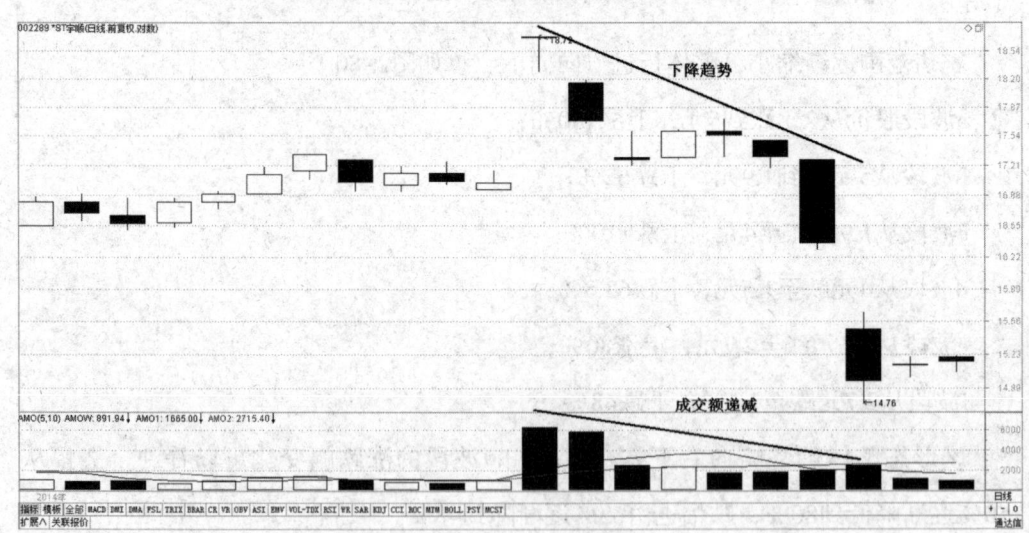

图2-82　前期走势

图2-82展现的是上升趋势出现之前，下降趋势伴随着成交额的递减态势。

下降趋势之后股价开始反转进入上升趋势，并在较高的位置上震荡了好长一段时间，之后股价震荡下行形成了"震荡幅度递减，整体方向向下"的整理形态，并

且成交额也呈现递增的情况。（如图2-83）

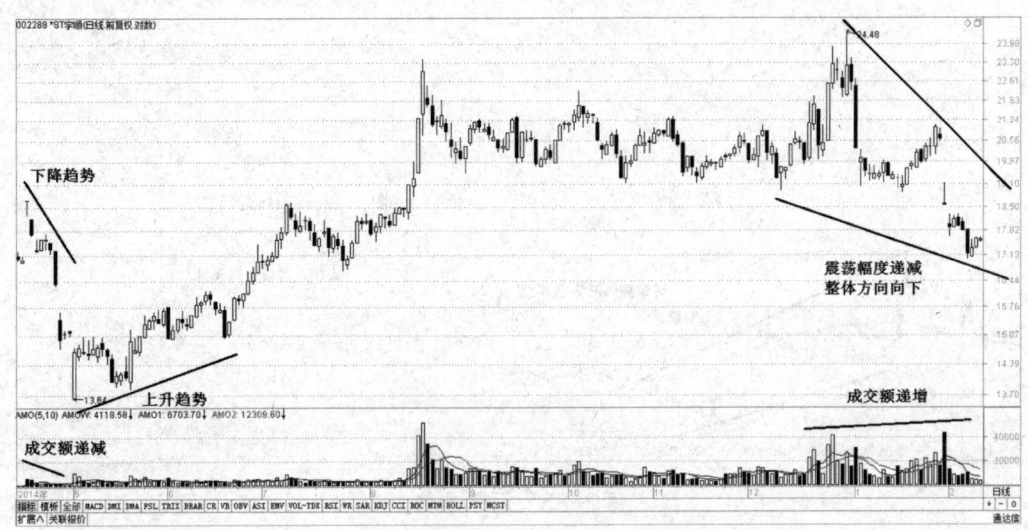

图2-83 形态出现

这个形态出现的位置通常伴随着一个筹码的密集区，如果股价随后能向上突破并带动20天均线向上穿越这个筹码密集区，这将是一个极好的买入机会。

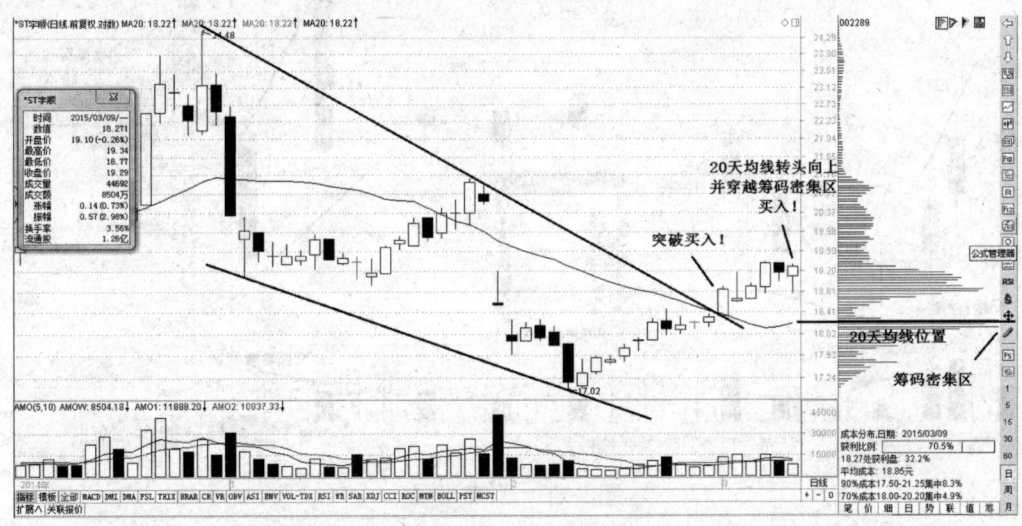

图2-84 20天均穿越了筹码密集区——买入

从图2-84中我们可以看到20天均线已经成功越过了筹码密集区，说明可以放心买入该股了。

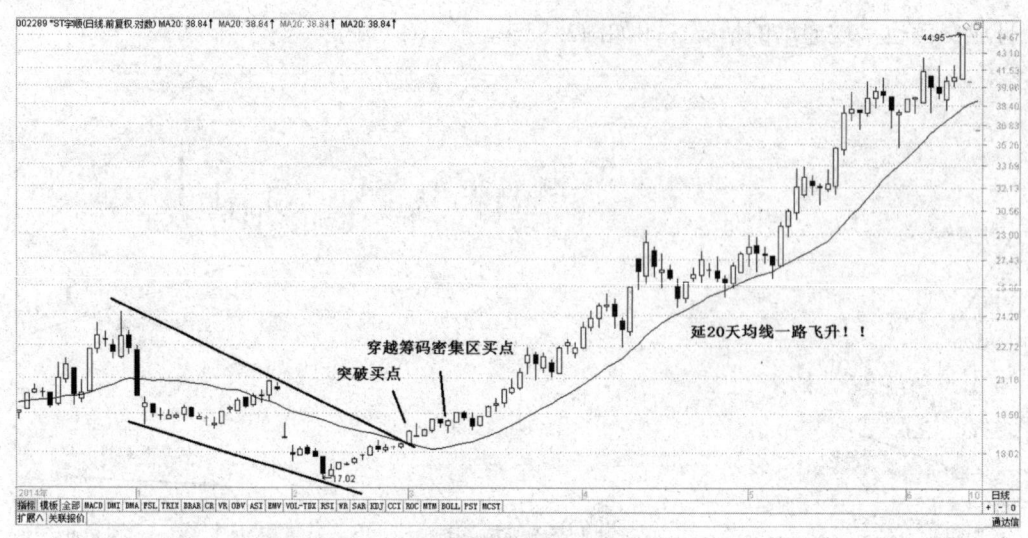

图2-85　后续走势

买入后股价直接延着20天均线不断高升，涨幅非常可观。（见图2-85）

卖点——股价跌破支撑线或20天均线跌到筹码密集区之下

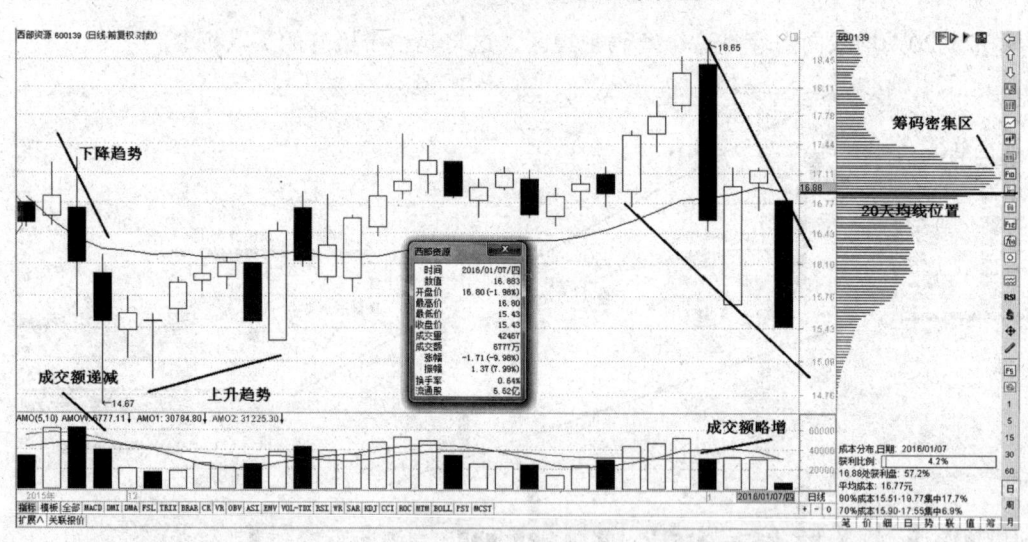

图2-86　形态出现

"震荡幅度递减，整体方向向下"的形态出现了。（见图2-86）

从图2-87中可以看到股价已经跌破了支撑线，赶紧卖出。

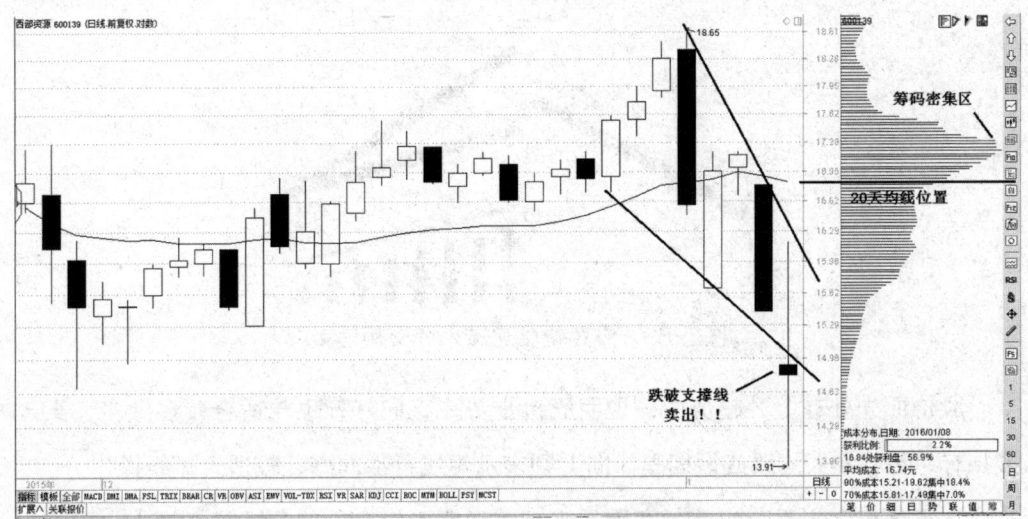

图2-87　股价跌破支撑线——卖出

图2-88　卖出后走势

就在卖出之后，股价开始连续下跌，我们卖出的位置正好是暴跌的最开端，有幸逃过一劫。（如图2-88）

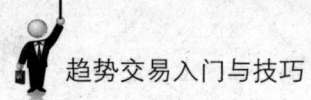

2.成交额递减

图2-89　震荡幅度递减，成交额递减

股价原先处在上升趋势中，说明股价走势一直向好，也较适合看多做多，买入或持有。另外20天均线或短期整体向上则表示短线行情向好，较适合短线操作。

从震荡幅度来看，幅度的宽度越来越小说明买卖双方的分歧越来越小，风险也越来越低，随着成交额的逐渐缩减，说明这个区间内愿意交易的投资者越来越少，交易越趋于冷淡，未来是否还能延续之前的上升趋势还很难说。（见图2-89）

买点——股价带量突破趋势上延

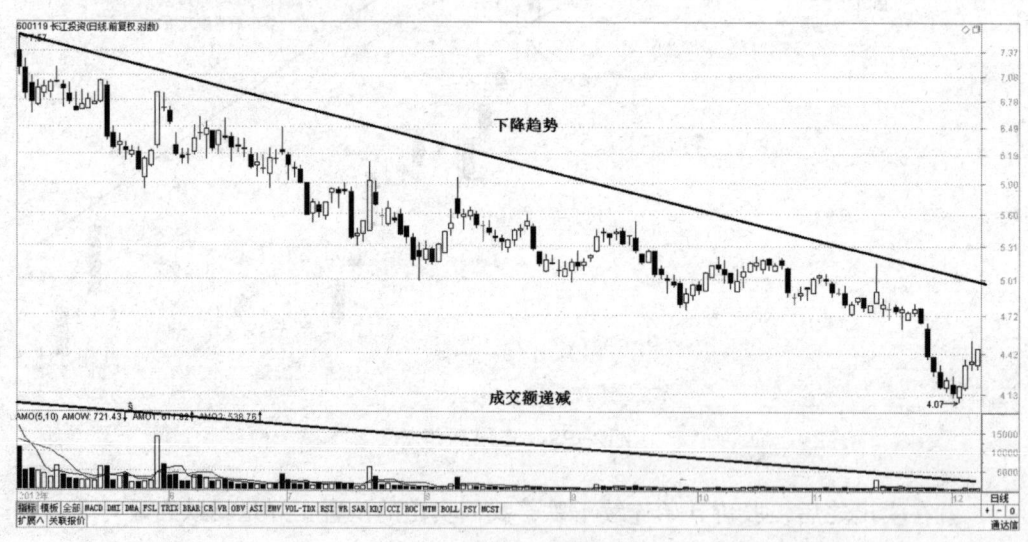

图2-90　前期走势

在买点出现前，一定会有一段下降趋势，然后才开始反转向上进入新的上升趋势。（如图2-90）

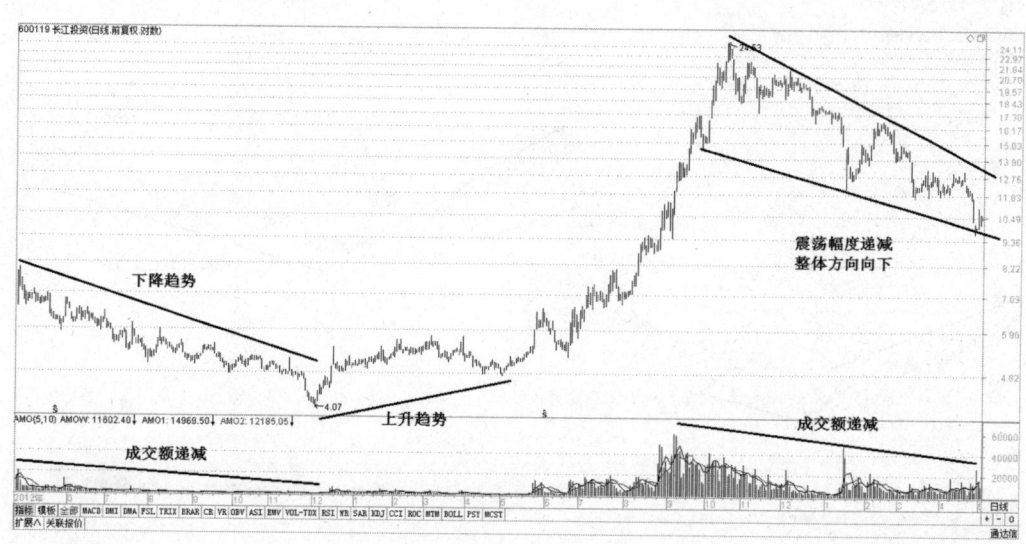

图2-91 形态出现

股价转而进入上升通道后，连续上涨了好一段，随后股价开始形成了"震荡幅度递减，整体方向向下"的整理形态，并且成交额也呈现递减的情况。（见图2-91）

如果股价未来向上突破了区间上延或是创出新高，并有量的支持，就可以在突破或创出新高时择机买入。

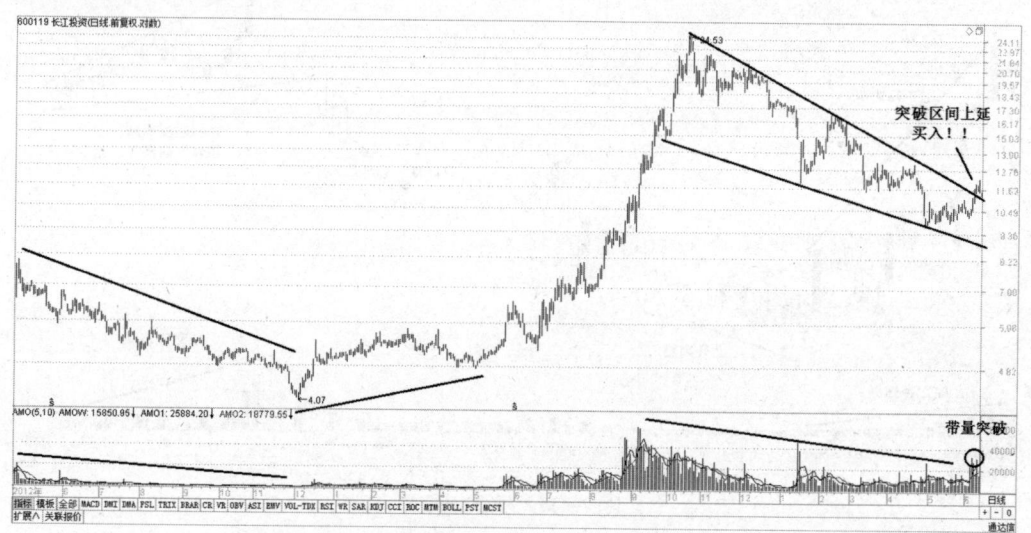

图2-92 股价带量突破区间上延——买入

在图2-92中，股价已经向上成功突破了区间上延，并且有成交量的支持，投资者可以选择在该日买入这只股票。

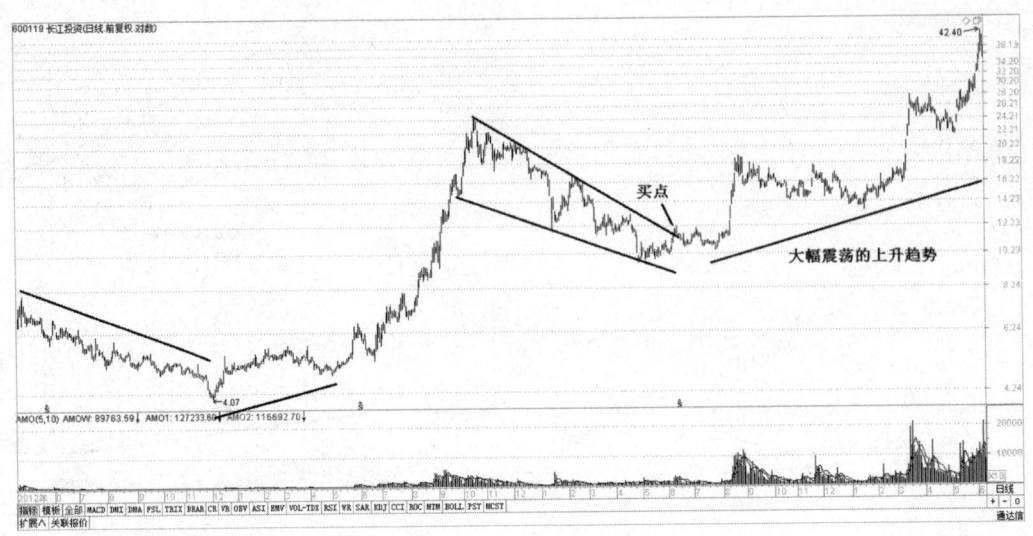

图2-93　后续走势

　　在买入信号发出后，股价不久开始大幅拉升，但是又再次进入新的震荡区间，总体上还是处在较大震荡幅度的上升趋势之中，整个波段最高翻了4倍。（见图2-93）

　　卖点——股价跌破区间支撑线

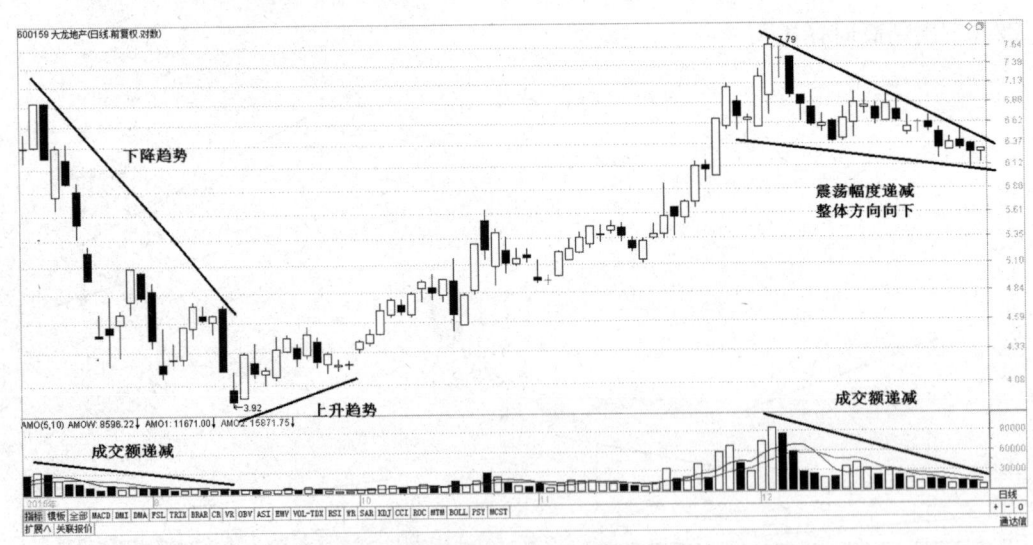

图2-94　形态出现

　　"震荡幅度递减，整体方向向下"的形态出现了。（见图2-94）

图2-95 股价跌破区间支撑线——卖出

一只小阴K线不小心跌破了区间的下延支撑线，持股者应该赶紧卖出手中的股票。（如图2-95）

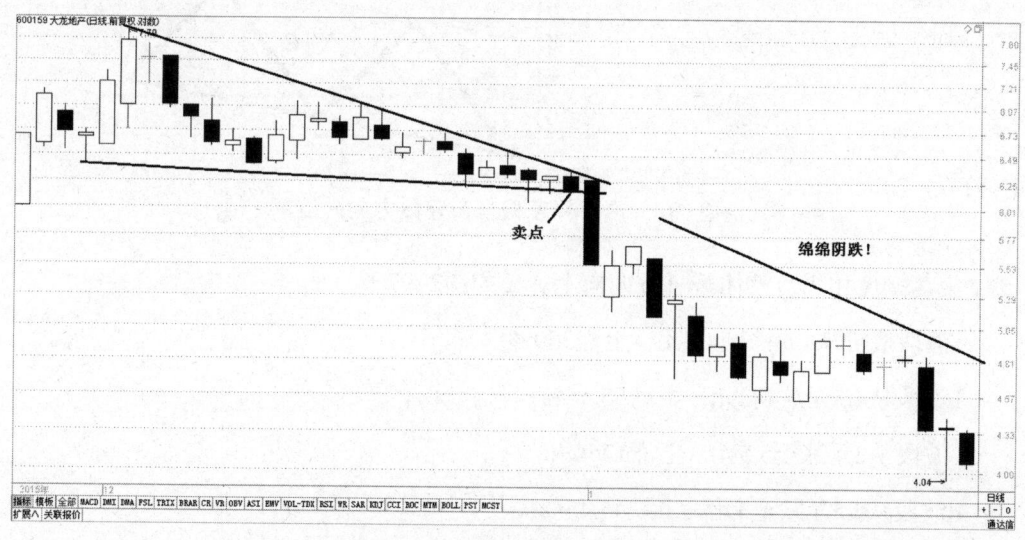

图2-96 卖出，再次逃过一劫

就在小阴K线跌破支撑线后不久，下一个交易日开始股价大幅度下跌，这次我们又躲过了一次大跌。（如图2-96）

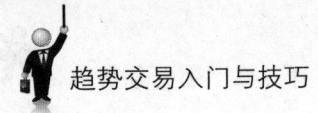

六、震荡幅度相当，整体方向向上

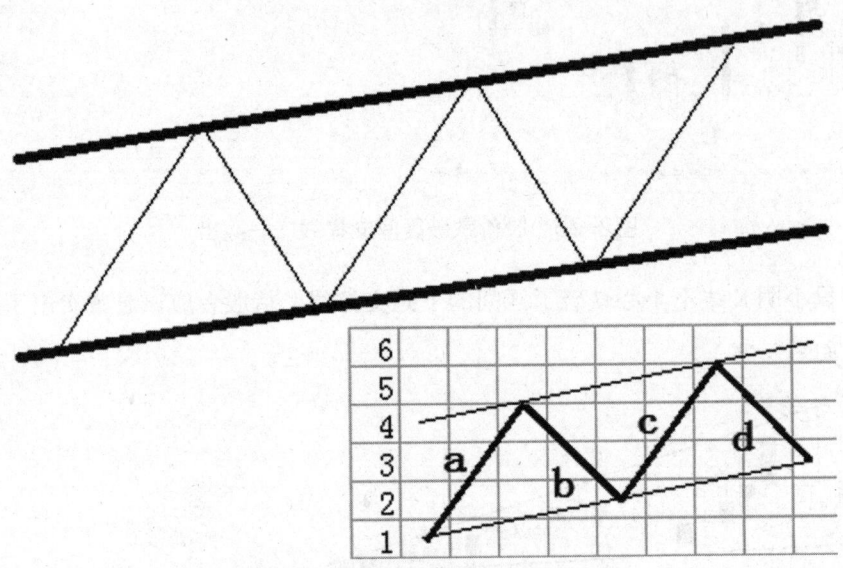

图2-97　震荡幅度相当，整体方向向上

震荡幅度相当，整体行进方向向上。（如图2-97）

a波段股价从1元涨到4.5元，上涨350%；

b波段从4.5元跌到2元，下跌55.55%；

c波段从2元涨至5.5元，上涨175%；

d波段从5.5元跌至3元，下跌45.45%。

该形态整体向右上方行进，从abcd波段的涨跌幅变化可以看到，涨幅从350%逐渐降低到175%，跌幅也由55.55%逐渐降到45.45%。

这类行情整体来说是个上涨或下降趋势的中继盘整行情，主要看股价最后的突破方向，向上突破则对看多买入有利，向下突破则对看空下跌有利。

至于怎么变化，要视具体的突破情况而定。

下面我们用成交额指标将本形态分为成交额递增和成交额递减两类。

1.成交额递增

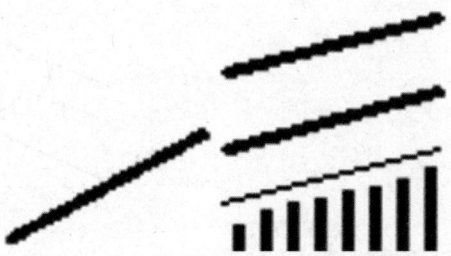

图2-98 震荡幅度相当,成交额递增

在这之前股价处在一个明显的上升趋势中,说明股价之前的走势一度向好,适合看多做多,买入和持有。20天均线或短期整体向上则表示短线行情向好,说明适合短线操作。

震荡幅度相当,说明买卖双方希望保持目前的趋势来回交易,随着成交额的不断增加,说明在这个区间内将有越来越多的资金交易,未来继续向上的可能性相对增大。(见图2-98)

买点——股价向上突破区间上延或股价回调到支撑线并得到支撑或股价带动20天均线向上穿越筹码密集区

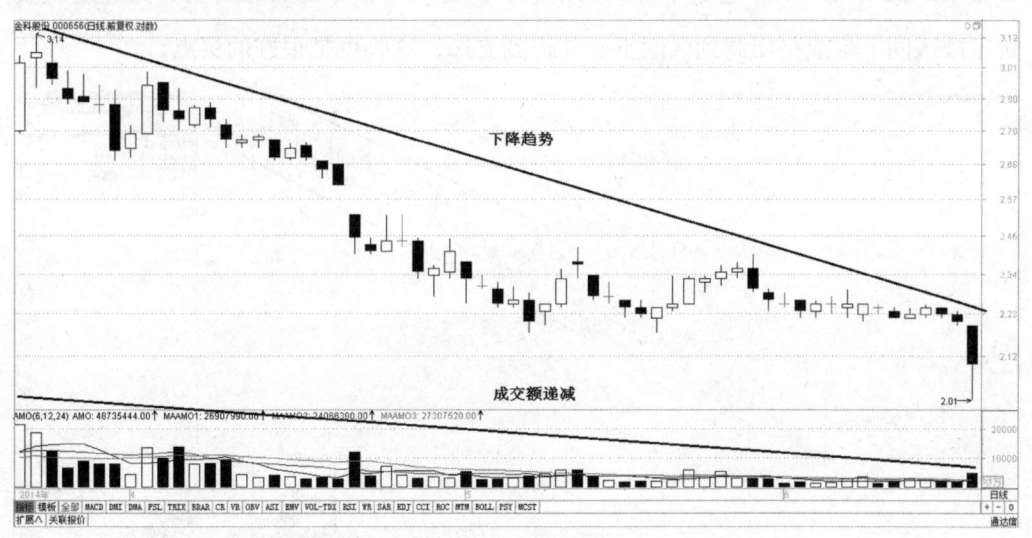

图2-99 前期走势

图2-99所反映的是上升趋势出现之前的一段成交额递减的下降趋势。

图2-100　形态出现

就在下降趋势反转进入上升趋势后，股价进入了一个新的上升通道，在上涨了好一段后，形成了"震荡幅度相当，整体方向向上"的上行通道，并且成交额也是递增的。（如图2-100）

这个形态出现的位置通常伴随着一个筹码的密集区，如果股价随后能向上突破并带动20天均线向上穿越这个筹码密集区，就是一个很好的买入时机，另外还有股价上破区间上延或是回调到区间下延并得到支撑，这些也是很好的买点。

图2-101　20天均线处在筹码密集区之下，向上穿越就是好买点

从图2-101中我们可以看到20天均线仍处在筹码密集区之下，暂时还不能就此买

入，另外股价也将要跌破区间的支撑线，反而很可能进入下跌行情。

图2-102　20天均线穿越了筹码密集区，股价也创出了新高，又有量的支持——买入

股价略微下跌了一段，但是马上又回到了20天均线之上，并且20天均线随后又带动股价越过了筹码密集区，创出新高，并且有量能的显著增加，买入无疑。（如图2-102）

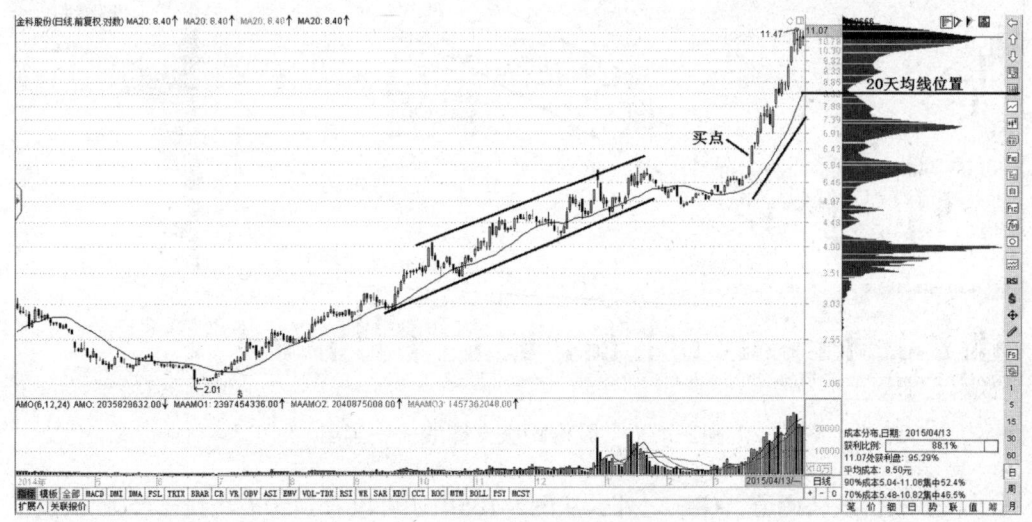

图2-103　后续走势

买入后股价直接向上飞驰，只是从20天均线所处的筹码位置看，上行压力不容乐观，所以以20天均线为止盈线止盈较为妥当，一旦股价跌破20天均线就可以卖出了。（如图2-103）

卖点——股价跌破支撑线或20天均线跌到筹码密集区之下

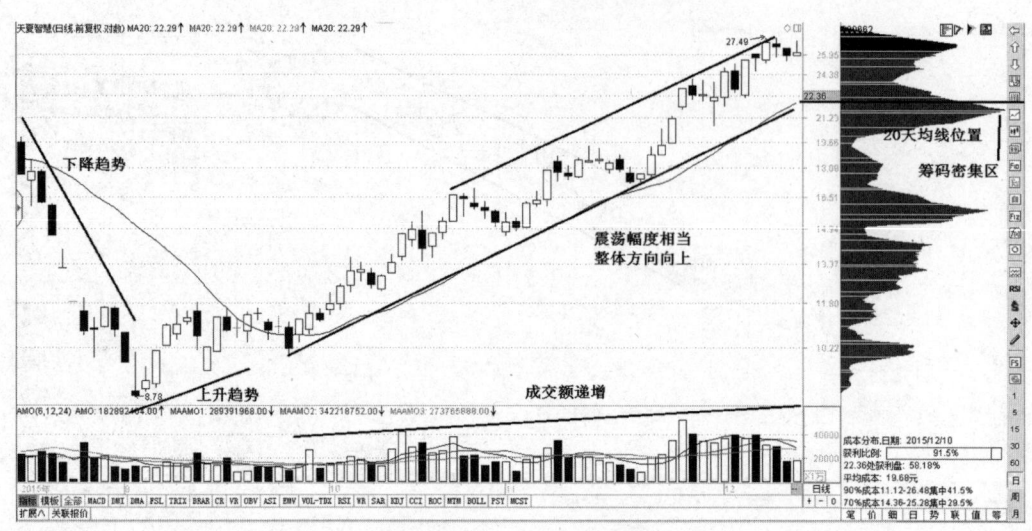

图2-104　形态出现

"震荡幅度相当，整体方向向上"的形态出现了。（图2-104）

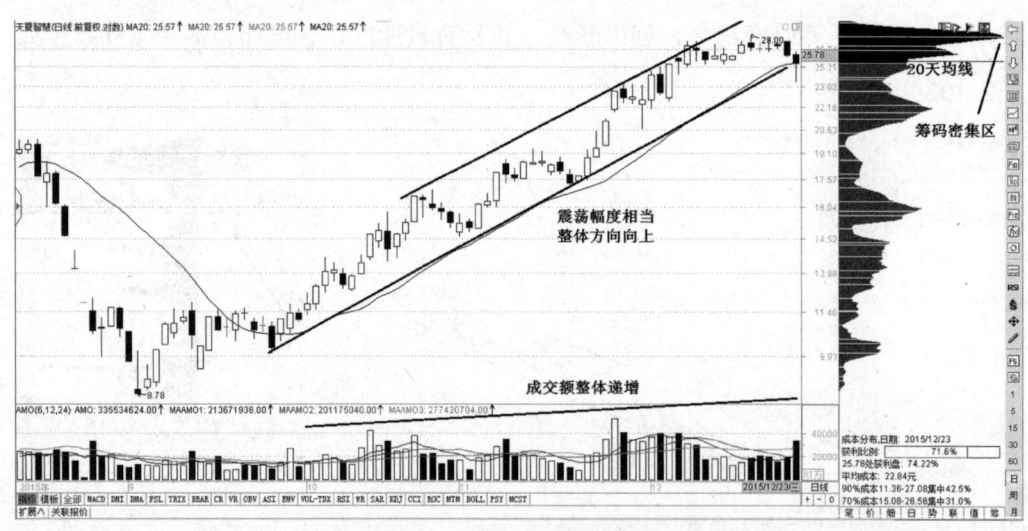

图2-105　股价跌破支撑线——卖出

除了股价跌破通道支撑线之外，从图2-105中还可以看到20天均线已经无力再向上穿越上方的筹码密集区了，卖出无疑，再恋战者必没有好下场。

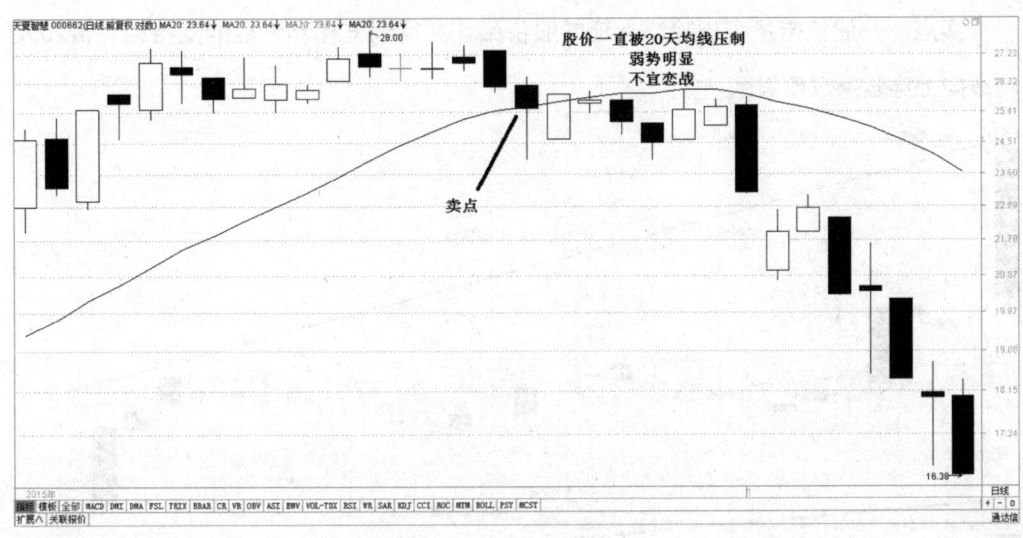

图2-106　卖出后走势

　　卖出之后不久，股价还多次试图上破20天均线，但是没有一次成功，每次尝试都被20天均线所压制，弱势明显，不宜恋战。（如图2-106）

2.成交额递减

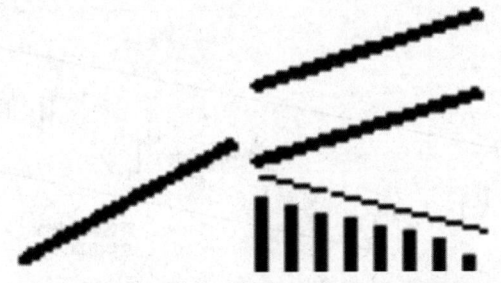

图2-107　震荡幅度相当，成交额递减

　　股价原先处在上升趋势中，这就说明股价走势一直是向好的，较适合看多做多或买入持有！另外20天均线或短期整体向上则表示短线行情向好，较适合短线操作！

　　从震荡幅度来看，震荡的幅度是一样的，说明买卖双方对原有的上升趋势是赞同的，但是随着成交额的逐渐缩减，说明这个区间内愿意交易的投资者越来越少，交易越来越趋于冷淡，未来是否还能延续之前的上升趋势还很难说。（见图2-107）

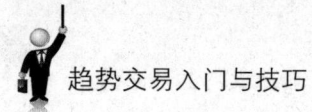

买点——股价带量突破趋势上延或股价回调并得到支撑和量能的支持或等待20天均线向上穿越筹码密集区

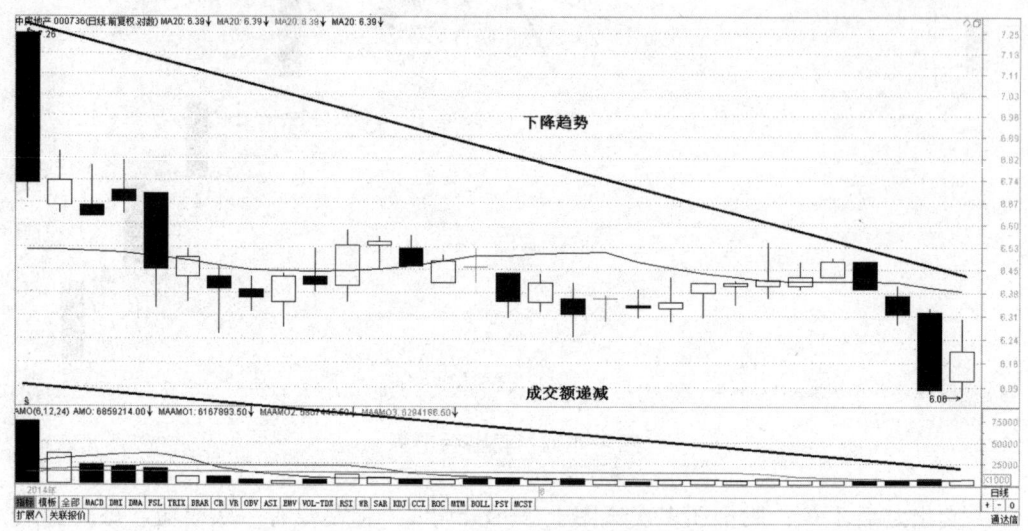

图2-108　前期走势

在上升趋势出现前，一定会有一段下降趋势，然后才由下降趋势反转成上升趋势。（如图2-108）

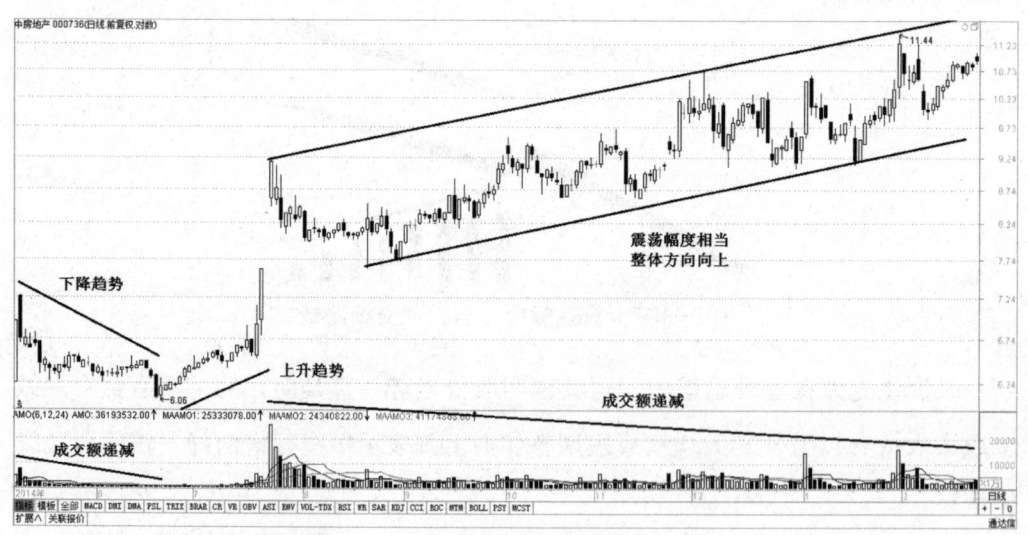

图2-109　形态出现

从下降趋势转至上升趋势后，股价直接拉开了低价区，在高位进入了"震荡幅度相当，整体方向向上"的上行通道形态，并且成交额整体呈现出了递减的态势。（见图2-109）

如果股价未来向上突破了区间上延或是创出新高，并有量的支持，就可以在突破或创出新高时择机买入，或回调下延得到支撑，或20天均线向上越过筹码密集区，都是不错的买点。

图2-110　20天均线在筹码密集区之上，股价带量向上突破——买入

在图2-110中，股价已经向上成功突破了区间上延，并且有成交量的支持，另外从筹码分布指标上看，20天均线的上行压力也不大，未来很可能还将延续之前的上升趋势。

图2-111　后续走势

虽然后续的上涨幅度并不多，但是知足常乐，只要有盈利就行，不能老是想着翻倍翻N倍，否则会丧失理智，投资不是赌博，千万不能意气用事。（见图2-111）

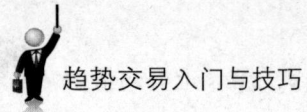

趋势交易入门与技巧

卖点——股价跌破区间支撑线

图2-112　形态出现

"震荡幅度相当，整体方向向下"的形态出现了。（见图2-112）

图2-113　股价试图制造买点

股价大幅拉升，试图攻破区间上延的压制。（见图2-113）

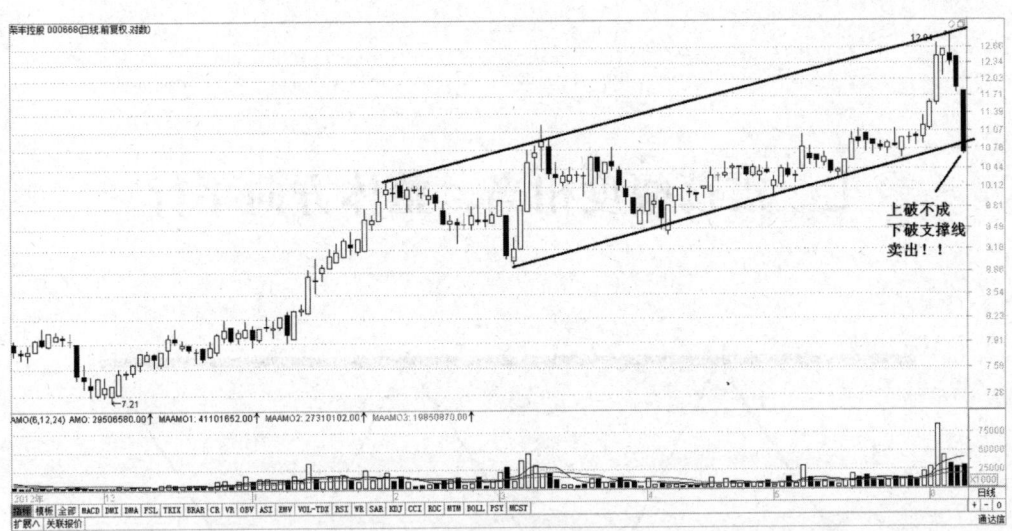

图2-114　上破不成，反到下破区间下延支撑线——卖出

　　就在试图上破区间上延的后续几个个交易日，股价大幅度下跌，最后跌破了区间支撑线，这时就应该卖出手中该股了。（如图2-114）

图2-115　后续走势

　　就在我们卖出该股不多久，股价震荡下行，一路跌到只有8元钱，让持有它的投资者损失惨重。（如图2-115）

七、震荡幅度相当，整体方向平行

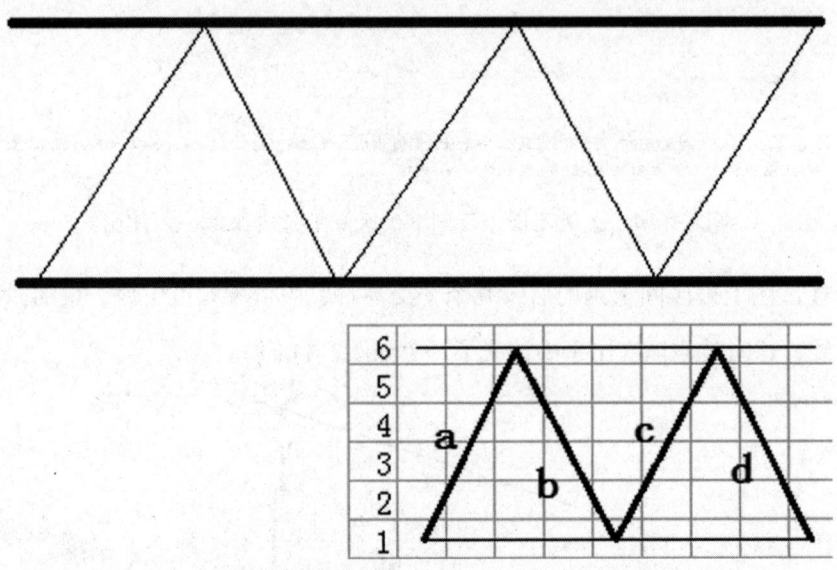

图2-116　震荡幅度相当，整体方向平行

震荡幅度相当，整体行进方向向右横行。（如图2-116）

a波段股价从1元涨到6元，上涨500%；

b波段从6元跌到1元，下跌83.33%；

c波段从1元涨至6元，上涨500%；

d波段从6元跌至1元，下跌83.33%。

该形态整体向右方横行，从abcd波段的涨跌幅变化可以看到，涨幅从500%一直维持不变，跌幅也是一直保持着83.33%不变。

这类横向盘整行情很常见！后市走向主要还是看股价的突破方向，向上突破则对看多买入有利，向下突破则对看空下跌有利。

至于未来行情会怎么变化，这就要视具体的突破情况而定了。

下面我们用成交额指标将本形态分为成交额递增和成交额递减两大类。

1.成交额递增

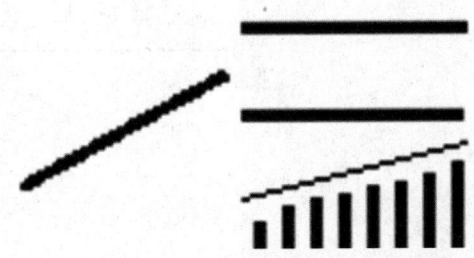

图2-117 震荡幅度相当，成交额递增

在这之前股价处在一个明显的上升趋势中，说明股价之前的走势一度向好，也说明行情适合看多做多，买入或持有。20天均线或短期整体向上则表示短线行情向好，说明适合短线操作。

震荡幅度相当，说明买卖双方希望保持目前的趋势来回交易，随着成交额的不断增加，说明在这个区间内将有越来越多的资金交易，未来继续向上的可能性相对加大。（见图2-117）

买点——股价向上突破区间上延或股价回调到支撑线并得到支撑或股价带动20天均线向上穿越筹码密集区

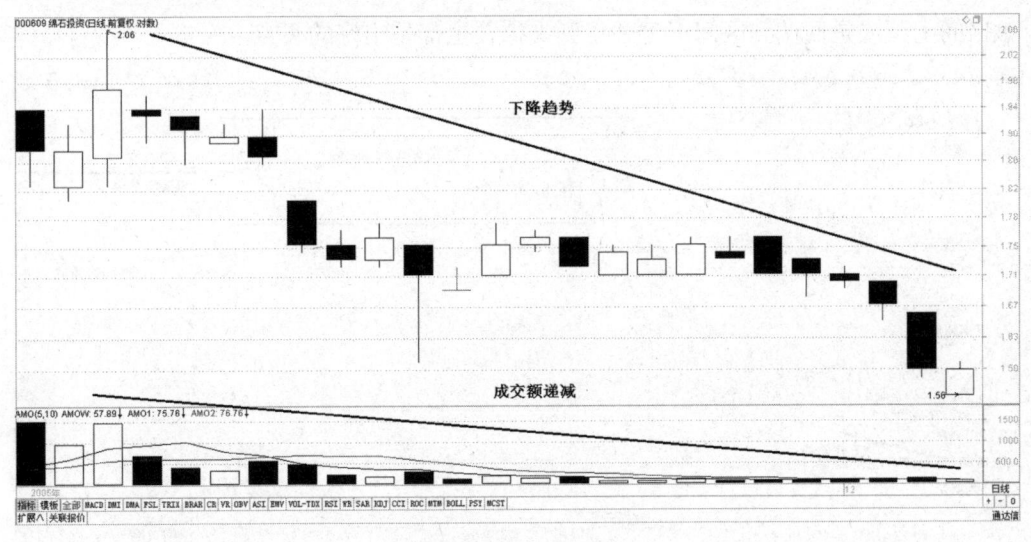

图2-118 前期走势

从图2-118中我们可以看到一段下降趋势，成交额递减，说明此下降趋势已经接近尾声，后面将反转进入上升趋势。

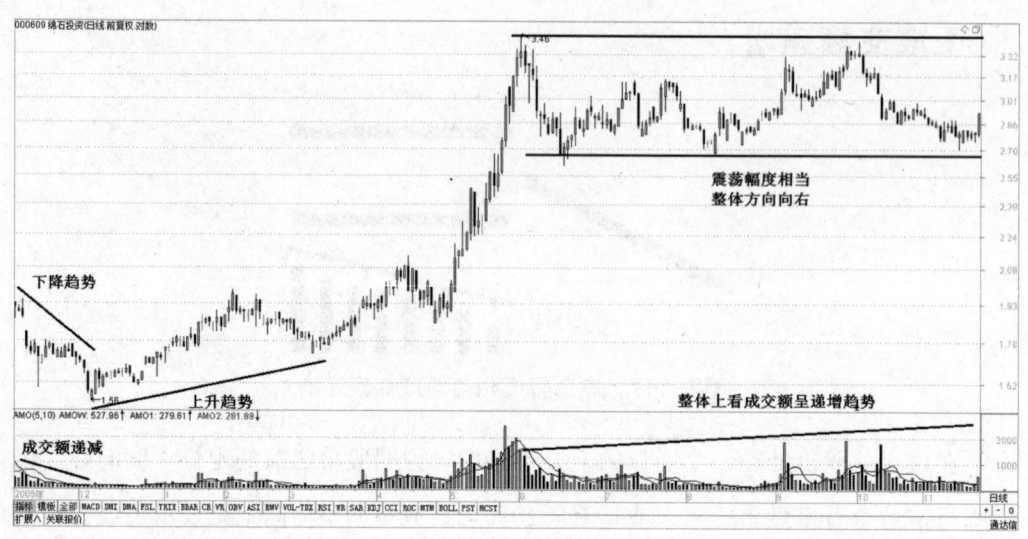

图2-119　形态出现

就在下降趋势反转进入上升趋势后，股价进入了一个新的上升通道，但在高位进入了一个横向盘整区间，形成了"震荡幅度相当，整体方向向右"的横向盘整区间，而且成交额大体上也呈现递增的趋势。（如图2-119）

这个形态出现的位置通常伴随着一个筹码的密集区，如果股价随后能向上突破并带动20天均线向上穿越这个筹码密集区，就是一个很好的买入时机，另外股价上破区间上延或是回调到区间下延并得到支撑，也都是很好的买点。

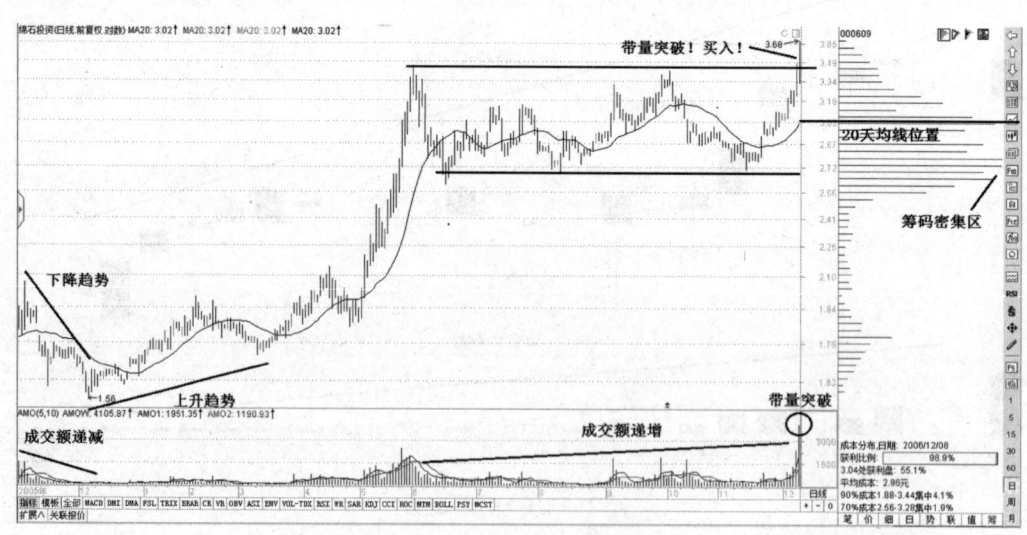

图2-120　股价带量向上突破区间上延，且20天均线也越过了筹码密集区，买入

从图2-120中我们可以看到除了股价带量向上突破成功之外，20天均线站到了筹码密集区之上，是极为可靠的买入信号，可以不必参考当日分时图。

图2-121　后续走势

买入后股价直接向上飞驰，延着20天均线不断攀升。（如图2-121）

卖点——股价跌破支撑线或20天均线跌到筹码密集区之下

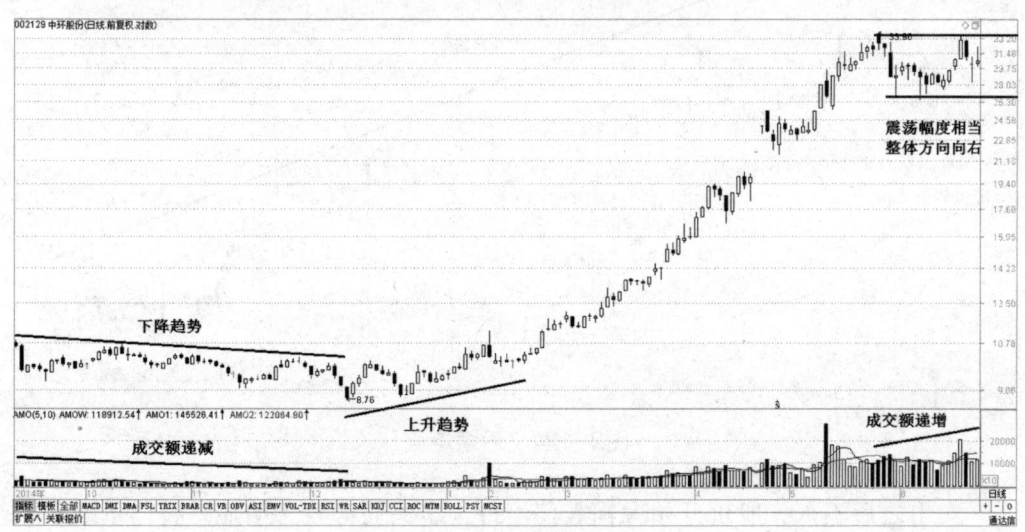

图2-122　形态出现

"震荡幅度相当，整体方向向右"的形态出现了。（见图2-122）

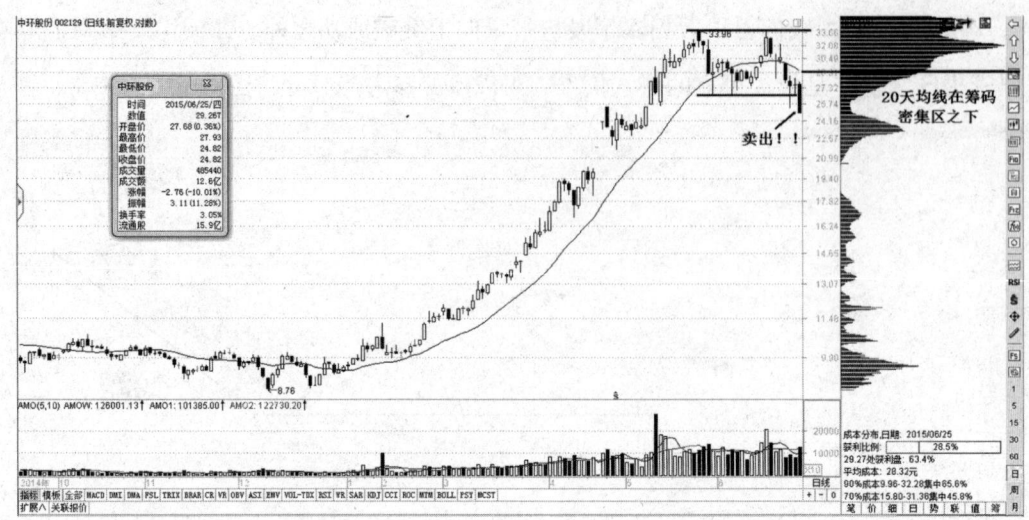

图2-123　股价跌破支撑线，而且20天均线处在筹码密集区之下，卖出

除了股价跌破通道支撑线之外，从图2-123中还可以看到20天均线也已经转为掉入了筹码密集区之下了，卖出无疑，不得恋战。

图2-124　后续走势

卖出之后不久，股价开始大幅震荡下行，多头弱势较为明显，整体下跌了不少，让投资者遭受到了亏损。（如图2-124）

2.成交额递减

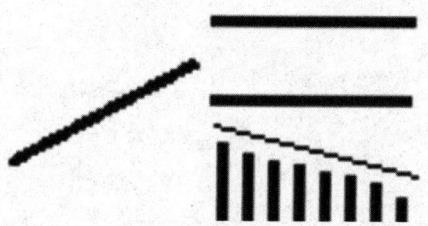

图2-125　震荡幅度相当，成交额递减

　　股价原先处在上升趋势中，这就说明股价走势一直是向好的，适合看多做多或买入持有，而20天均线或短期整体向上则表示短线行情向好，适合短线操作。

　　从震荡幅度来看，震荡的幅度都是一样的，说明买卖双方对原有的上升趋势是赞同的，但是随着成交额的逐渐缩减，提示出这一区间内愿意交易的投资者越来越少，交易越来越趋于冷淡，未来是否还能延续之前的上升趋势还很难说。（见图2-125）

　　买点——股价带量突破趋势上延或股价回调并得到支撑和量能的支持或等待20天均线向上穿越筹码密集区

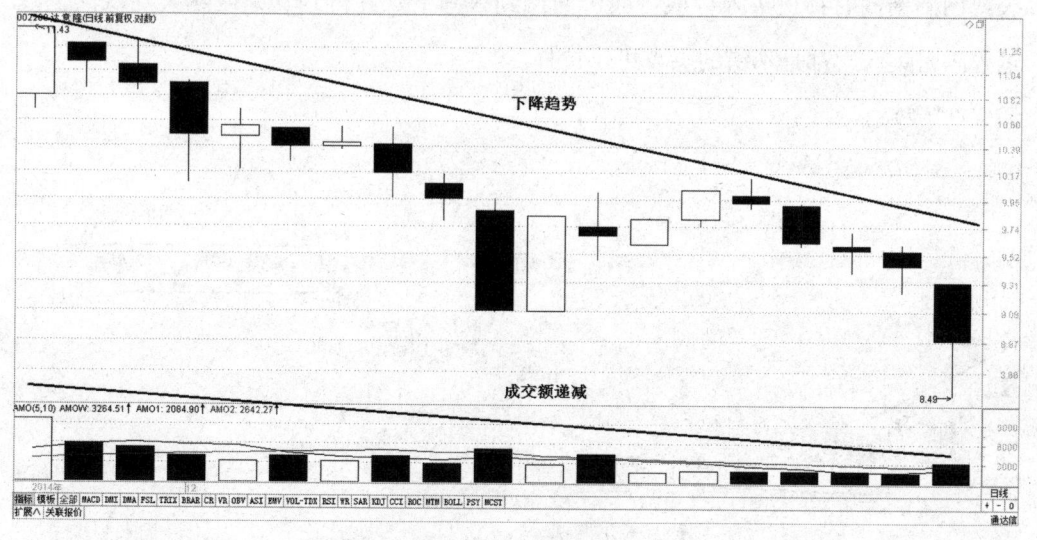

图2-126　前期走势

　　一段下降趋势并伴随着成交额的递减，预示着行情即将反转进入上升趋势。（如图2-126）

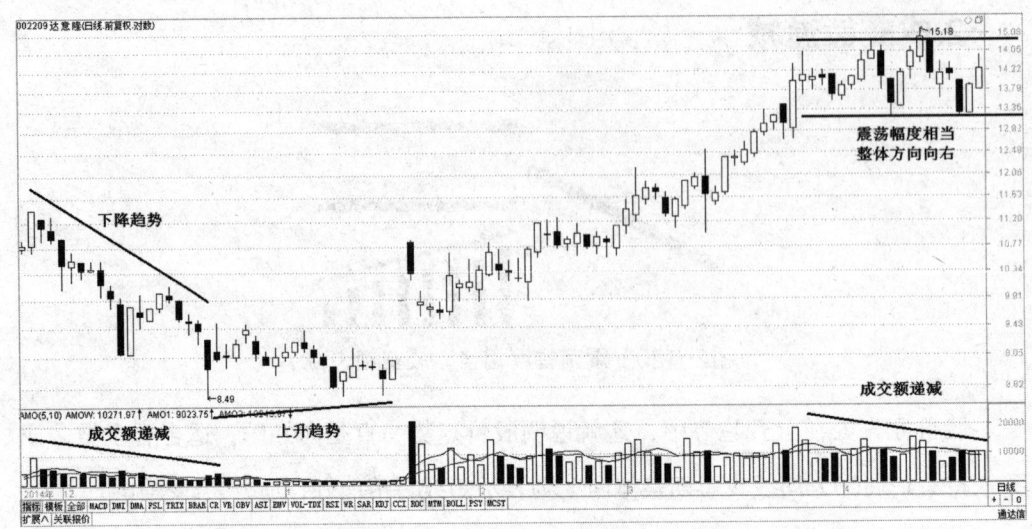

图2-127　形态出现

从之前的下降趋势转为上升趋势后，股价直接拉开了低价区，逐步上涨到较高的位置，然后进入了"震荡幅度相当，整体方向向右"的横向盘整区间，在这一区间里成交额是递减的。（见图2-127）

如果股价未来向上突破了区间上延或是创出新高，并有量的支持，就可以在突破或创出新高时择机买入，或者股价回调到区间下延并得到支撑或20天均线向上越过筹码密集区，都是不错的买点可供选择。

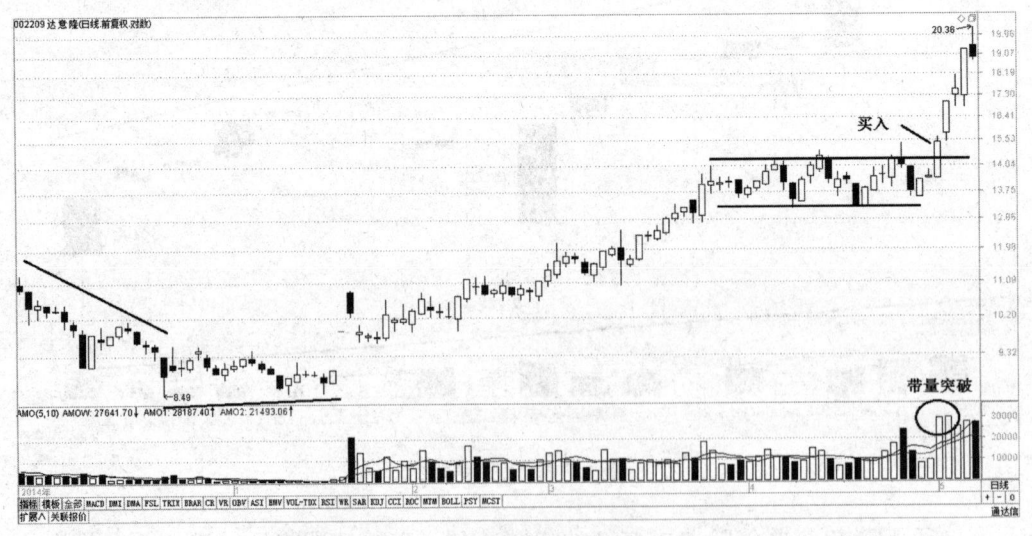

图2-128　股价带量向上突破——买入

在图2-128中，股价已经向上成功突破了区间上延，并且有成交量的支持。

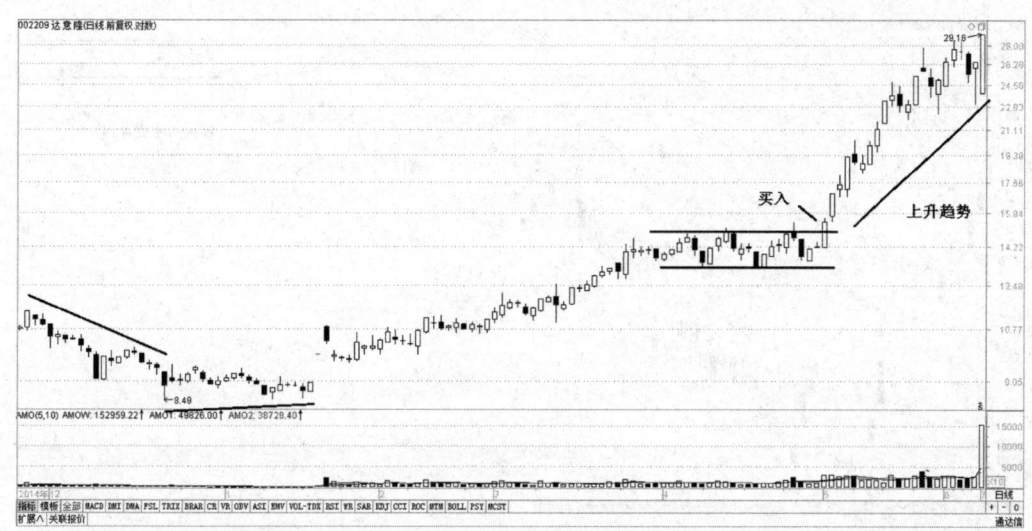

图2-129 后续走势

虽然后续的上涨幅度并不多，但是知足常乐，只要有盈利就行，不能老是想着翻倍翻N倍，否则会丧失理智，投资不是赌博，千万不能意气用事。（见图2-129）

卖点——股价跌破区间支撑线

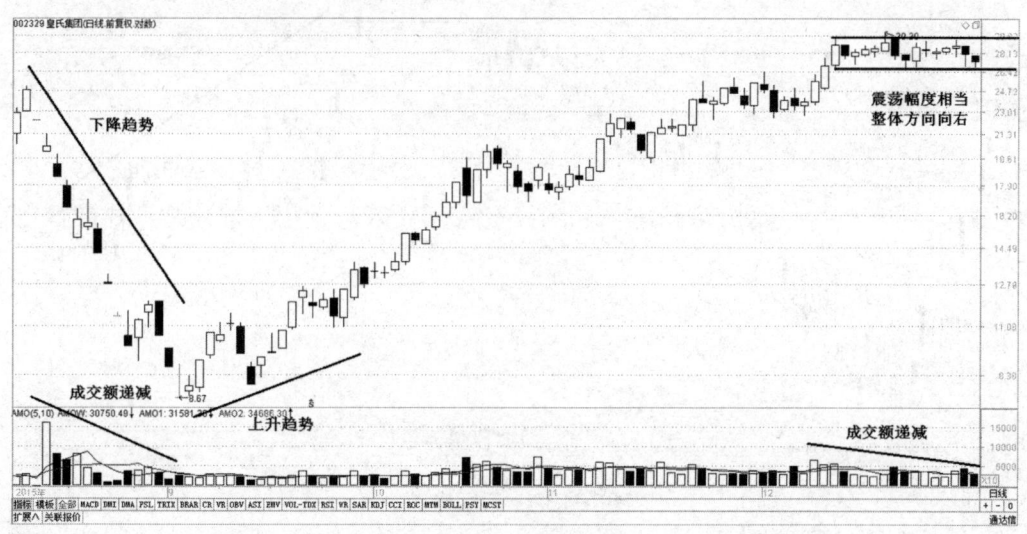

图2-130 形态出现

"震荡幅度相当，整体方向向右"的形态出现了。（见图2-130）

图2-131　下破区间水平支撑线——卖出

股价在高位横向区间窄幅震荡了数个交易日后，开始以大阴线下破区间的水平支撑线，卖出。（图2-131）

图2-132　后续走势

就在我们刚卖出不久，股价开始震荡下行，一路跌到差不多接近此次上升趋势的起点，让持有它的投资者损失惨重。（见图2-132）

八、震荡幅度相当，整体方向向下

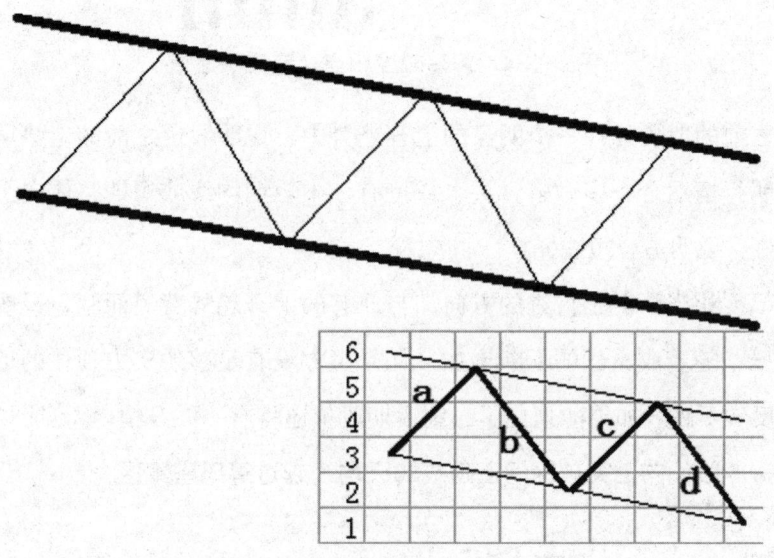

图2-133　震荡幅度相当，整体方向向下

震荡幅度相当，而整体行进的方向是向右下的。（如图2-133）

a波段股价从3元涨到5.5元，上涨83.33%；

b波段从5.5元跌到2元，下跌63.63%；

c波段从2元涨至4.5元，上涨125%；

d波段从4.5元跌至1元，下跌77.78%。

该形态整体向右下方行进，要是从abcd波段的涨跌幅变化来看的话，涨幅从83.33%升至125%，跌幅也由63%增加到77%，下行的风险越来越大，涨幅跌幅都在相应地扩大，利润与风险同在，需要提防。

这类向下的盘整行情也很常见，后市走向主要还是看股价的突破方向，向上突破则对看多买入有利，向下跌破则只有跌得更深更惨。

至于未来行情会怎么变化，要视具体的突破情况而定。

下面我们用成交额指标将本形态分为成交额递增和成交额递减两大类。

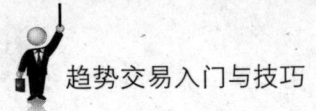
1.成交额递增

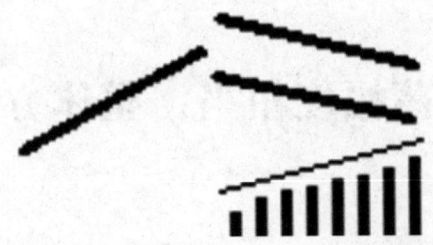

图2-134　震荡幅度相当，成交额递增

在这之前的股价处在一个明显的上升趋势中，说明股价之前的走势一度向好，而且也说明行情适合看多做多，买入或持有，中短期均线或短期整体向上则表示短线行情向好，说明适合短线操作。

震荡幅度相当，但是行进的方向却与原有的上升趋势背道而驰，说明卖方开始向买方施压，随着成交额的不断增加，如果买方没有足够的实力顶住的话，未来行情将就此反转下跌。如果能顶住了，则后期股价还将有一波升幅。（见图2-134）

买点——股价向上突破区间上延或20天均线越过筹码密集区

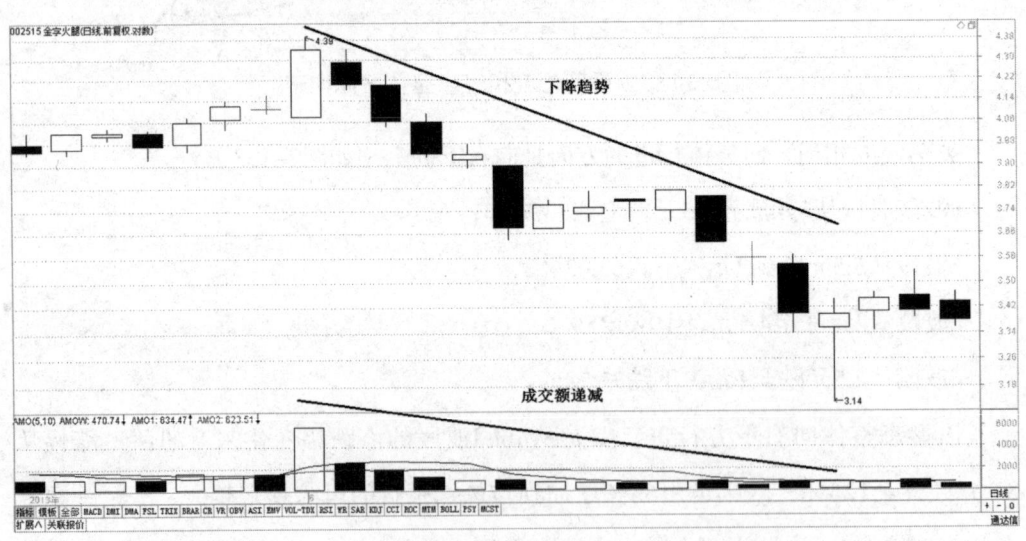

图2-135　前期走势

图2-135中是一段下降趋势，同时成交额递减，说明这个下降趋势已经接近尾声，卖无可卖，跌无可跌，后面将反转进入新一轮的上升趋势。

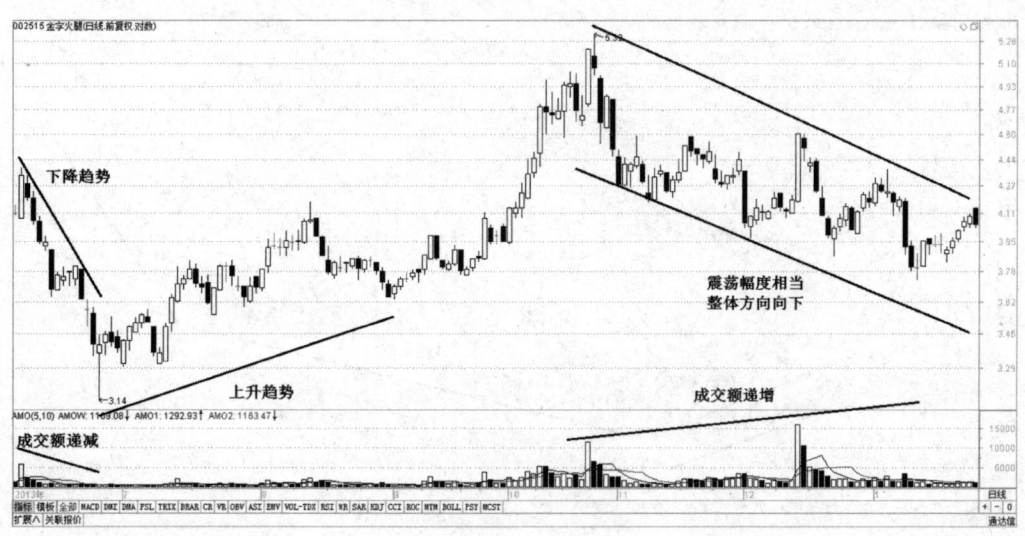

图2-136 形态出现

就在下降趋势反转进入上升趋势后，股价进入了一个新的上升通道，但在高位进入了一个向下的下降通道，形成了"震荡幅度相当，整体方向向下"的震荡下行区间，而且成交额有逐步放大的趋势。（如图2-136）

如果股价随后能向上突破并带动20天均线向上穿越某一筹码密集区就是一个很好的买入时机，另外股价上破区间上延也是很好的买点。

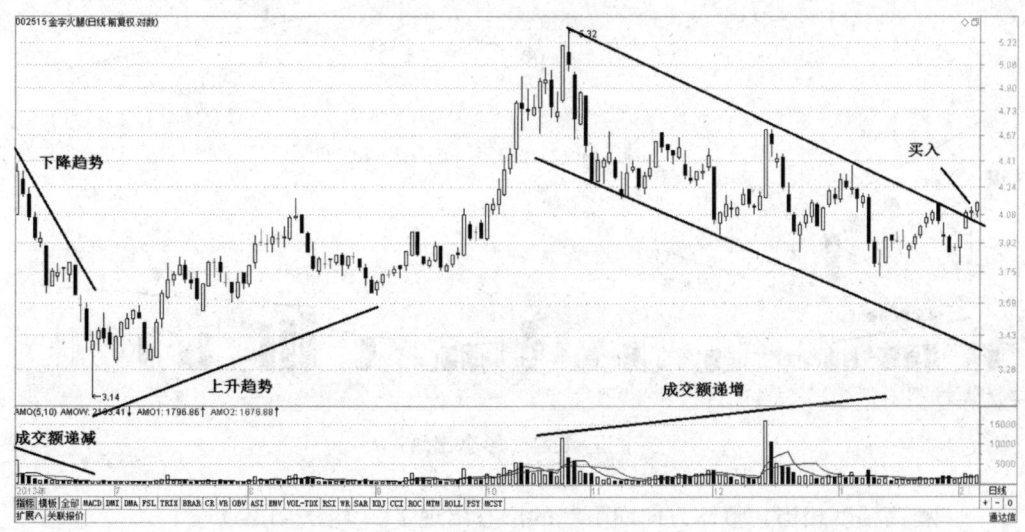

图2-137 股价突破下降通道的上延——买入

从图2-137中我们可以看到股价向上突破区间上延线的压制，这就是一个较好的买点。

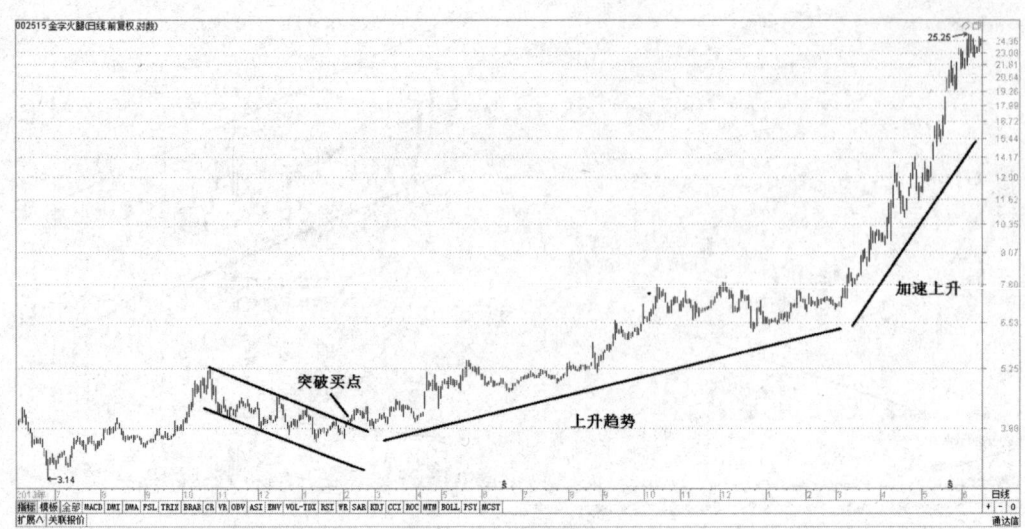

图2-138　后续走势

买入后股价缓慢震荡了好一阵，上升幅度不是很大，直到后期才开始放量拉升进入主升段，涨幅惊人。（如图2-138）

卖点——股价跌破支撑线

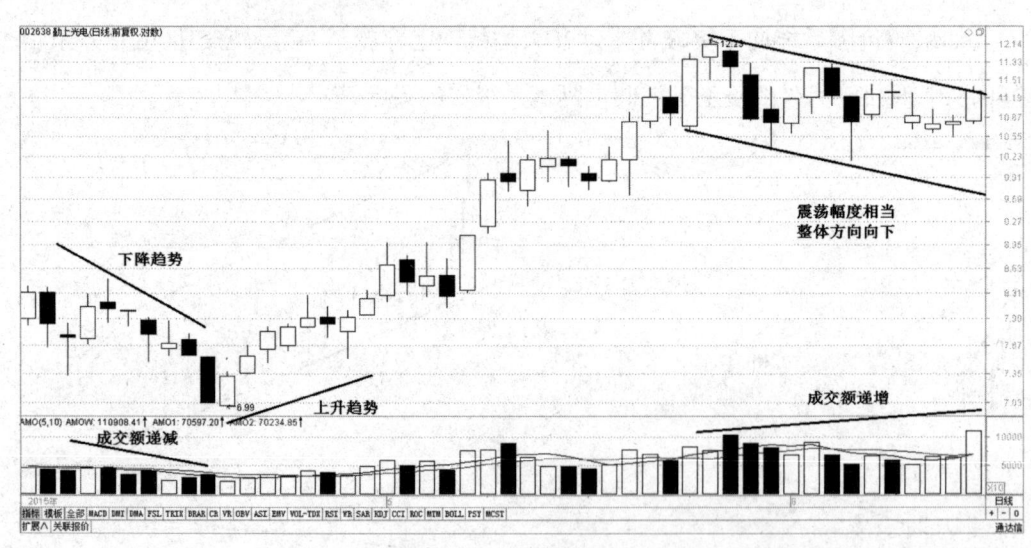

图2-139　形态出现

"震荡幅度相当，整体方向向下"的形态出现了。（图2-139）

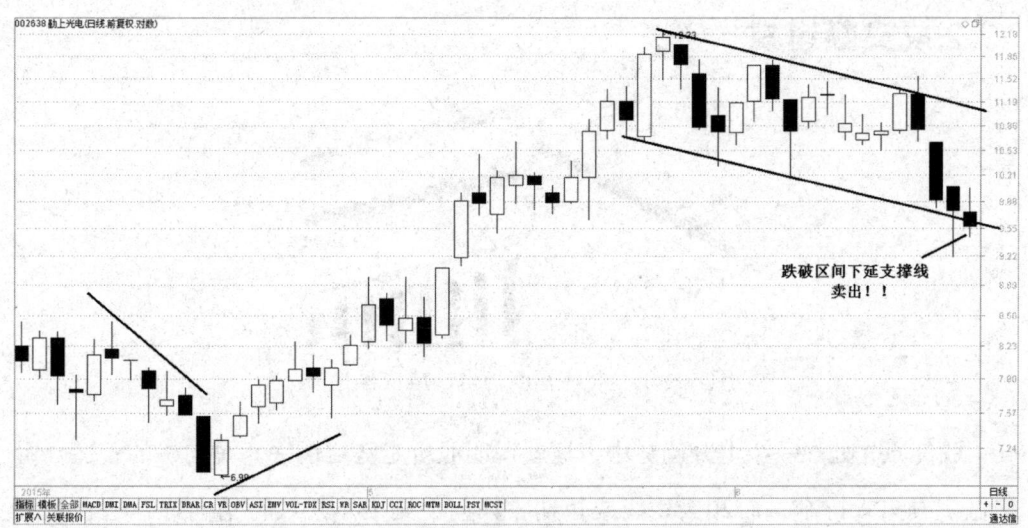

图2-140　股价跌破支撑线——卖出

从图2-140中可以看到，该股股价跌破了通道的下延支撑线，卖出勿疑。

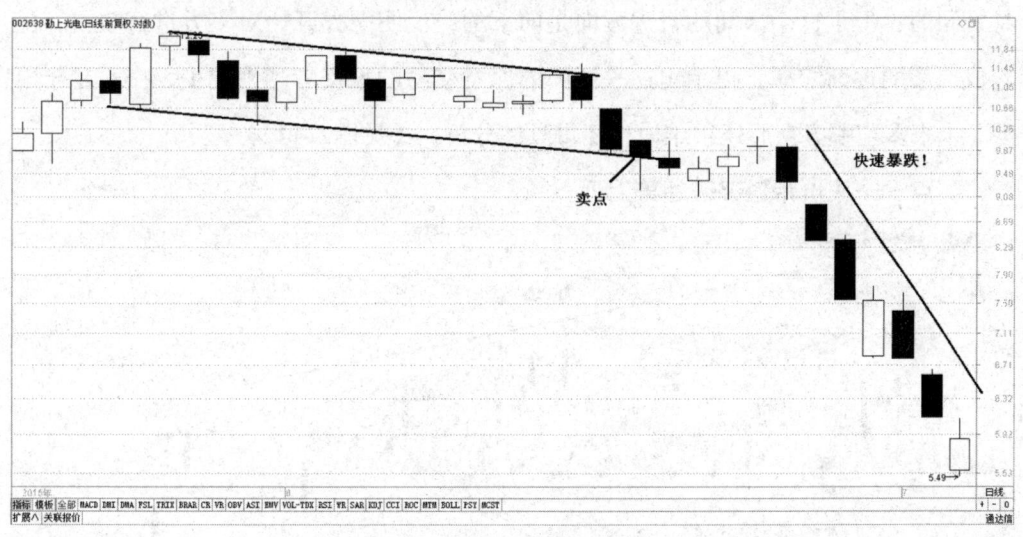

图2-141　后续走势

卖出之后不久，股价曾试图重新站稳到通道中去，但没能坚持几个交易日，便开始了直线暴跌。（见图2-141）

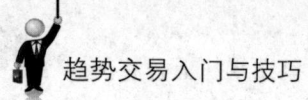

2.成交额递减

图2-142　震荡幅度相当，成交额递减

股价原先处在一个上升趋势中，这就说明股价走势之前一直是向好的，适合看多做多或买入持有，而20天均线或短期整体向上则表示短线行情向好，适合短线操作。

从震荡幅度来看，震荡的幅度都是一样的，说明买卖双方对原有的上升趋势是赞同的，但是这个区间的行进方向是向下的，说明空方开始对多方进行攻击，随着成交额的逐渐缩减，提示出这一区间内愿意交易的投资者越来越少，交易趋于冷淡，未来多空哪方获胜还很难说，还得具体分析。（见图2-142）

买点——股价带量突破趋势上延

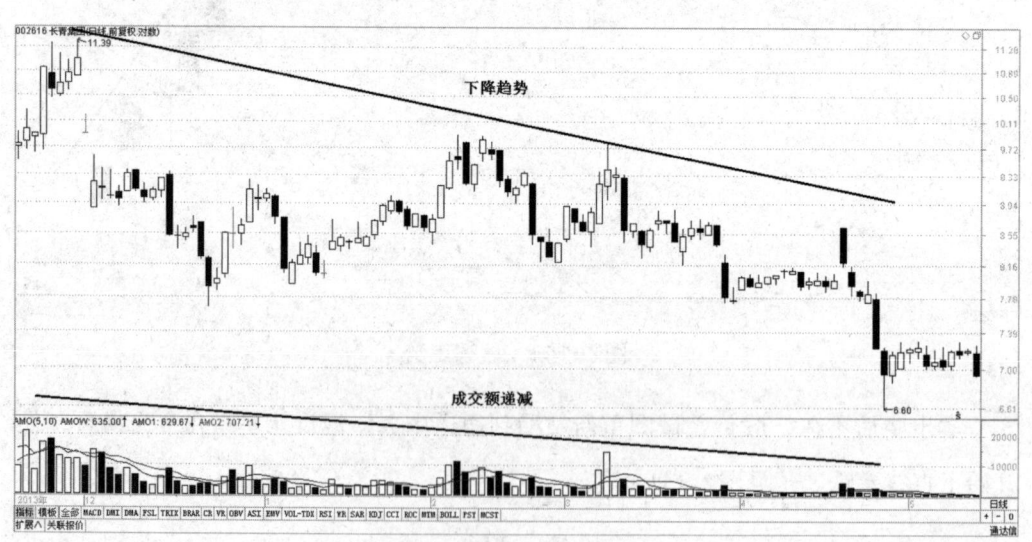

图2-143　前期走势

一段下降趋势并伴随着成交额的递减，预示着行情即将反转进入上升趋势。（如图2-143）

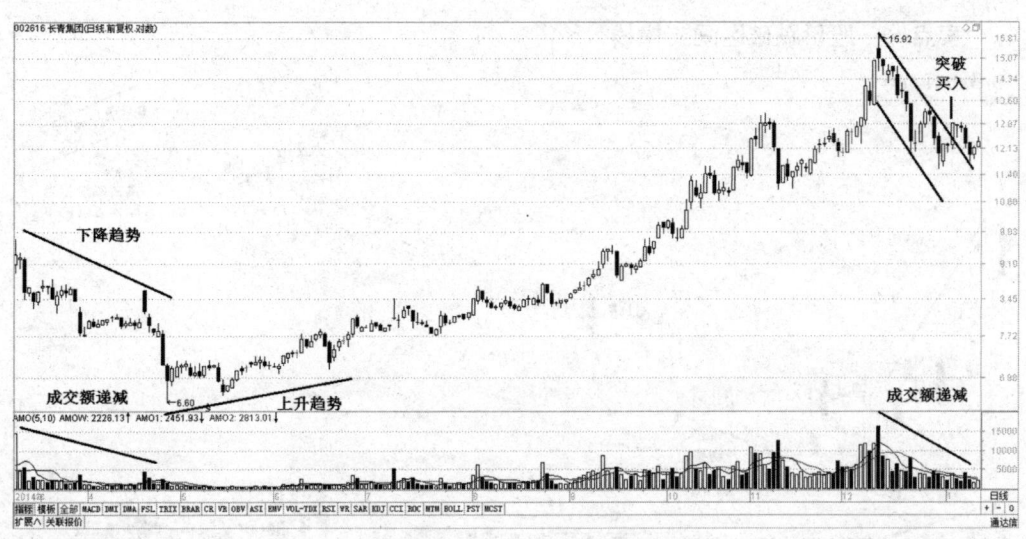

图2-144　形态出现

从之前的下降趋势转为上升趋势后，股价直接拉开了一个漫长的上升趋势，不断创出新高，并在高位出现了"震荡幅度相当，整体方向向下"的下行通道，而且在这一区间里成交额是递减的。（见图2-144）

尽管如此，股价还是向上突破了区间的上延，形成买入信号。

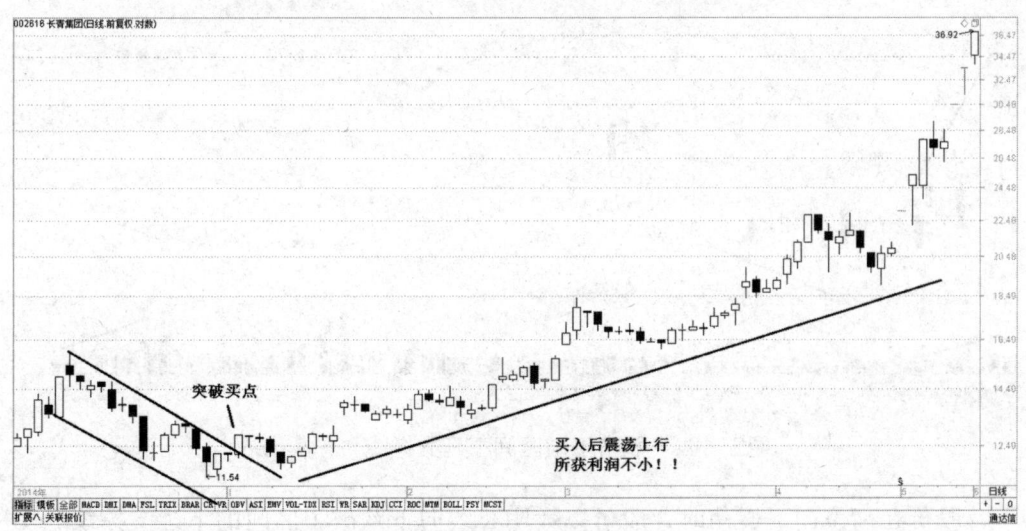

图2-145　后续走势

虽然后续的上涨幅度并不大，但是知足常乐，只要有盈利就行，不能老是想着翻倍翻N倍，投资不是赌博，不能意气用事。（如图2-145）

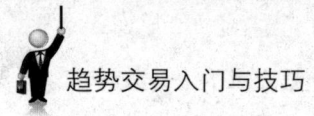

卖点——股价跌破区间支撑线

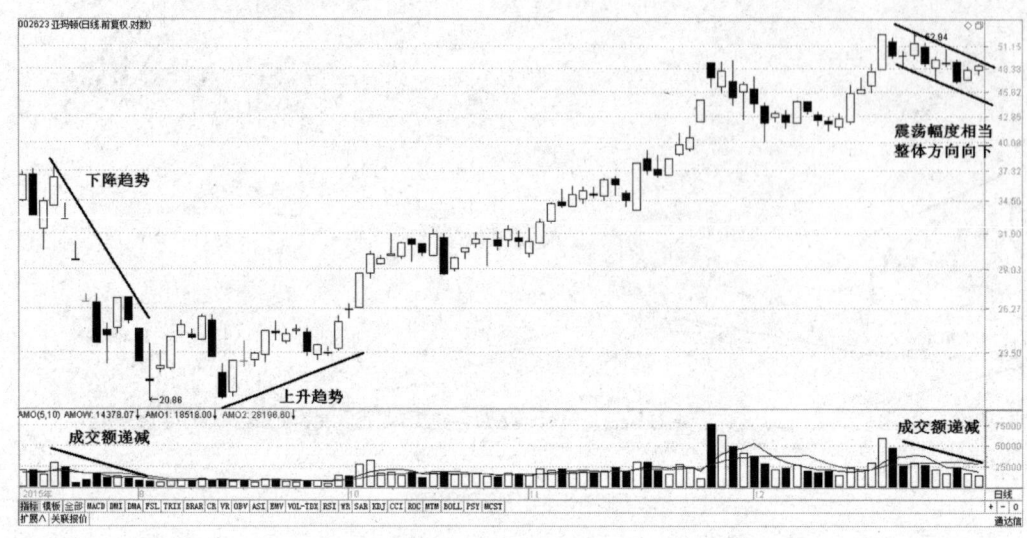

图2-146　形态出现

"震荡幅度相当，整体方向向下"的下降通道形态出现了。（图2-146）

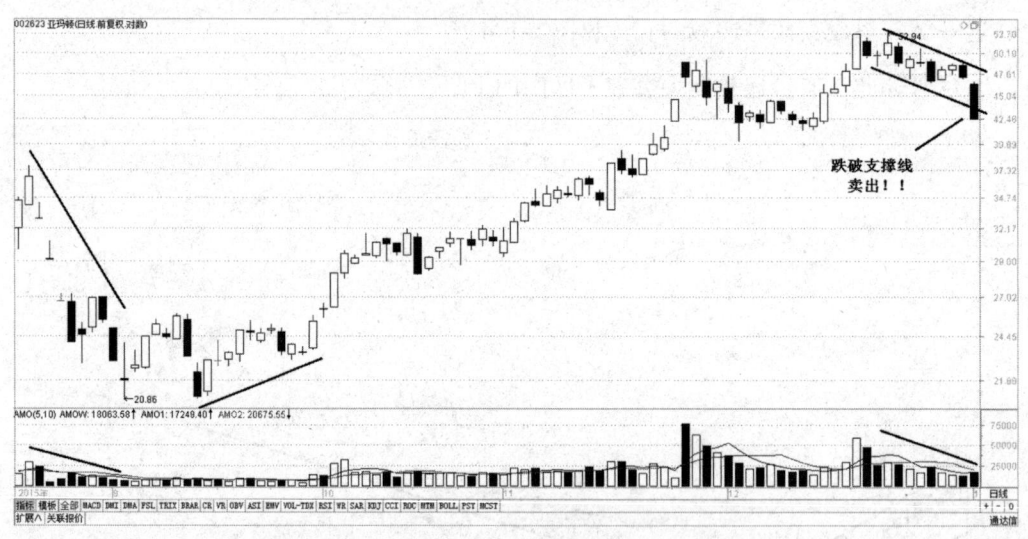

图2-147　股价下破区间下延支撑线——卖出

　　股价在高位向下震荡时，股价以大阴K线向下跌破了区间的下延支撑线，卖出。（图2-147）

　　就在我们卖出不久，股价开始向下拉跌，然后继续震荡下行，让持有它的投资者损失不少本钱。（见图2-148）

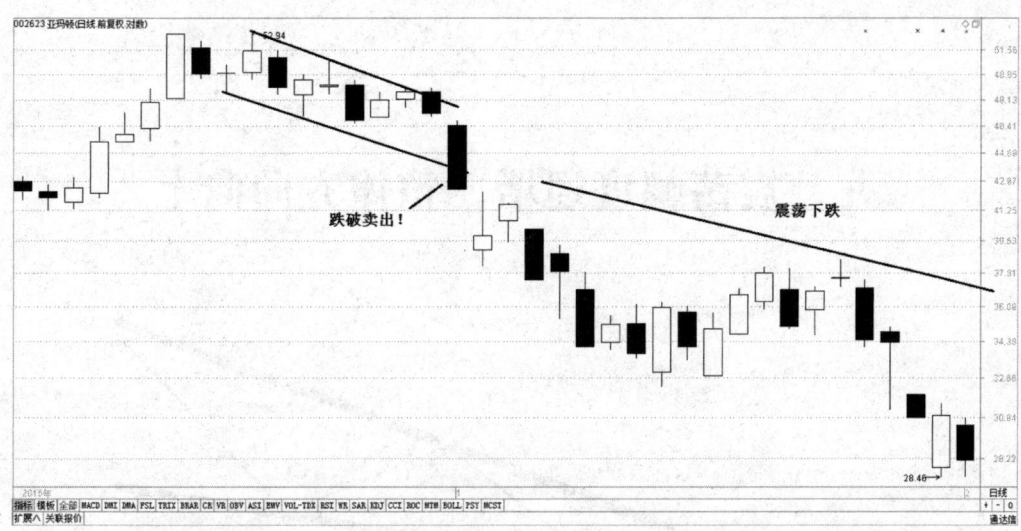

图2-148　后续走势

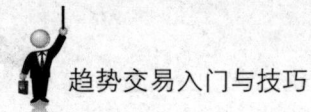

九、震荡幅度递增，整体方向向上

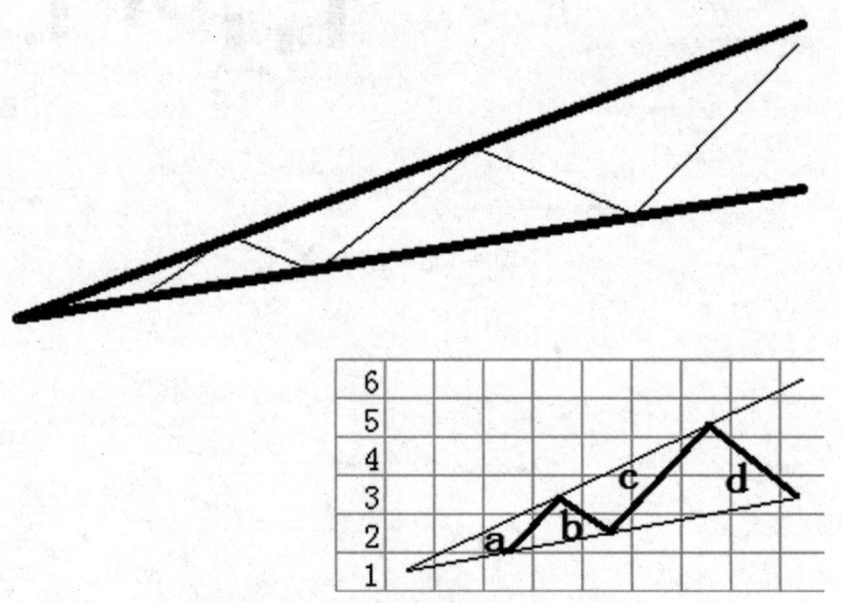

图2-149　震荡幅度递增，整体方向向上

本趋势形态震荡幅度递增，整体行进的方向是向上的。（见图2-149）

a波段股价从1.5元涨到3元，上涨100%；

b波段从3元跌到2元，下跌33.33%；

c波段从2元涨至4.7元，上涨135%；

d波段从4.7元跌至3元，下跌36.17%。

该形态整体向右上方行进，要是从abcd波段的涨跌幅变化来看，涨幅从100%升至135%，跌幅也由33%增加到36%。这类形态中，利润不断增加，同时风险也一同跟着增涨，利润与风险是孪生兄弟，在这类趋势形态中需要小心提防。

这类向上的盘整行情预示后市走向主要还是向上的，最终还是要看股价的突破方向，向上突破则利于买入，向下跌破则不利于买进。

下面我们用成交额指标将本形态分为成交额递增和成交额递减两大类。

1.成交额递增

图2-150 震荡幅度递增，成交额递增

在这之前的股价处在一个明显的上升趋势中，说明股价之前的走势一度向好，而且也说明行情适合看多做多，买入或持有。另外中短期均线或短期整体向上则表示短线行情向好，适合短线操作。

震荡幅度递增，行进的方向向上，说明当前多方还有足够的抗衡空方的实力，但是空方虽然没有占到优势，但也展现出了强大的破坏力，如果多方没有支撑住的话，行情就将跌破支撑线，转而进入下降趋势。（见图2-150）

买点——股价向上突破区间上延或20天均线越过筹码密集区或股价回调到支撑线上并得到支撑反转向上时

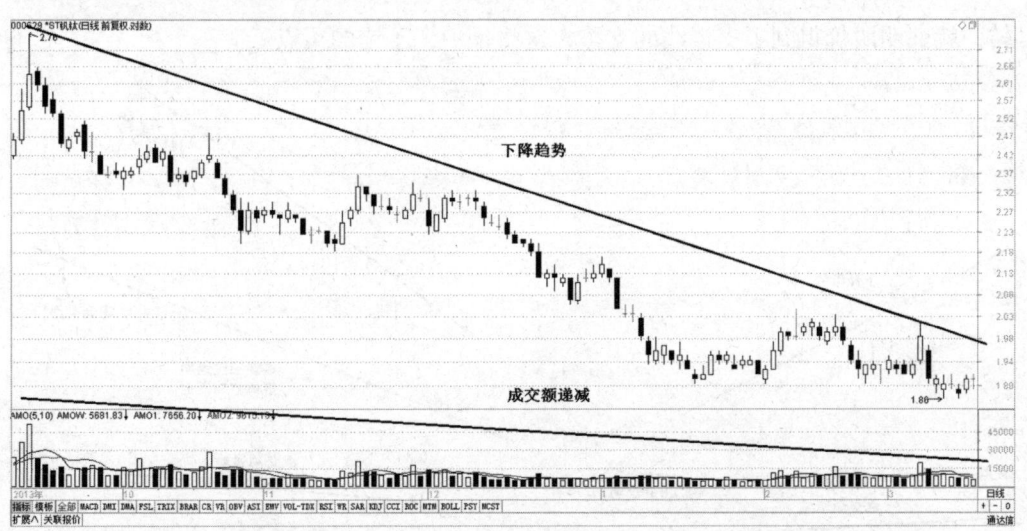

图2-151 前期走势

从图2-151中可以看到一段较长的下降趋势，同时伴随成交额的递减，说明这个下降趋势已经接近尾声，卖无可卖，跌无可跌，后面很可能将反转进入新的上升趋势。

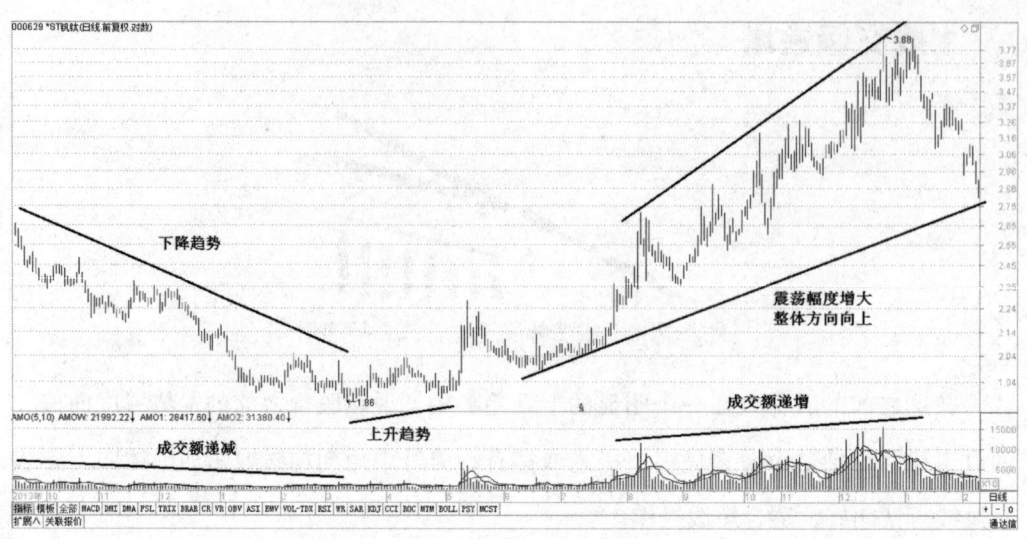

图2-152　形态出现

就在下降趋势反转进入上升趋势后，股价进入了一个新的大幅震荡并缓慢上行的上升趋势，在高价位逐渐形成了"震荡幅度增加，整体方向向上"的震荡上行区间，而且成交额有逐步放大的趋势。（如图2-152）

从图2-152中可以看到，目前股价已经回调至区间下延，如果股价随后能向上反转，就证明股价得到了支撑线的支撑，这将是一个不错的买点。

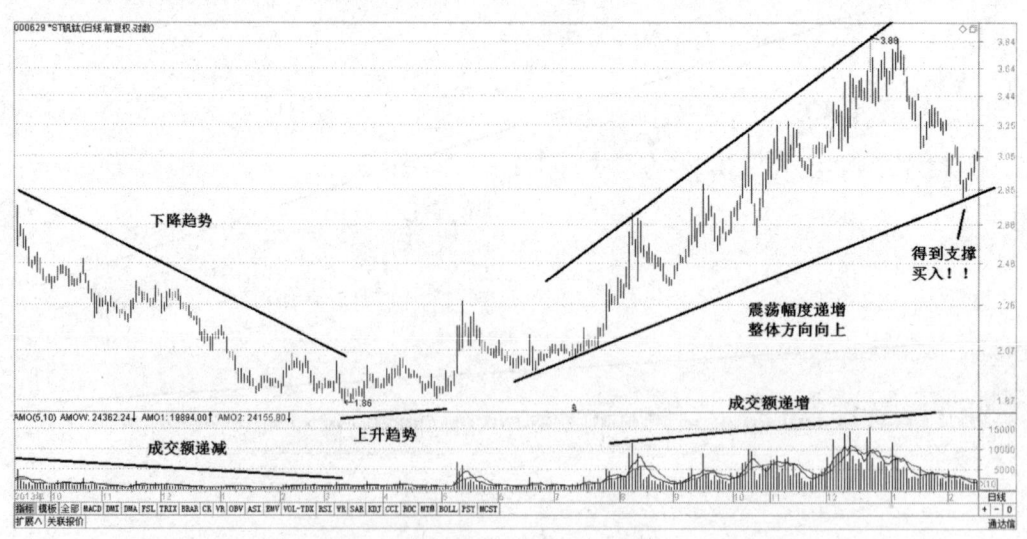

图2-153　股价得到支撑线的支撑——买入

从图2-153中可以看到股价回调到区间的下延即支撑线上时，得到了支撑线的支撑，并开始止跌反转向上，这是一个不错的买点，买入。

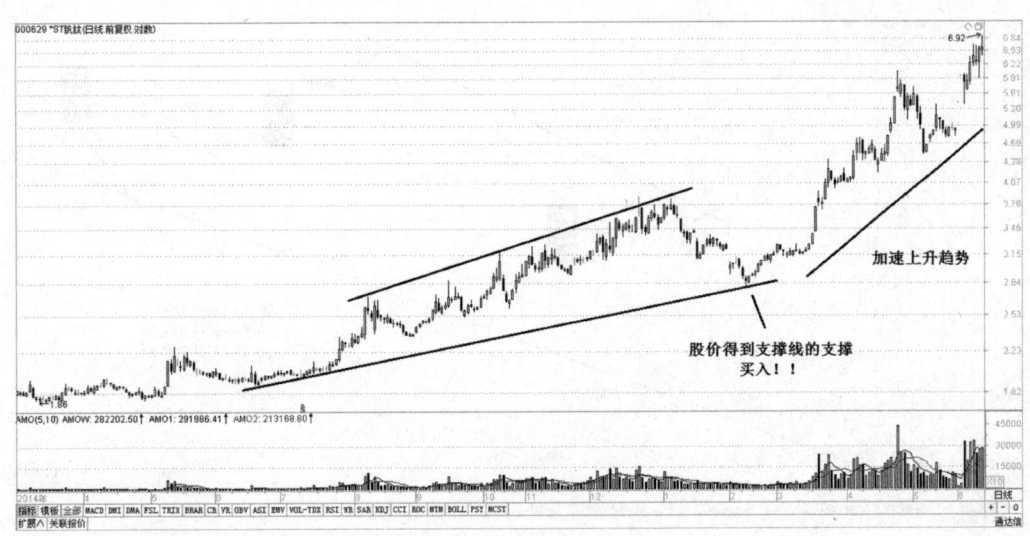

图2-154　后续走势

买入后股价立刻脱离了支撑线，直接进入了新一轮的加速上升的趋势，我们买到的价位正好是这个加速上升趋势的最低起点位置。（见图2-154）

卖点——股价跌破支撑线

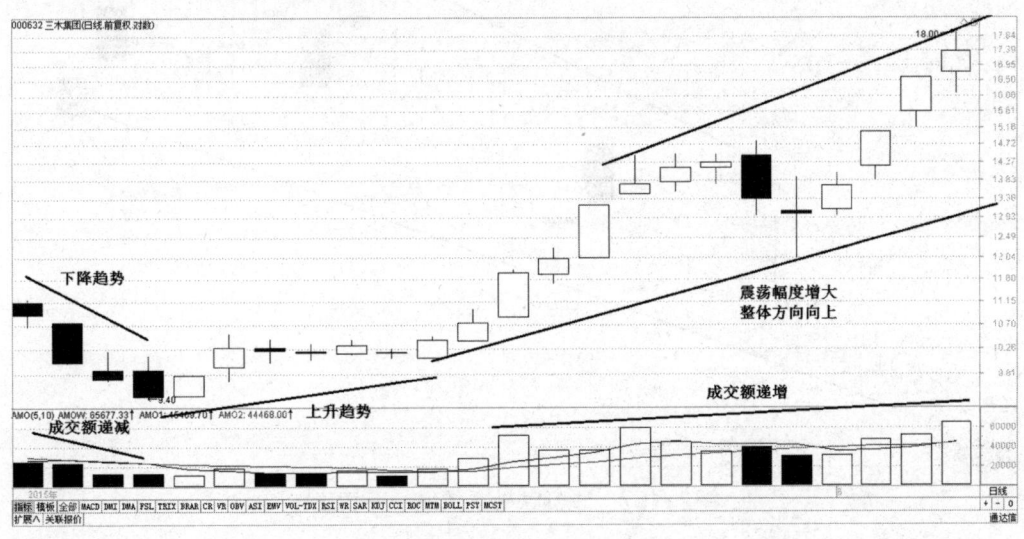

图2-155　形态出现

"震荡幅度增大，整体方向向上"的形态出现了。（图2-155）

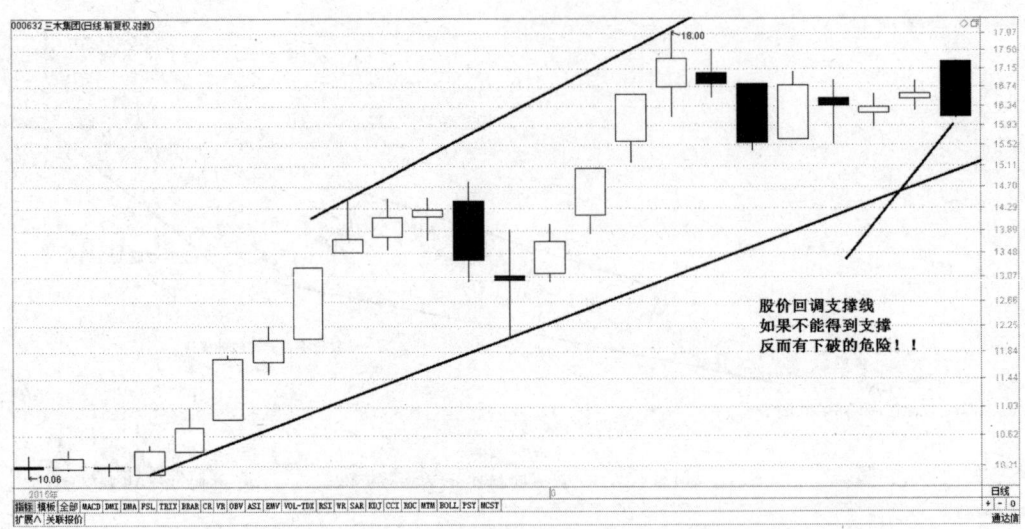

图2-156 股价回调支撑线，做好两手准备

从图2-156中可以看到，股价开始回调至支撑线附近，如果得到其支撑而反转向上，则对看多做多有利，如果一再向下并跌破了通道的下延支撑线，卖出勿疑。

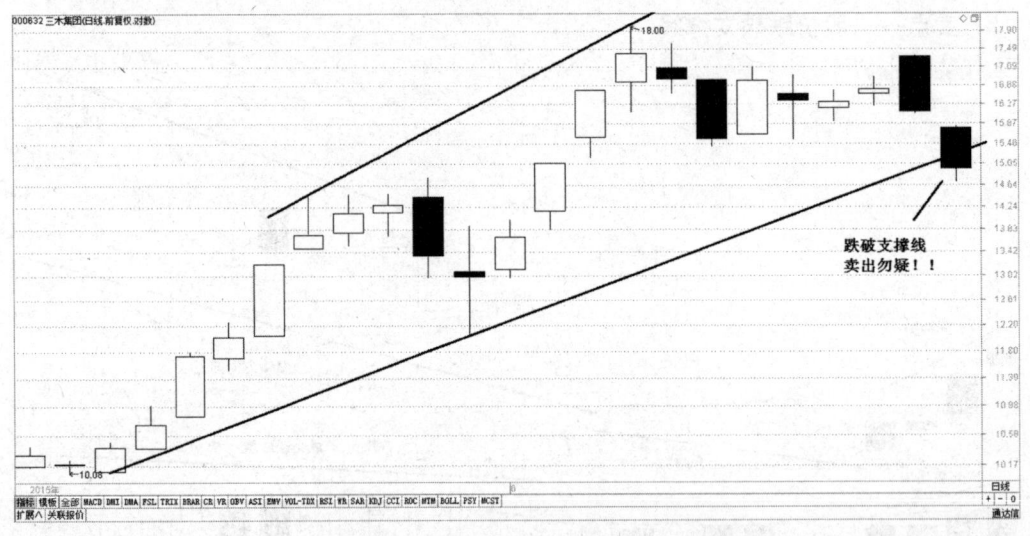

图2-157 股价跌破支撑线——卖出

果然，股价一再向下并跌破了支撑线的支撑价位，出现了卖出信号，卖出勿疑。（见图2-157）

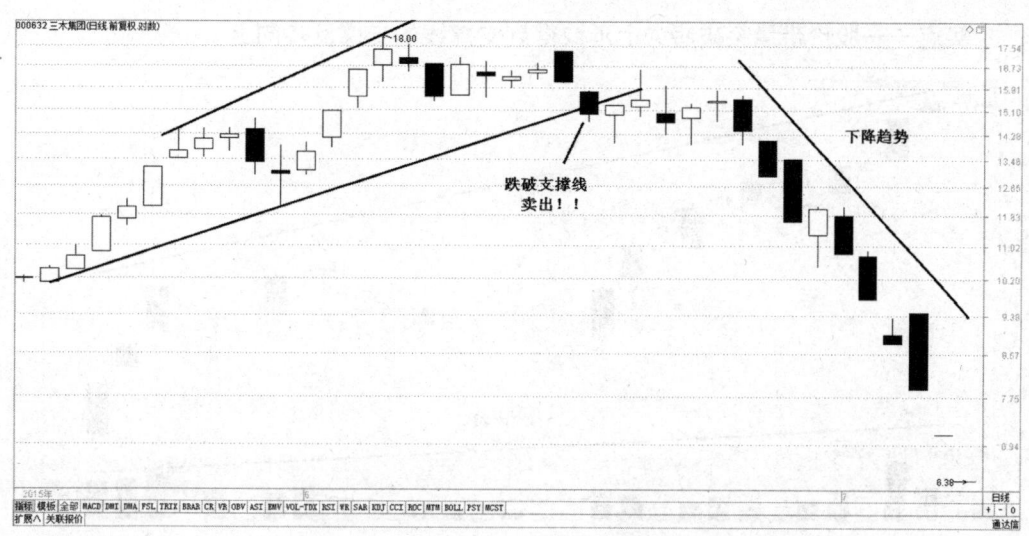

图2-158　卖出后的后续走势

　　卖出之后不久，股价曾试图维持在一个水平区间震荡。但是这个狭小的横向区间没能坚持多久，股价再次下破区间下延的支撑线，以连续下跌的形态结束了本次上升趋势。（如图2-158）

2.成交额递减

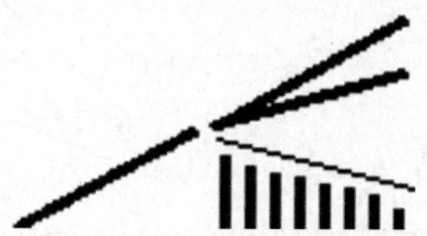

图2-159　震荡幅度递增，成交额递减

　　股价原先处在一个明显的上升趋势中，这就说明股价走势之前一直是向好的，适合看多做多或买入持有。中短期均线或短期整体向上则表示短线行情向好，适合短线操作。

　　从震荡幅度来看，震荡的幅度不断增加，说明卖方不断给买方施加压力，只要买方实力足够，这种形态还会持续下去，随着成交额的逐渐缩减，这一区间内愿意交易的投资者越来越少，交易越来越趋于冷淡，未来多空哪方获胜还很难说，还得具体分析。（见图2-159）

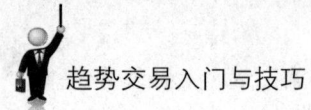

买点——股价带量突破趋势上延或得到支撑线的支撑反转向上

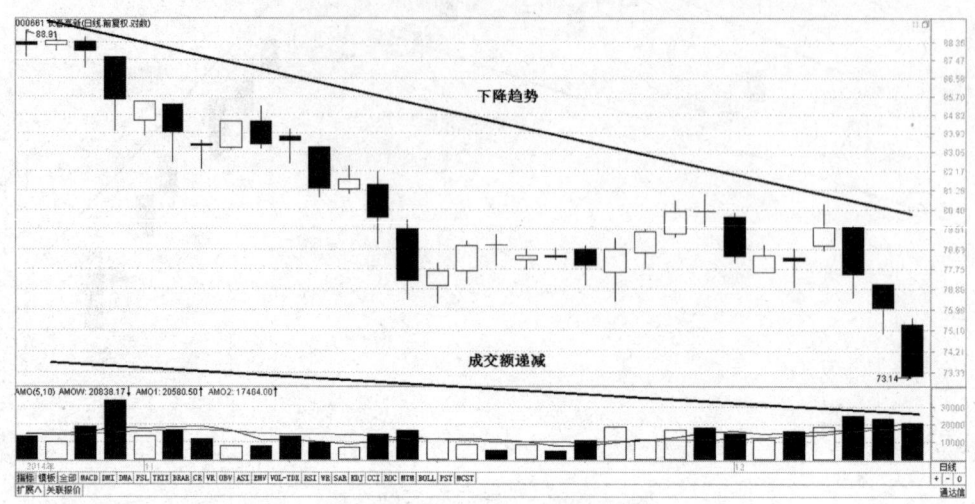

图2-160　前期走势

在上升趋势出现之前，总是以一段成交额递减的下降趋势结束为标志。（如图2-160）

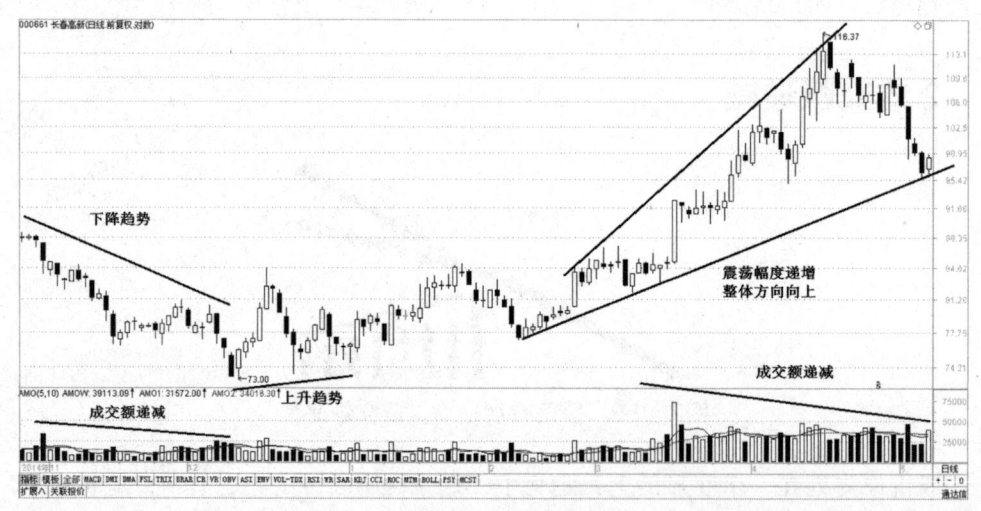

图2-161　形态出现

从之前的下降趋势转为上升趋势后，股价仍然在低位横向大幅震荡了好一阵，然后才慢慢拉开了高度，并出现了"震荡幅度递增，整体方向向上"的上行区间，并且这一区间的形成以成交额递减的形式出现。（见图2-161）

尽管如此，股价似乎还是在支撑线上得到了支撑，是不是买入信号呢？还有待后续观察。

图2-162 多次得到支撑线支撑

图2-162中，股价短期内多次获得支撑线上的支撑而止跌反涨，是不是买点出现了呢？调出获得支撑的当日分时图。

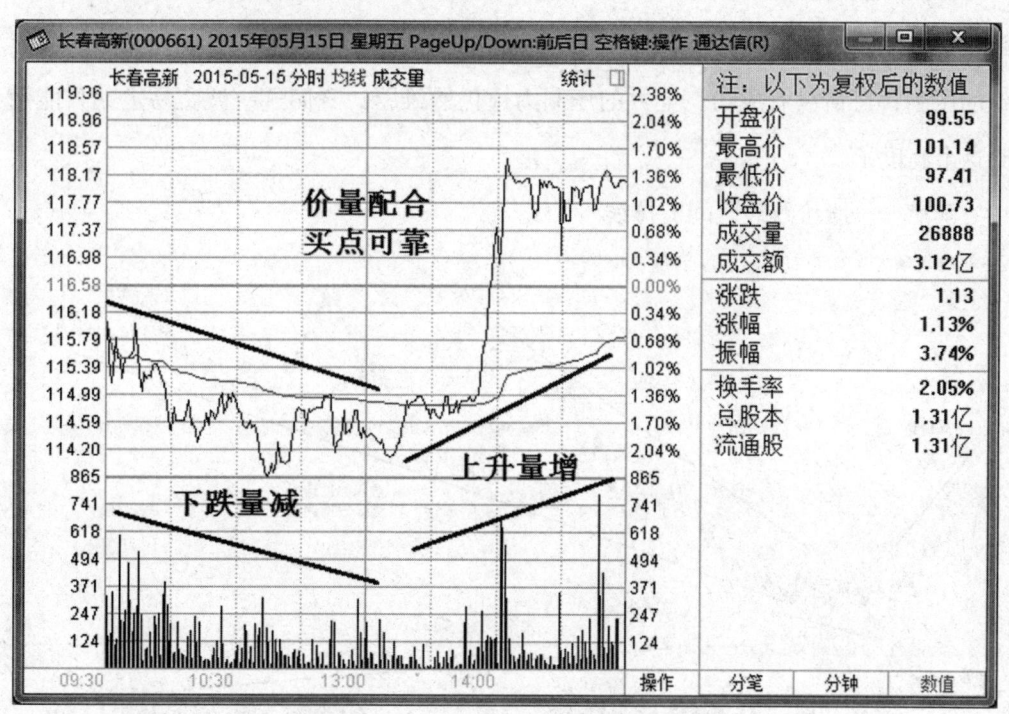

图2-163 得到支撑当日分时图走势

从分时图2-163可以看到，股价早盘一直以震荡下跌为主，量能呈递减趋势，说明下跌能洗出的筹码越来越少了，午盘后开始放量拉升，这是要进入主升段的节奏。

图2-164　后续走势

虽然后续的上涨幅度并不大，但是知足常乐，只要有盈利就行，不能老是想着翻倍翻N倍，另外从图2-164中还可以看到，股价的最后冲刺阶段曾试图突破区间上延的压制，可惜没有成功，上方的压制力道仍然雄厚，我们这一波交易也就只能做到这个高度了。

卖点——股价跌破区间支撑线

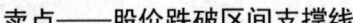

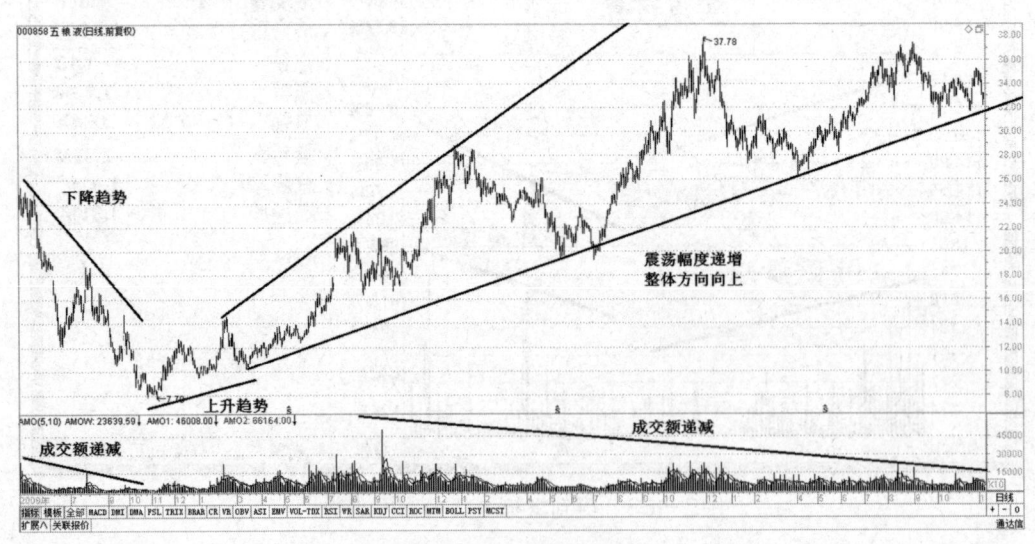

图2-165　形态出现

"震荡幅度递增，整体方向向上"的上升通道形态出现了。（见图2-165）

图2-166　股价下破区间下延支撑线——卖出

　　股价在高位震荡，股价不慎跌破了长期的上升支撑线时，就应该卖出。（图2-166）

图2-167　后续走势

　　股价跌穿这么一个长期的支撑线的话，将会带来很严重的后果，下跌更深、用时更长的长期下降趋势在等着没有卖出该股的投资者，让更多坚定持有者受到严重损失。从图2-167中可以看到，股价从32元跌到12元，跌幅超过50%。

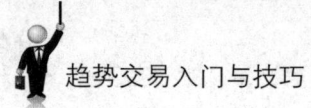

十、震荡幅度递增，整体方向略微向上

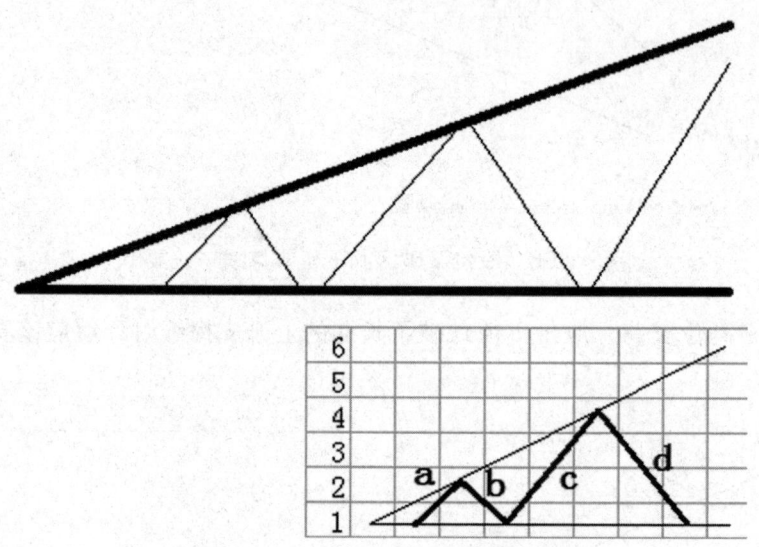

图2-168　震荡幅度递增，整体方向略微向上

此类形态震荡幅度呈递增趋势，整体行进的方向是向上的，并有一条水平支撑线。（见图2-168）

a波段股价从1元涨到2元，上涨100%；

b波段从2元跌到1元，下跌50%；

c波段从1元涨至4元，上涨300%；

d波段从4元跌至1元，下跌75%。

本形态整体向右上方行进，要是从abcd波段的涨跌幅变化来看，涨幅从100%升至300%，跌幅也由50%增加到75%，形态中的利润不断增加，同时风险也一同跟着增涨，利润与风险是孪生兄弟，在这类趋势形态中需要小心提防。

这类向上的盘整行情预示后市走向主要还是向上的，但是限于那条水平的支撑线，股价的回调有时幅度也是很大的，未来的走势还是要看股价的突破方向。

下面我们用成交额指标将本形态分为成交额递增和成交额递减两大类。

1.成交额递增

图2-169　震荡幅度递增，成交额递增

在这之前的股价处在一个明显的上升趋势中，说明股价之前的走势一度向好，而且也说明行情适合看多做多，买入或持有，中短期均线或短期整体向上则表示短线行情向好，也适合于短线操作。

震荡幅度递增，行进的方向大体也是向上的，说明当前多方还有足够的抗衡空方的实力，但是空方虽然没有占到优势，但也展现出了强大的破坏力，如果多方没有支撑住的话，即那条水平支撑线失守的话，行情就将转入下降趋势。（见图2-169）

买点——股价向上突破区间上延或20天均线越过筹码密集区或股价回调到支撑线上并得到支撑反转向上

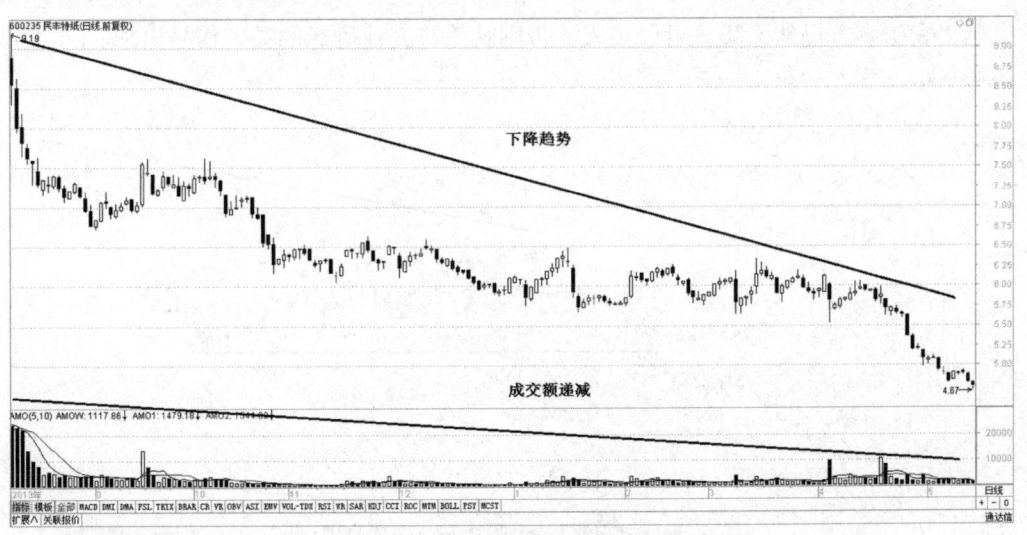

图2-170　前期走势

从图2-170中可以看到一段较长的中长期下降趋势，同时伴随成交额的递减，说明这个下降趋势已经临近尾声了，该卖出的人都卖完了，跌无可跌，这样的话，后面的上升趋势才更有盼头。

图2-171　形态出现

　　就在下降趋势反转进入上升趋势后，股价拉升到了一个新的高度，直接在高位大幅震荡，近期还形成了"震荡幅度递增，整体方向略微向上"的震荡上行区间，对应的成交额也是呈逐步放大的趋势。（如图2-171）

　　从图上看，目前股价仍处在高位向下的回调中，如果股价随后能向上突破区间上延，表明多方仍然强势，可以买入，否则就等待其他可靠的买入信号出现。

图2-172　股价带量向上突破区间上延——买入

　　从图2-172中可以看到，股价在区间上延徘徊了一阵，最后向上发力，以一大阳K线和明显的放量突破了上延长期以来以股价上行的压制，这是一个不错的买点，

赶紧买入。

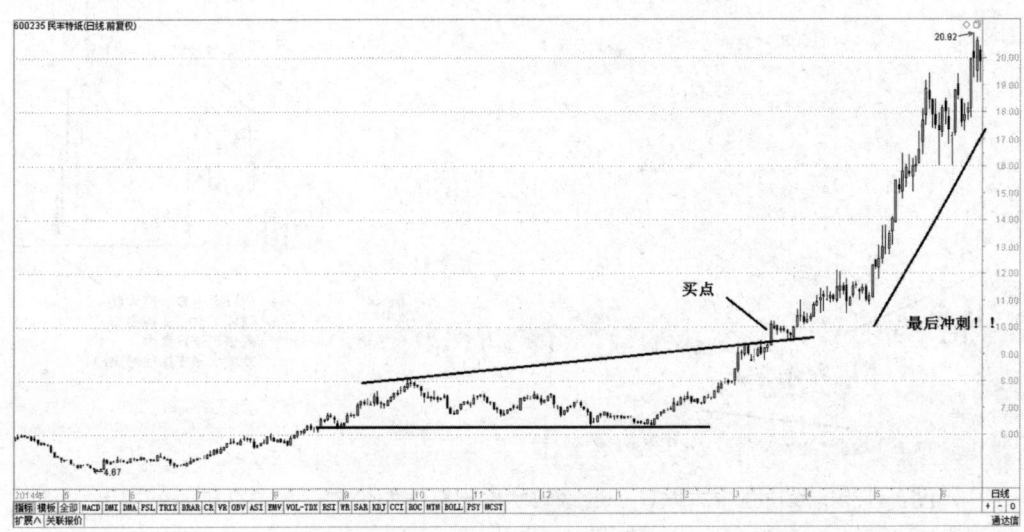

图2-173 后续走势

买入后股价略有回调，在区间上延反而得到了支撑，自此股价进入最后的拉升阶段，翻倍行情开始。（见图2-173）

卖点——股价跌破支撑线

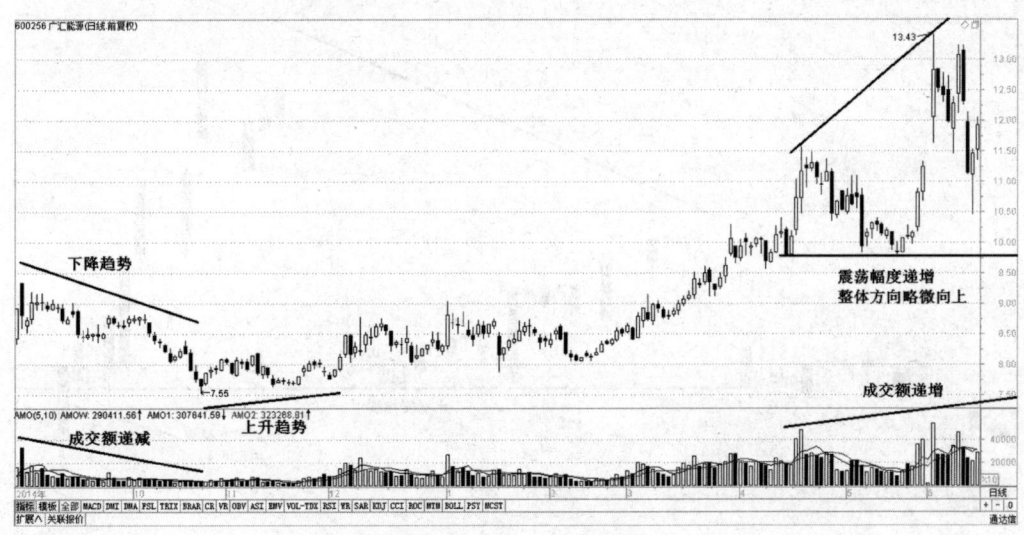

图2-174 形态出现

"震荡幅度递增，整体方向略微向上"的形态出现了。（图2-174）

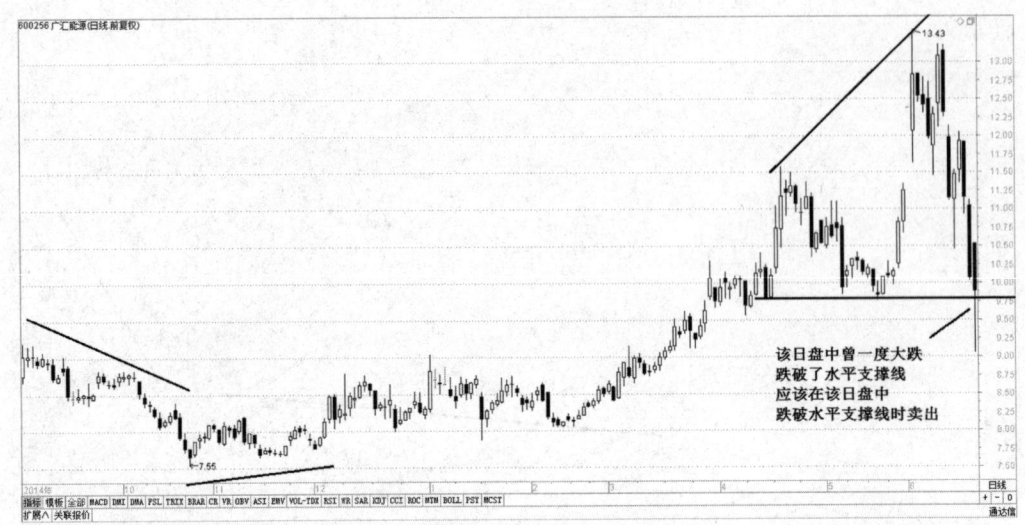

图2-175　股价盘中大跌，一度跌破水平支撑线的价位，盘中跌破时就卖出

从图2-175中可以看到，该日出现一拥有长下影线的阴K线，这说明盘中股价一度跌破水平支撑线的价位，预示水平支撑线的支撑作用在逐渐降低，如果盘中没有及时卖出的话，后期应该时刻关注，一旦股价再次跌破水平支撑线，就立即市价成交，卖出勿疑。

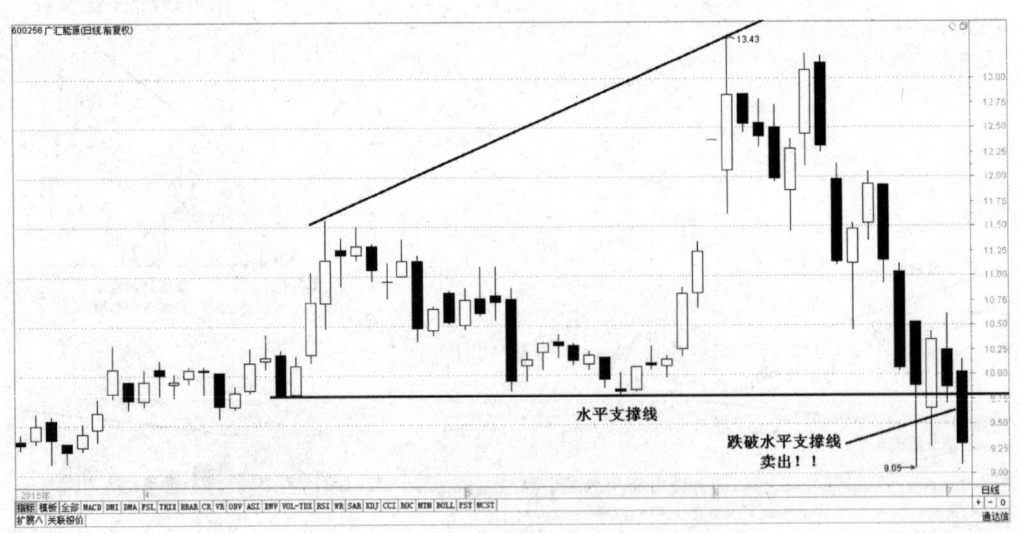

图2-176　股价跌破支撑线——卖出

果然，股价再次向下并跌破了水平支撑线的支撑位置，发出了卖出信号，卖出勿疑。（见图2-176）

卖出之后不久，股价曾试图维持在一个水平区间震荡。但原来的水平支撑线现

在已经转换成压制线了，股价两次试图突破都没能成功，最后进入漫漫阴跌的下降趋势。（如图2-177）

图2-177　卖出后的后续走势

2.成交额递减

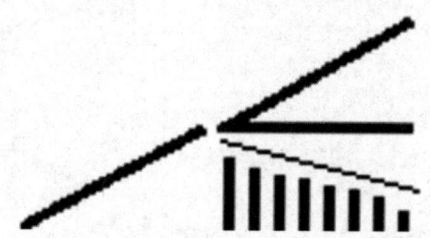

图2-178　震荡幅度递增，成交额递减

股价原先处在一个明显的上升趋势中，说明股价走势之前一直是向好的，适合看多做多或买入持有，中短期均线或短期整体向上则表示短线行情向好，适合短线操作。

从震荡幅度来看，震荡的幅度也在不断增加，这就说明卖方在不断给买方施加压力，只要买方实力足够，这种形态还会持续下去，但如果买方实在扛不住的话，那条水平支撑线也不会支撑得了股价的。另外，随着成交额的逐渐缩减，这一区间内愿意交易的投资者越来越少，交易越来越趋于冷淡，未来多空哪方获胜还很难说，还得具体分析。（见图2-178）

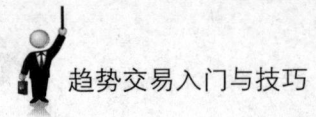

买点——股价带量突破趋势上延或得到支撑线的支撑反转向上

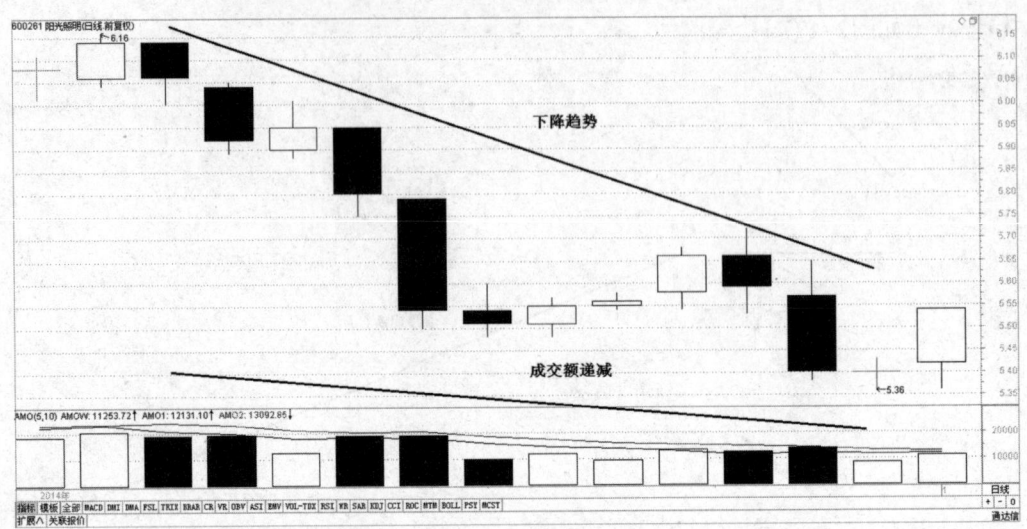

图2-179　前期走势

上升趋势出现之前，大都是以一段成交额递减的下降趋势结束为标志。（如图2-179）

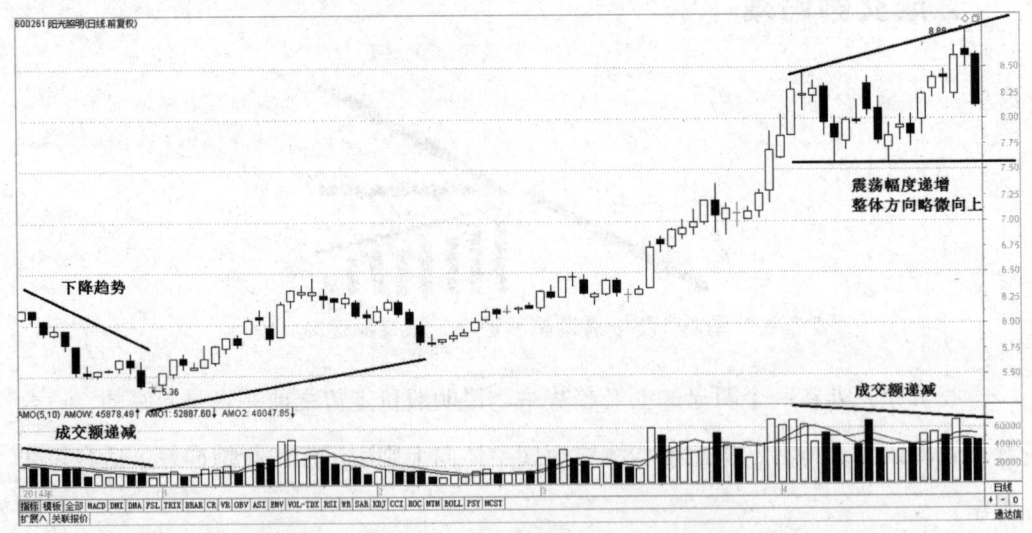

图2-180　形态出现

股价从之前的下降趋势转成上升趋势后，股价仍然在低位横向震荡了好一阵，然后才慢慢拉开了高度，并出现了"震荡幅度递增，整体方向略微向上"的趋势通道，并且这一区间的形成是以成交额递减的形式出现。（见图2-180）

图2-181 股价回调至水平支撑线并得到支撑——买入

在图2-181中，股价又回落至水平支撑线上，并且最低价也没有跌破水平支撑线的价位，更重要的是尾盘收盘价站在水平支撑线之上，这是一个不错的捡低价买入的机会。

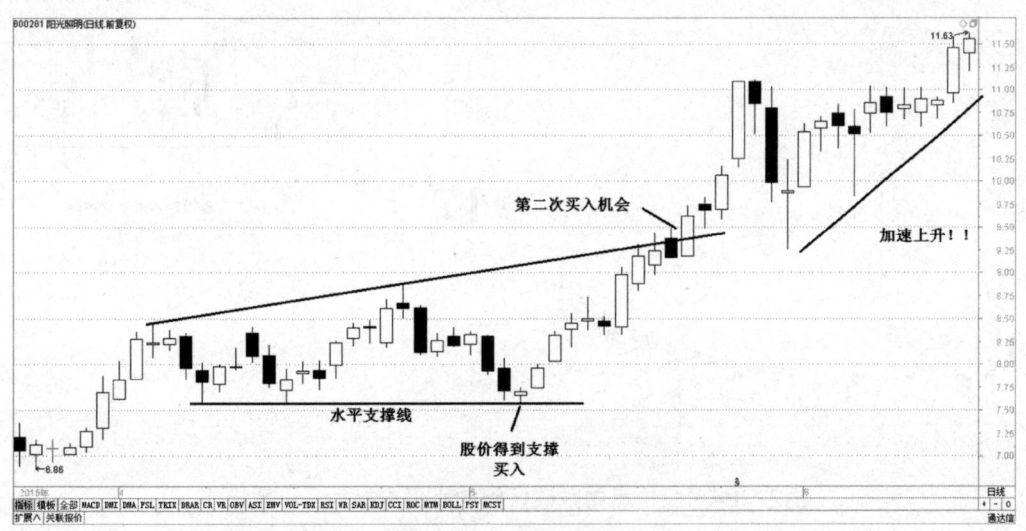

图2-182 后续走势

从图2-182中可以看到，在我们买入后，股价直接奔向区间上延，并成功突破了上延的压制，这是第二次买点，然后股价进入最后冲刺阶段。

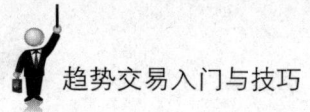

卖点——股价跌破水平支撑线

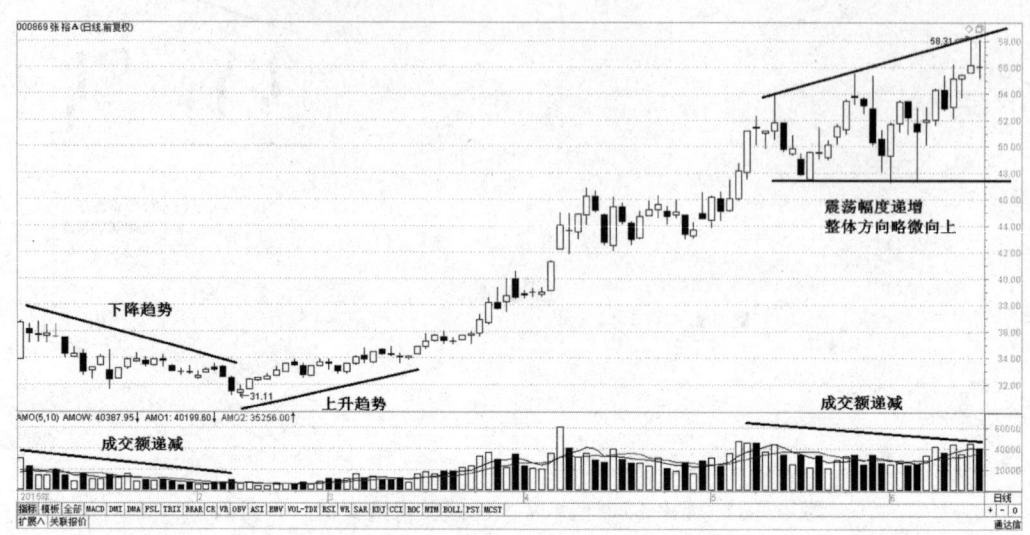

图2-183　形态出现

"震荡幅度递增，整体方向略微向上"的上升通道形态出现了。（见图2-183）

图2-184　股价盘中跌破区间的水平支撑线——卖出

股价在高位震荡，股价一度不慎跌破了区间的水平支撑线，不管是不是急于用现钱，都应该及时出手卖出手中该股的股票。（图2-184）

就在我们卖出该股之后，股价开始连续大跌，然后在低位大幅震荡，震荡结束后又开始新一轮的下跌，让更多的投资者感受到绝望，所幸，我们卖对了。（如图2-185）

图2-185 后续走势

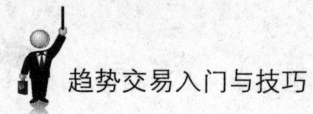

十一、震荡幅度递增，整体方向向右

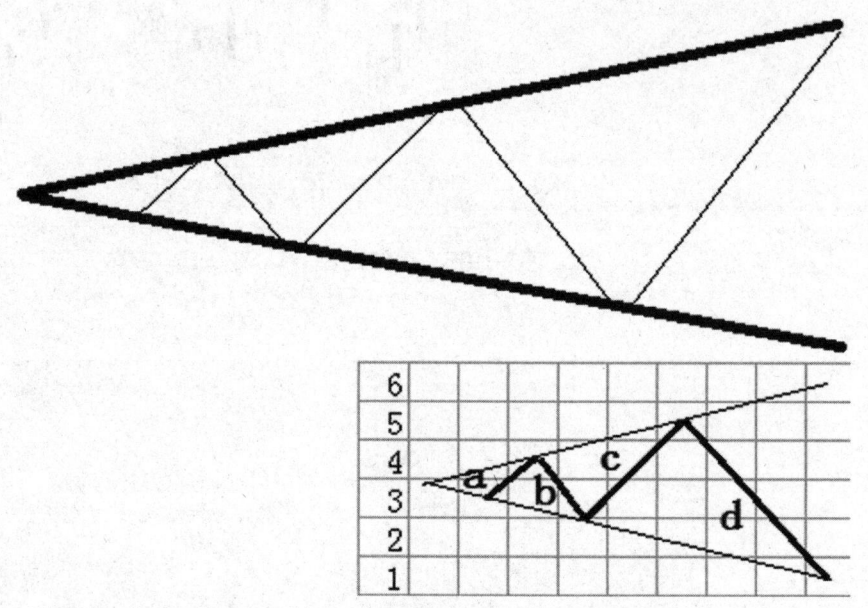

图2-186　震荡幅度递增，整体方向向右

　　这类形态震荡的幅度呈递增趋势，越到后期震荡的幅度越大，像个喇叭，喇叭口向右开。（见图2-186）

　　a波段股价从3元涨到4元，上涨33.33%；

　　b波段从4元跌到2.5元，下跌37.5%；

　　c波段从2.5元涨至5元，上涨100%；

　　d波段从5元跌至1元，下跌80%。

　　本形态整体向右上方行进，要是从abcd波段的涨跌幅变化来看，涨幅从33%升至100%，跌幅由37%增加到80%，形态中的利润不断增加，同时风险也一同跟着增涨，利润与风险总是同时存在的孪生兄弟，在这类趋势形态中需要小心提防，不要只顾利润而忘记了风险。

　　下面我们用成交额指标将本形态分为成交额递增和成交额递减两大类。

1.成交额递增

图2-187 震荡幅度递增，成交额递增

在这之前的股价处在一个明显的上升趋势中，预示股价之前的走势一度向好，而且也说明了行情适合看多做多，买入或持有，适合于短线操作。

震荡幅度递增，行进的方向大体也是向右的，说明当前多空双方的分歧越来越大，成僵持状态，谁也没有办法完全占据上风。（见图2-187）

买点——股价向上突破区间上延（如果震荡幅度过大，以20天均线越过筹码密集区为买点）或股价得到区间下延的支撑而反转上涨

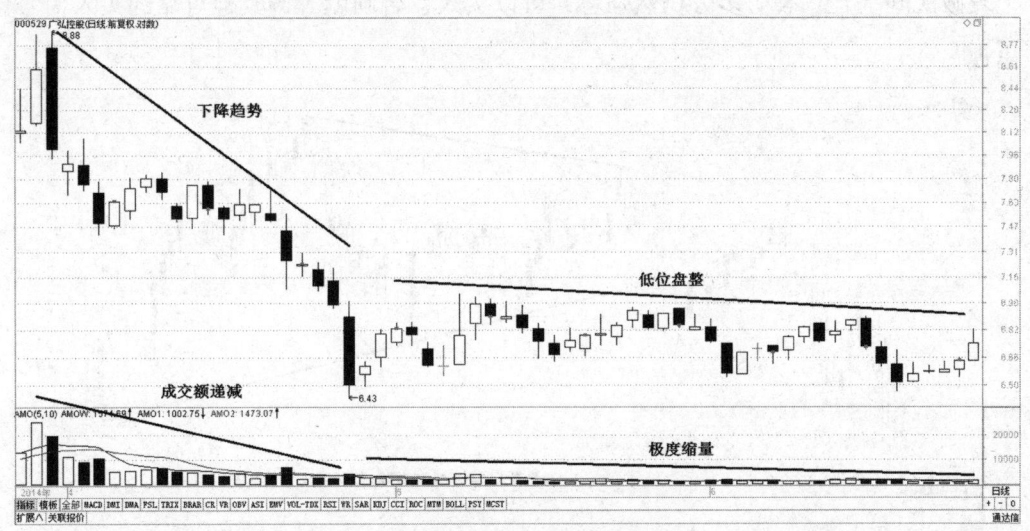

图2-188 前期走势

从图2-188中我们可以看到一段较快速的下降趋势，成交额也由高额迅速降低，股价还在低价区窄幅波动，K线图横向盘整，可以看到成交额已经是极度缩量了，这么盘整出来的行情可以想象它未来会涨多高。

就在低位耐人寻味的盘整结束后，股价拉升到了一个新的高度开始新一轮的震荡，震荡的幅度开始不断增大，像个喇叭口，即"震荡幅度递增，整体方向向右"

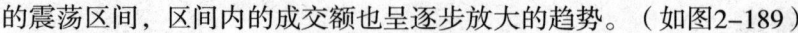

的震荡区间，区间内的成交额也呈逐步放大的趋势。（如图2-189）

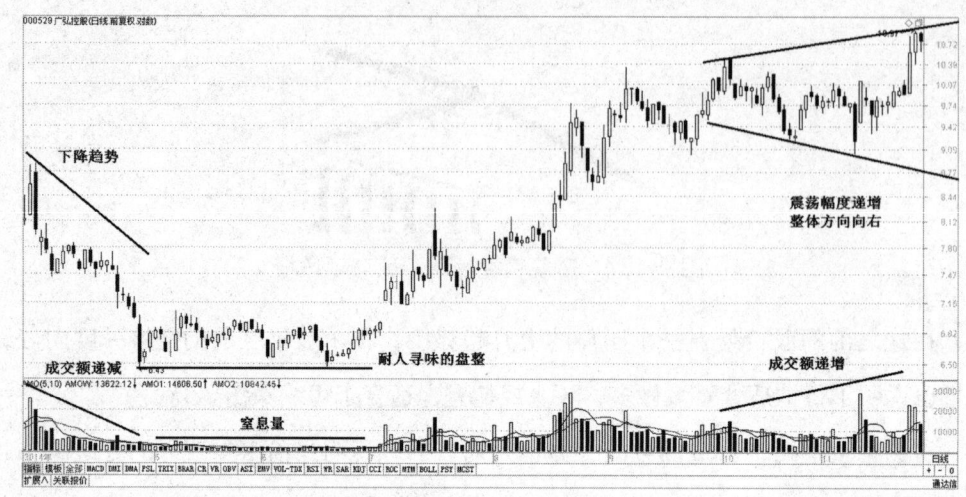

图2-189　形态出现

从图2-189中可以看到，目前股价仍处在高位向下的回调中，如果股价随后能向上突破区间上延，表明多方仍然强势，可以买入，否则就等待其他可靠的买入信号出现。

图2-190　股价得到区间下延支撑线的支撑而止跌上涨——买入

从图2-190中可以看到，股价在区间下延的支撑线上得到了支撑，前一个交易日还是大幅下跌的，今日跌到接近支撑线附近时反到是反跌为涨，似乎是得到了某种力量，这说明股价在支撑线得到了支撑，这是一个不错的买进点，而且价位相当低廉。

图2-191 后续走势

买入后股价开始震荡上行，在更高的位置突破了区间上延，形成第二买点。本次上涨又形成了新一轮的上升趋势，股价一直上行不断，获利不菲。（如图2-191）

卖点——喇叭口形态的卖点较难把握，如可用20天均线做为参考

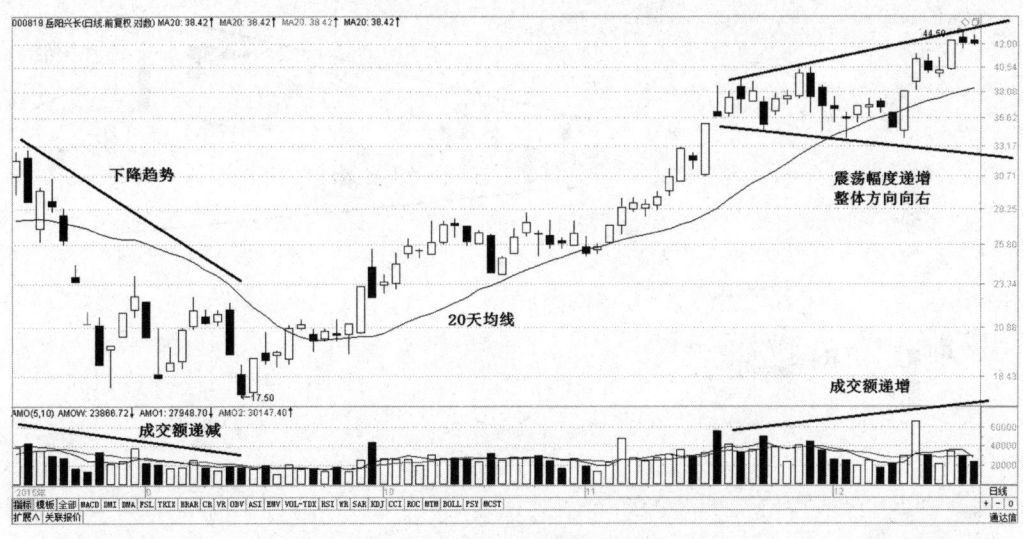

图2-192 形态出现

"震荡幅度递增，整体方向向右"的"喇叭口"形态出现了。（见图2-192）

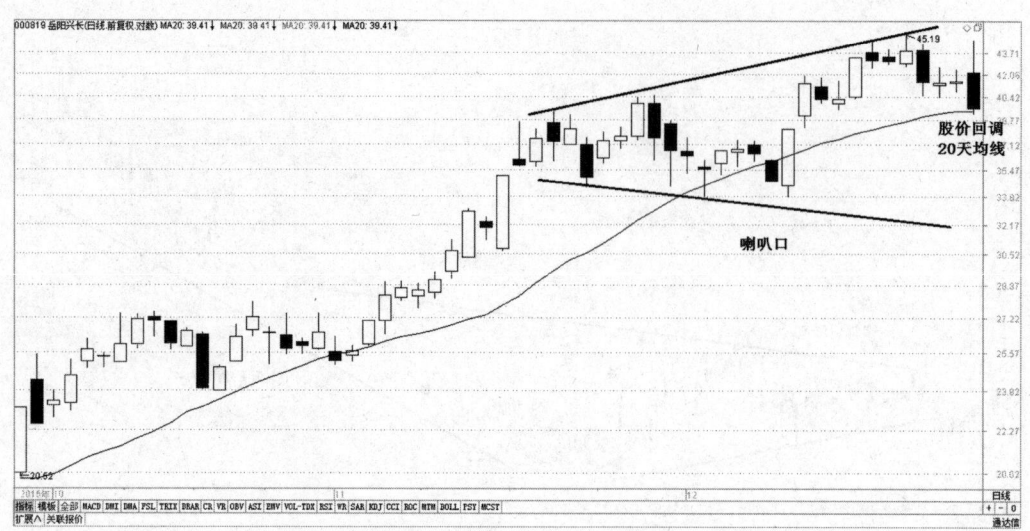

图2-193　股价回调20天均线，如果20天均转头向下——卖出

从图2-193中可以看到，该日出现一拥有长上影线的阴K线，这说明股价上行的压力开始增大，所以形成了较长的上影线，盘中股价也接近20天均价，今后如果股价还继续下跌的话，20天均线也肯定离调头向下不远了。

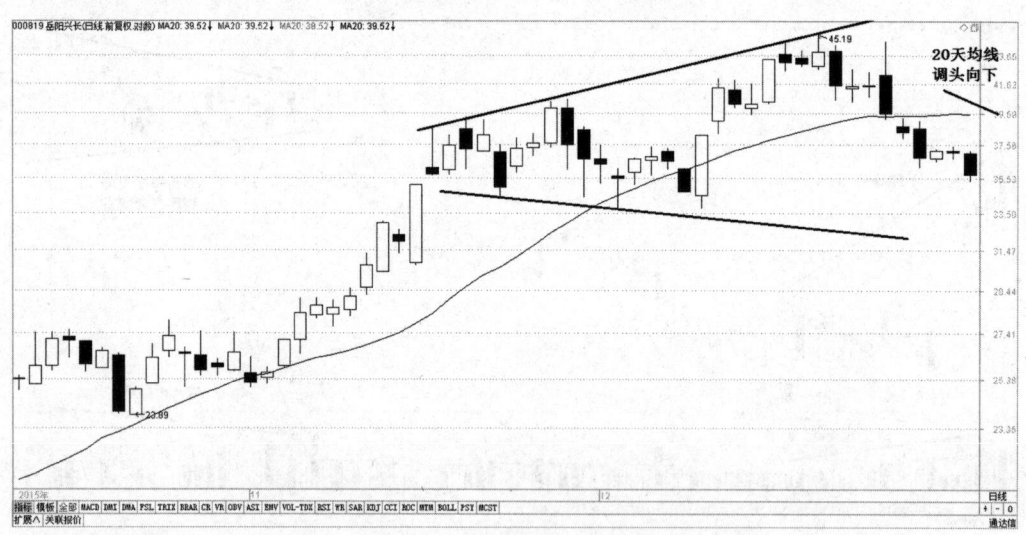

图2-194　股价跌到20天均线之下且20天均线转头向下——卖出

没多久，股价跌到20天均线之下，并且20天均线也已经转头向下了，再持股就没有多大意义，卖出勿疑。（见图2-194）

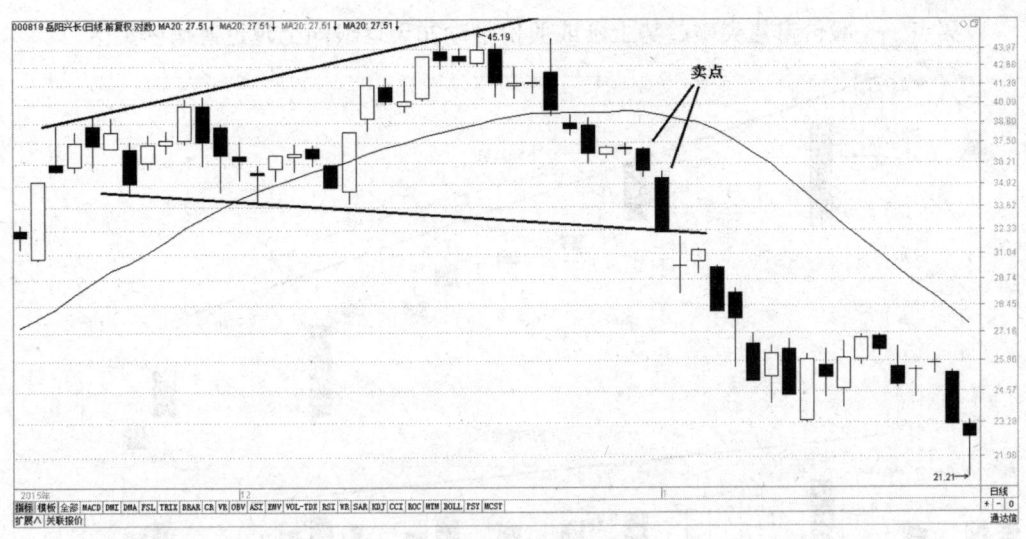

图2-195 后续走势

卖出之后不久，股价快速跌落到更低的价位，基本没有给持股者足够的喘息机会。（如图2-195）

2.成交额递减

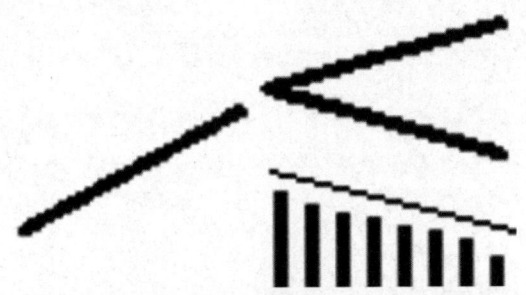

图2-196 震荡幅度递增，成交额递减

股价原先处在一个明显的上升趋势中，说明股价走势之前一直是向好的，适合看多做多或买入持有，中短期均线或短期整体向上也表明短线行情向好，较适合短线操作。

从震荡幅度来看，震荡的幅度也在不断增加，这就说明卖方在不断给买方施加压力，只要买方实力足够，这种形态还会持续下去，另外，成交额的逐渐缩减，预示区间内愿意交易的投资者越来越少，交易越来越趋于冷淡，未来哪方获胜还很难说，得具体事情具体分析。（见图2-196）

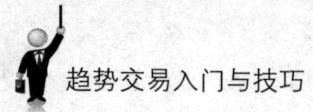

买点——股价带量突破趋势上延或股价带动20天均线向上越过筹码密集区

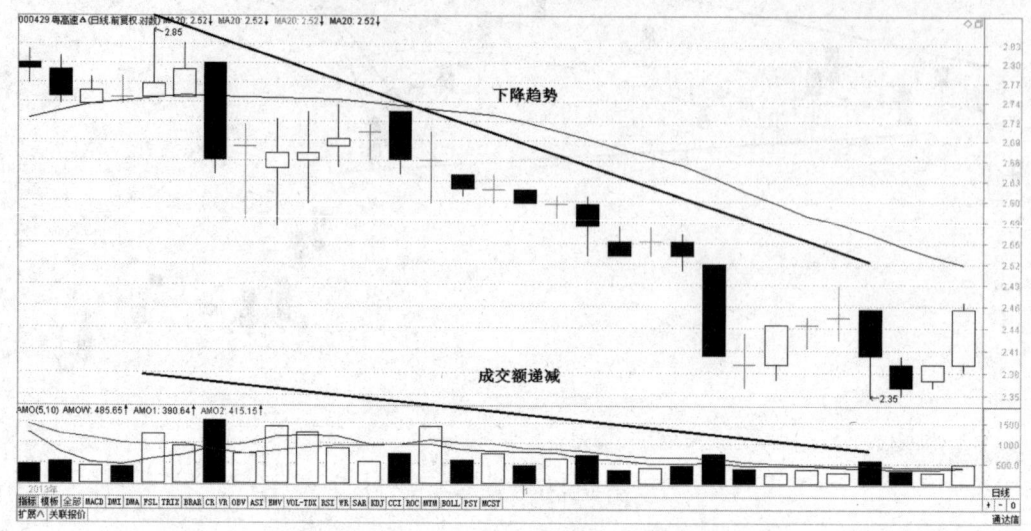

图2-197　前期走势

上升趋势的出现大都是以一段成交额递减的下降趋势结束为标志。（如图2-197）

图2-198　形态出现

股价从之前的下降趋势转成上升趋势后，股价仍然在低位横向震荡了好一阵，然后才慢慢拉出了低价区，并在高位出现了"震荡幅度递增，整体方向向右"的"喇叭口"整理形态，并且这一区间的形成是以成交额递减的形式出现。（见图2-198）

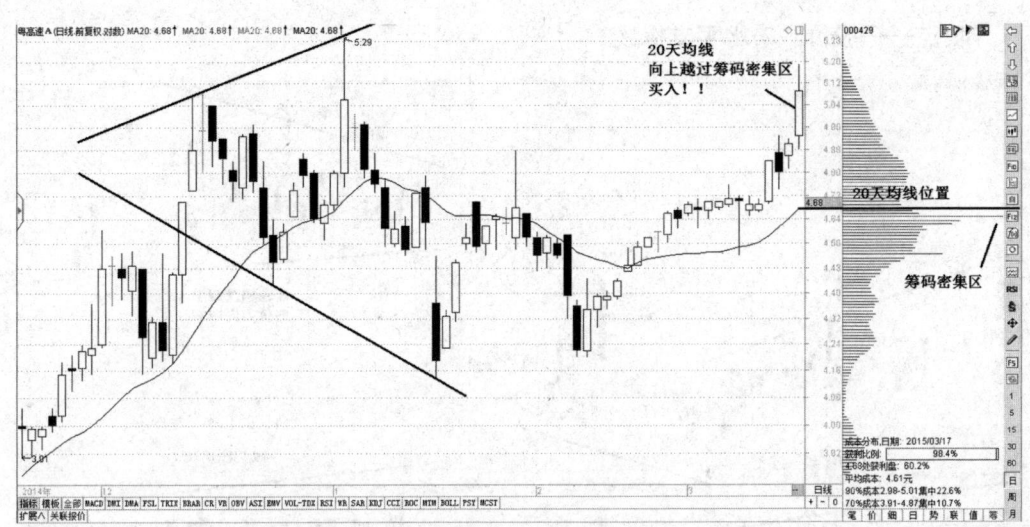

图2-199 20天均线向上越过筹码密集区——买入

在图2-199中，股价向上拉升，同时20天均线的位置也向上越过了筹码密集区，这是一个买入机会。

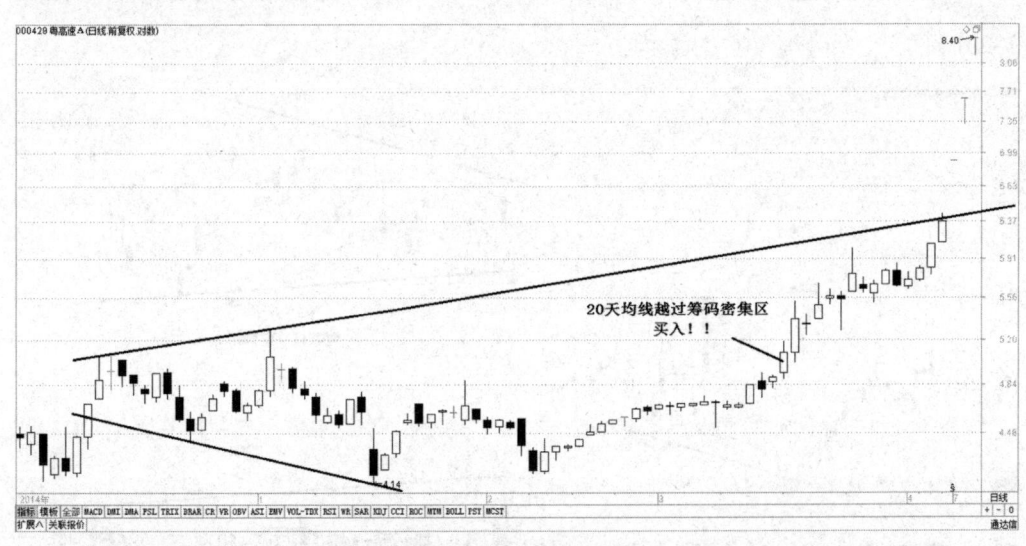

图2-200 后续走势

从图2-200中可以看到，在我们买入后，股价直接奔向区间上延，并成功突破了上延的压制（本来可以是第二买点，但由于次日是直封涨停板，没有办法买到），股价进入最后冲刺阶段，连续涨停。

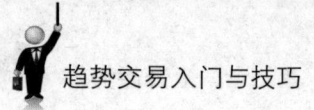

趋势交易入门与技巧

卖点——股价跌破水平支撑线

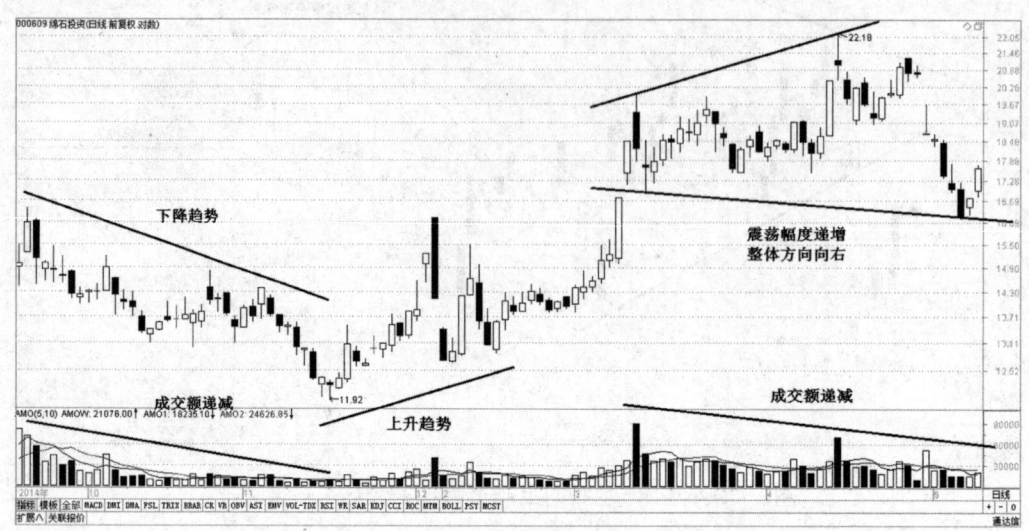

图2-201　形态出现

"震荡幅度递增，整体方向向右"的"喇叭口"整理形态出现了。（见图2-201）

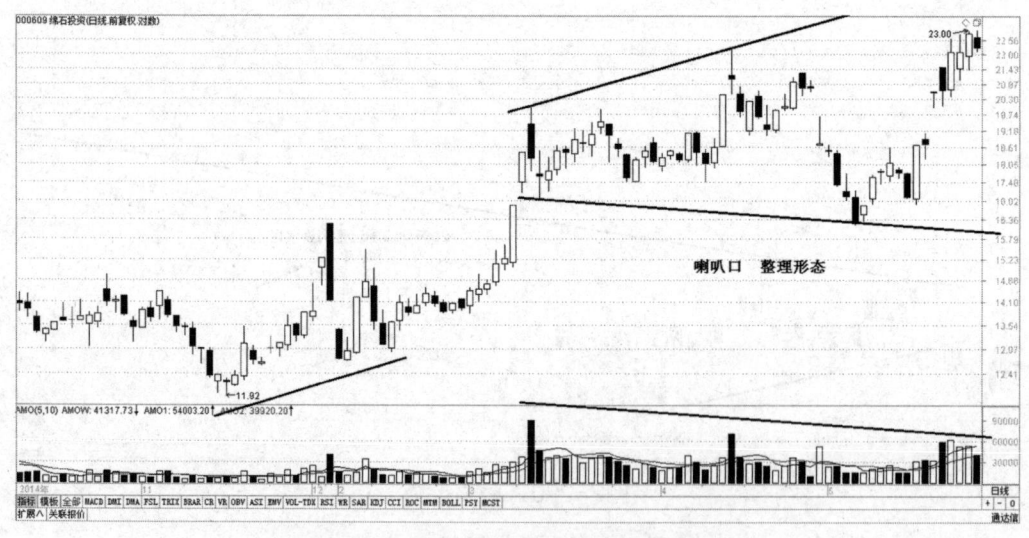

图2-202　股价盘中回升自区间上延附近

股价在高位震荡，震荡的幅度越来越大，近期股价曾意图向上突破区间上延，能成功突破吗？突破了的话就是一个突破买点。（图2-202）

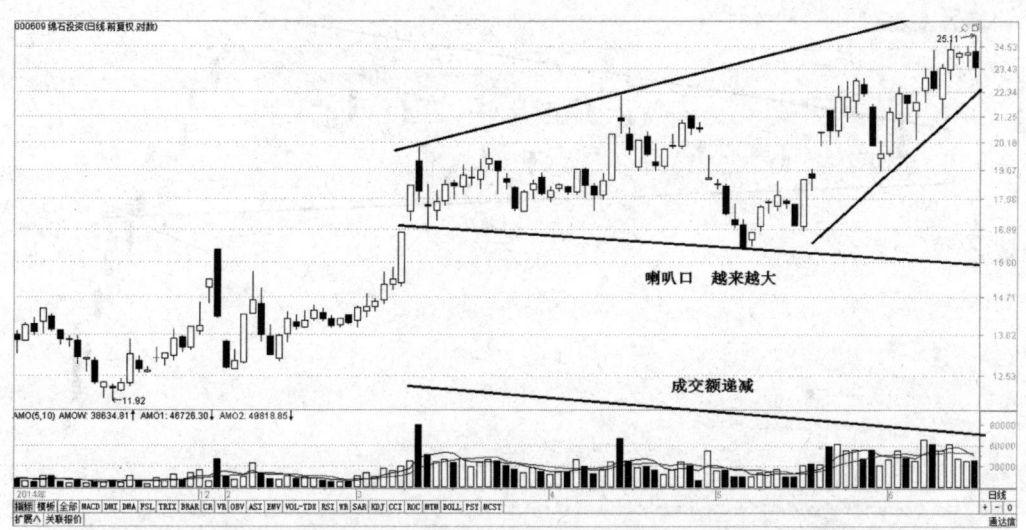

图2-203 股价意图上破区间上延，可是量能跟不上，难成功

股价之前曾试图上破区间上延的压制，但是限于量能的递减，很难成功。（见图2-203）

图2-204 股价下破区间支撑线——卖出

股价曾试图上破区间上延，但最后还是没能如愿，回落了下来，近期更是一路下跌，跌穿了形态下延那条支撑线，卖出勿疑。（见图2-204）

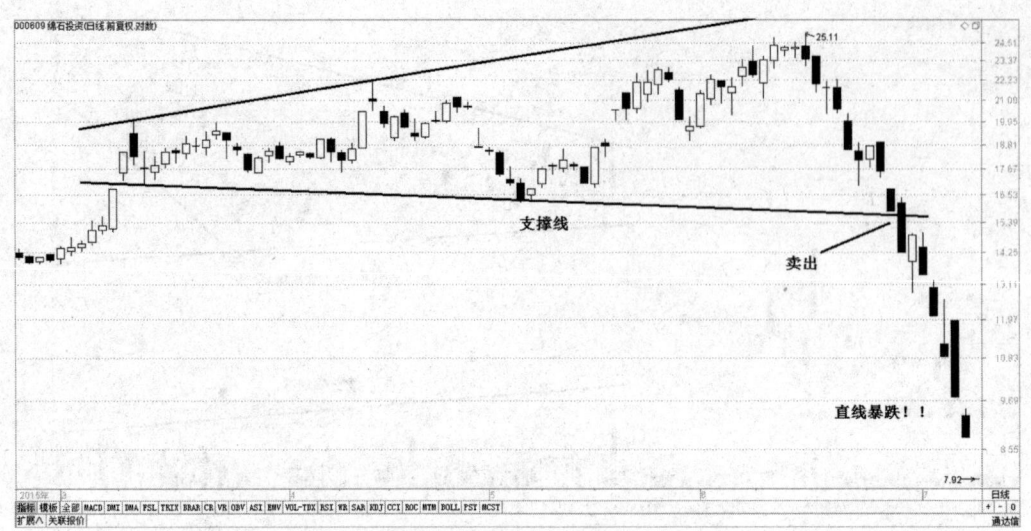

图2-205　股价下破区间支撑线——卖出

　　就在我们卖出该股之后，股价直线下跌，这种下跌让大多数投资者感到措手不及，值得庆幸的是，我们提前卖出了，避免了损失扩大。（如图2-205）

十二、震荡幅度递增，整体方向略微向下

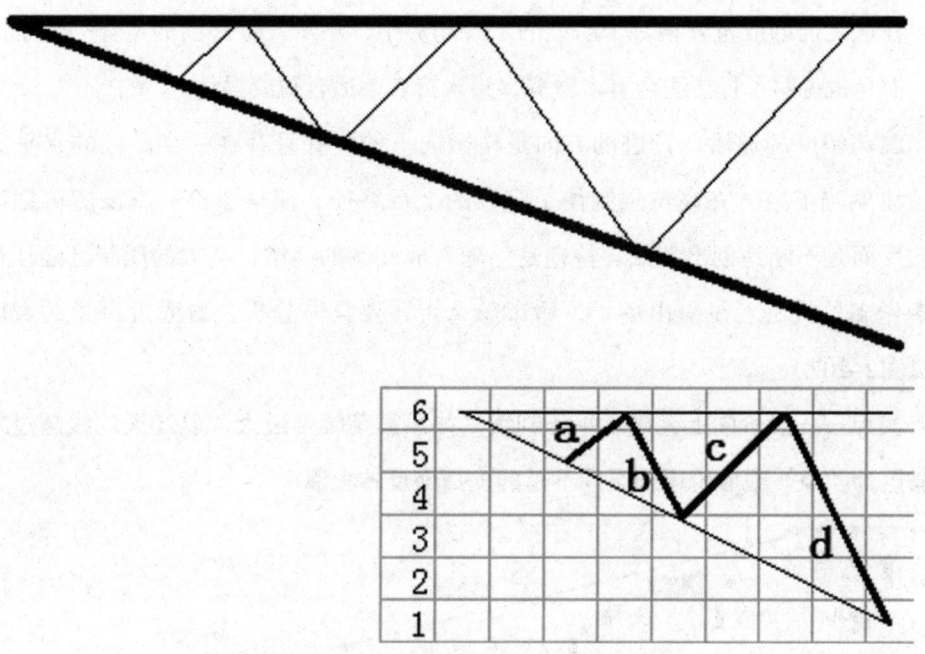

图2-206 震荡幅度递增，整体方向略微向下

这类形态震荡的幅度呈递增趋势，越到后期震荡的幅度越大。（见图2-206）

a波段股价从5元涨到6元，上涨20%；

b波段从6元跌到3.5元，下跌41.67%；

c波段从3.5元涨至6元，上涨71.43%；

d波段从6元跌至1元，下跌83.33%。

本形态整体向右下方行进，从abcd波段的涨跌幅变化来看，涨幅从20%升至71%，跌幅由41%增加到83%，形态中的利润不断增加，同时风险也一同跟着增涨，利润与风险总是同时存在，在这类趋势形态中需要小心提防，不要只顾利润而忘了风险。

下面我们用成交额指标将本形态分为成交额递增和成交额递减两大类。

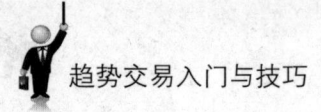
1.成交额递增

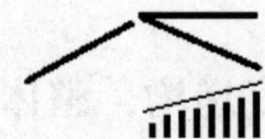

图2-207　震荡幅度递增，成交额递增

在这之前的股价处在一个明显的上升趋势中，预示股价之前的走势一直是向好的，而且也说明了行情适合看多做多，买入持有，适合短线操作。

震荡幅度的递增，行进的方向是略微向下的，并且存在一个高位的水平压制线，说明当前空方在高位限制住了多方的上行路径，使得股价一直没能再创出新高，反而是不断地创出新低。特别是伴随着成交额的递增，空方的压制已经让很多看多做多的投资者纷纷出场了，后市怎么走还要具体分析，看股价自身的表现。（见图2-207）

买点——股价向上突破水平压制线（如果震荡幅度过大，以20天均线越过筹码密集区为买点）或股价得到区间下延的支撑而反转上涨

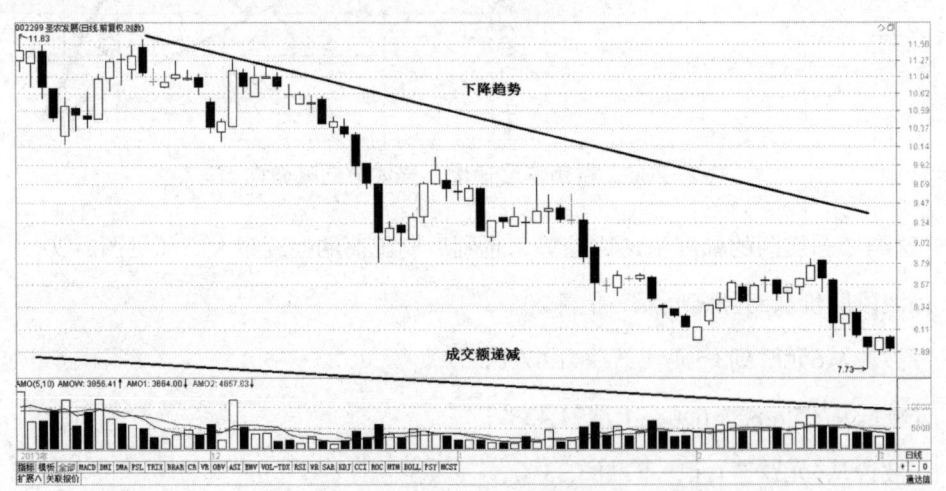

图2-208　前期走势

从图2-208中可以看到一段震荡下行的下降趋势，成交额也大体上呈现了递减的态势，只是减的幅度不是很大，后期也不够低，所以会对以后反转进入的上升趋势有所拖累，类似高位水平压制的情况通常都是因为之前的下降趋势缩量不足所导致。

图2-209 形态出现

股价反转进入新一轮的上升趋势后,在高位开始震荡,震荡的幅度开始不断增大,可以看到有一条水平压制线的存在,这是将来的一个阻力价位。(如图2-209)

图2-210 高位盘整中的机会

从图2-210中可以看到,A点处股价也曾回落至区间下延,也得到了支撑,但是细看之下,这次支撑并没有量的支持,反转上涨后也没有如愿向上突破水平压制线,而是继续在区间内震荡下行。

B点处股价最低价也正好回落到区间下延,并且也得到了支撑并有大幅度的回涨,更重要的是有量能的增加,这说明这次股价回调下延而得到支撑回涨是个不错

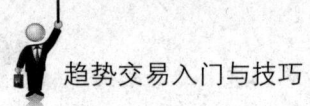

的捡低价式的买点。（见图2-210）

图2-211　买入之后股价走势

从图2-211中可以看到，我们在B点买入后，股价开始拉离低价区，曾试图直接向上突破上方的水平线压制，可惜没有马上成功，而是再接再厉，再次突破并成功站于其上，接着就是直线飙升的节奏。

卖点——喇叭口形态的卖点较难把握，如可用20天均线做为参考或股价跌破区间下延

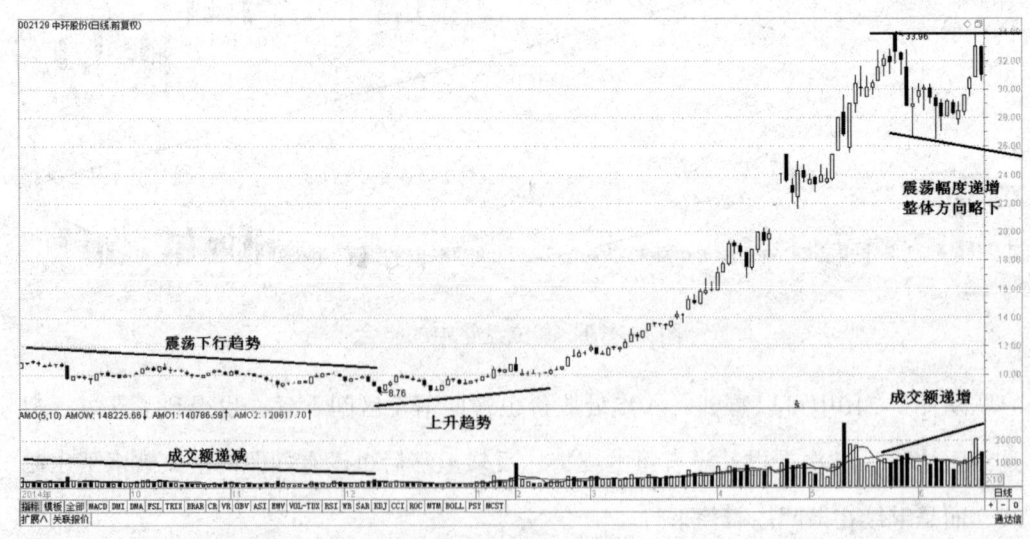

图2-212　形态出现

"震荡幅度递增，整体方向略微向下"的整理形态出现了。（图2-212）

图2-213　股价跌破20天均线，且该均线转头向下，第一个卖出点

从图2-213可以看到，股价回调时跌破了20天均线，并且20天均线也转头向下了。这就是卖点之一，由于最早出现，所以称为第一个卖出点。

图2-214　股价跌破区间下延，第二个卖出点

三个交易日后，股价再次下跌并跌破区间下延，这是第二个卖出点，再继续持股就十分不利了，所以卖出不要再犹豫。（见图2-214）

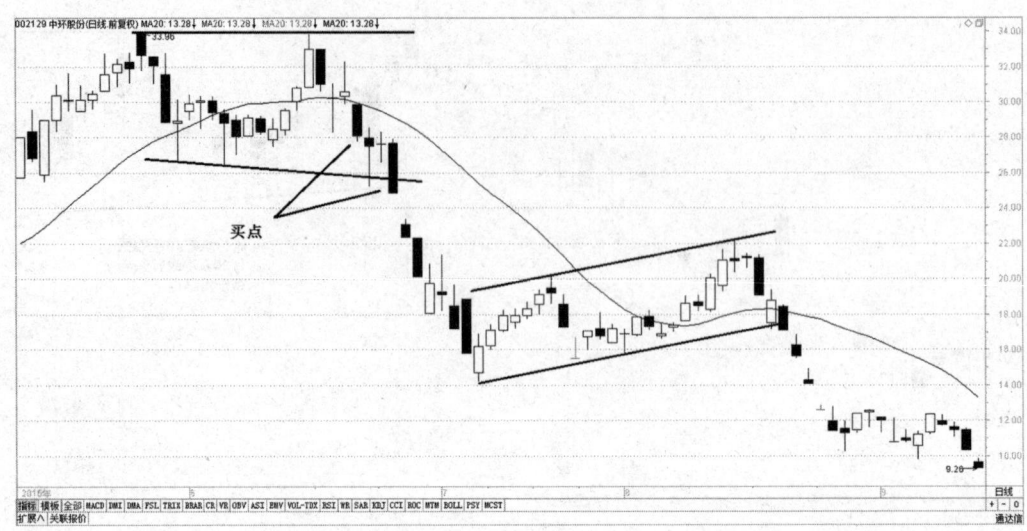

图2-215　后续走势

　　就在卖出之后的下一个交易日，直接低开低走，根本没有给持股者喘息的机会，一路下跌，然后进入一个略微向上的平行区间中，震荡也没多久，又再次向下跌破了这个平行区间的下延，再次连续下跌，让众多投资者遭到严重损失。（见图2-215）

2.成交额递减

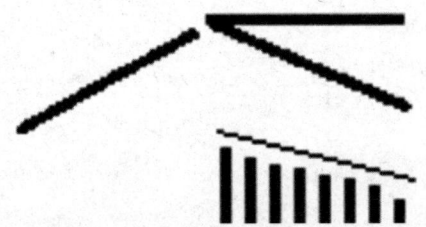

图2-216　震荡幅度递增，成交额递减

　　股价之前处在一个明显的上升趋势中，说明股价走势之前一直是向好的，适合于看多做多或买入持有，而中短期均线或短期整体向上也表示了短线行情向好，也较适合短线操作。

　　从震荡幅度来看，震荡的幅度也在不断地增加，这说明卖方在不断给买方施加压力，特别是区间上方那条水平压制线，买方要是没有能力向上突破的话，未来很可能就会向下跌破区间下延了。（见图2-216）

买点——股价带量突破趋势上延或股价带动20天均线向上越过筹码密集区

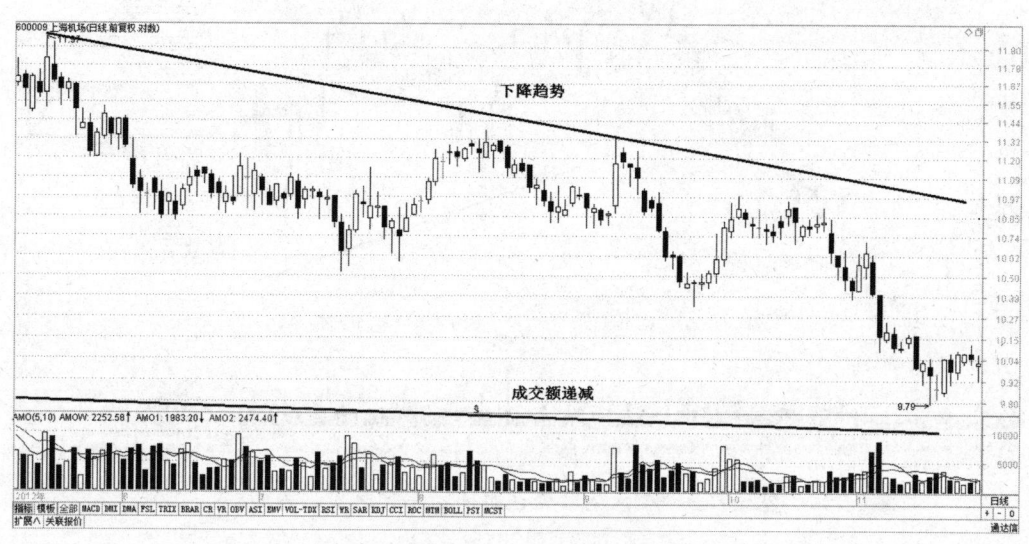

图2-217 前期走势

在上升趋势出现前，总能见到一段成交额递减的下降趋势。（如图2-217）

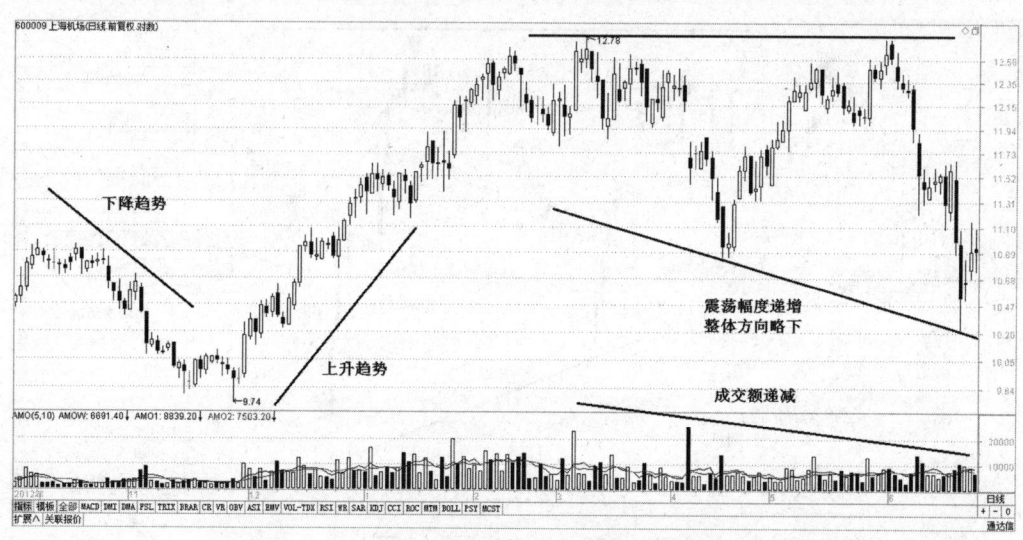

图2-218 形态出现

股价从之前的下降趋势转成上升趋势后，快速拉开了与低价区的距离，但股价开始在高位大幅震荡，高点未见再创新高，反而是低点位置越来越低，从而导致了"震荡幅度递增，整体方向略向下"的整理形态，区间内的成交额呈递减趋势。（见图2-218）

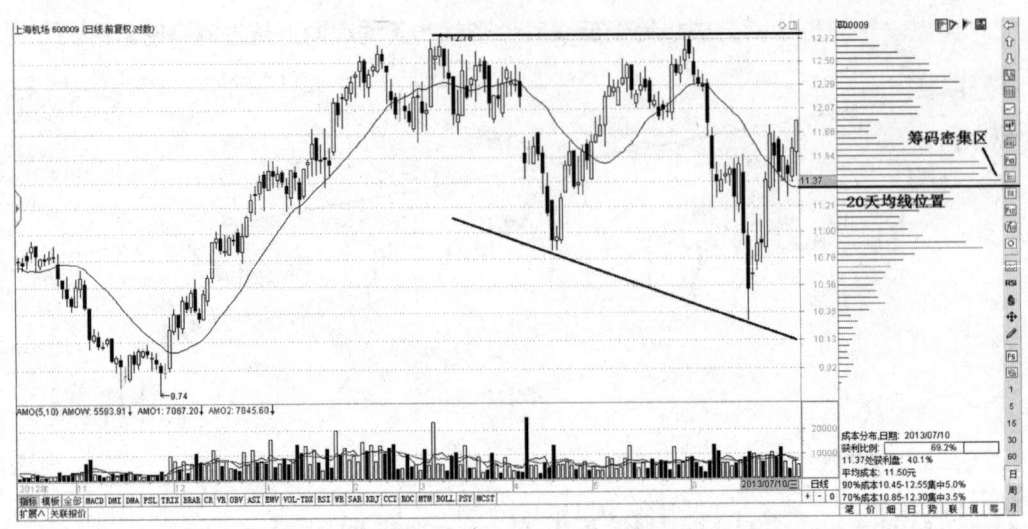

图2-219　20天均线处在筹码密集区之下，等待

在图2-219中，股价向上拉升，但20天均线仍处在筹码密集区之下，需要等均线向上转头并且越过筹码密集区时才能买入。

图2-220　买点出现——买入

从图2-220中可以看到，股价开始在区间中段震荡上行，其中20天均线已经转头向上，另外该均线也向上越过了筹码密集区，说明这是一个可靠的买点——买入。

图2-221 后续走势

从图2-221中可以看到，在我们买入后，股价还横向震荡了一小段，期间也曾跌到一个更低的位置，但不需紧张，股价一定会上涨的，果然，股价迅速拉开了低价区，进入新一轮的上升趋势。

卖点——股价跌破支撑线

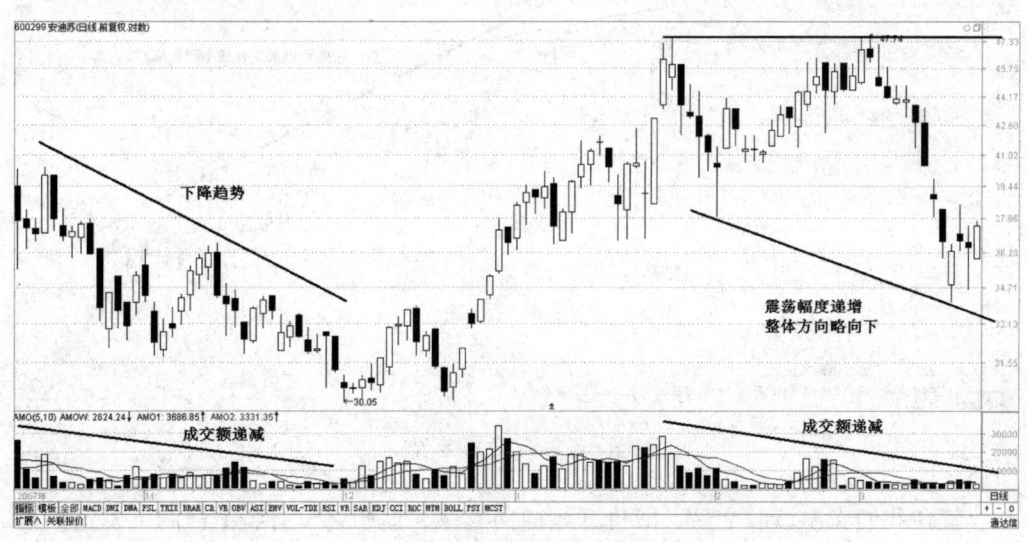

图2-222 形态出现

"震荡幅度递增，整体方向略微向下"的整理形态出现了。（见图2-222）

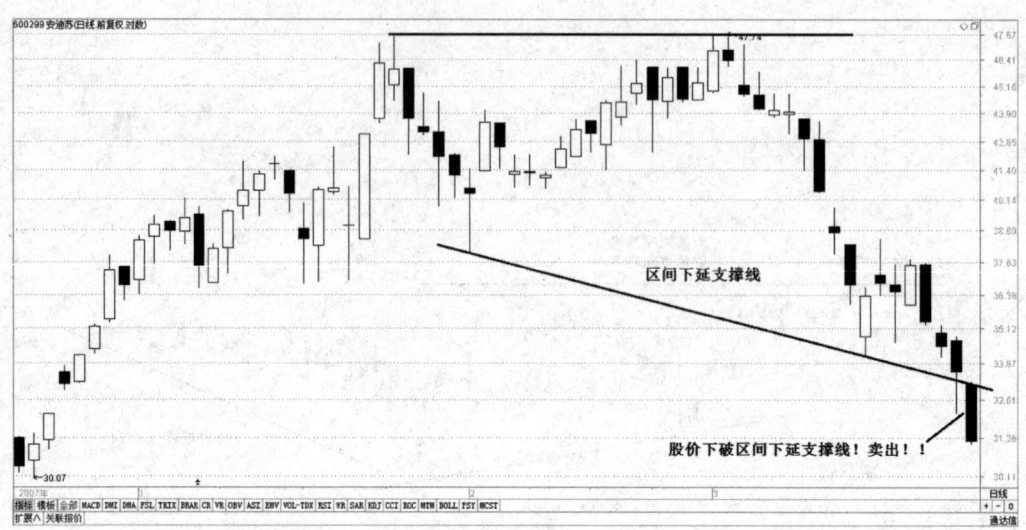

图2-223 股价盘中回升自区间上延附近，会否上破

股价在高位震荡，震荡的幅度越来越大，近期股价一路挫败下跌，一个劲下跌直到跌破区间的下延，支撑线已经失去了支撑作用，卖出要快。（图2-223）

图2-224 后续走势

就在我们卖出该股之后，股价开始横向震荡，但始终没有爬上区间下延这条延长线，说明支撑作用已经不再，已经成为上涨的阻力压制线，股价随后没有办法，引发了更长期、更惨的下跌行情，大约从45元跌到了只剩5元，所幸我们提前卖出了，避免了这一严重亏损的发生。（如图2-224）

十三、震荡幅度递增，整体方向向下

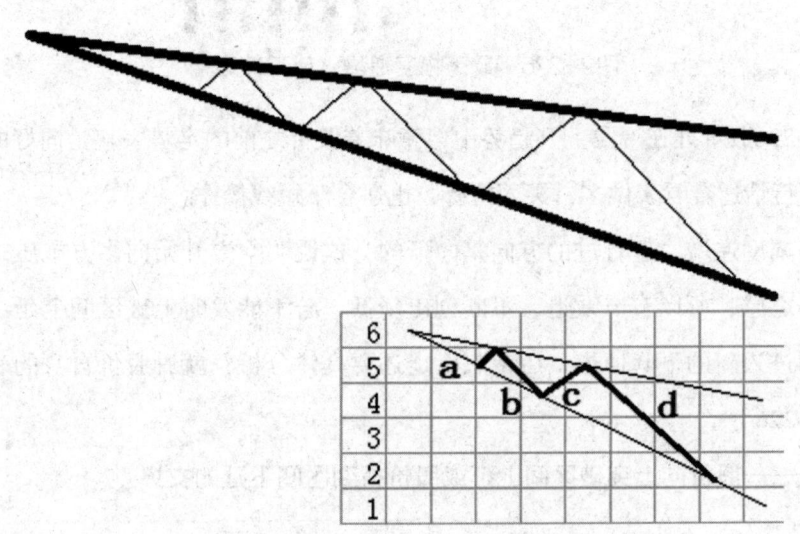

图2-225　震荡幅度递增，整体方向向下

此类形态震荡的幅度呈递增趋势，像个向下斜的"喇叭口"形态。（见图2-225）

从图上abcd各波段的涨跌幅度的变化分析：

a波段从5元涨到5.5元，上涨10%；

b波段从5.5元跌到4.4元，下跌20%；

c波段从4.4元涨至5元，上涨13.64%；

d波段从6元跌至1.5元，下跌75%。

这类形态整体上看是向右下方行进的。而从abcd各波段的涨跌幅变化来看，涨幅从10%升至13%，跌幅由20%增加到75%，形态中的利润不断增加，但增加的幅度没有风险增加的幅度大，这个很要命，在这类趋势形态中操作需要格外小心。利润会越来越小，风险反而越来越大，也只有股价带量上破区间上延时是好的买点。

下面我们用成交额指标将本形态分为成交额递增和成交额递减两大类。

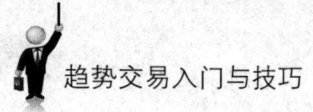
1.成交额递增

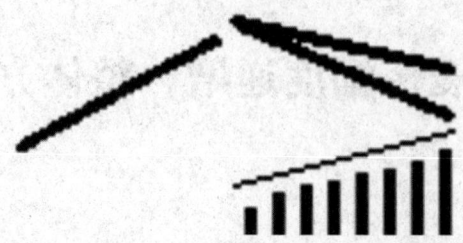

图2-226　震荡幅度递增，成交额递增

图2-226股价处在一段上升趋势中，意味着股价之前的走势一直是向好的，而且也说明了行情适合看多做多，买入持有，也适合于短线操作。

震荡幅度递增，但行进的方向是向下的，这说明空方开始向多方施压，多方有力不从心之感，所以节节败退，不断创出新低，若不能及时上破区间上延线，就很可能转而进入新的下降通道，后市怎么走还要具体分析，就看股价自身的表现了。（见图2-226）

买点——股价向上突破区间上延或股价得到区间下延的支撑

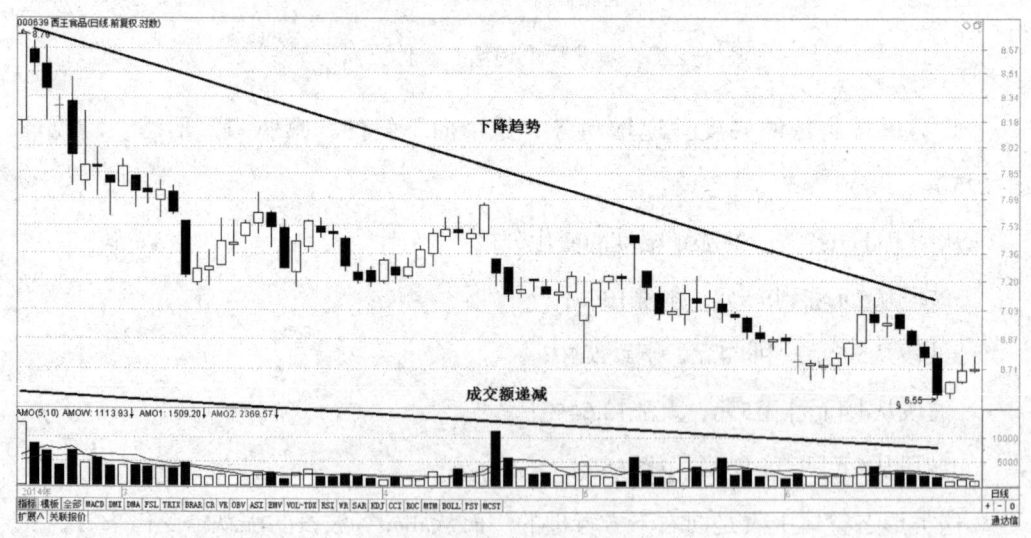

图2-227　前期走势

从图2-227中可以看到一段震荡下行的下降趋势，成交额虽然也呈现出了递减的态势，但是期间曾有过明显的放量，这会给即将到来的上升趋势增加一些不稳定因素。

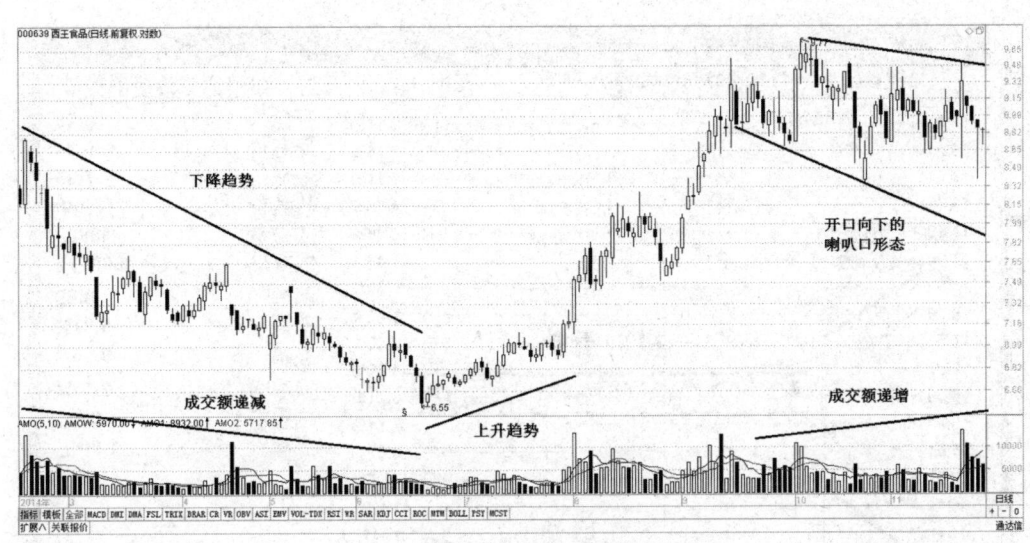

图2-228　形态出现

股价反转进入上升趋势后，在高位开始震荡，不仅震荡的幅度不断增大，而且震荡的方向是向下的，还伴随着成交额的递增，这说明风险在逐渐加大，成交额的递增说明更多的投资者开始慌忙卖出手中的股票，如果后续股价上破区间上延，倒是一个不错的买点。（如图2-228）

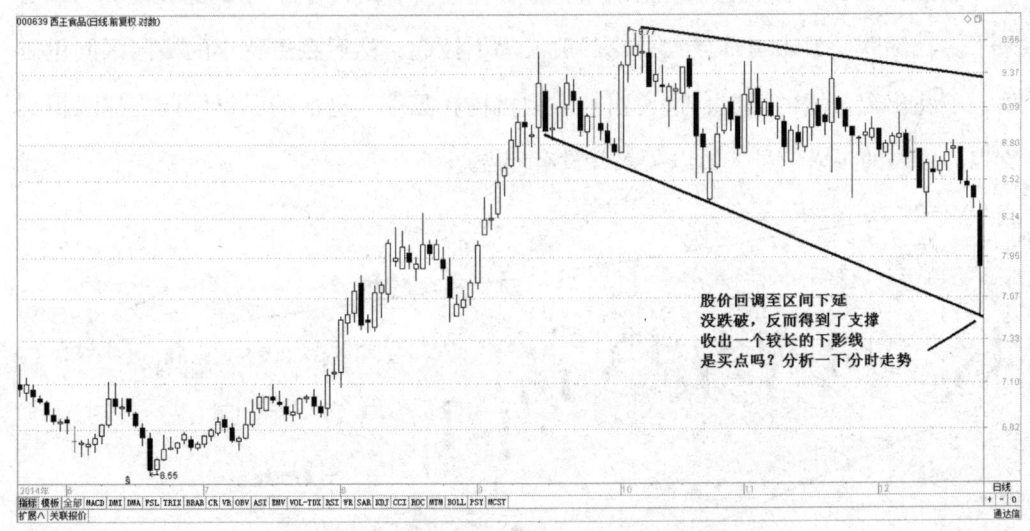

图2-229　股价回调区间下延，获得支撑

从图2-229中可以看到，股价似乎在回调区间下延时获得了支撑，如果分析分时图确认确实获得支撑的话，就是一个很好的捡低价买入的机会。

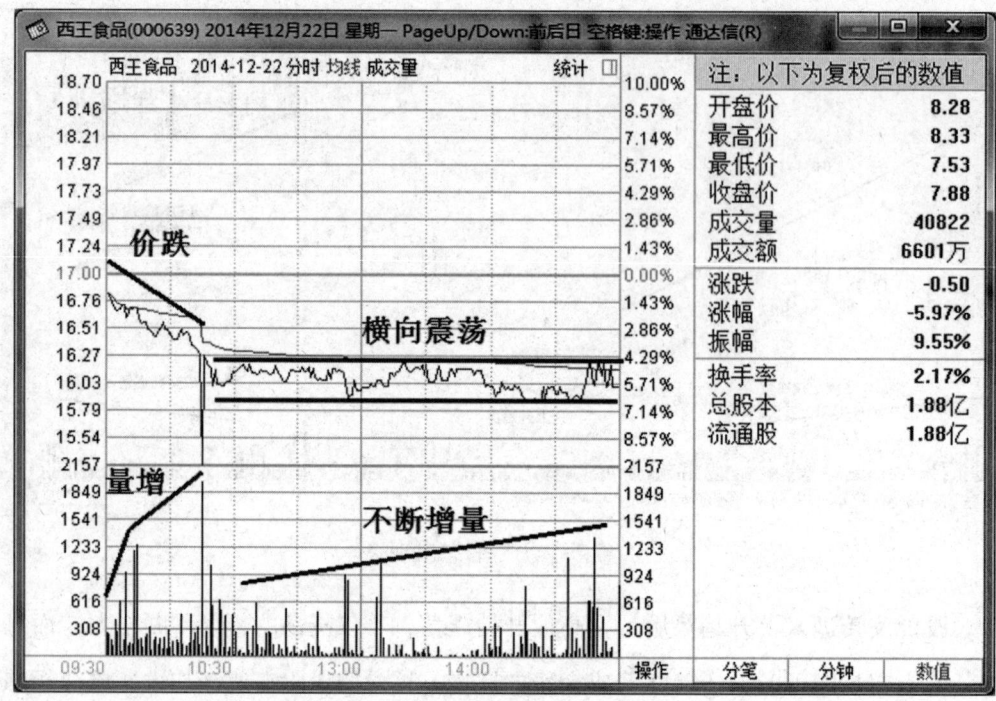

图2-230　获得支撑当日分时图

从图2-230中可以看到，股价当日开盘后直接下跌，伴随着不断的放量，最后来了一次深跌，放出当日最大量，然后又马上拉起，然后在更狭小的横向区间里震荡，不断出现量增的情况，这说明有主力机构在吸筹，这次的股价回调支撑线得到支撑是可靠的买入信号，所以买入并没有问题。

图2-231　买点位置

从图2-231中可以看到，股价在得到支撑后，马上进入上攻状态，最后上破了区间上延的压制，出现了突破区间上延的买点。

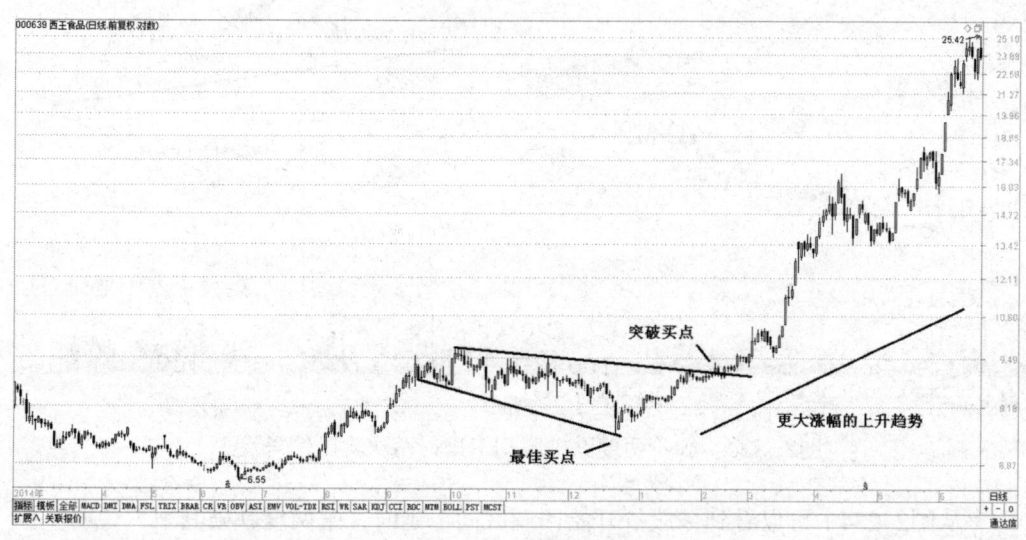

图2-232 后续走势

图2-232是两次买点出现后的后续走势，证明了买点的可靠性，最佳买点买到了此次上升波段的相对低位。

卖点——喇叭口形态的卖点较难把握，如可用20天均线做为参考或股价跌破区间下延

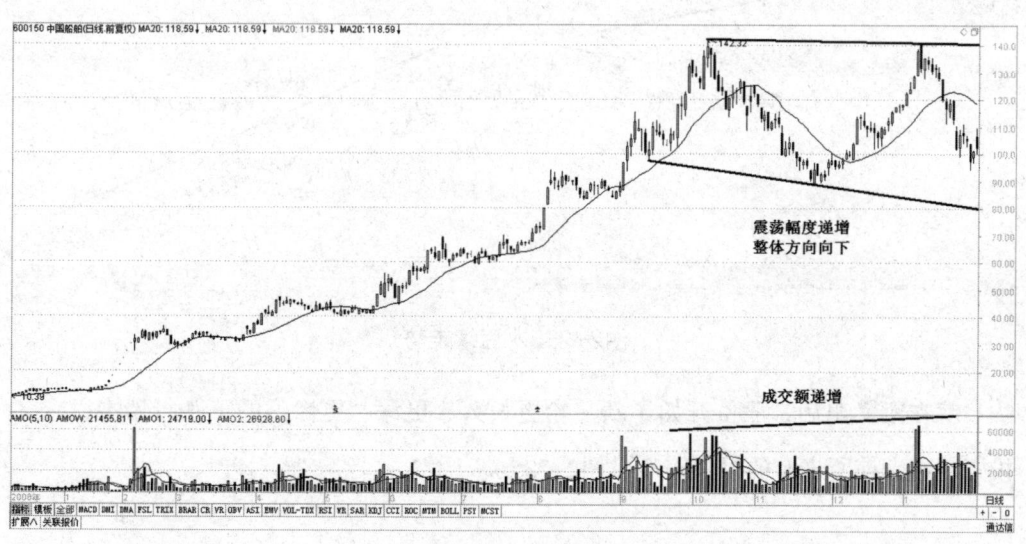

图2-233 形态出现

"震荡幅度递增，整体方向向下"的整理形态出现了。（见图2-233）

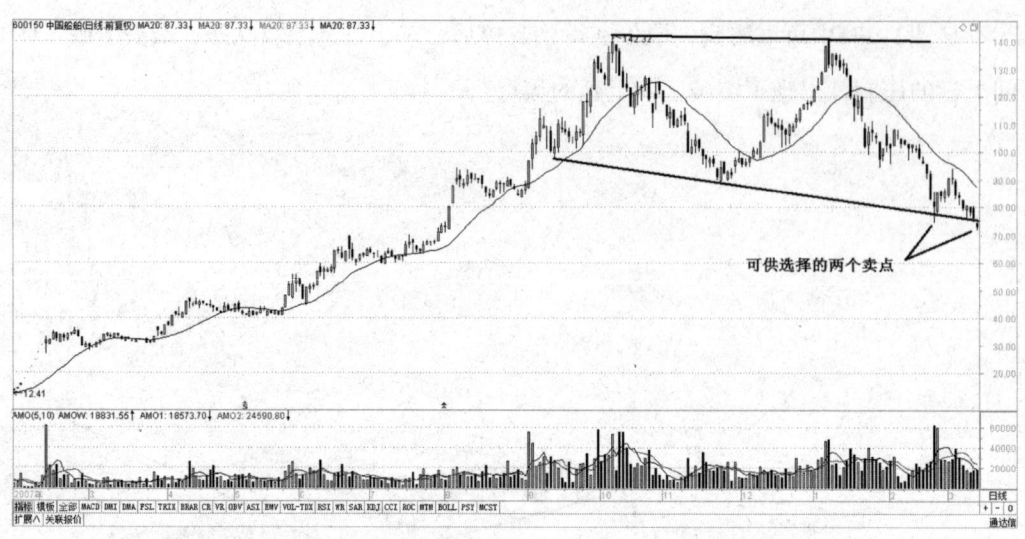

图2-234 股价两度跌破区间下延，两次卖出信号发生

从图2-234中可以看到，股价开始回调区间下延时，曾两度跌破其下，说明支撑线已经失去了支撑股价的作用，应当卖出。

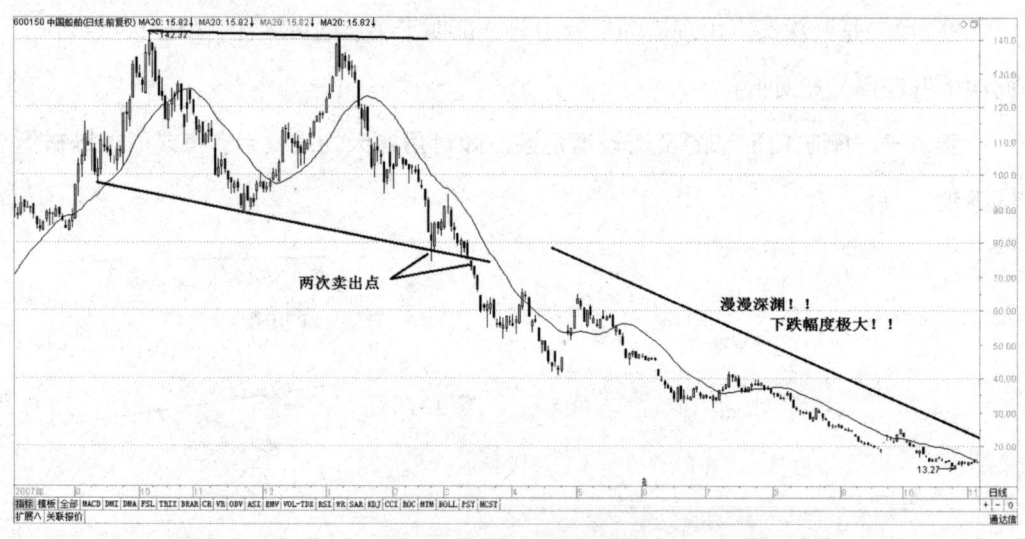

图2-235 后续走势

就在刚卖出后，股价开始了新一轮更长久、更深、更惨烈的下跌行情中，众多投资者遭到前所未有的损失。（见图2-235）

2.成交额递减

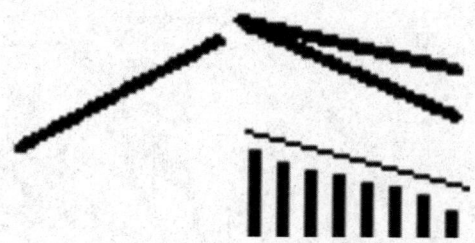

图2-236 震荡幅度递增，成交额递减

股价之前处在明显的上升趋势中，说明股价走势一直是被看好的，适合看多做多或买入持有，而中短期均线或短期整体向上也表示了短线行情向好，适合短线操作。

从震荡幅度来看，震荡的幅度不断增加，这说明卖方在不断给买方施加压力，特别是区间不断向下方行走，多方有支撑不住之感，如果股价始终没能上破区间上延的压制的话，多方始终会败于空方，并导致趋势的反转下跌。（见图2-236）

买点——股价带量突破趋势上延

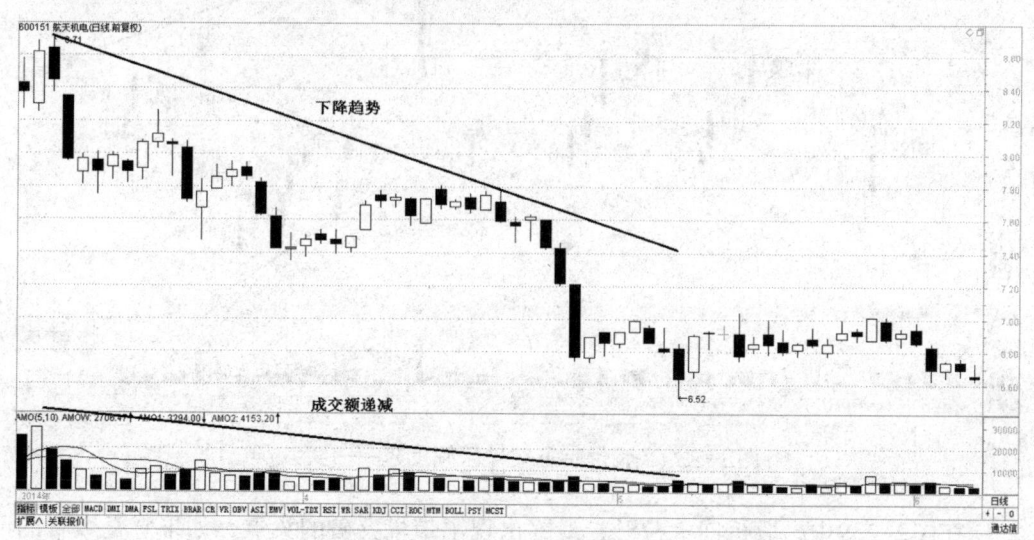

图2-237 前期走势

上升趋势出现之前是一段成交额递减的下降趋势。（如图2-237）

股价从之前的下降趋势转成上升趋势后，快速拉开了与低价区的距离，但股价开始在高位大幅震荡，高点未见再创新高，反而是低点位置越来越低，从而导致了

"震荡幅度递增，整体方向向下"的整理形态，区间内的成交额呈递减趋势，如果后市要想制造买点，必须要有成交量的支持。（见图2-238）

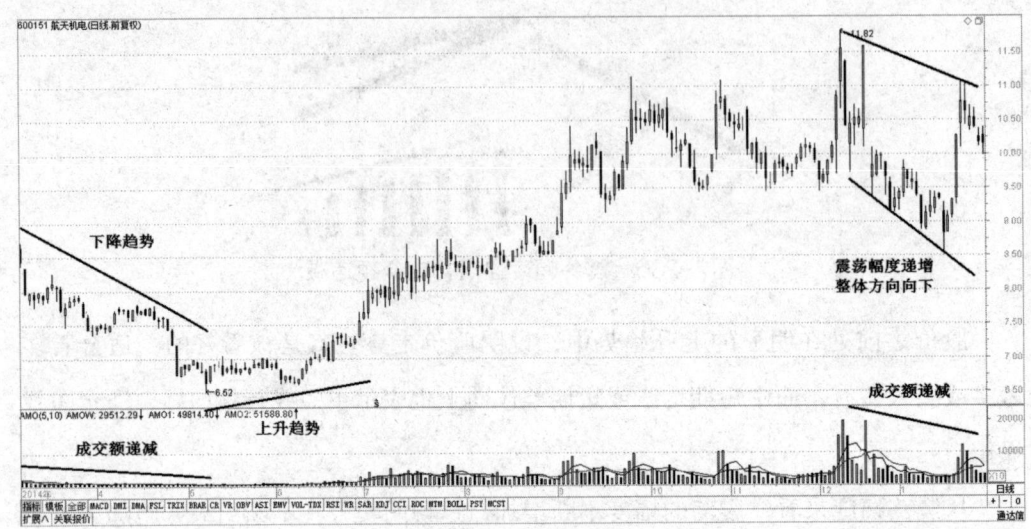

图2-238　形态出现

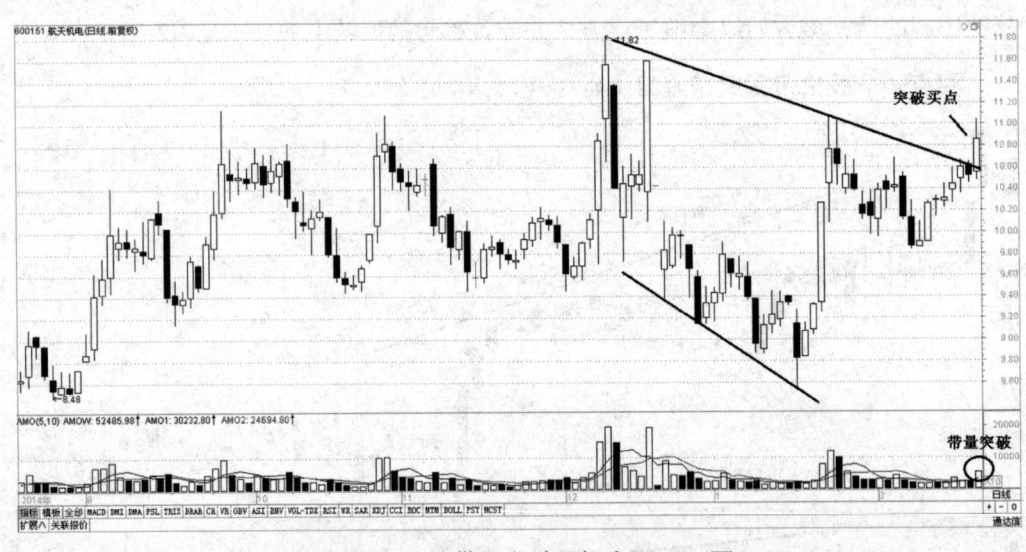

图2-239　股价带量突破区间上延——买入

在图2-239中，股价向上拉升，最终出现了带量突破的买点，如果感觉今日的量不够多的话，可以延长一两个交易日再看，如果成交量又有所增加，也可以追加买入。

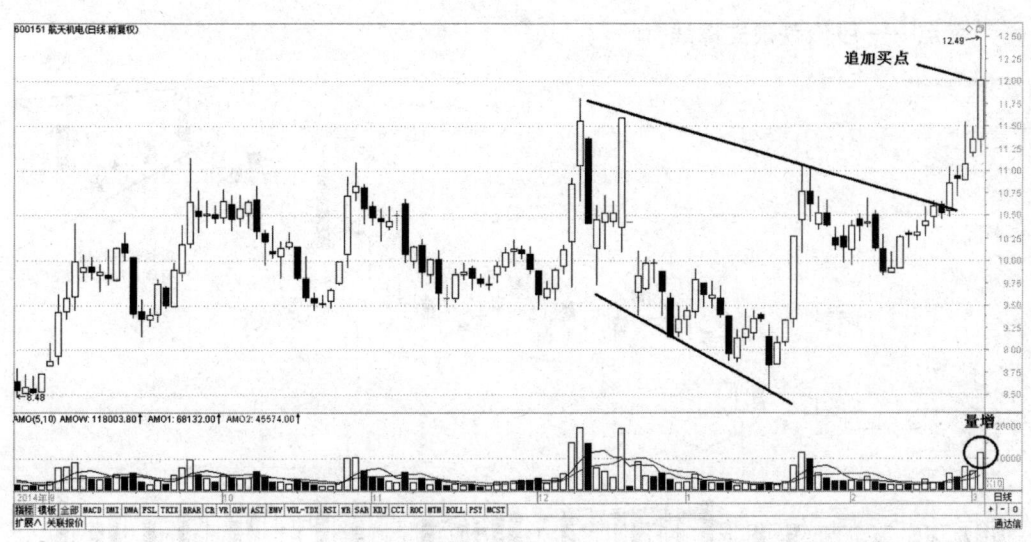

图2-240 买点出现——买入

股价继续上涨，并且量能比前几个交易日更强，股价也有大幅的拉升，此时是追加买入的时机。

图2-241 后续走势

从图2-241中可以看到，在我们买入后，股价还延续着之前的强势，一路有序地攀升，最后几个交易日甚至以连续涨停板的形式冲顶。

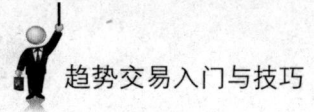

卖点——股价跌破支撑线

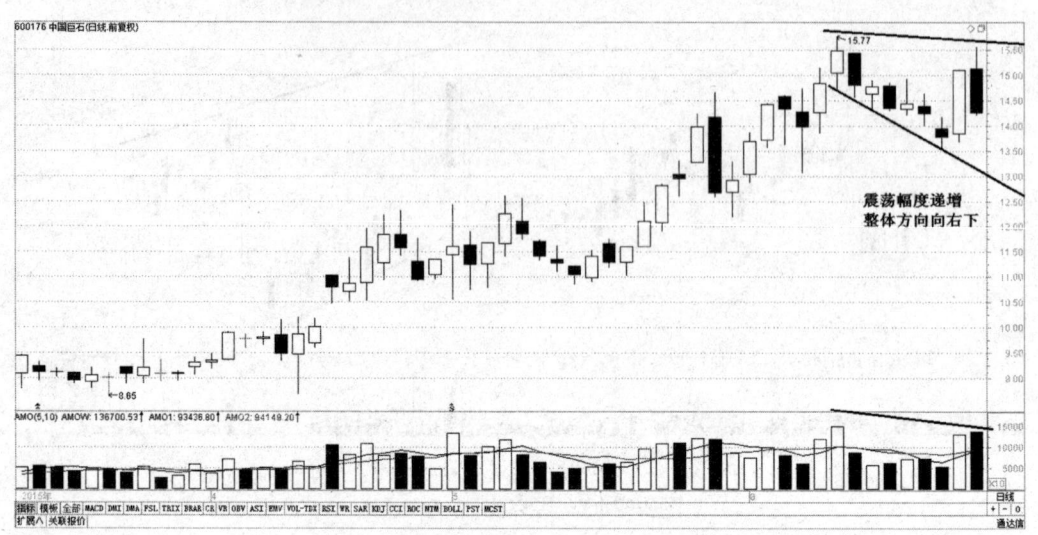

图2-242　形态出现

"震荡幅度递增，整体方向向下"的整理形态出现了。（见图2-242）

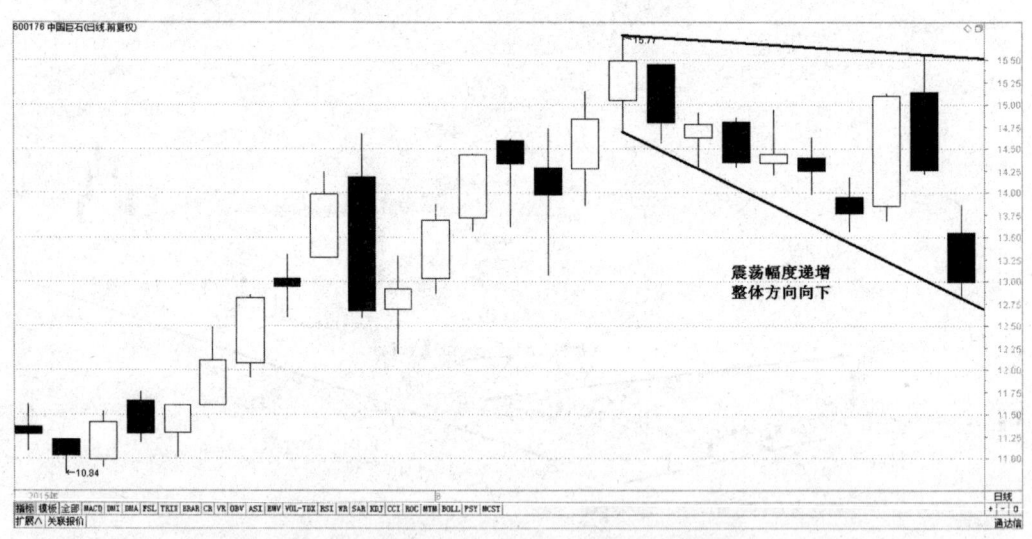

图2-243　股价盘中回落区间下延，似乎得到了支撑，继续观察

股价在高位震荡，但今日回落幅度有些大，最低价曾接近区间下延的价位，似乎得到了支撑，还有待后续观察。（图2-243）

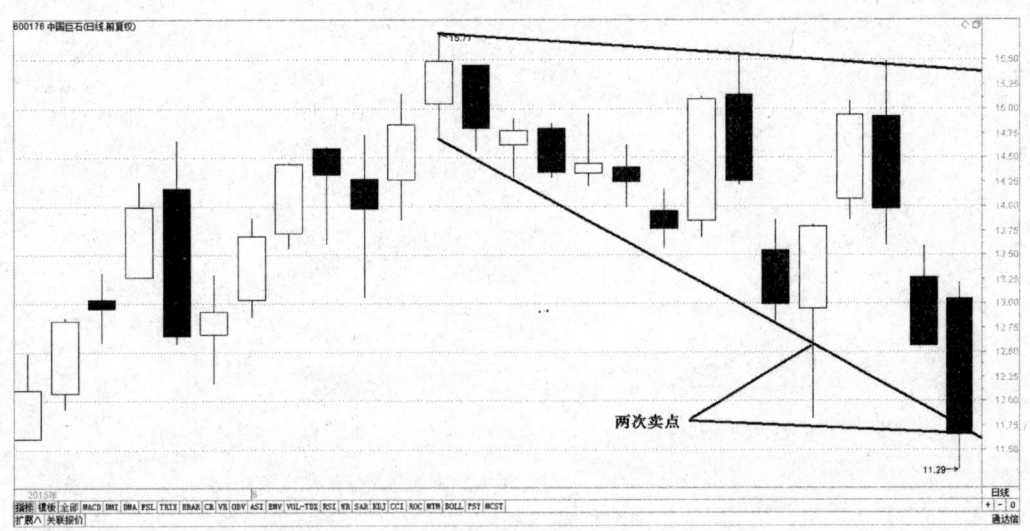

图2-244 两次卖出机会

股价在后续走势中曾两度试图向上方突破，但是没有成功，并且还两次下破了区间下延，倒是发出了两次卖出信号，故卖出不要犹豫。（见图2-244）

图2-245 后续走势

就在我们卖出该股之后，股价开始持续的下跌行情，幸好我们提前卖出去了，避免了亏损发生。（如图2-245）

第三章

下降趋势中

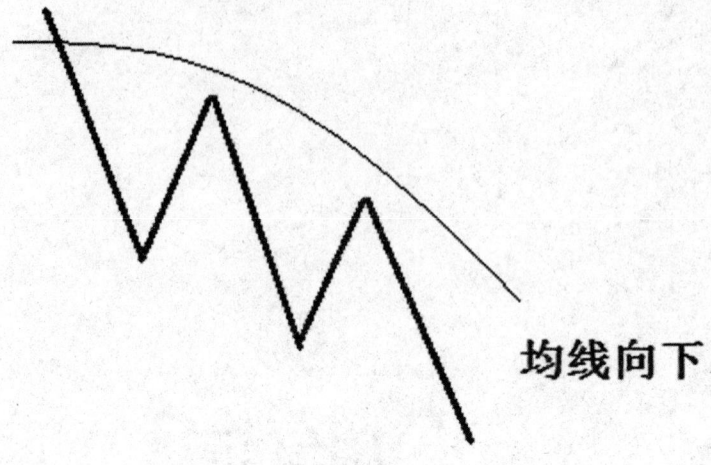

图3-1　下降趋势

那什么是下降趋势呢？

如图3-1所示，股价的高点较前一高点逐渐降低，虽然一直在震荡中，但是总体上来说，股价一直向右下行进，均线本身也具有趋势性，所以在下降趋势中均线的行进方向也必然是向下的，这样的趋势就叫下降趋势。

在下降趋势中，有利于看空做空、看跌卖出。

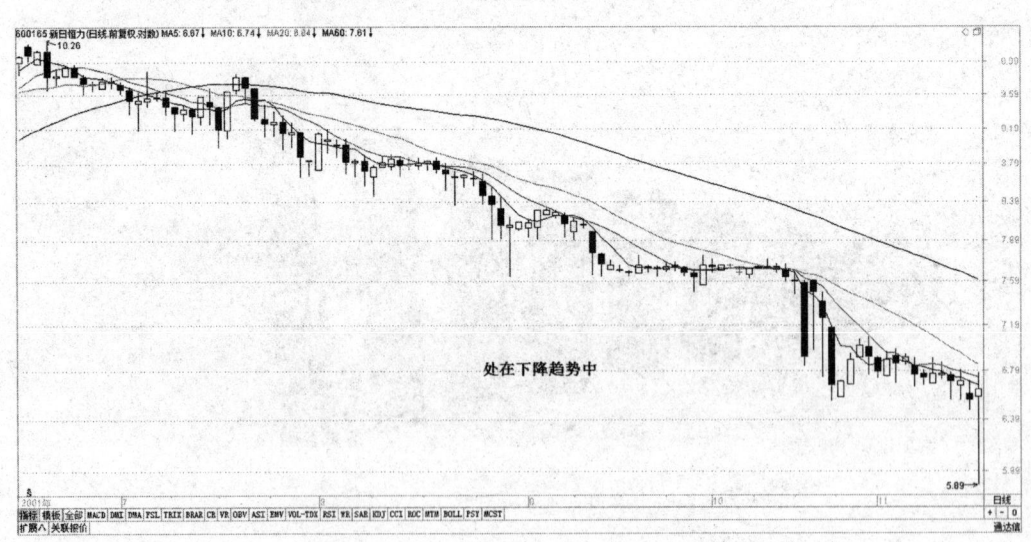

图3-2　均线空头排列与下降趋势

股价处在下降趋势之中，不管在什么价位买入，最后都有不同程度的亏损，所以下降趋势中，均线通常呈现的是空头排列，各类技术指标也都处在相对低位。

一、震荡幅度递减，整体方向向上

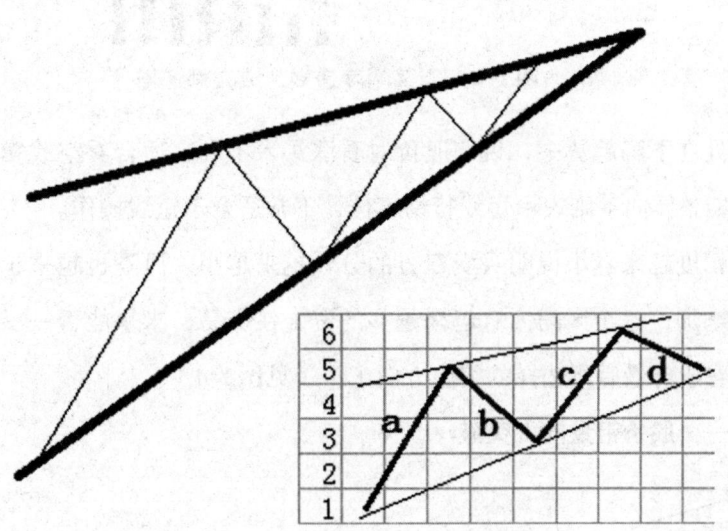

图3-3　震荡幅度递减，整体方向向上

震荡范围逐渐缩小，整体向右上方行进。（如图3-3）

a波段股价从1元涨到5元，上涨400%；

b波段从5元跌到3元，下跌40%；

c波段从3元涨至6元，上涨100%；

d波段从6元跌至5元，下跌16.67%。

整体趋势向上，说明对看涨做多有利，从abcd波段的涨跌幅变化可以看到，涨幅从400%降低为100%，跌幅也由40%降到16%。

这类行情整体来说对买涨有利，但是随着震荡幅度的缩小，后期不管是买涨还是看跌，都趋向于收益与风险的最小化，无利可图，这就意味着未来的行情肯定会有重大变化。

至于怎么变化，要视具体情况而定。

下面我们用成交额指标将本形态分为成交额递增和成交额递减两类。

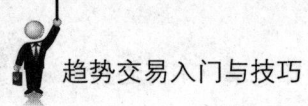
1.成交额递增

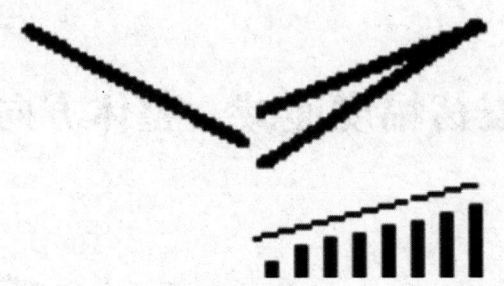

图3-4　震荡幅度递减，成交额递增

　　股价处在下降趋势中，说明股价对看涨买入不利，适合看空或卖出，而且20天均线或短期整体向下则表示短线行情不佳，不常适合于短线操作。

　　震荡幅度越来越小说明买卖双方的分歧越来越小，风险也越来越低，随着成交额的不断增加，这个区间内有越来越多的资金在交易，未来能否一反前势反转向上呢？还要看股价最后所选择的突破方向了。（见图3-4）

　　买点——股价带量向上突破

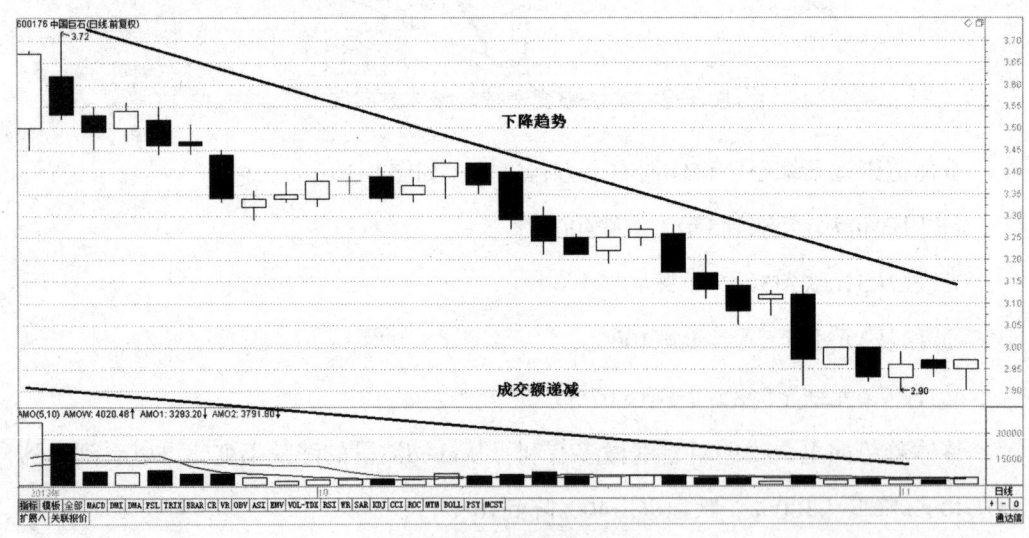

图3-5　前期走势

　　上升趋势之前通常是下降趋势，并且多数情况下是成交额递减的，递减的程度越大，未来上升行情也就越顺利。（如图3-5）

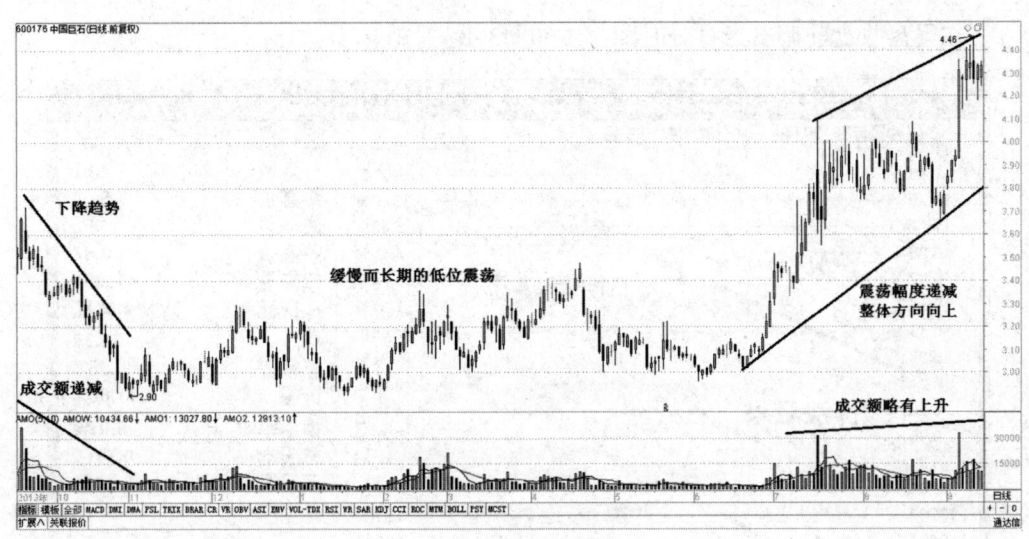

图3-6 形态出现

在股价连续下跌并伴随着成交额逐渐减少的情况下，股价终于出现了反转，进入了方向向上的震荡上行区间。（如图3-6）

如果股价之后向上突破了上延或创出新高，就可以在突破或创出新高时择机买入，当然要有量的配合。

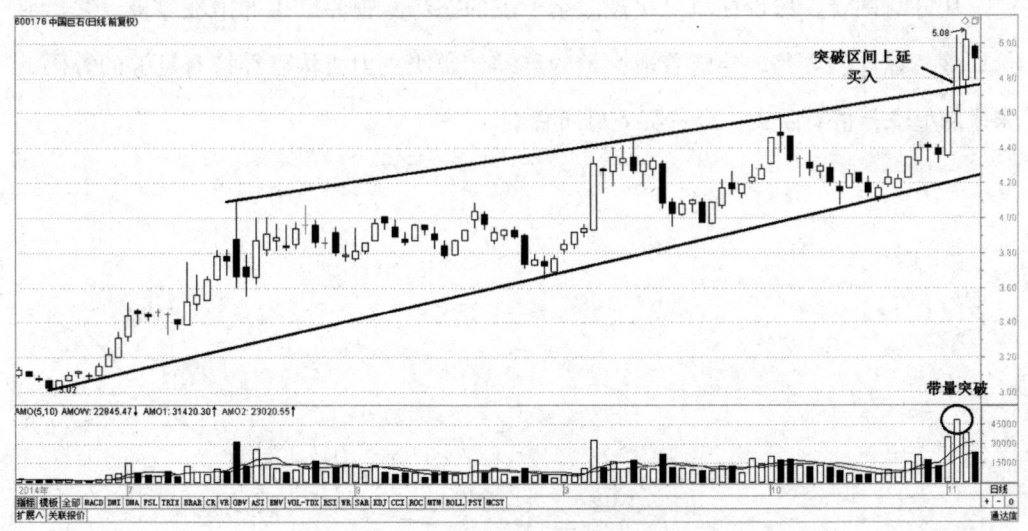

图3-7 股价带量向上突破——买入

股价向上突破了，而且有成交量的明显增大。（见图3-7）

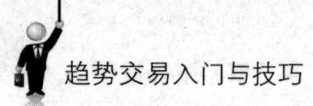

在尾盘收盘前调出当日分时图。（如图3-8）

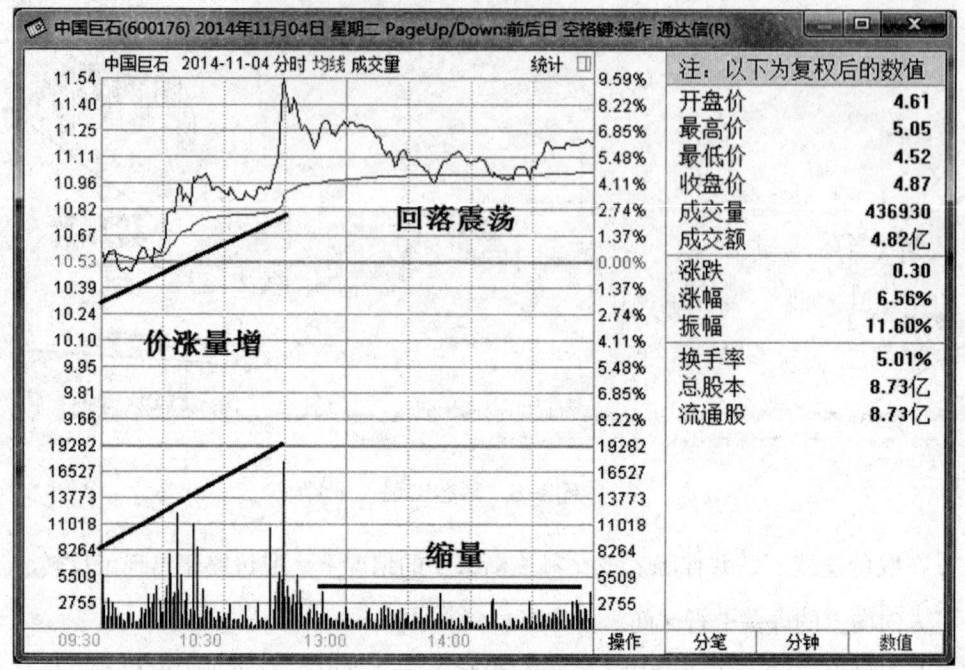

图3-8　突破当日分时图

从分时图看，股价在早盘呈现放量上涨的态势，曾一度想冲击涨停板，之后股价回落，在高位震荡，伴随着成交量的萎缩，说明主力机构已经持有足够的筹码，未来的上涨行情有盼头，今日买入毋庸置疑。

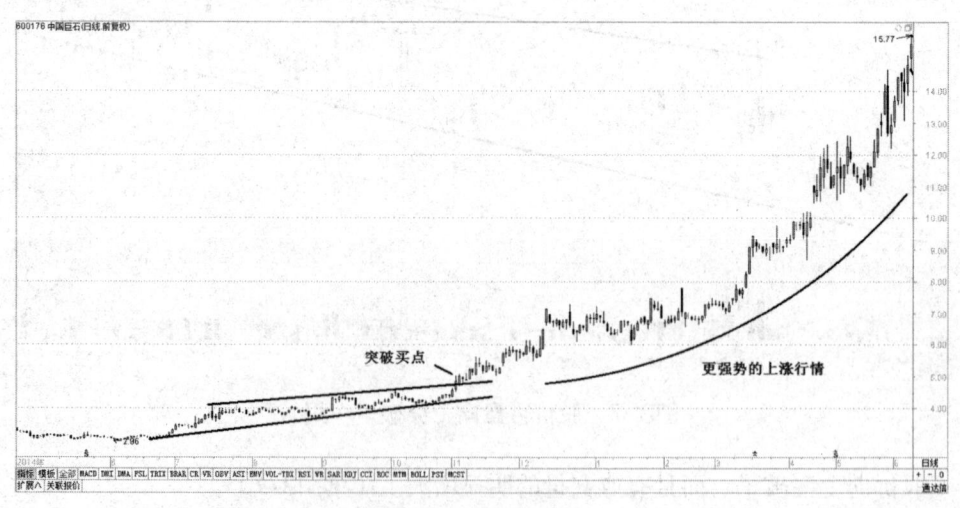

图3-9　后续走势

买入后不久，股价开始长途奔驰，进入了更强势的上涨行情中。（如图3-9）

卖点——股价跌破支撑线

图3-10　形态出现

"震荡幅度递减，整体方向向上"的形态出现了。（见图3-10）

股价要是向上突破就是买点，要是向下跌破区间下延就是卖点。（如图3-11）

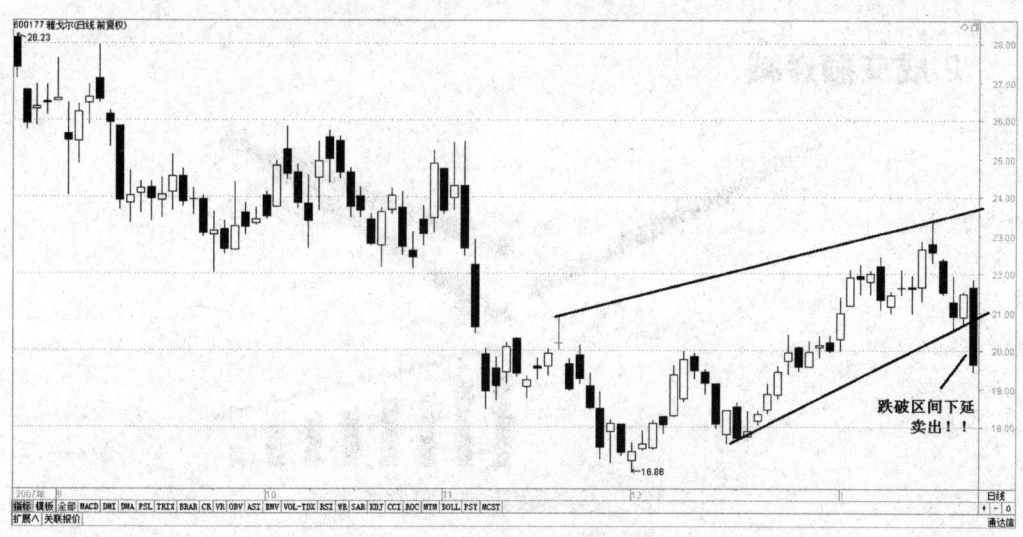

图3-11　股价跌破区间下延——卖出

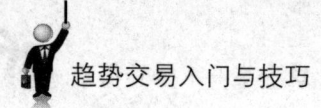

趋势交易入门与技巧

就在卖出后不久，股价进入暴跌阶段。（如图3-12）

图3-12　卖出——暴跌

从图3-12中可以看到，股价从20元跌到了2元，跌幅接近90%，这样的跌幅让多少人血本无归。

2.成交额递减

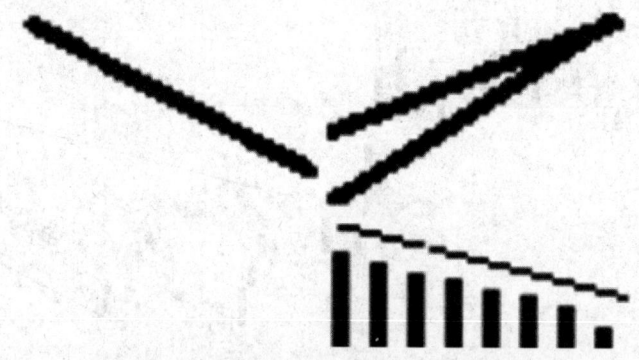

图3-13　震荡幅度递减，成交额递减

股价之前处在下降趋势中，说明股价走势不好，不适合看多做多买入持有，而20天均线或短期整体向下则表示短线行情也不看好，不太适合短线操作。

震荡幅度越来越小说明买卖双方的分歧越来越小，风险也越来越低，随着成交额的逐渐缩减，这个区间内愿意交易的投资者越来越少，交易越来越趋于冷淡。（见图3-13）

164

买点——股价带量向上突破

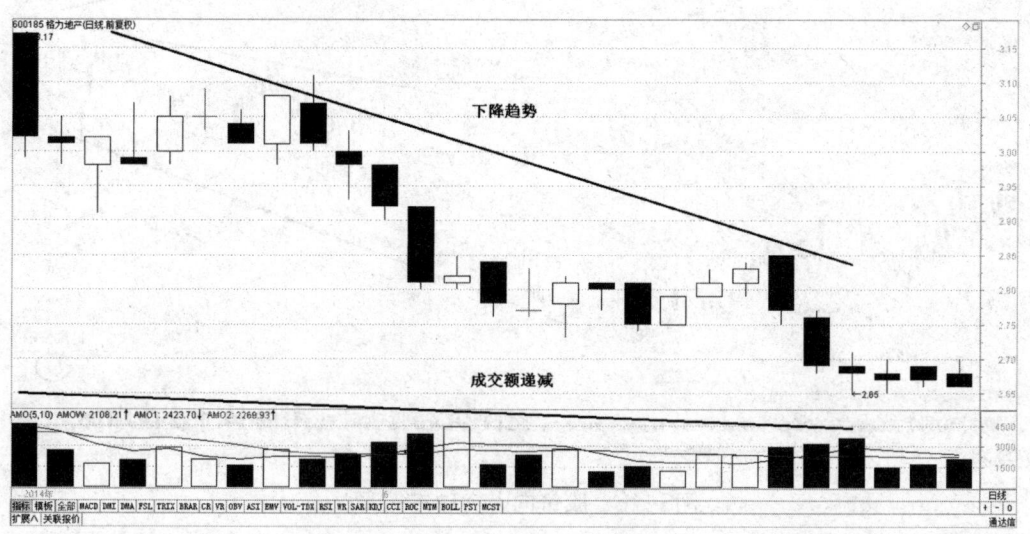

图3-14 前期走势

上升趋势之前一般都是下降趋势，多数情况下成交额呈递减趋势。（图3-14）

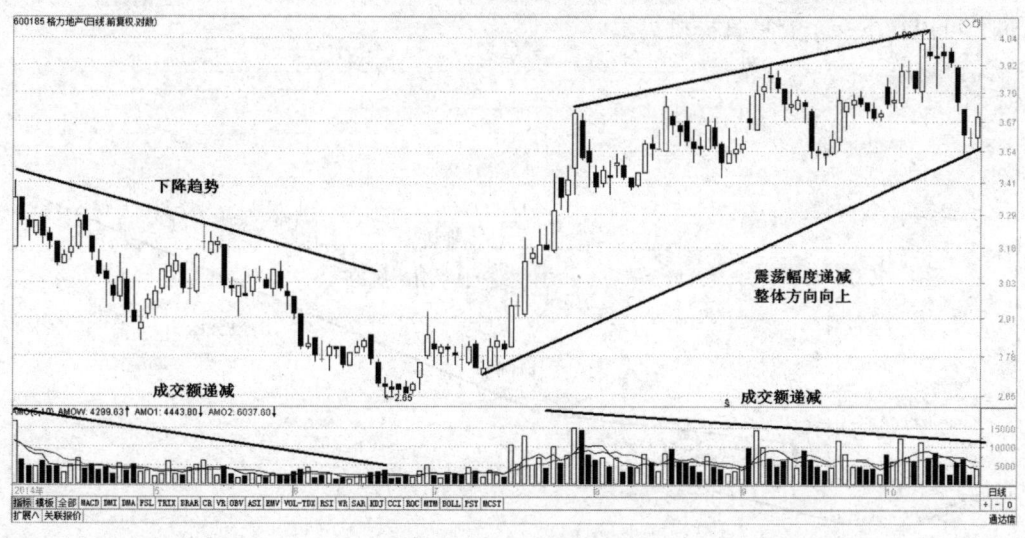

图3-15 形态出现

在股价连续下跌并伴随着成交额逐渐减少的情况下，股价终于在随后出现了反转，并因此进入了震荡方向向右上的整理区间。（如图3-15）

如果股价未来向上突破了上延或是创出新高，就可以在突破或创出新高时择机买入，当然最好要有量的配合，这样才能避免骗线的陷阱。

图3-16 股价向上突破——买入

从图3-16中可以看到，股价成功突破了区间上延，而且成交额或成交量都有明显的增加。这说明开始有主力机构进场，未来还有较大的上升空间，要是没有跟进，可以在下一个交易日择机买入。

图3-17 后续走势

买入后股价直接拉开了与区间上延的距离，逐渐在高位震荡上行，从4元涨到15元。（如图3-17）

卖点——股价跌破支撑线

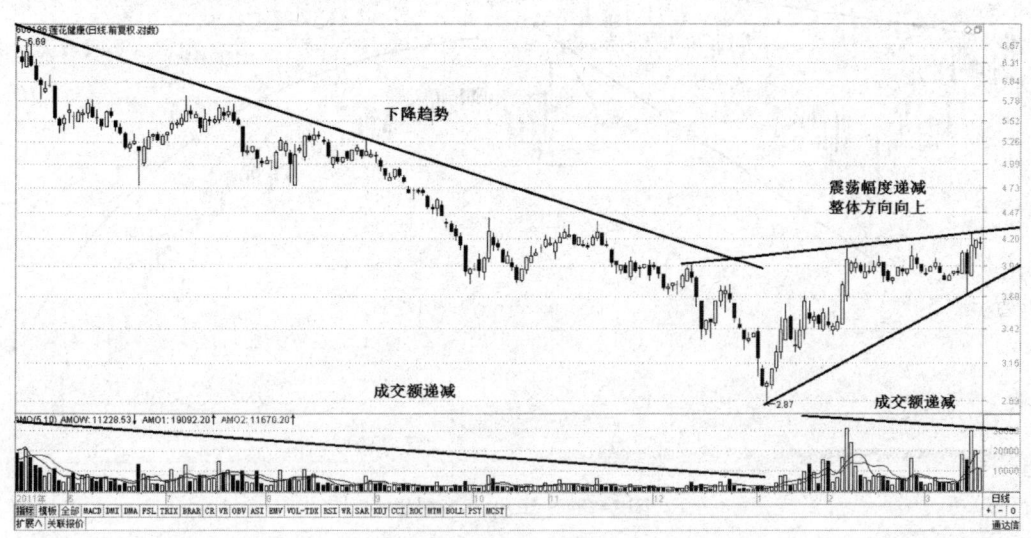

图3-18　形态出现

"震荡幅度递减，整体方向向上"的整理形态出现了。（见图3-18）

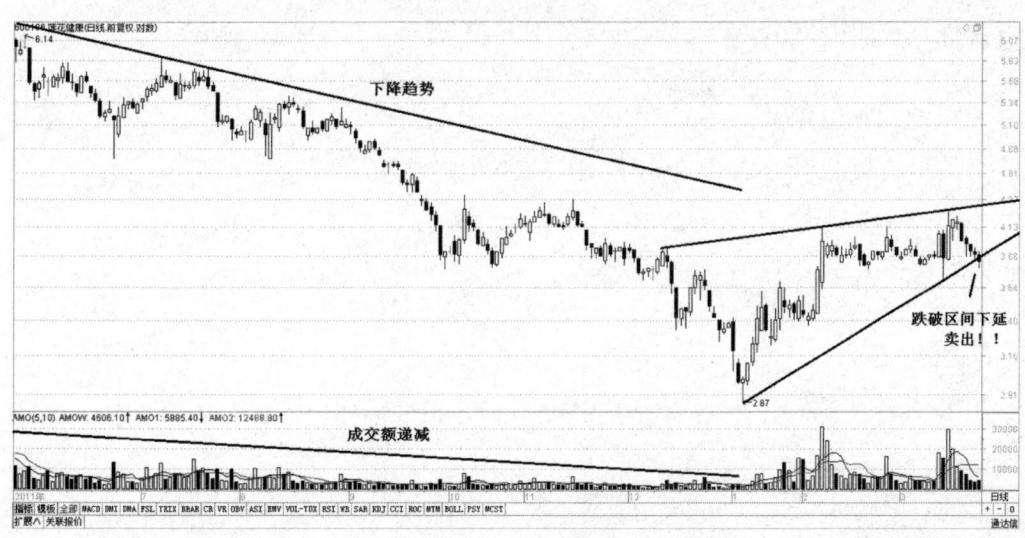

图3-19　股价跌破区间下延——卖出

　　股价并没有选择向上突破，而是调头向下，并且直接跌破了区间下延的支撑线，投资者应该赶紧卖出。（如图3-19）

图3-20　卖出——暴跌

　　就在卖出后不久，股价进入暴跌阶段，从4元跌到2元，下跌将近50%之多，那些亏损的投资者为此要赚够100%才能回本，那概率很低，没能及时卖出的投资者只有认赔。（如图3-20）

二、震荡幅度递减，整体方向略微向上

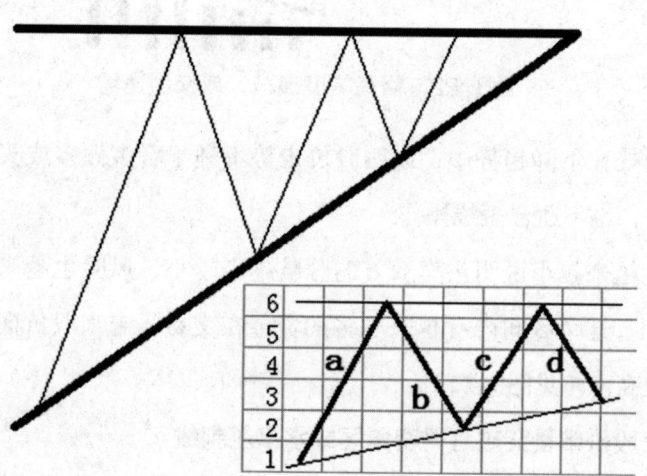

图3-21 震荡幅度递减，整体方向略微向上

震荡范围逐渐缩小，整体略微向右上方行进。（如图3-21）

a波段股价从1元涨到6元，上涨500%；

b波段从6元跌到2元，下跌66.6667%；

c波段从2元涨至6元，上涨200%；

d波段从6元跌至3元，下跌50%。

该形态整体趋势略微向上，只是存在一个水平的压制线，使股价一直没有能够向上突破，但是向上的支撑线仍然支撑着股价上行，说明该形态对看涨做多有利。从abcd波段的涨跌幅变化可以看到，涨幅从500%降低到200%，跌幅也由66.6667%降到50%。

这类行情整体来说对买涨有利，但是随着震荡幅度的缩小，后期不管是买涨还是看跌，都趋向于收益与风险的最小化，无利可图，这就意味着未来的行情酝酿着新的变化。

下面我们用成交额指标将本形态分为成交额递增和成交额递减两类。

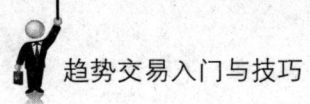
1.成交额递增

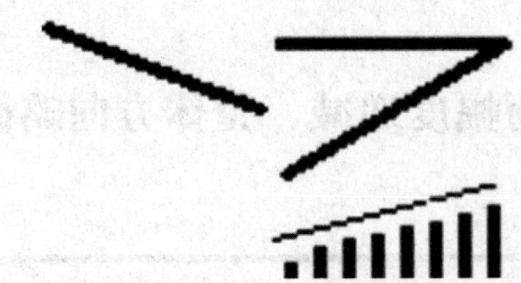

图3-22　震荡幅度递减，成交额递增

　　股价之前处在下降趋势中，说明股价走势不利于看多做多或买入持有，而是更利于看空做空，也不适合短线操作。

　　震荡幅度越来越小说明买卖双方的分歧越来越小，风险也越来越低，随着成交额的不断增加，这个区间内有越来越多的资金在交易，未来股价向上突破水平压制线的可能性较高。（见图3-22）

买点——股价带量突破筹码密集区或水平压制线

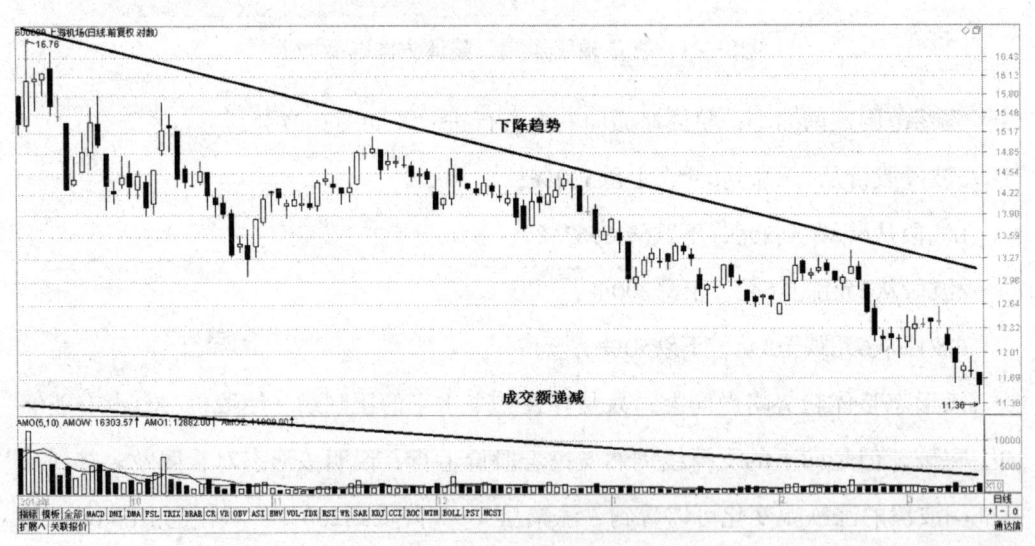

图3-23　前期走势

　　上升趋势出现之前通常是下降趋势，并且多数情况下该下降趋势伴随着成交额的递减。（如图3-23）

　　在股价连续下跌并伴随着成交额逐渐减少的情况下，股价随后继续在低位大幅盘整，只是低点开始逐步抬高。（如图3-24）

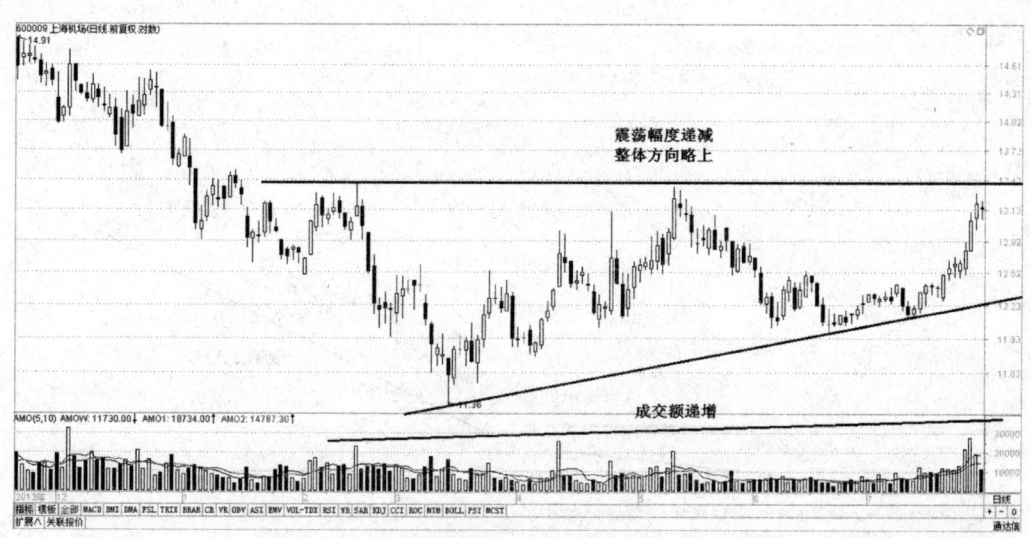

图3-24　形态出现

如果股价之后向上突破了上延或创出新高，就可以在突破或创出新高时择机买入，当然，最好是股价突破了那个水平压制线。

图3-25　股价带量向上突破水平压制线——买入

股价成功突破了，并且也伴有成交量的明显增大，买入不要犹豫。（见图3-25）

图3-26　后续走势

买入后不久，股价曾一度回落至水平压制线之下，但没多久股价又再次向上突破，这也是一个补仓的机会，最后看看图3-26的后期涨势，相当高的涨幅，13元涨到40元。（见图3-26）

卖点——股价跌破区间下延支撑线

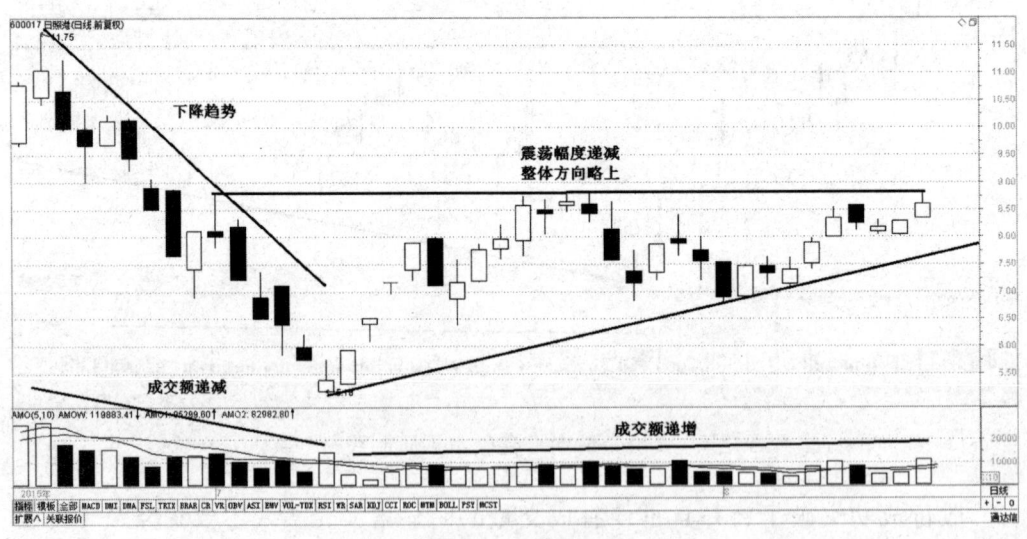

图3-27　形态出现

"震荡幅度递减，整体方向略微向上"的形态出现了。（见图3-27）

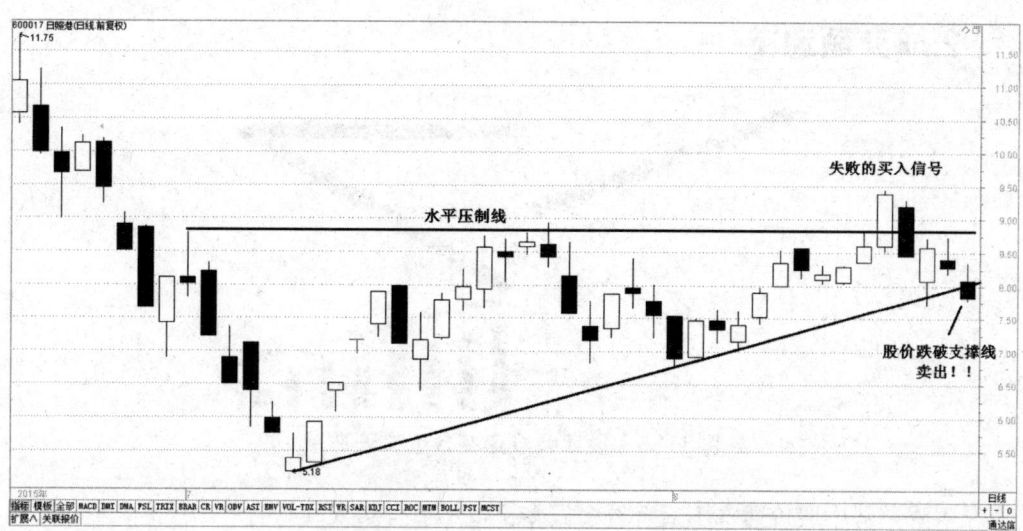

图3-28 股价下跌破区间下延支撑线——卖出

期间股价曾一度向上突破了区间上延的水平压制线，但没坚持多久，第二个交易日便被打回原型，两个交易日后股价反倒是有效跌穿了区间下延的支撑线，卖出。（见图3-28）

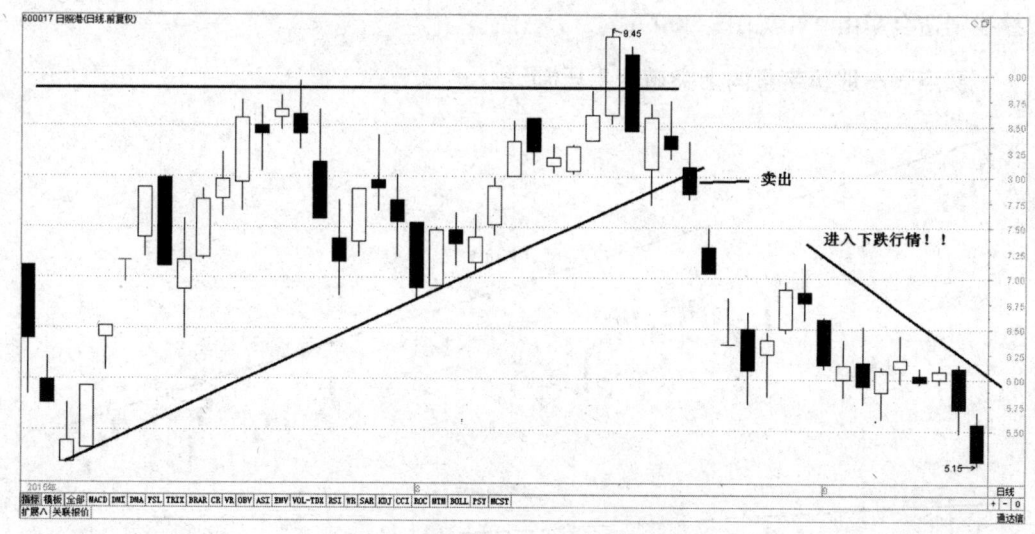

图3-29 后续走势

卖出后股价进入了新一轮的下跌行情中，从7元跌到5元，虽然幅度不大，但也足以让投资者感受到亏损所带来的恐惧。（见图3-29）

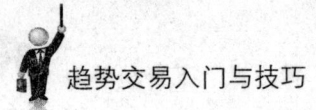

2.成交额递减

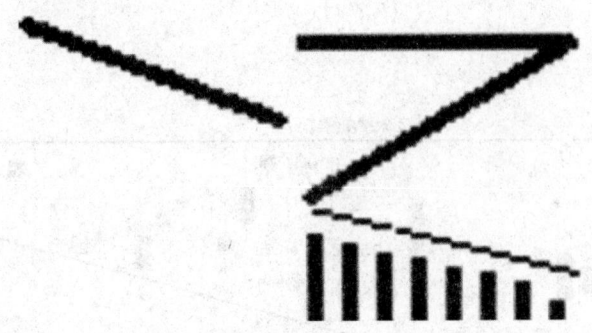

图3-30　震荡幅度递减，成交额递减

下降趋势中股价通常不适合看多做多，也不适合买入并持有。

该形态的震荡幅度越来越小说明买卖双方的分歧越来越小，风险也越来越低，随着成交额的逐渐缩减，这个区间内愿意交易的投资者越来越少，交易越来越趋于冷淡，未来是否还能延续得到区间下延支撑线的支撑呢？还需要继续观察。如果股价向上突破了区间上延的水平压制线则适合买入持有，反之如果跌破区间下延的支撑线则适合卖出。（见图3-30）

买点——股价带量向上突破水平压制线

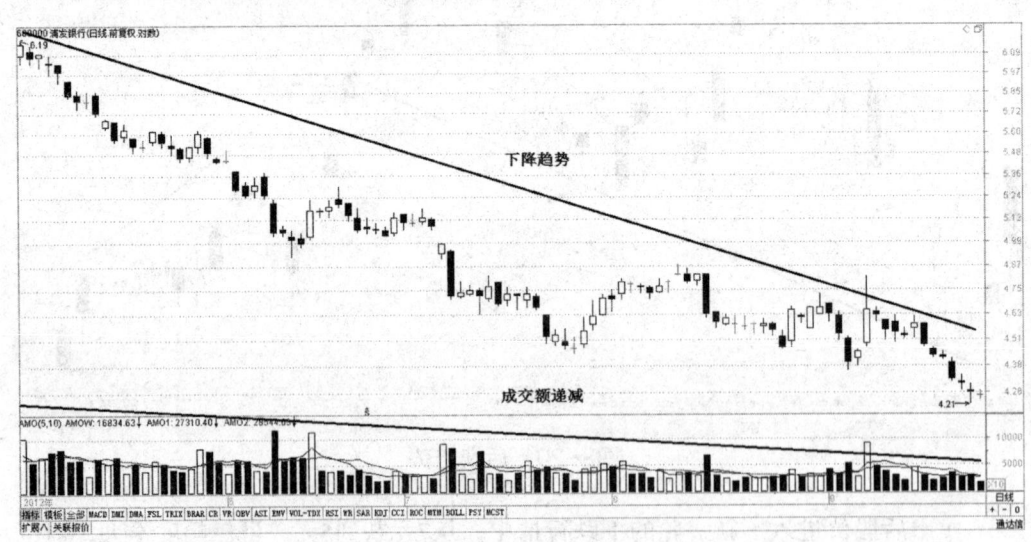

图3-31　前期走势

上升趋势出现之前大都是下降趋势，而且最好是成交额呈递减趋势，这样才能保证未来的上升趋势中没有太多的上行压力。（如图3-31）

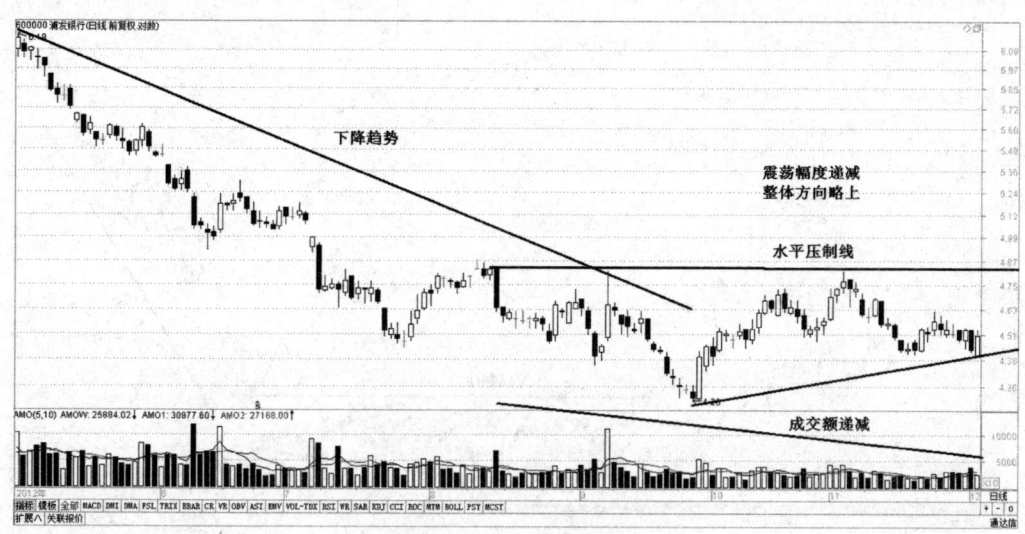

图3-32 形态出现

在股价连续下跌并伴随着成交额逐渐减少的情况下，股价随后出现了低点不断抬高的情况，可能因此进入了新一轮的上升趋势。（如图3-32）

如果股价未来向上突破了上延或是创出新高，并有量的支持，就可以在突破或创出新高时择机买入。

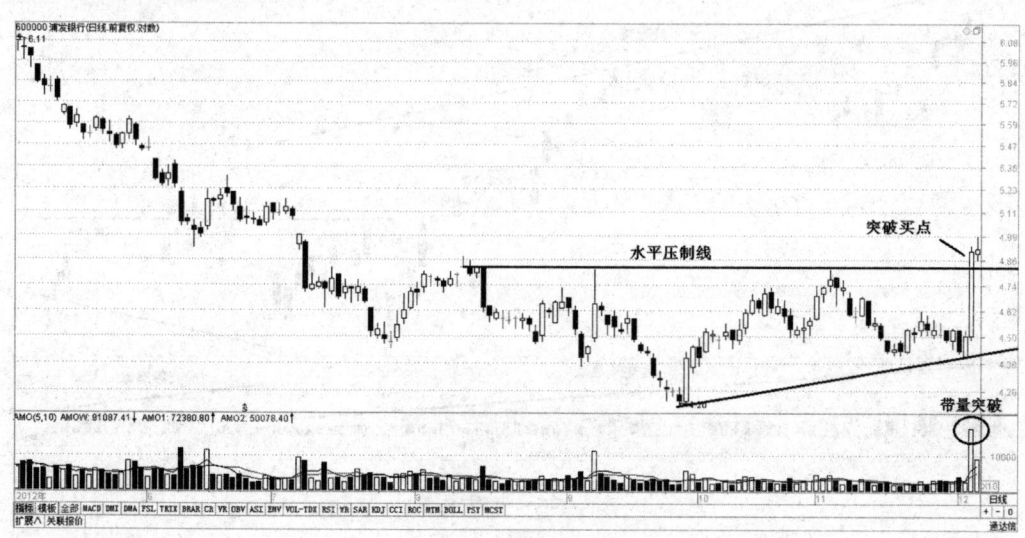

图3-33 带量突破——买入

图3-33中，股价成功突破了区间上延那条水平压制线，并且突破当日有成交量或成交额的明显增加，说明开始有主力机构进场，未来有较大的上升空间。

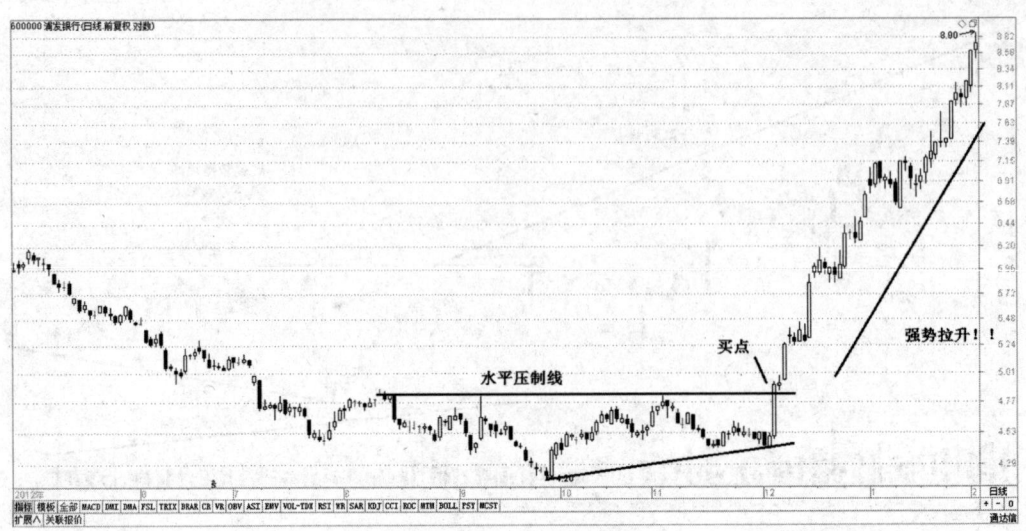

图3-34　后续走势

　　买入后的第二个交易日，虽然全天窄幅震荡，但随后股价开始强势拉升，近乎直线上涨，从5元涨到接近9元，接近2倍的涨幅。（见图3-34）

　　卖点——股价跌破支撑线

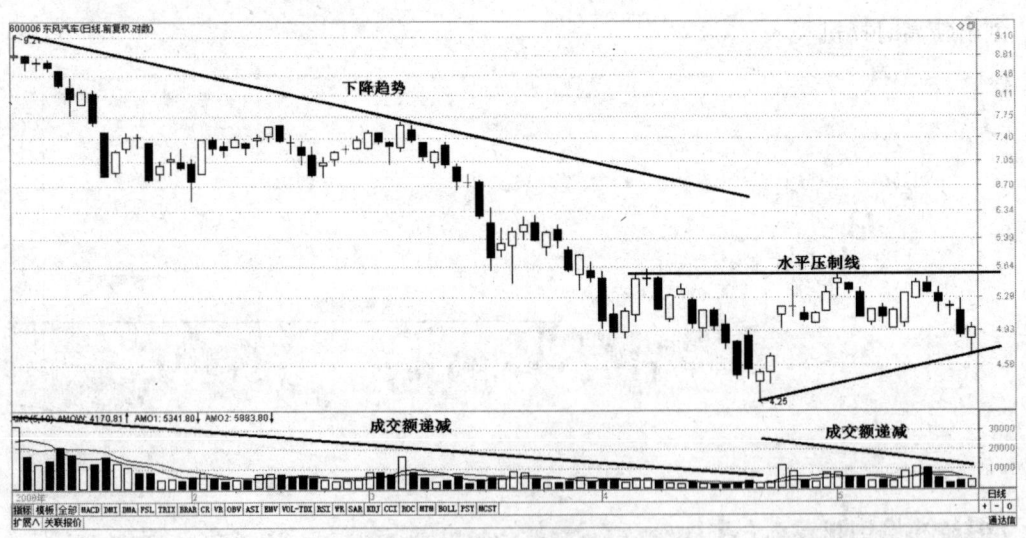

图3-35　形态出现

　　"震荡幅度递减，整体方向略微向上"的形态出现了。（见图3-35）

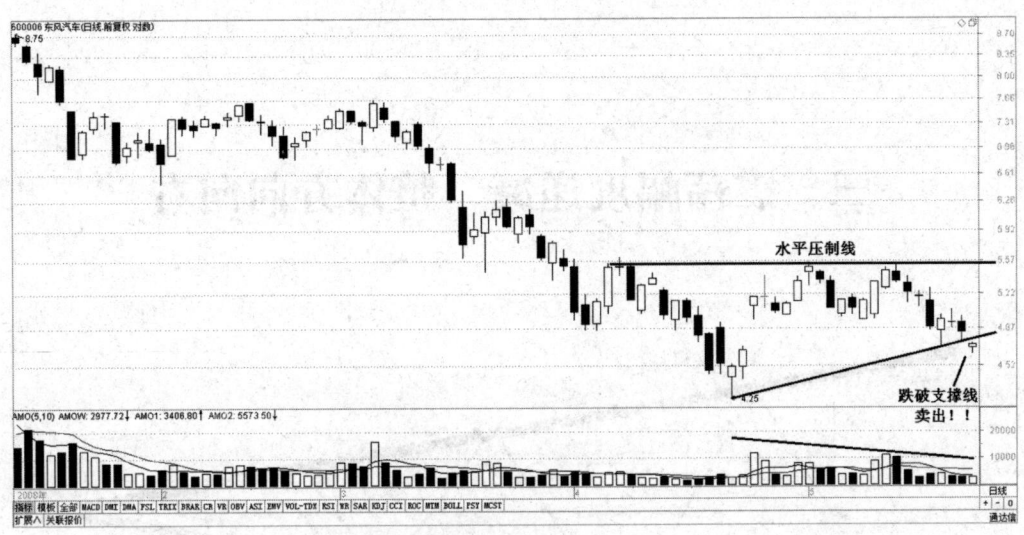

图3-36 股价跌破支撑线——卖出

　　股价继续回调，并于今日以小阳线跌破了区间下延的支撑线，应该卖出。（如图3-36）

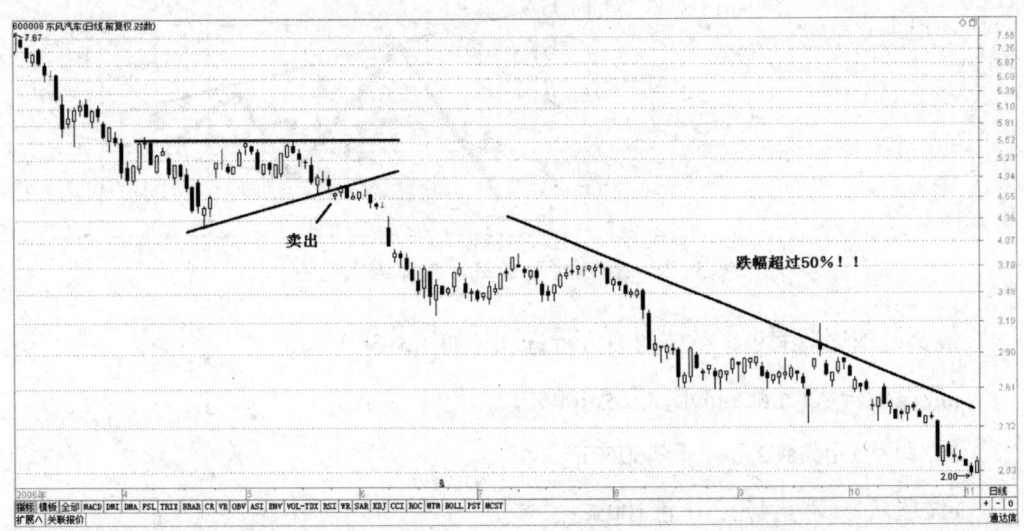

图3-37 卖出——暴跌

　　就在股价跌破区间下延的支撑后不久，开始在低位横向盘整，盘整了一段但结果是股价仍然选择了向下跌，并且同样的方式在更低的价位进行横向盘整，又再次选择大幅下跌，整体上看跌幅已经超过了50%，亏损的投资者需要上涨100%的行情才能回本，何其难啊。（如图3-37）

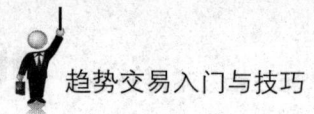
三、震荡幅度递减，整体方向向右

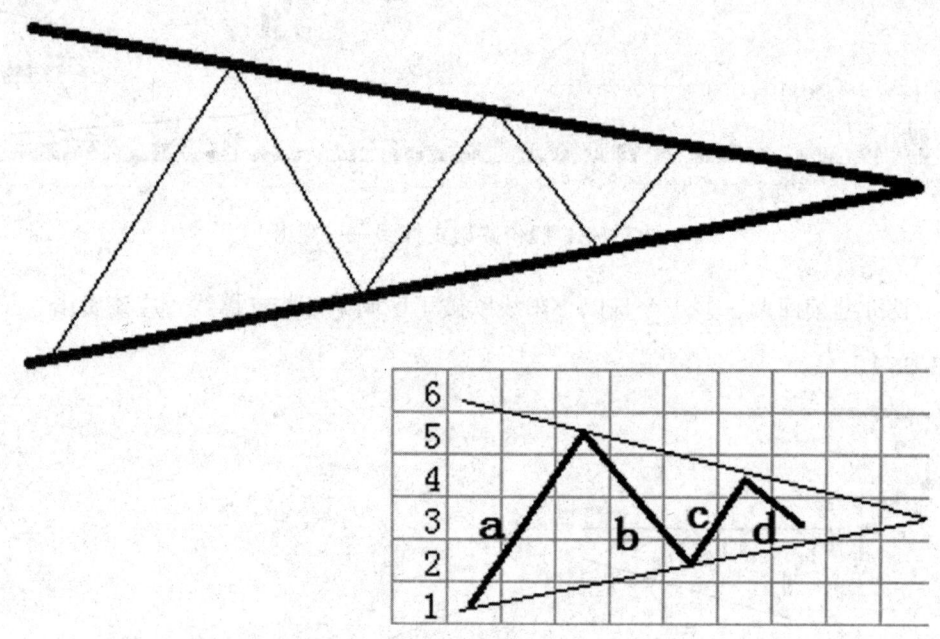

图3-38　震荡幅度递减，整体方向向右

震荡范围逐渐缩小，整体向右方行进。（如图3-38）

a波段股价从1元涨到5元，上涨400%；

b波段从5元跌到2元，下跌60%；

c波段从2元涨至4元，上涨100%；

d波段从4元跌至3元，下跌25%。

该形态整体趋势向右，从abcd波段的涨跌幅变化可以看到，涨幅从400%降低到100%，跌幅也由60%降到25%。

这类行情整体来说是个上涨或下降趋势的中继盘整行情，主要看股价最后的突破方向，向上突破则对看多买入有利，向下突破则对看空下跌有利。

下面我们用成交额指标将本形态分为成交额递增和成交额递减两类。

1.成交额递增

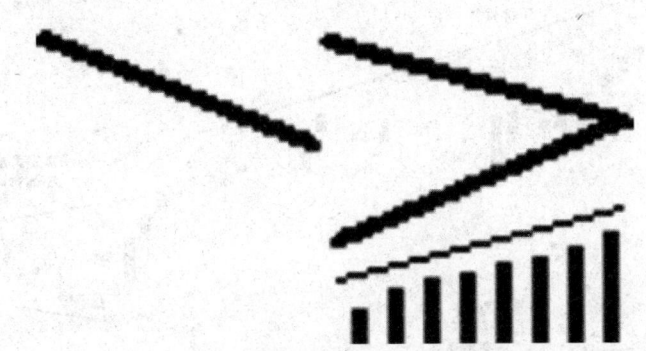

图3-39　震荡幅度递减，成交额递增

股价之前处在明显的下降趋势中，说明股价之前的走势不被看好，也不适合看多做多。

震荡幅度越来越小说明买卖双方的分歧越来越小，风险也越来越低，随着成交额的不断增加，这个区间内有越来越多的资金在交易，未来继续向上的可能性相对向下来说高一些。（见图3-39）

买点——股价带量突破且20天均线越过筹码密集区

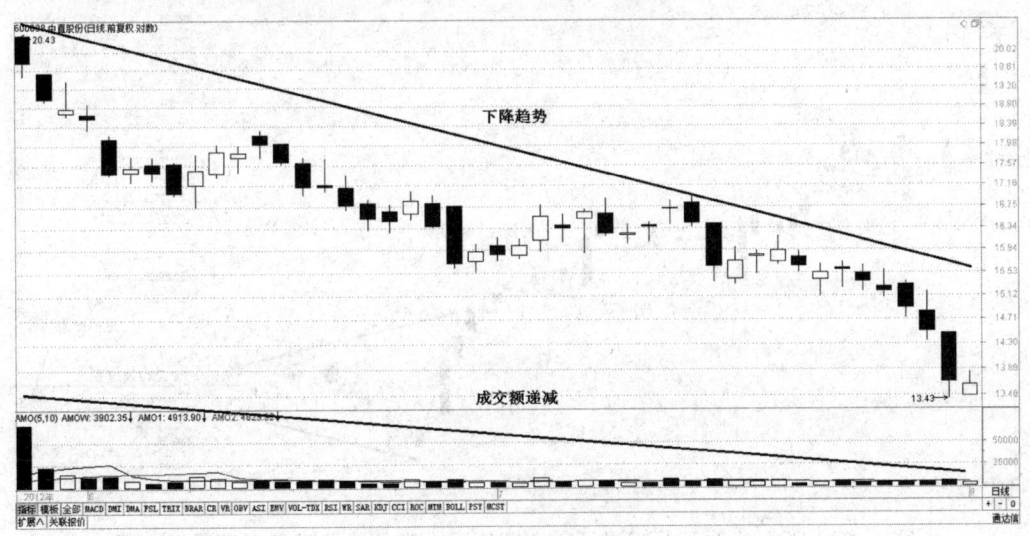

图3-40　前期走势

上升趋势出现之前大都是成交额递减的下降趋势。（如图3-40）

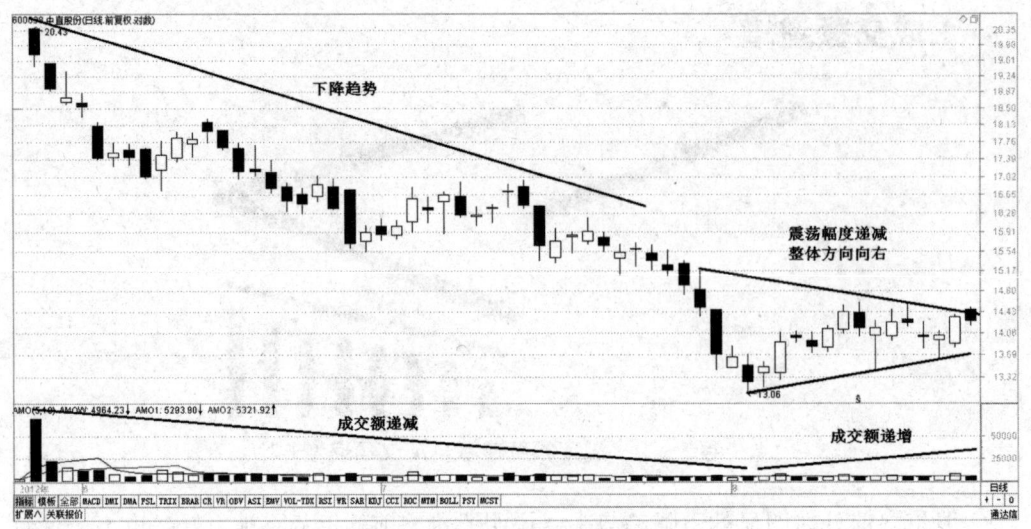

图3-41　形态出现

　　股价开始止跌，并且低点一个比一个高，形成了"震荡幅度递减，整体方向向右"的整理形态，并且成交额也呈现出递增的态势。（如图3-41）

　　这个形态出现的位置应该伴随着一个筹码的密集区，如果股价之后能向上突破并带动20天均线向上穿越这个筹码密集区，这将是一个极好的买入机会。

图3-42　20天均线已经越过了筹码密集区，就等股价带量突破区间上延

　　从图3-42中我们可以看到，20天均线已经越过了筹码密集区，下一步只要股价带量向上突破，就可以放心买入了。

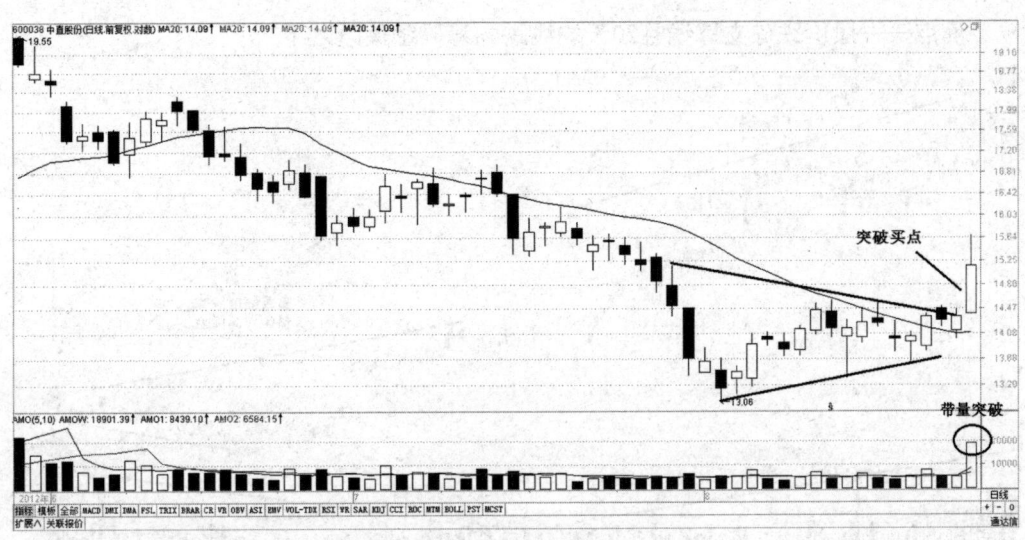

图3-43　股价带量突破——买入

股价带量并向上突破了区间上延——买入。（见图3-43）

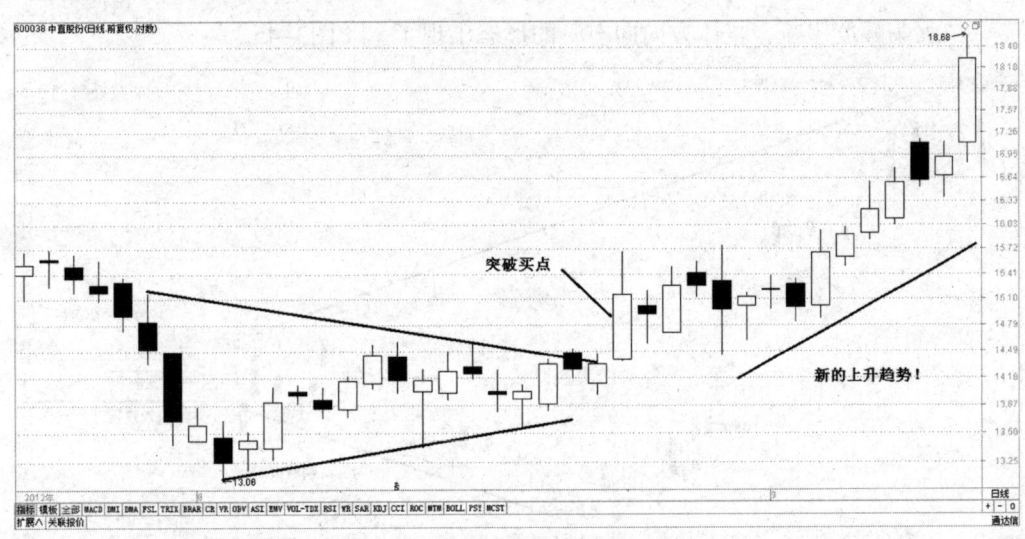

图3-44　后续走势

买入后股价还横向震荡了一周左右的时间，然后进入新一轮的上升趋势。（见图3-44）

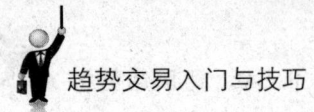

卖点——股价跌破支撑线且20天均线跌到筹码密集区之下

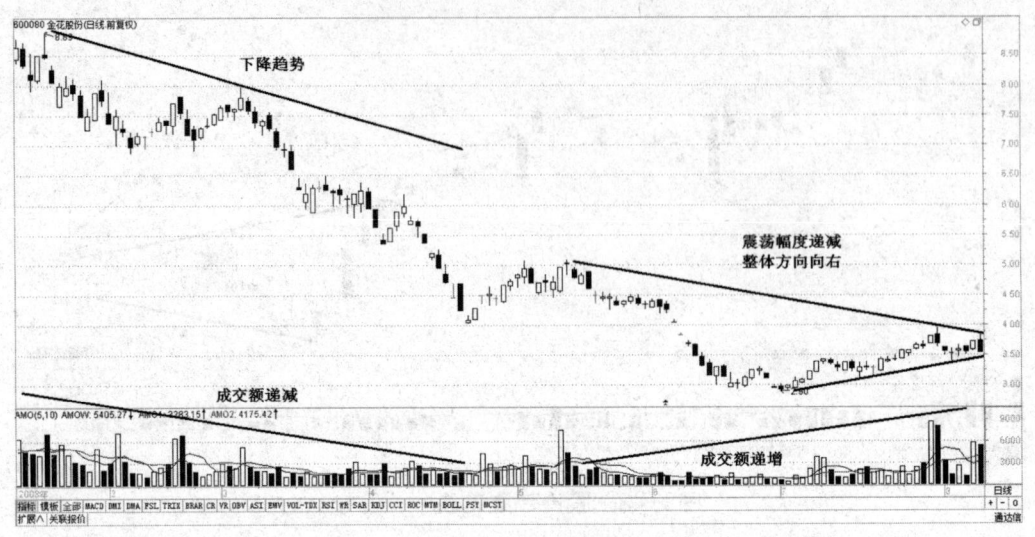

图3-45　形态出现

"震荡幅度递减，整体方向向右"的形态出现了。（图3-45）

图3-46　卖点出现

　　股价没有向上突破，而是选择了向下跌破支撑线，同时可以在筹码分布指标上看到20天均线已经处于筹码密集区之下，今日股价跌破区间下延就是一次可靠的卖出点。（图3-46）

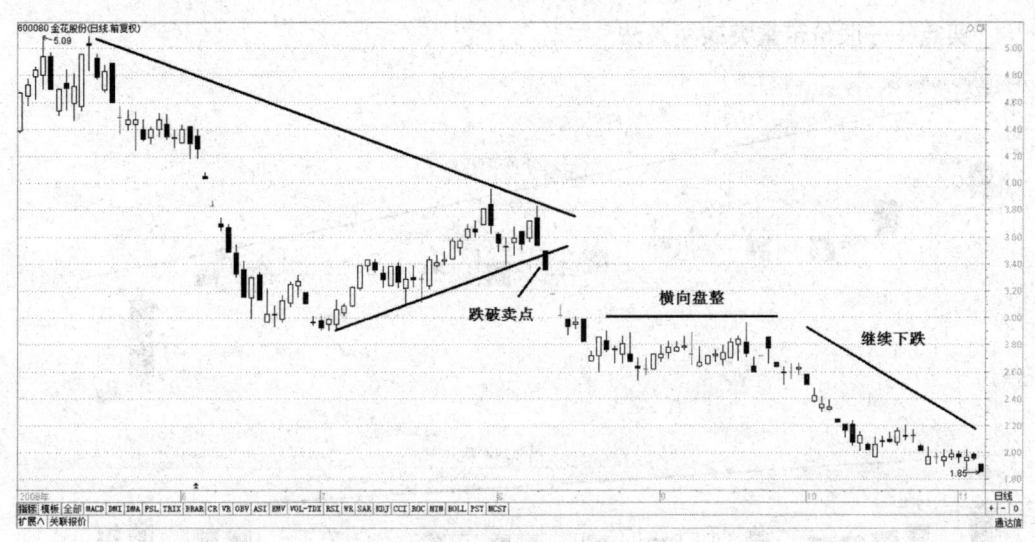

图3-47　震荡下跌

卖出之后股价在更低的位置开始横向震荡，最后股价还是选择向下深跌。（见图3-47）

2.成交额递减

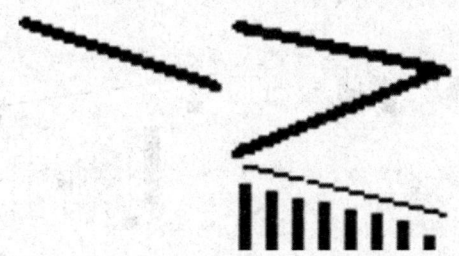

图3-48　震荡幅度递减，成交额递减

股价原先处在下降趋势中，说明股价走势不好，也不适合买入并持有，或短线操作。

震荡幅度越来越小说明买卖双方的分歧越来越小，风险也越来越低，随着成交额的逐渐缩减，区间内愿意交易的投资者越来越少，交易越来越趋于冷淡。（见图3-48）

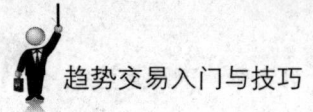

买点——股价带量突破买入法

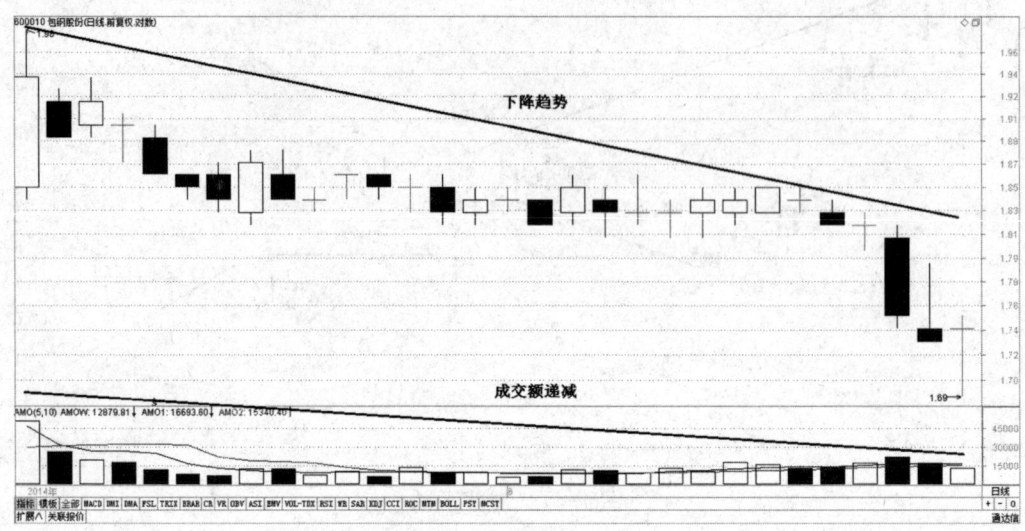

图3-49　前期走势

上升趋势之前通常都是成交额递减的下降趋势。（如图3-49）

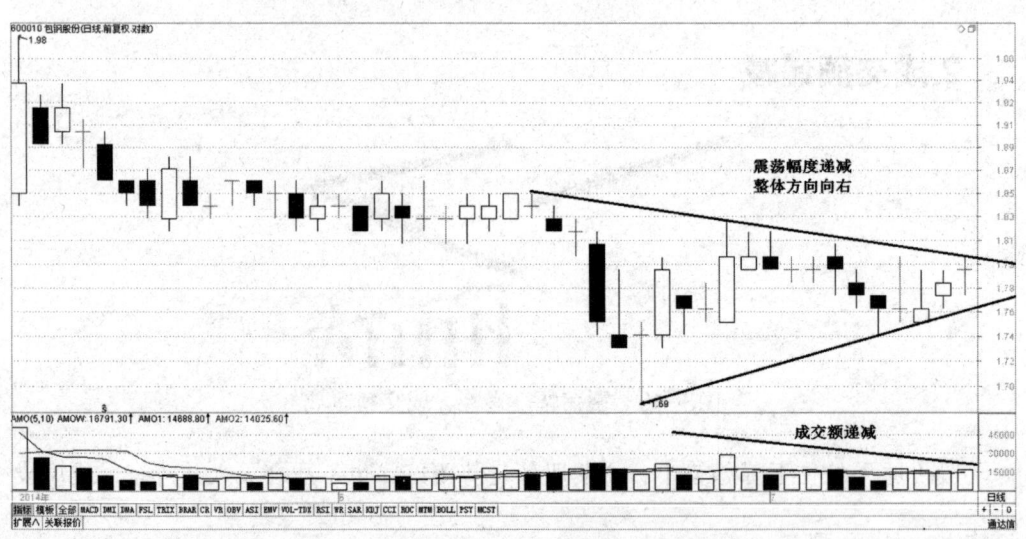

图3-50　形态出现

在股价下跌并伴随着成交额逐渐减少的情况下，股价随后出现了低点不断抬高的情况，并进入了"震荡幅度递减，整体方向向右"的整理形态，在此期间成交额呈递减态势，说明大多数投资者都在观望，期待后市能有效向上突破。（图3-50）

如果股价未来向上突破了上延或是创出新高，并有量的支持，就可以在突破或创出新高时择机买入。

图3-51 股价带量突破区间上延——买入

图3-51中，股价成功突破了区间上延，并且有量能的明显增加，这是个不错的

买点。

图3-52 后续走势，涨了3倍多

买入后不久，股价迅速拉开了低价区，并在高位开始缓慢的上升趋势，不久

后又开始了震荡幅度更大、整体涨幅更大的加速上升行情，最终从2元涨到7元多。

（见图3-52）

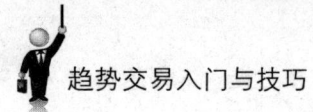

卖点——股价跌破支撑线

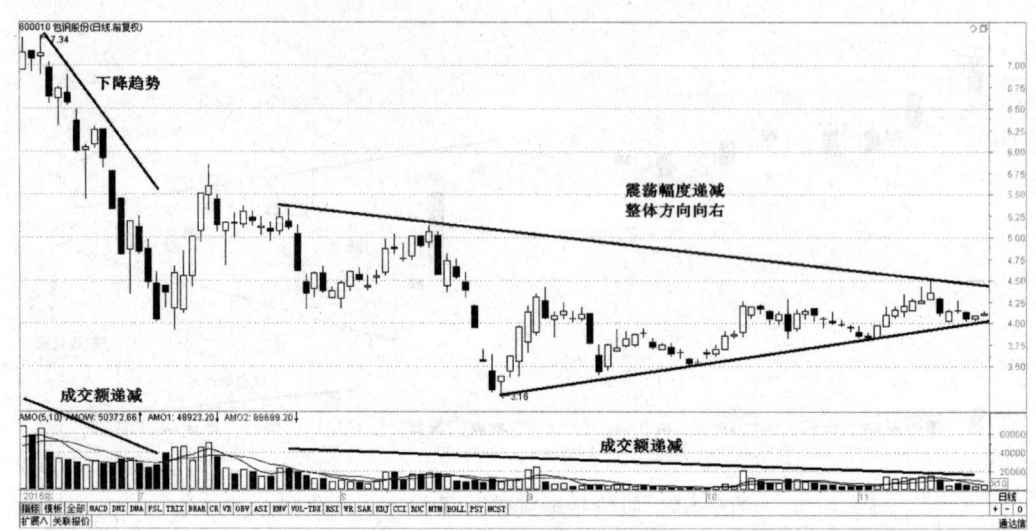

图3-53　形态出现

"震荡幅度递减，整体方向向右"的形态出现，（见图3-53）

图3-54　股价跌破区间下延支撑线——卖出

一只大阴K线直接跌破了向上的支撑线，持股者应该在盘中赶紧卖出手里的股票。（见图3-54）

图3-55 卖出，股价继续下跌

就在大阴K线跌破支撑线不久，股价进入连续下跌的行情。（见图3-55）

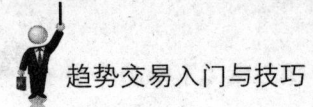

四、震荡幅度递减，整体略微向下

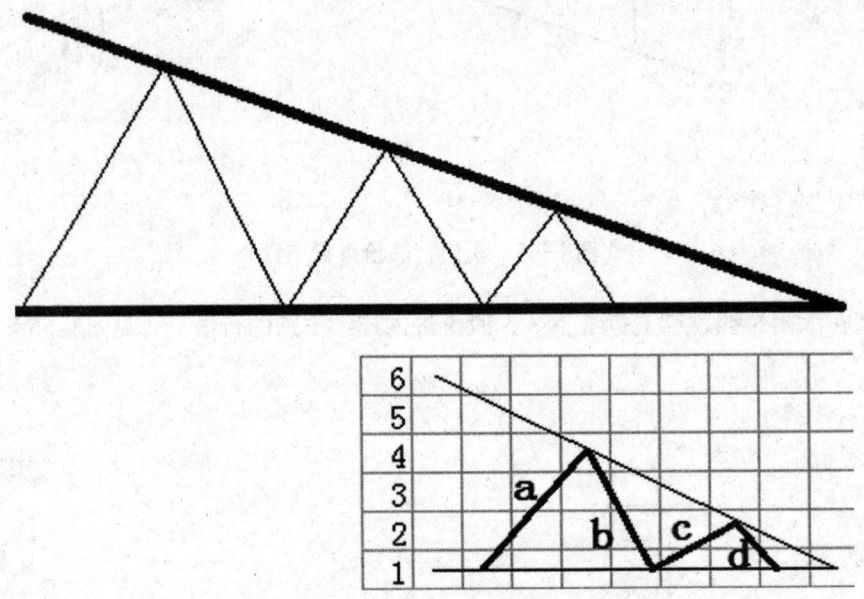

图3-56 震荡幅度递减，整体方向略微向下

震荡范围逐渐缩小，整体略微向右下方行进。（如图3-56）

a波段股价从1元涨到4元，上涨300%；

b波段从4元跌到1元，下跌75%；

c波段从1元涨至2元，上涨100%；

d波段从2元跌至1元，下跌50%。

该形态整体趋势略向右下方，从abcd波段的涨跌幅变化可以看到，涨幅从300%降低到100%，跌幅也由75%降到50%。

这类行情整体来说是个上涨或下降趋势的中继盘整行情，主要看股价最后的突破方向，向上突破则对看多买入有利，向下突破则对看空下跌有利。

至于怎么变化，要视具体的突破情况而定。

下面我们用成交额指标将本形态分为成交额递增和成交额递减两类。

1.成交额递增

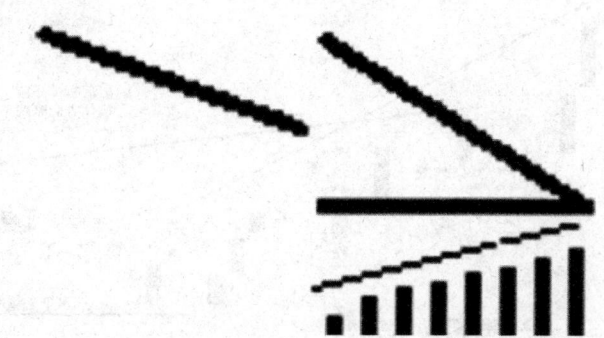

图3-57 震荡幅度递减，成交额递增

之前股价处在下降趋势之中，说明股价不利于买入或持有，20天均线或短期整体向下则表示短线行情也不看好，不适合短线操作。

震荡幅度越来越小说明买卖双方的分歧越来越小，风险也越来越低，但空方对多方的打击力度越来越强，致使高点逐渐降低，随着成交额的不断增加，这个区间内有越来越多的资金在交易，未来股价有可能会上突破逐渐降低的区间上延。（见图3-57）

买点——股价得到水平支撑线的支撑或股价带量突破区间上延

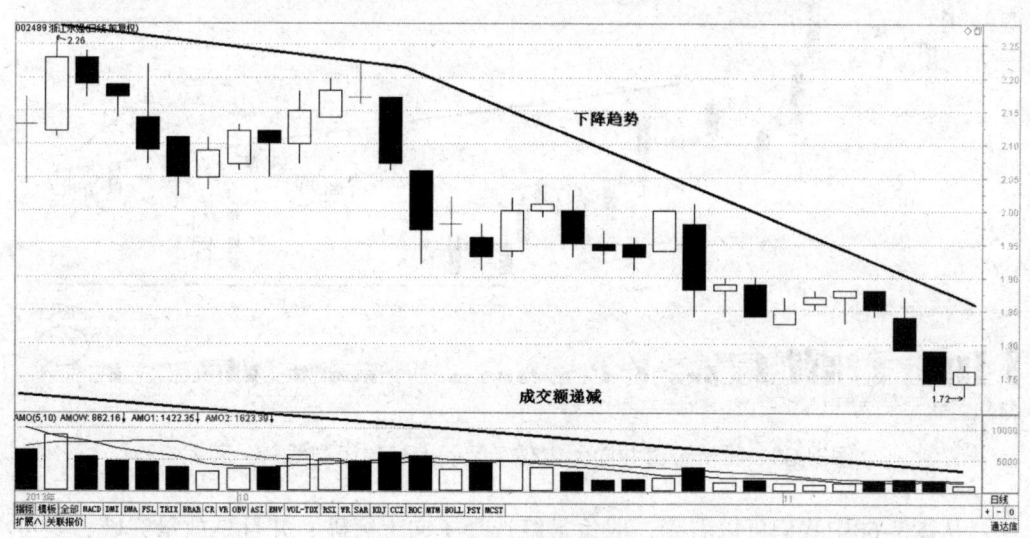

图3-58 前期走势

下降趋势伴随着成交额的严重萎缩，通常是趋势结束的标志，股价加速下跌却没有带出更多的量，说明行情已经跌无可跌。（见图3-58）

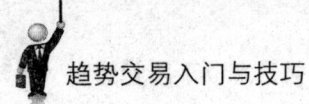

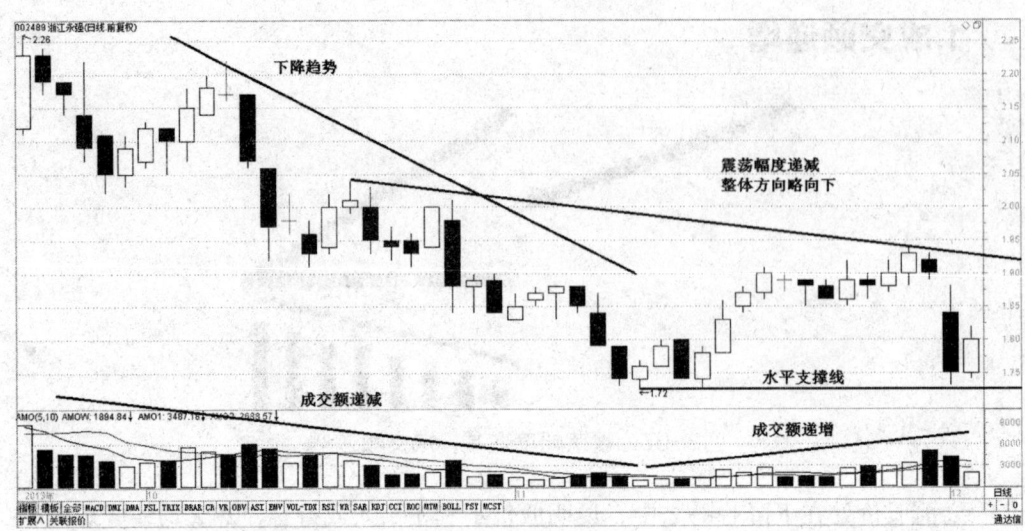

图3-59　形态出现

下降趋势之后股价开始止跌，没有再创出新低，形成了"震荡幅度递减，整体方向略微向下"的整理形态，成交额呈递增之势，如果后续股价向上突破成功的话，就是一个很好的买点。（如图3-59）

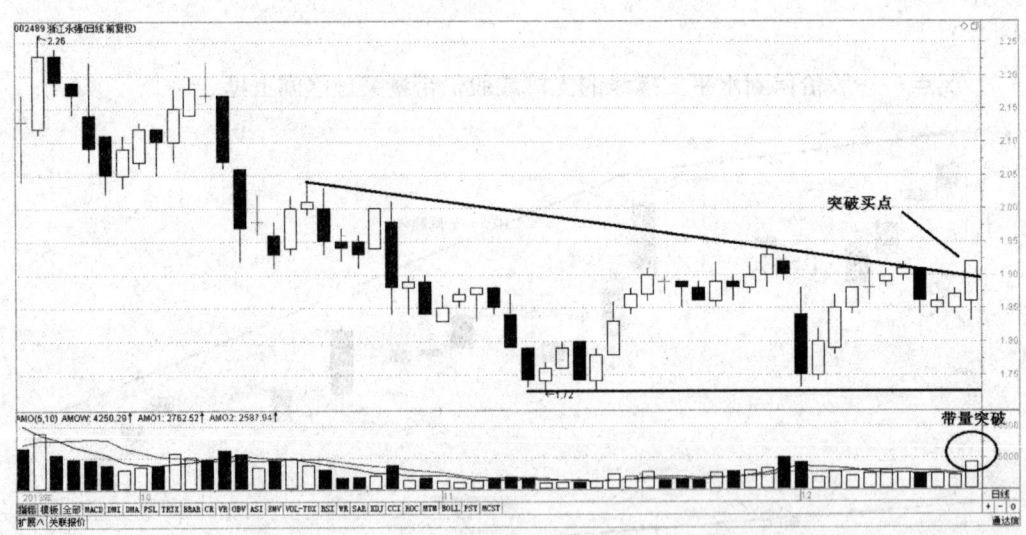

图3-60　股价带量并向上突破了区间上延的压制线——买入

从图3-60中我们可以看到，股价最终选择了向上突破，并且是放量突破，是可以信赖的买入信号。

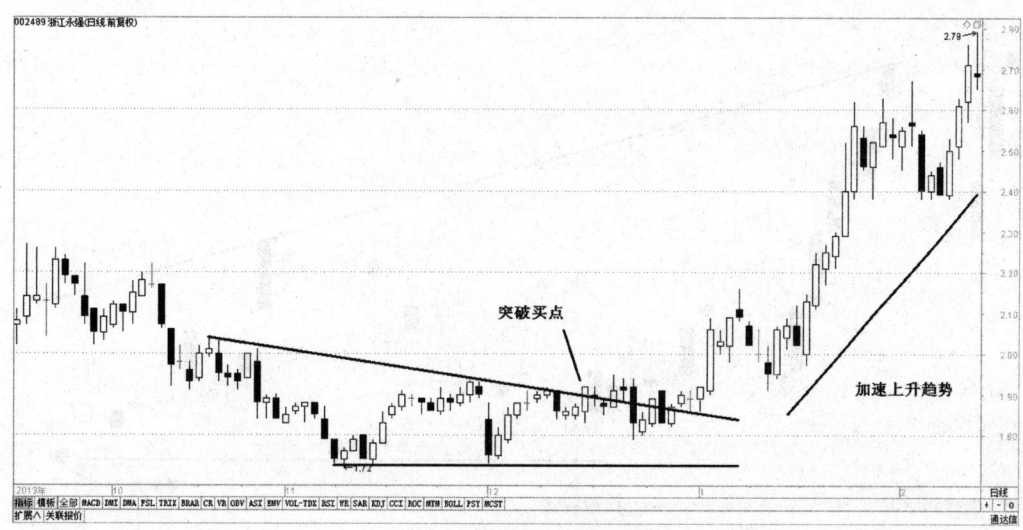

图3-61 后续走势

买入后股价虽然没有马上拉开与区间上延的距离，还在横向盘整了数个交易日，但是最后还是选择了向上涨升，并进入了新一轮的加速上升趋势。（见图3-61）

卖点——股价跌破水平支撑线

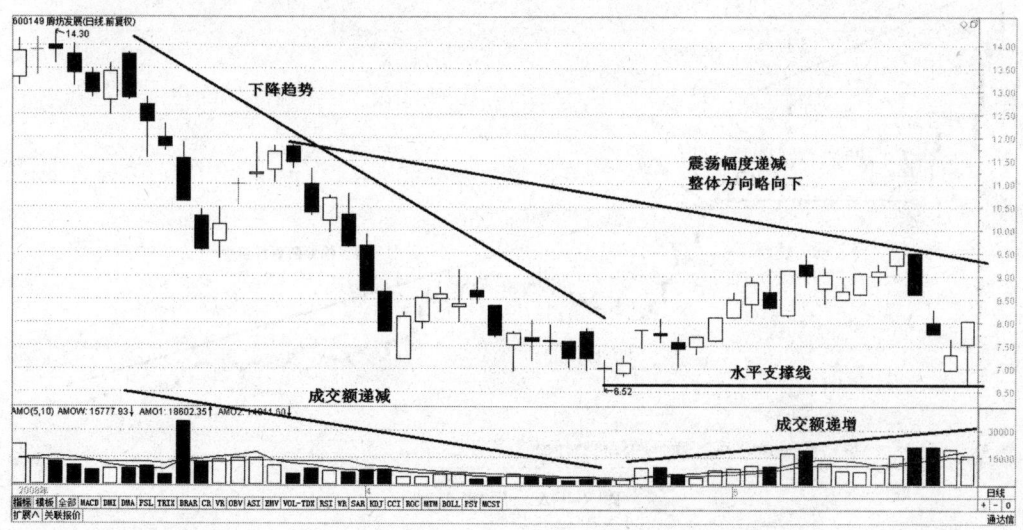

图3-62 形态出现

"震荡幅度递减，整体方向略微向下"的形态出现了。（如图3-62）

图3-63 股价跌到水平支撑线之下——卖出

从图3-63中可以看到，股价已回调至水平支撑线之下了，这说明此次整理的结果已经出来，就是往下跌，所以我们选择卖出该股。

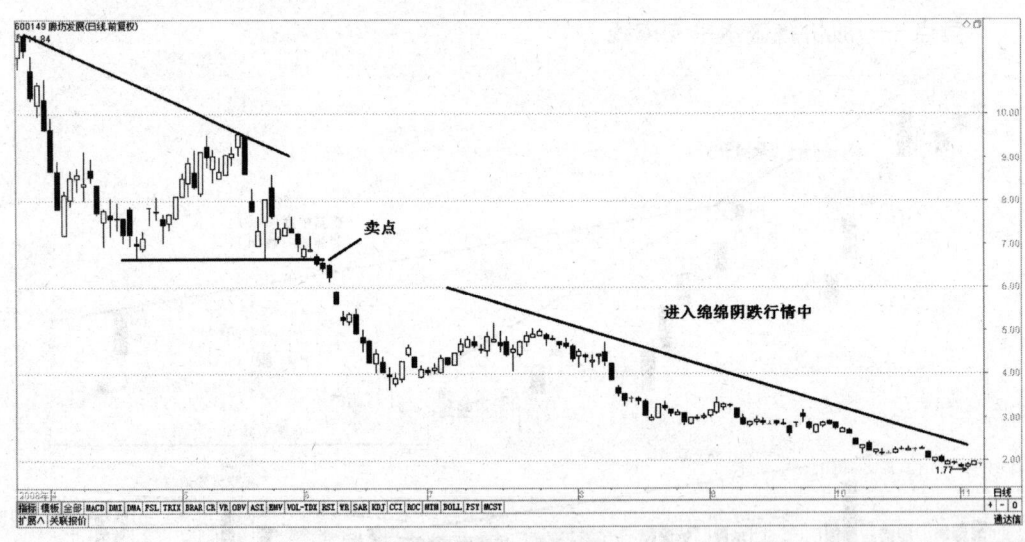

图3-64 后续走势

卖出之后股价开始连续下跌，从7元的股价一直阴跌至2元以下，我们的卖点正好是这次长期下跌行情的开始。（见图3-64）

2.成交额递减

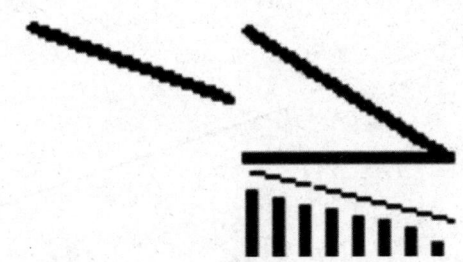

图3-65　震荡幅度递减，成交额递减

股价原先处在下降趋势中，证明股价走势一度向好，也适合看多做多，买入并持有，另外20天均线或短期整体向上则表示短线行情向好，适合短线操作。

从震荡幅度来看，幅度的宽度越来越小说明买卖双方的分歧越来越小，风险也越来越低，随着成交额的逐渐缩减，这个区间内愿意交易的投资者越来越少，交易越来越趋于冷淡，未来是否还能延续之前的上升趋势还很难说。（见图3-65）

买点——股价突破趋势上延或20天均线向上穿越筹码密集区

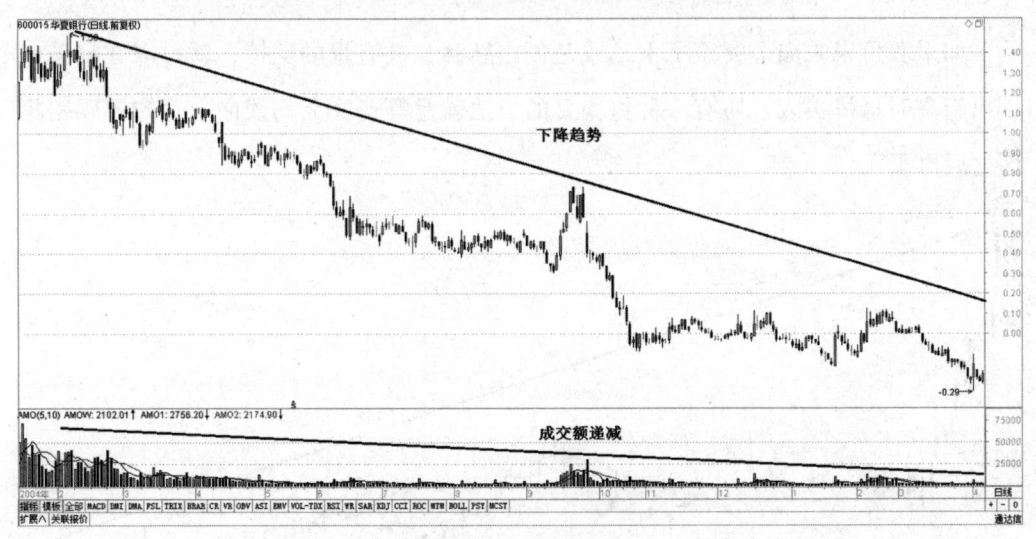

图3-66　前期走势

一段好的上升趋势之前最好是成交额不断递减的下降趋势。（如图3-66）

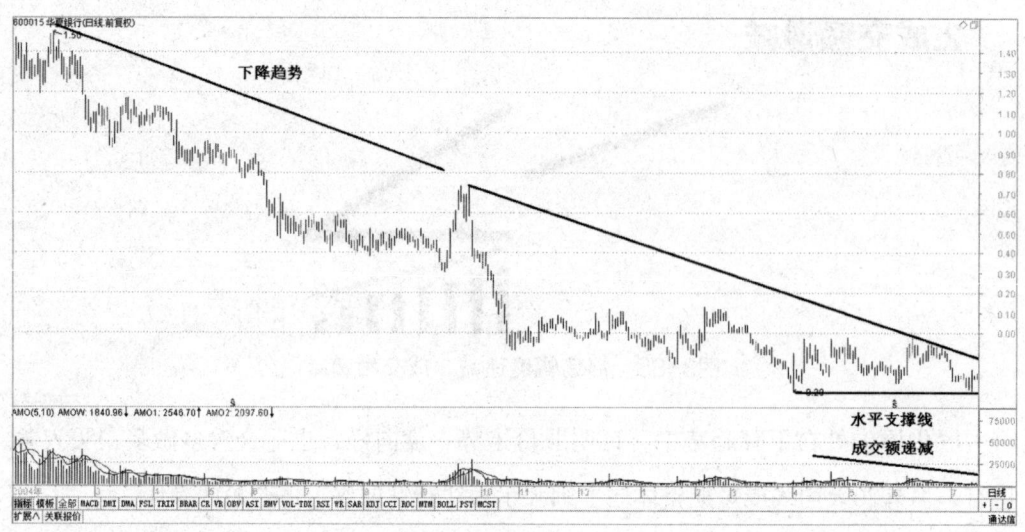

图3-67　形态出现

　　股价连续下跌并伴随着成交额逐渐减少，在成交额越来越小的后期，股价开始在低位盘整，两个最低价几乎是平行的，也就是说这一价位存在一个水平支撑线（如图3-67）。

　　如果股价未来向上突破了上延或是创出新高，并有量的支持，就可以在突破或创出新高时择机买入，还有一种更稳妥的方法就是等待20天均线向上穿越筹码密集区之后再买入。

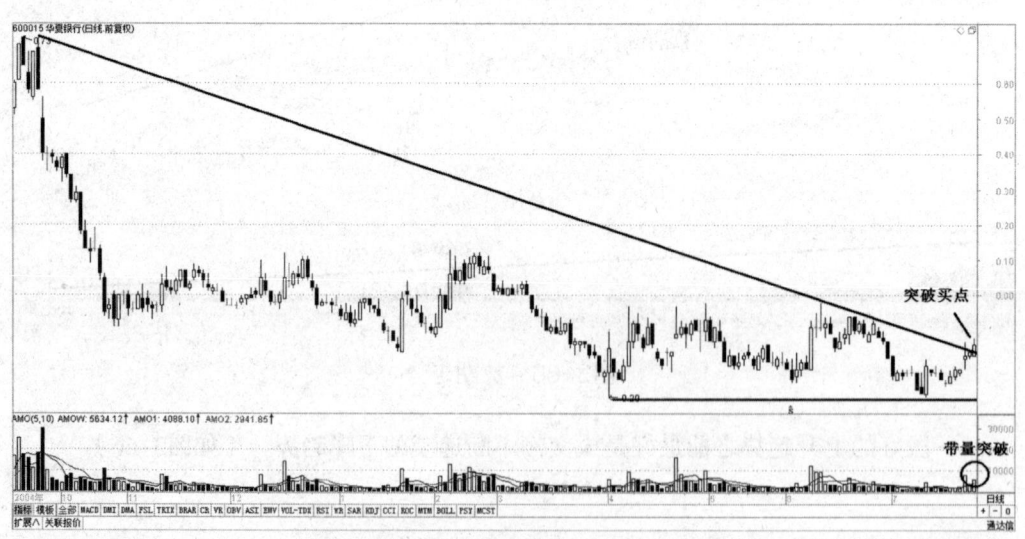

图3-68　股价突破区间上延——买入

　　在图3-68中，股价已经成功突破了区间的上延，而且虽然伴随的量不是很明显

的增加，但至少是增加了的，可以选择在该日收盘前买入。

图3-69　后续走势

买入后不久，股价快速拉升，并逐渐进入加速的上升通道。（见图3-69）

卖点——股价跌破水平支撑线

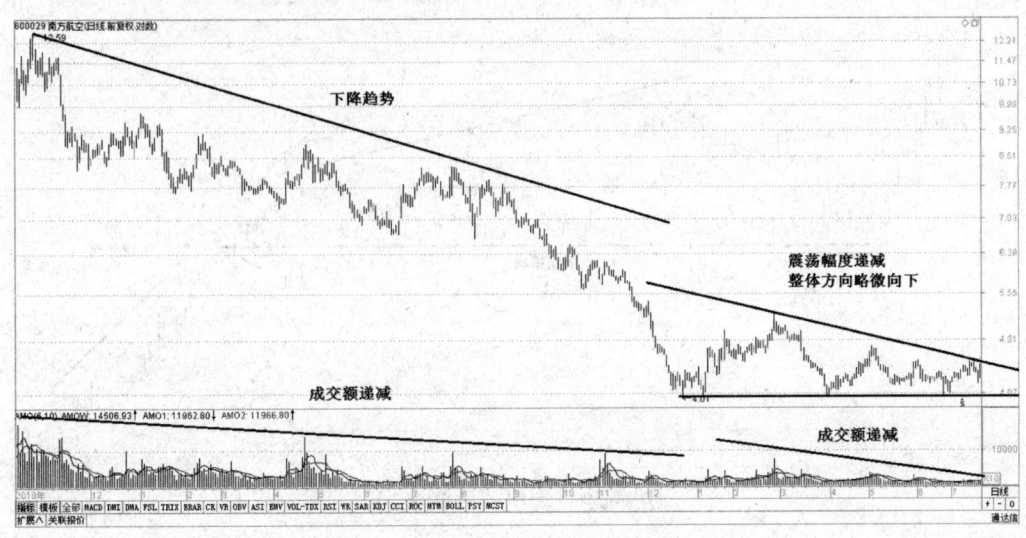

图3-70　形态出现

"震荡幅度递减，整体方向略微向下"的形态出现了。（见图3-70）

图3-71　股价跌破水平支撑线——卖出

　　一只小阴K线直接跌破了水平支撑线，持股者应该赶紧卖出手中的股票。（见图3-71）

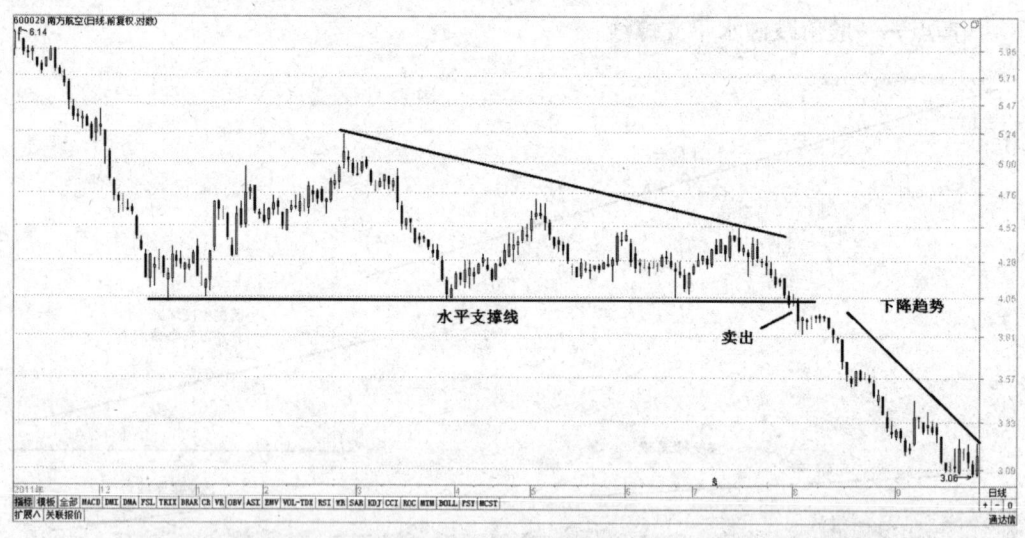

图3-72　卖出，非常及时

　　就在阴K线跌破水平支撑线后不久，股价立即进入绵绵不断的下跌行情。（见图3-72）

五、震荡幅度递减，整体方向向下

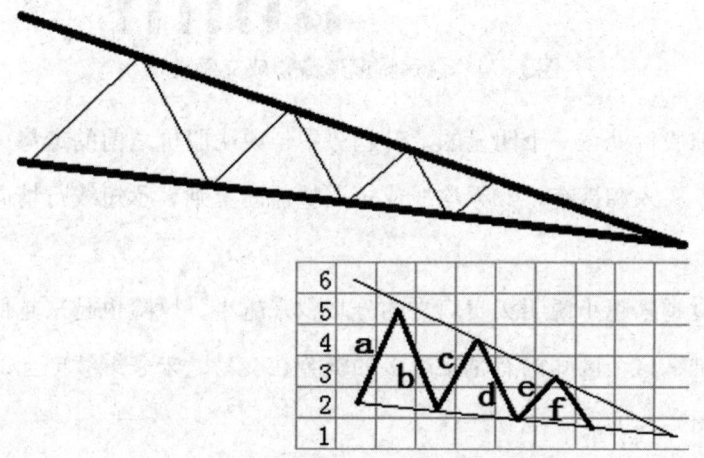

图3-73　震荡幅度递减，整体方向向下

震荡范围逐渐缩小，整体行进方向向下。（如图3-73）

a波段股价从2元涨到5元，上涨150%；

b波段从5元跌到1.9元，下跌62%；

c波段从1.9元涨至4元，上涨110%；

d波段从4元跌至1.5元，下跌62.5%；

e波段从1.5元涨至2.7元，上涨80%；

f波段从2.7元跌至1.4元，下跌48%。

该形态整体趋势略向右下方，从abcdef波段的涨跌幅变化可以看到，涨幅从150%逐渐降低到80%，跌幅也由62%逐渐降到48%。

这类行情整体来说是个上涨或下降趋势的中继盘整行情，主要看股价最后的突破方向，向上突破则对看多买入有利，向下突破则对看空下跌有利。

至于怎么变化，要视具体的突破情况而定。

下面我们用成交额指标将本形态分为成交额递增和成交额递减两类。

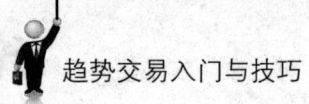

1.成交额递增

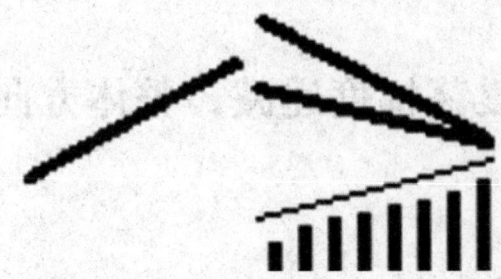

图3-74　震荡幅度递减，成交额递增

在这之前股价处在一个明显的上升趋势中，说明股价之前的走势一度向好，适合看多做多，买入和持有，20天均线或短期整体向上则表示短线行情向好，说明适合短线操作。

震荡幅度越来越小说明买卖双方的分歧越来越小，风险也越来越低，随着成交额的不断增加，这个区间内有越来越多的资金在交易，未来继续向上的可能性相对增加。（见图3-74）

买点——股价向上突破区间上延或20天均线穿越筹码密集区

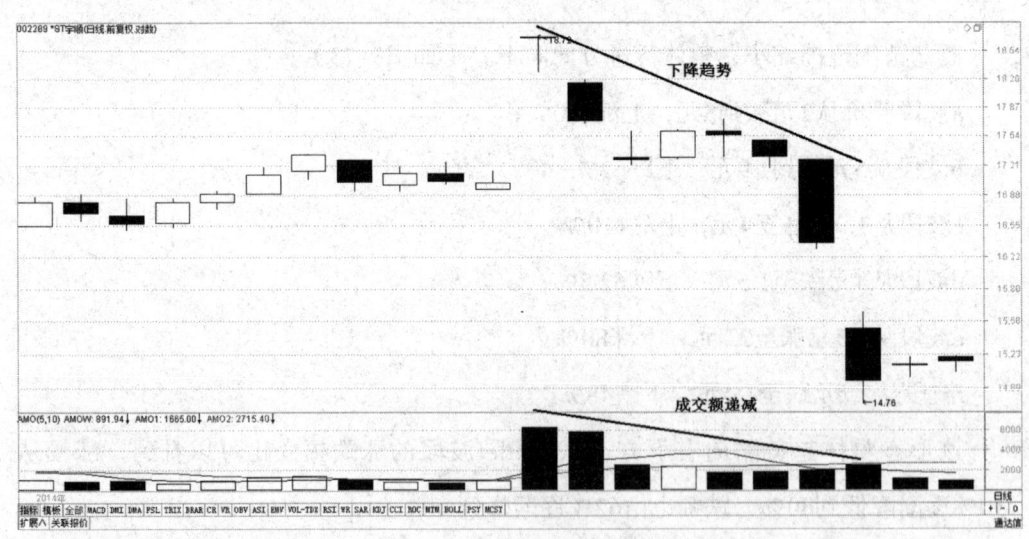

图3-75　前期走势

图3-75展现的是上升趋势出现之前，下降趋势伴随着成交额的递减态势。

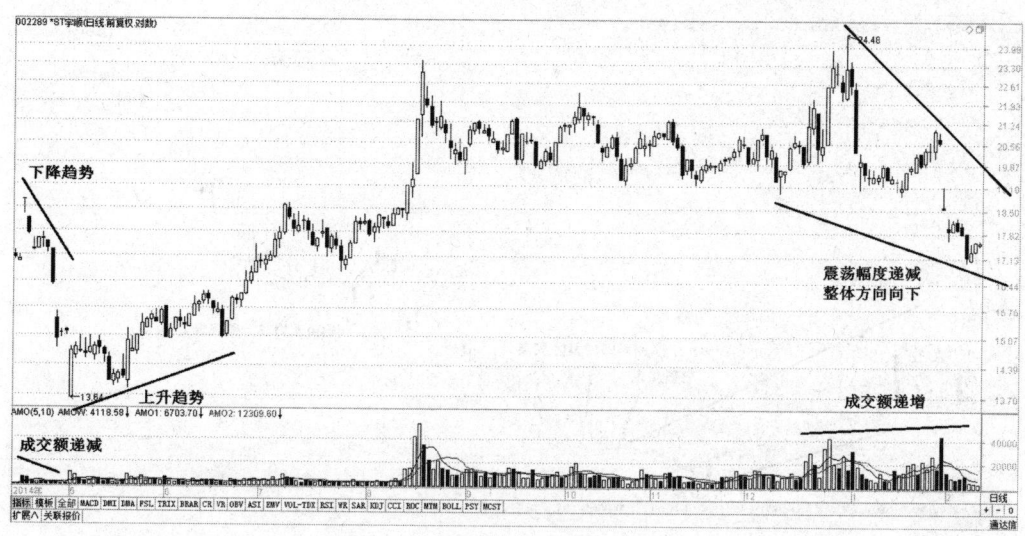

图3-76　形态出现

　　下降趋势之后股价开始反转进入上升趋势，并在较高的位置上震荡了好长一段时间，之后股价震荡下行形成了"震荡幅度递减，整体方向向下"的整理形态，并且成交额也呈现递增态势。（如图3-76）

　　这个形态出现的位置通常伴随着一个筹码的密集区，如果股价随后能向上突破并带动20天均线向上穿越这个筹码密集区，这将是一个极好的买入机会。

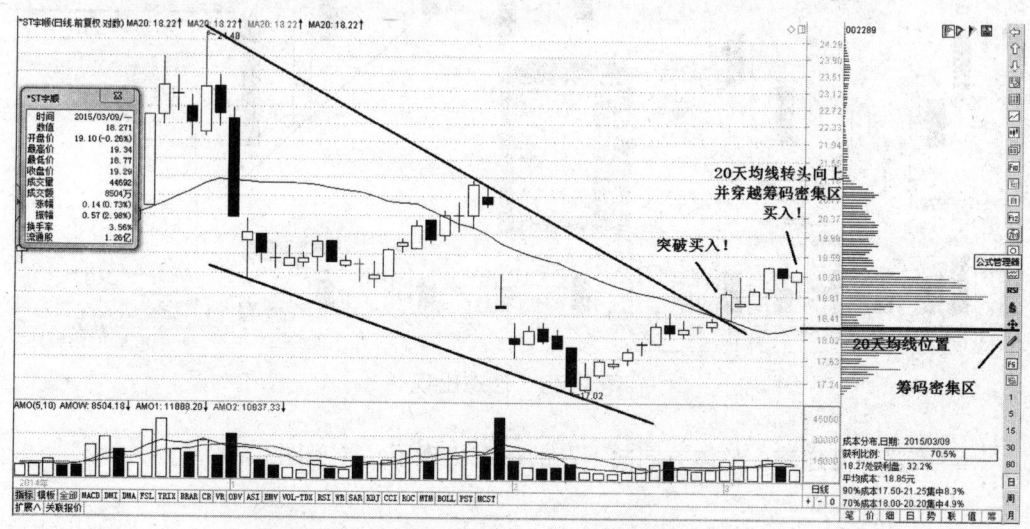

图3-77　20天均穿越了筹码密集区——买入

　　从图3-77中我们可以看到，20天均线已经成功越过了筹码密集区，说明可以放心买入该股了。

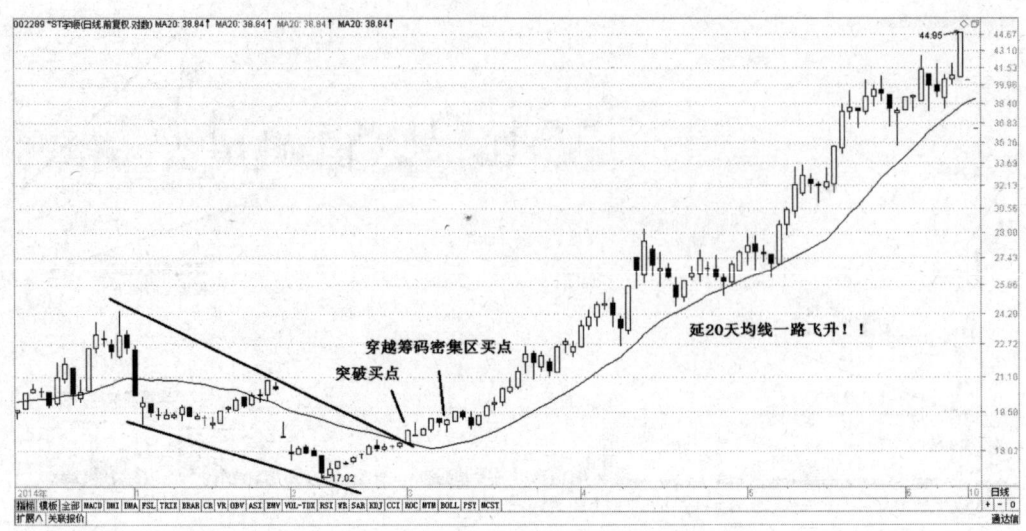

图3-78　后续走势

买入后股价直接延着20天均线不断高升，涨幅非常可观。（见图3-78）

卖点——股价跌破支撑线或20天均线跌到筹码密集区之下

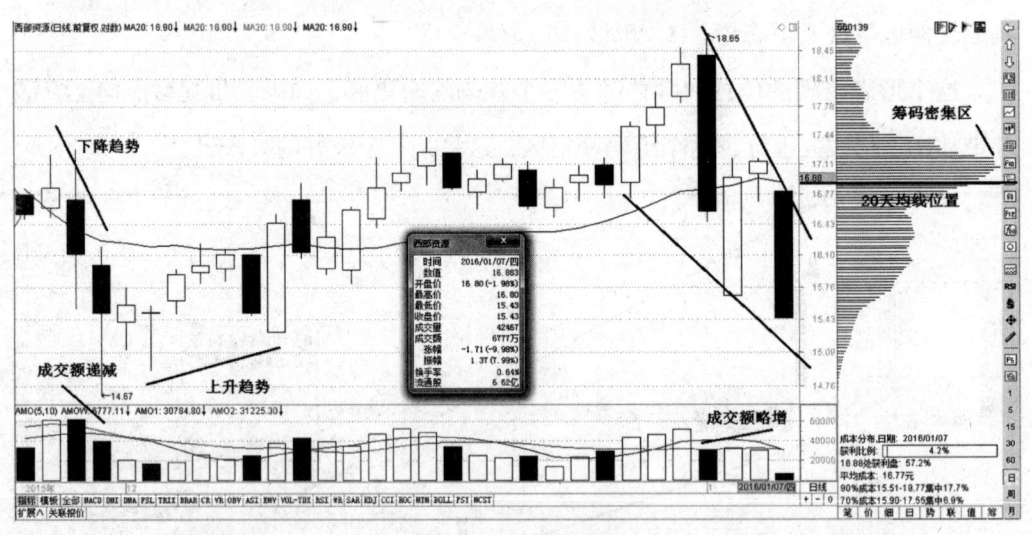

图3-79　形态出现

"震荡幅度递减，整体方向向下"的形态出现了。（见图3-79）

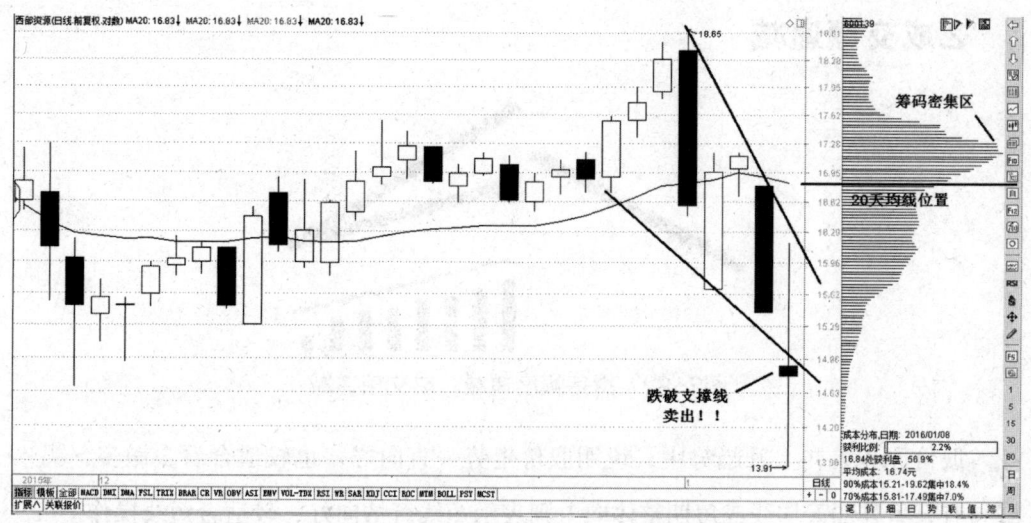

图3-80　股价跌破支撑线，卖出

从图3-80中可以看到股价已经跌破了支撑线，赶紧卖出。

图3-81　卖出后走势

就在卖出之后，股价开始连续下跌，我们卖出的位置正好是暴跌的最开端，有幸逃过一劫。（如图3-81）

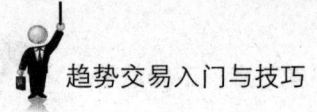
2.成交额递减

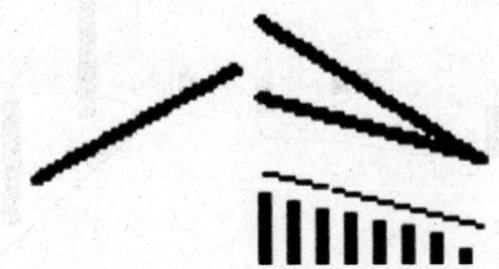

图3-82　震荡幅度递减，成交额递减

股价原先处在上升趋势中，说明股价走势一直向好，也较适合看多做多，买入或持有，另外20天均线或短期整体向上则表示短线行情向好，较适合短线操作。

从震荡幅度来看，幅度的宽度越来越小说明买卖双方的分歧越来越小，风险也越来越低，随着成交额的逐渐缩减，这个区间内愿意交易的投资者越来越少，交易越来越趋于冷淡，未来是否还能延续之前的上升趋势还很难说。（见图3-82）

买点——股价带量突破趋势上延

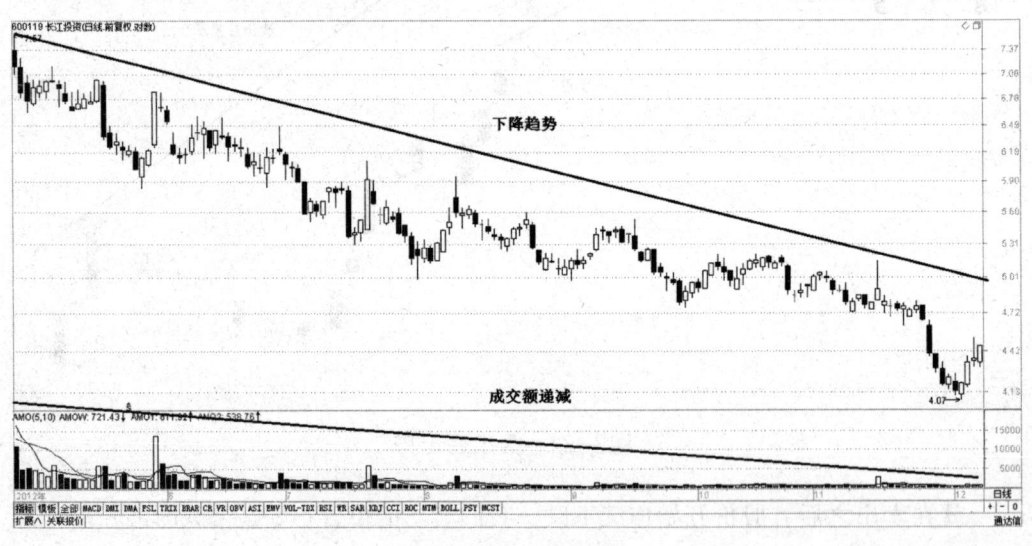

图3-83　前期走势

在买点出现前，一定会有一段下降趋势，然后才开始反转向上进入新的上升趋势。（如图3-83）

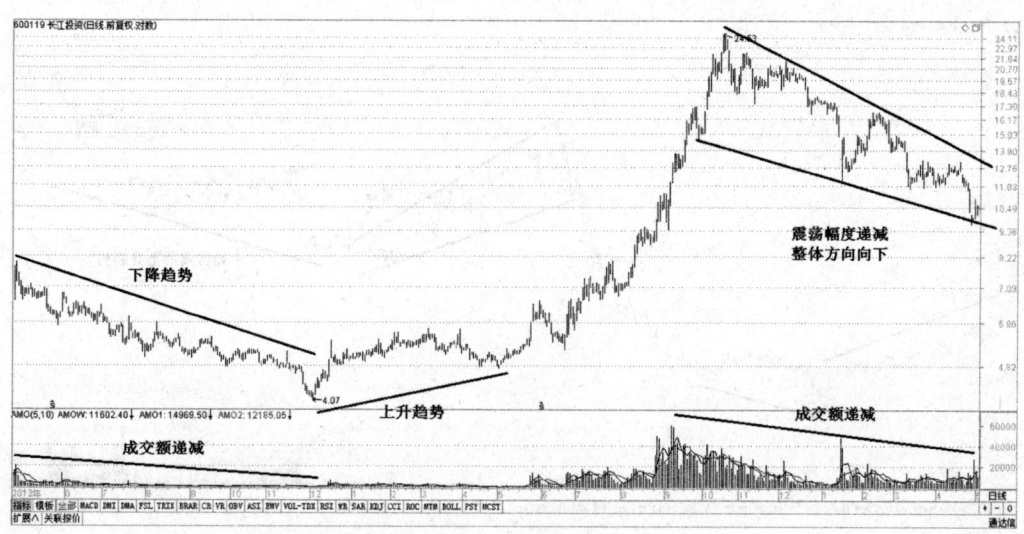

图3-84 形态出现

股价转而进入上升通道后，连续上涨了好一段，随后股价开始形成了"震荡幅度递减，整体方向向下"的整理形态，并且成交额也呈现递减的态势。（见图3-84）

如果股价未来向上突破了区间上延或是创出新高，并有量的支持，就可以在突破或创出新高时择机买入。

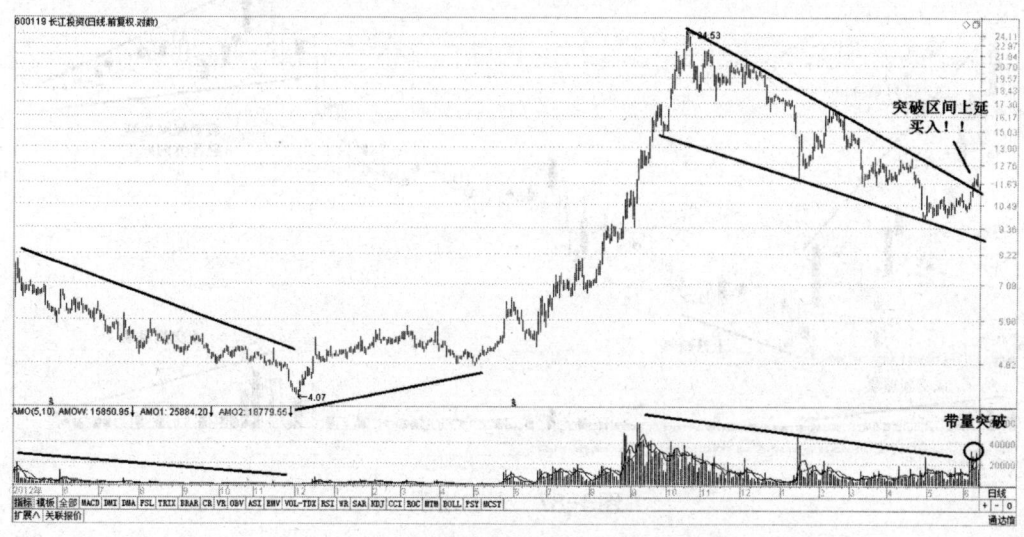

图3-85 股价带量突破区间上延——买入

在图3-85中，股价已经向上成功突破了区间上延，并且有成交量的支持，投资者可以选择在该日买入这只股票。

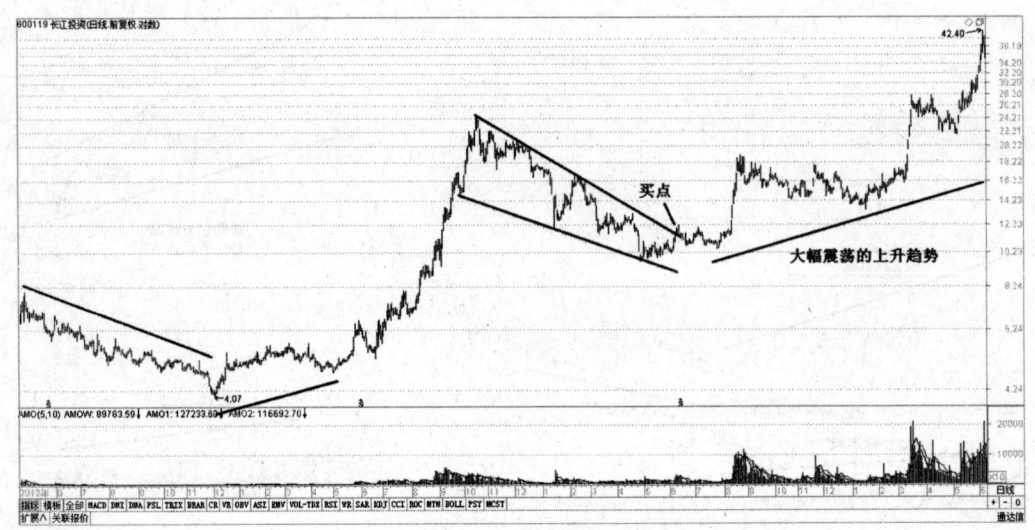

图3-86　后续走势

在买入信号发出后，股价不久开始大幅拉升，但是又再次进入新的震荡区间，总体上还是处在较大震荡幅度的上升趋势之中，整个波段最高翻了4倍。（见图3-86）

卖点——股价跌破区间支撑线

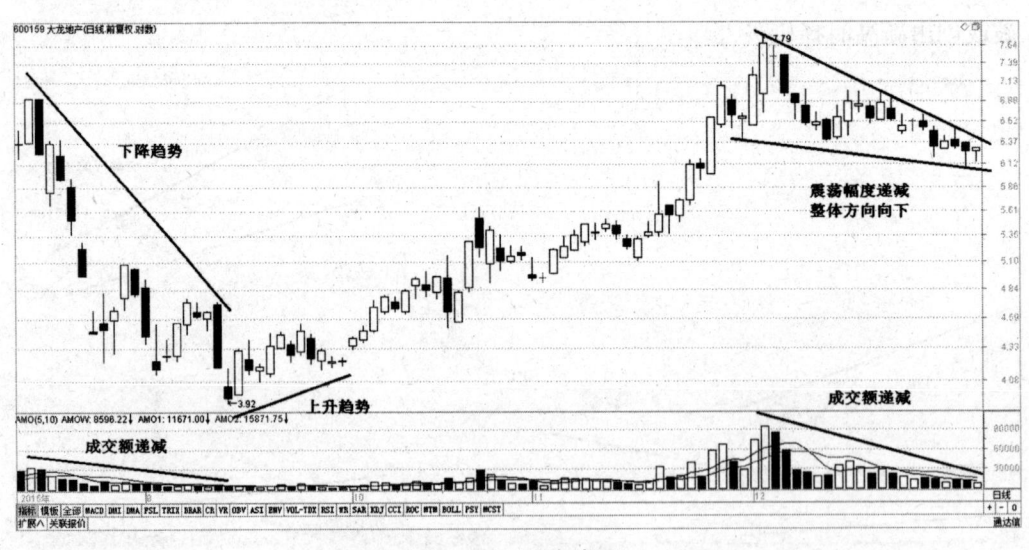

图3-87　形态出现

"震荡幅度递减，整体方向向下"的形态出现了。（见图3-87）

图3-88 股价跌破区间支撑线——卖出

一只小阴K线不小心跌破了区间的下延支撑线，持股者应该赶紧卖出手中的股票。（如图3-88）

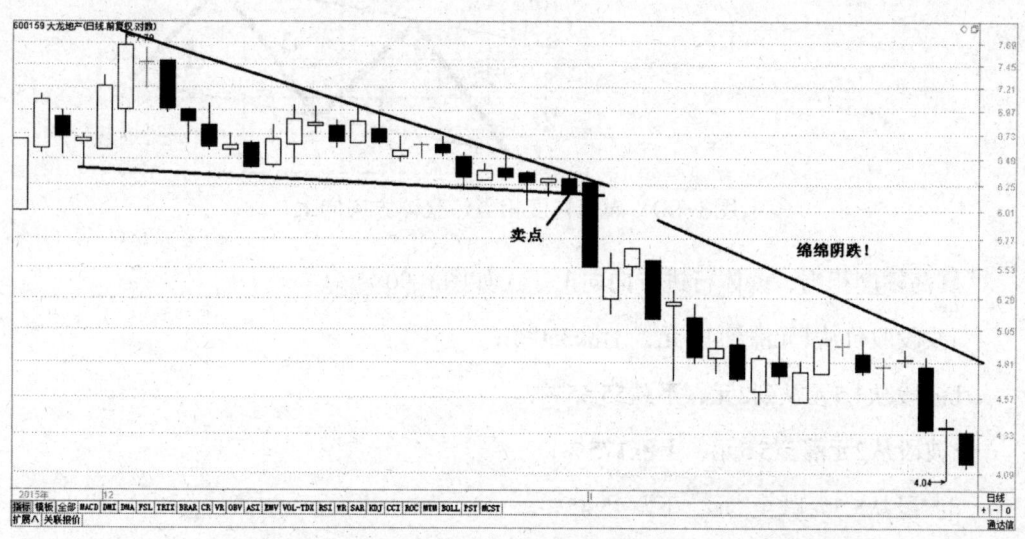

图3-89 卖出，再次逃过一劫

就在小阴K线跌破支撑线后不久，下一个交易日开始股价大幅度下跌，这次我们又躲过了一次大跌。（如图3-89）

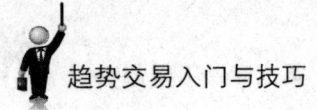

六、震荡幅度相当，整体方向向上

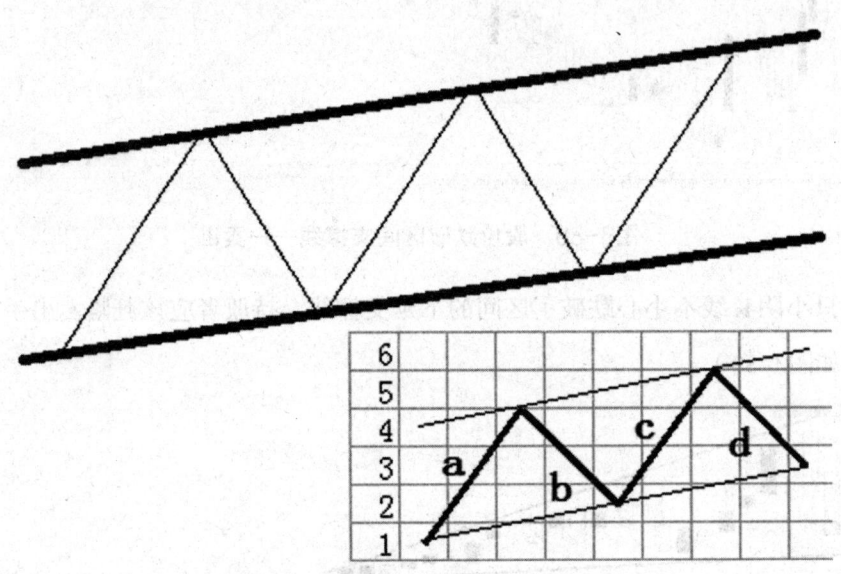

图3-90　震荡幅度相当，整体方向向上

震荡幅度相当，整体行进方向向上。（如图3-90）

a波段股价从1元涨到4.5元，上涨350%；

b波段从4.5元跌到2元，下跌55.55%；

c波段从2元涨至5.5元，上涨175%；

d波段从5.5元跌至3元，下跌45.45%。

该形态整体向右上方行进，从abcd波段的涨跌幅变化可以看到，涨幅从350%逐渐降低到175%，跌幅也由55.55%逐渐降到45.45%。

这类行情整体来说是个上涨或下降趋势的中继盘整行情，主要看股价最后的突破方向，向上突破则对看多买入有利，向下突破则对看空下跌有利。

至于怎么变化，要视具体的突破情况而定。

下面我们用成交额指标将本形态分为成交额递增和成交额递减两类。

1.成交额递增

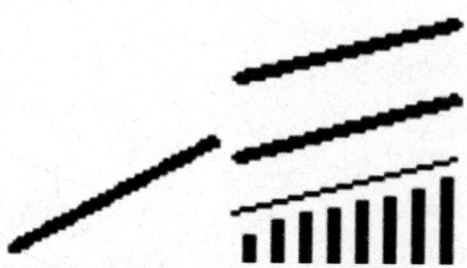

图3-91　震荡幅度相当，成交额递增

在这之前股价处在一个明显的上升趋势中，说明股价之前的走势一度向好，适合看多做多，买入和持有，20天均线或短期整体向上则表示短线行情向好，说明适合短线操作。

震荡幅度相当，说明买卖双方希望保持目前的趋势来回交易，随着成交额的不断增加，这个区间内将有越来越多的资金交易，未来继续向上的可能性相对增大。（见图3-91）

买点——股价向上突破区间上延或股价回调到支撑线并得到支撑或股价带动20天均线向上穿越筹码密集区

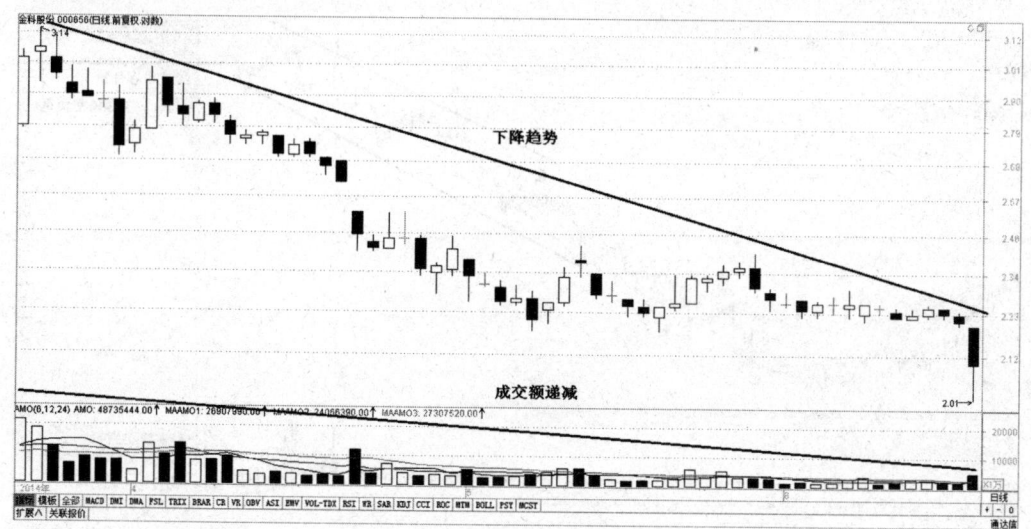

图3-92　前期走势

从图3-92中所看到的是上升趋势出现之前的一段成交额递减的下降趋势。

就在下降趋势反转进入上升趋势后，股价进入了一个新的上升通道，在上涨了

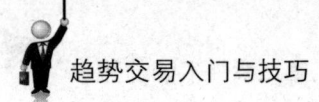

好一段后，形成了"震荡幅度相当，整体方向向上"的上行通道，并且成交额也是递增的。（如图3-93）

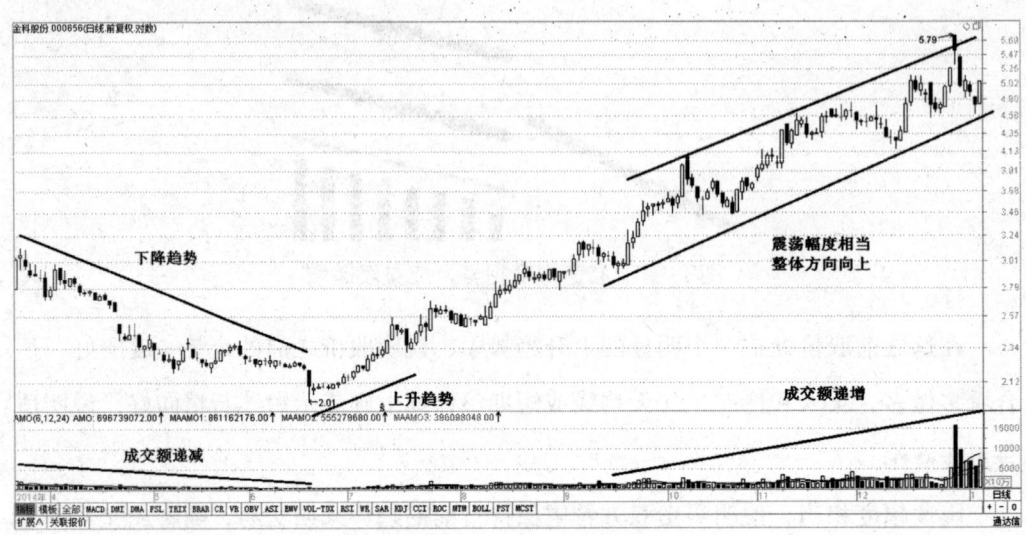

图3-93　形态出现

　　这个形态出现的位置通常伴随着一个筹码的密集区，如果股价随后能向上突破并带动20天均线向上穿越这个筹码密集区，就是一个很好的买入时机，另外还有股价上破区间上延或是回调到区间下延并得到支撑，这些也是很好的买点。

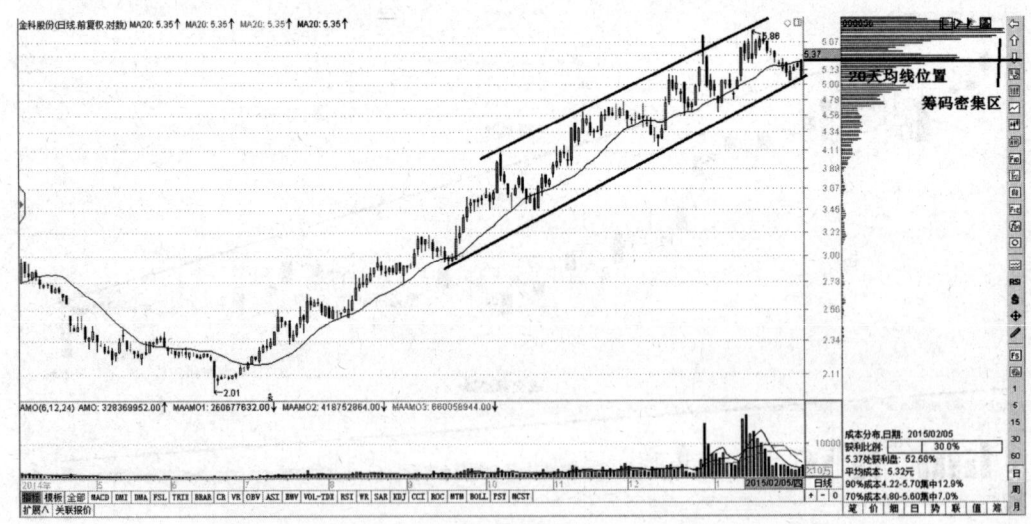

图3-94　20天均线处在筹码密集区之下，向上穿越就是好买点

　　从图3-94中我们可以看到，20天均线仍处在筹码密集区之下，暂时还不能就此买入，另外股价也将要跌破区间的支撑线，反而很可能进入下跌行情。

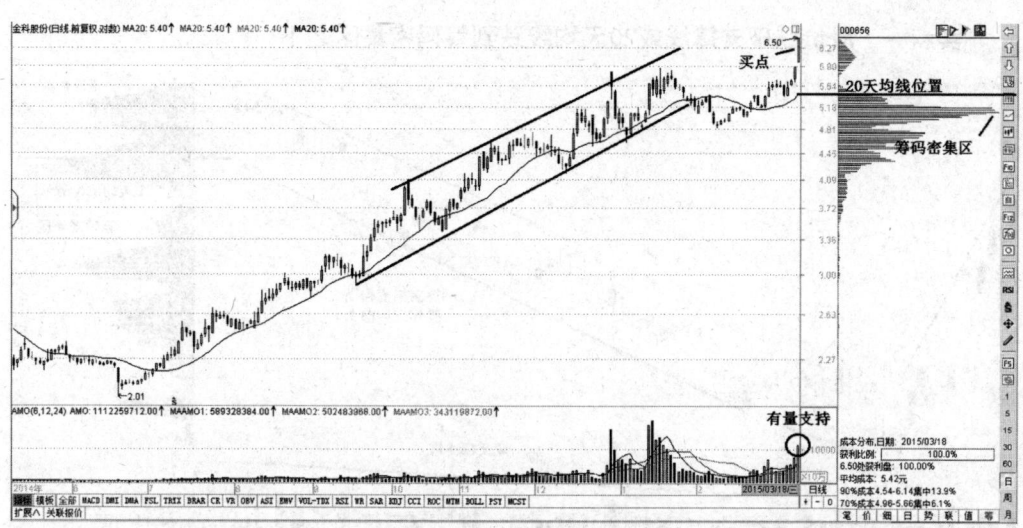

图3-95　20天均线穿越了筹码密集区，股价也创出了新高，又有量的支持——买入

　　股价略微下跌了一段，但是马上又回到了20天均线之上，并且20天均线随后又带动股价越过了筹码密集区，创出新高，并且有量能的显著增加，买入无疑。（如图3-95）

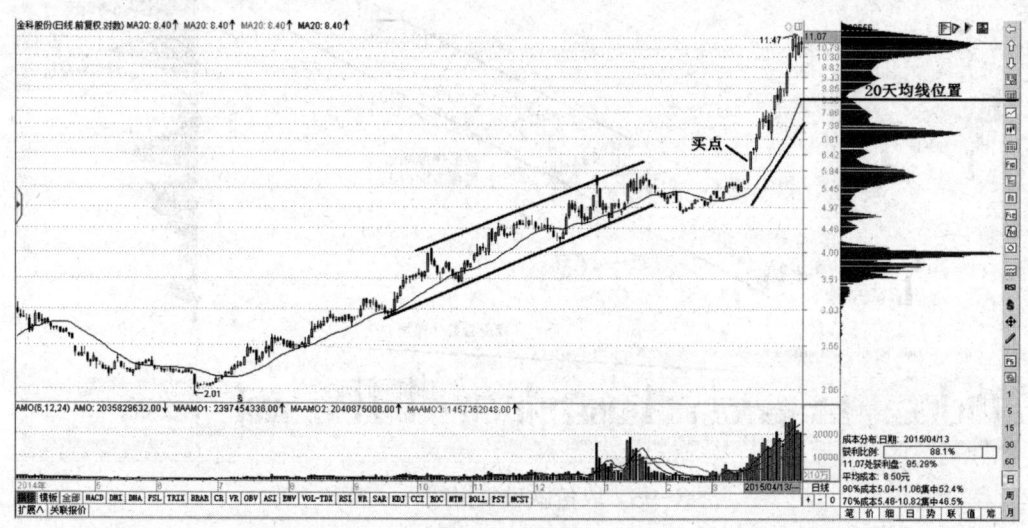

图3-96　后续走势

　　买入后股价直接向上飞驰，只是从20天均线所处的筹码位置看，上行压力不容乐观，所以以20天均线为止盈线止盈较为妥当，一旦股价跌破20天均线就可以卖出了。（如图3-96）

卖点——股价跌破支撑线或20天均线跌到筹码密集区之下

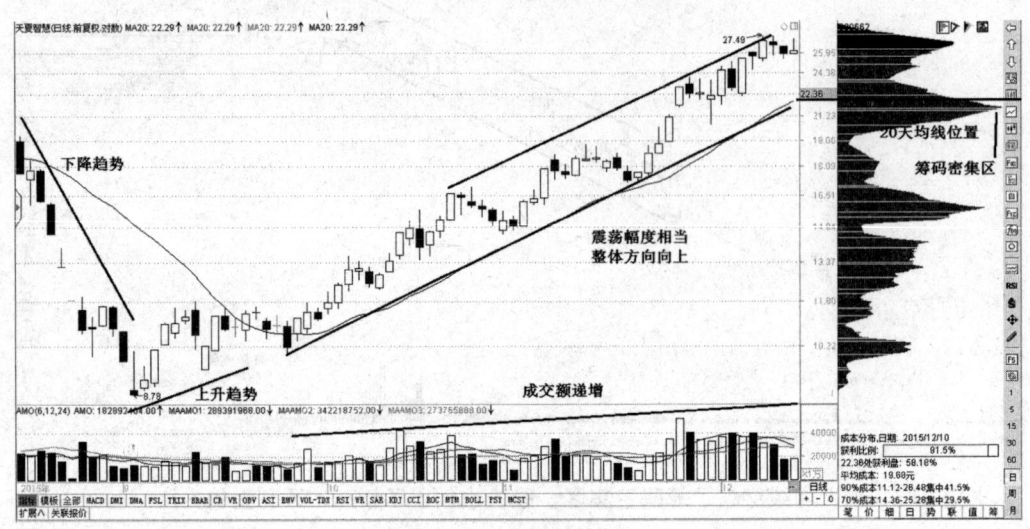

图3-97　形态出现

"震荡幅度相当，整体方向向上"的形态出现了。（图3-97）

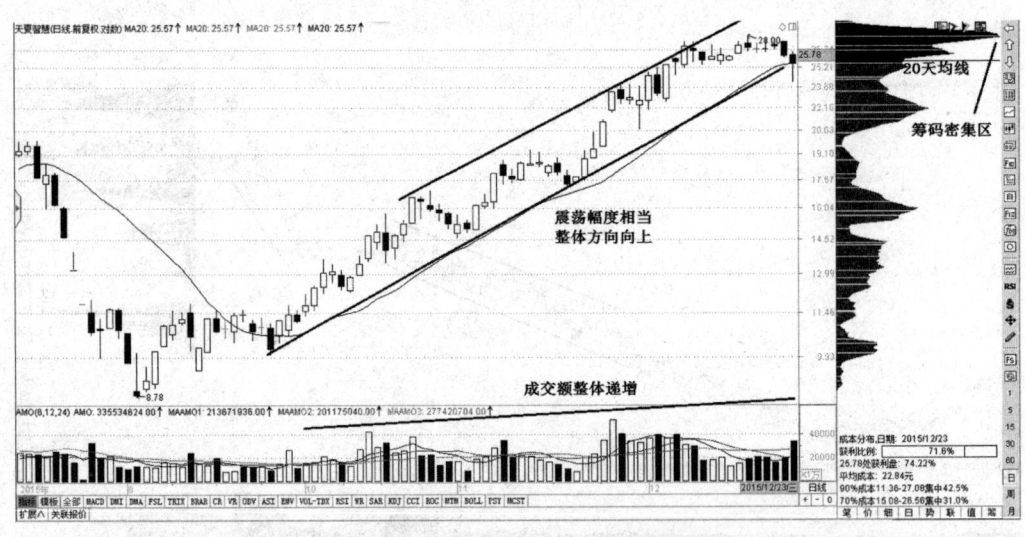

图3-98　股价跌破支撑线——卖出

除了股价跌破通道支撑线之外，从图3-98中还可以看到20天均线已经无力再向上穿越上方的筹码密集区了，卖出无疑，再恋战者必没有好下场。

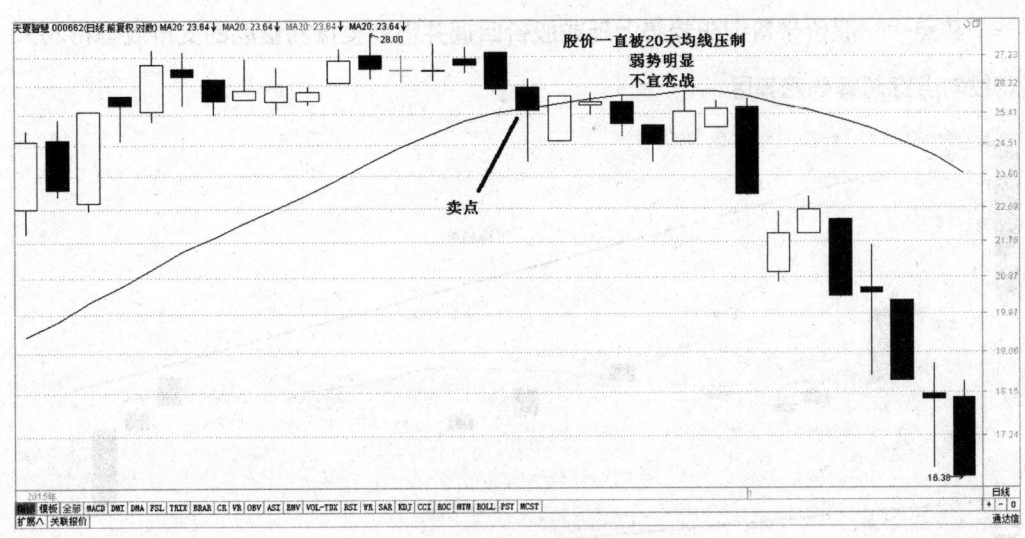

图3-99　卖出后走势

　　卖出之后不久，股价还多次试图上破20天均线，但是没有一次成功，每次尝试都被20天均线所压制，弱势明显，不宜恋战。（如图3-99）

2.成交额递减

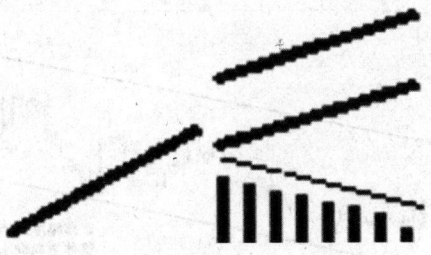

图3-100　震荡幅度相当，成交额递减

　　股价原先处在上升趋势中，这就说明股价走势一直是向好的，较适合看多做多或买入持有，另外20天均线或短期整体向上则表示短线行情向好，较适合短线操作。

　　从震荡幅度来看，震荡的幅度是一样的，说明买卖双方对原有的上升趋势是赞同的，但是随着成交额的逐渐缩减，这个区间内愿意交易的投资者越来越少，交易越来越趋于冷淡，未来是否还能延续之前的上升趋势还很难说。（见图3-100）

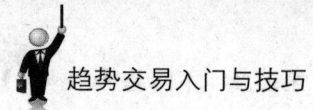

　　买点——股价带量突破趋势上延或股价回调并得到支撑和量能的支持或等待20天均线向上穿越筹码密集区

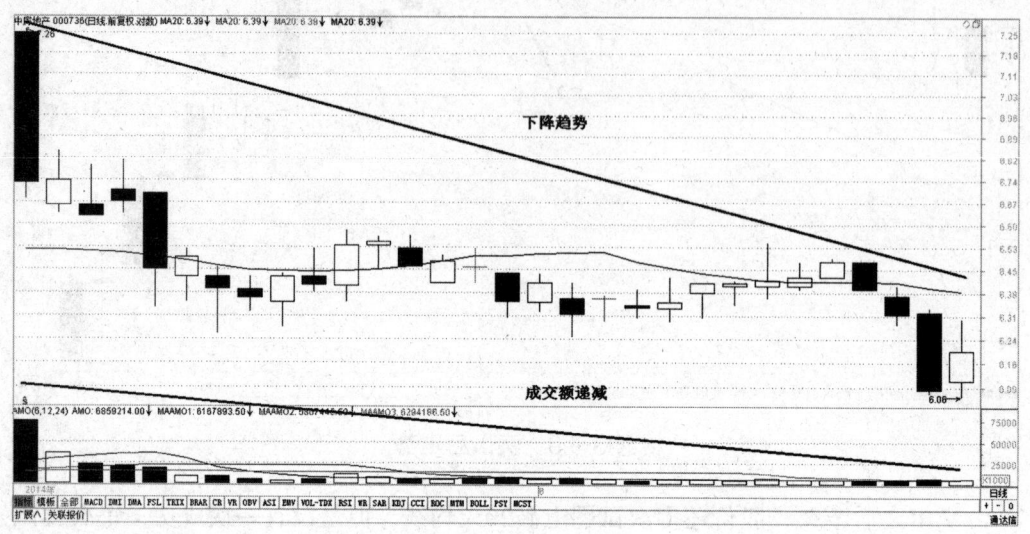

图3-101　前期走势

　　在上升趋势出现前，一定会有一段下降趋势，然后才由下降趋势反转成上升趋势。（如图3-101）

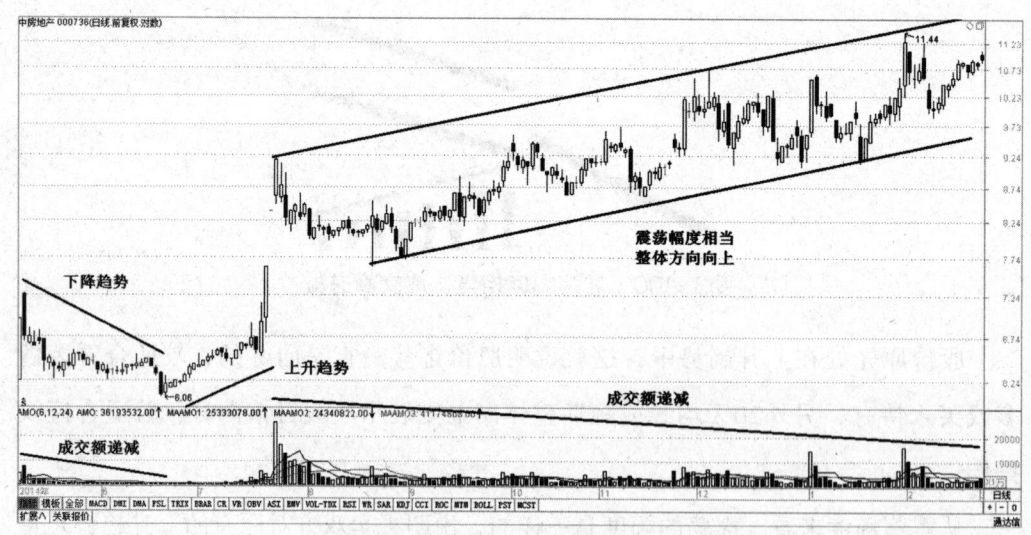

图3-102　形态出现

　　从下降趋势转至上升趋势后，股价直接拉开了低价区，在高位进入了"震荡幅度相当，整体方向向上"的上行通道形态，并且成交额整体呈现出了递减的态势。（见图3-102）

如果股价未来向上突破了区间上延或是创出新高，并有量的支持，就可以在突破或创出新高时择机买入，或回调下延得到支撑或20天均线向上越过筹码密集区，都是不错的买点。

图3-103　20天均线在筹码密集区之上，股价带量向上突破——买入

在图3-103中，股价已经向上成功突破了区间上延，并且有成交量的支持，另外从筹码分布指标上看，20天均线的上行压力也不大，未来很可能还将延续之前的上升趋势。

图3-104　后续走势

虽然后续的上涨幅度并不多，但是知足常乐，只要有盈利就行，不能老是想着翻倍翻N倍，否则会丧失理智，投资不是赌博，千万不能意气用事。（见图3-104）

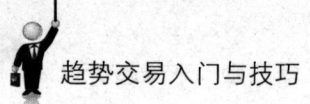

卖点——股价跌破区间支撑线

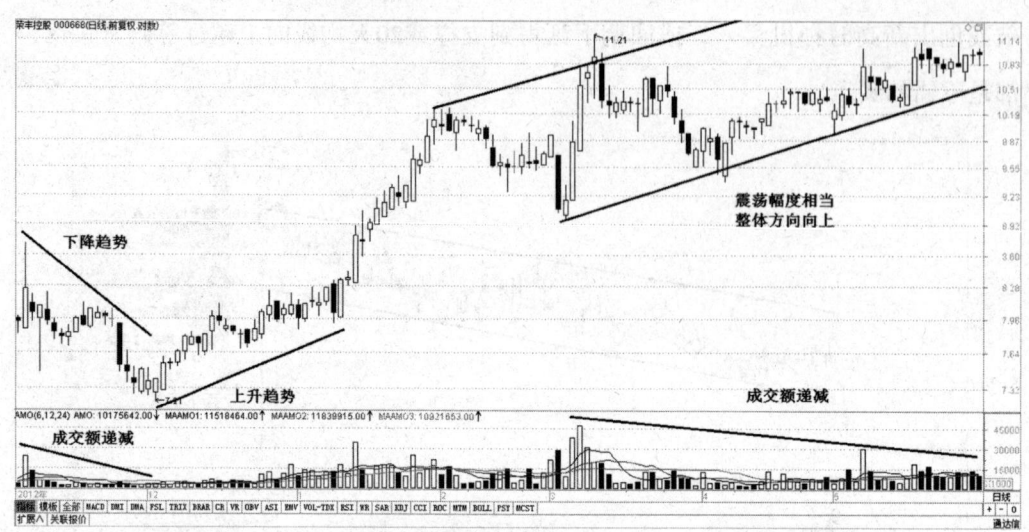

图3-105　形态出现

"震荡幅度相当，整体方向向下"的形态出现了。（见图3-105）

图3-106　股价试图制造买点

股价大幅拉升，试图攻破区间上延的压制。（见图3-106）

图3-107 上破不成，反到下破区间下延支撑线，卖出

　　就在试图上破区间上延的后续几个交易日，股价大幅度下跌，最后跌破了区间支撑线，这时就应该卖出手中该股了。（如图3-107）

图3-108 后续走势

　　就在我们卖出该股后不久，股价震荡下行，一路跌到只有8元钱，让持有它的投资者损失惨重。（如图3-108）

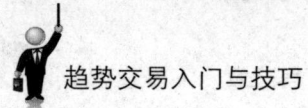
七、震荡幅度相当，整体方向平行

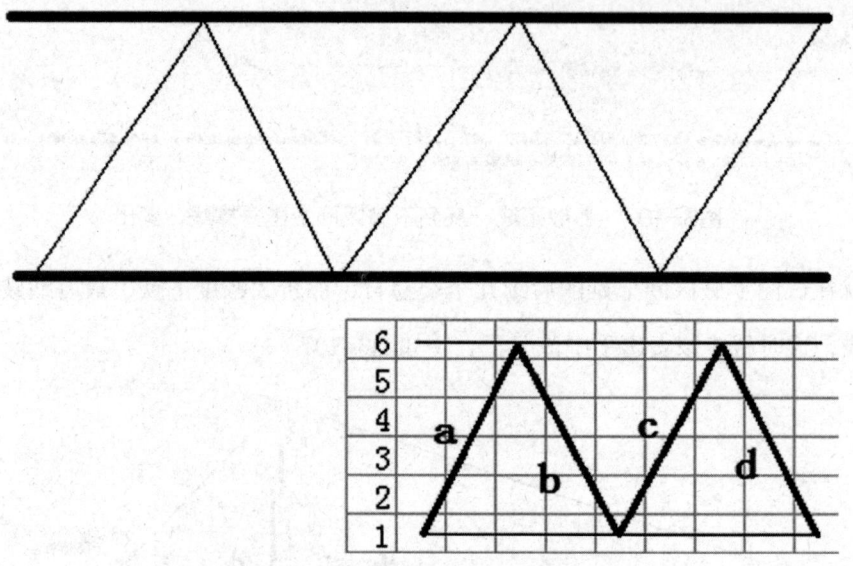

图3-109　震荡幅度相当，整体方向平行

震荡幅度相当，整体行进方向向右横行。（如图3-109）

a波段股价从1元涨到6元，上涨500%；

b波段从6元跌到1元，下跌83.33%；

c波段从1元涨至6元，上涨500%；

d波段从6元跌至1元，下跌83.33%。

该形态整体向右方横行，从abcd波段的涨跌幅变化可以看到，涨幅从500%一直维持不变，跌幅也是一直保持着83.33%不变。

这类横向盘整行情很常见，后市走向主要还是看股价的突破方向，向上突破则对看多买入有利，向下突破则对看空下跌有利。

至于未来行情会怎么变化，这就要视具体的突破情况而定了。

下面我们用成交额指标将本形态分为成交额递增和成交额递减两大类。

1.成交额递增

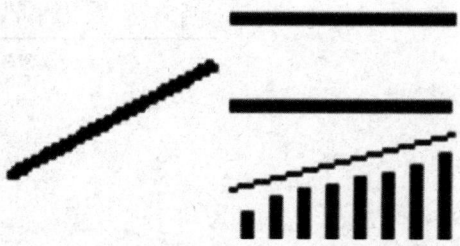

图3-110　震荡幅度相当，成交额递增

　　之前股价处在一个明显的上升趋势中，说明股价之前的走势一度向好，也说明行情适合看多做多，买入或持有，20天均线或短期整体向上则表示短线行情向好，说明适合短线操作。

　　震荡幅度相当，说明买卖双方希望保持目前的趋势来回交易，随着成交额的不断增加，这个区间内将有越来越多的资金交易，未来继续向上的可能性相对加大。（见图3-110）

　　买点——股价向上突破区间上延或股价回调到支撑线并得到支撑或股价带动20天均线向上穿越筹码密集区

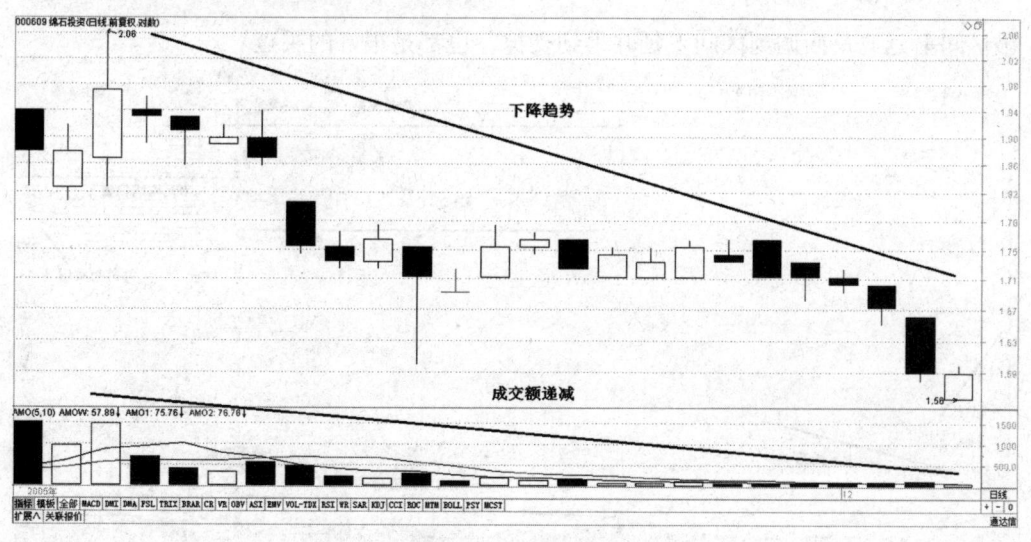

图3-111　前期走势

　　图3-111中是一段下降趋势，成交额递减，说明此下降趋势已经接近尾声，后面将反转进入上升趋势。

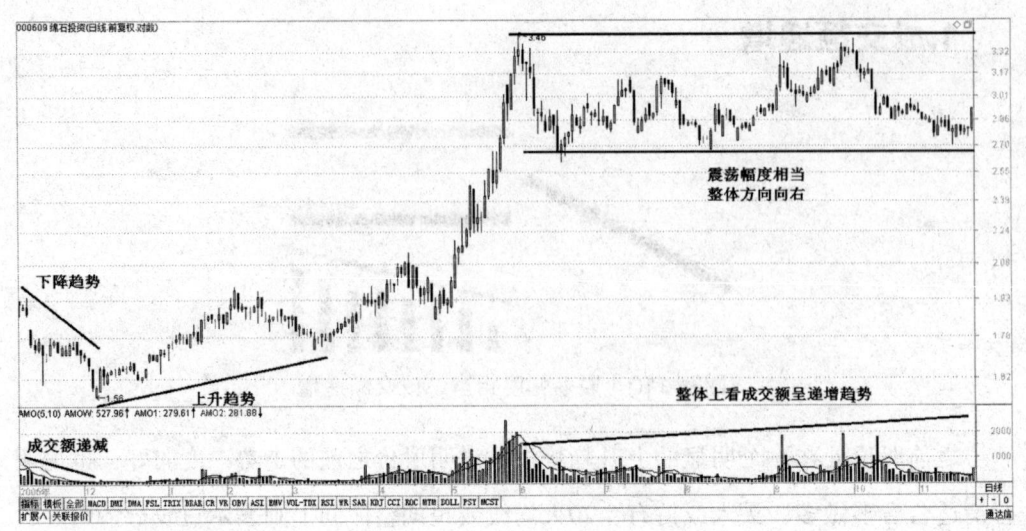

图3-112　形态出现

就在下降趋势反转进入上升趋势后，股价进入了一个新的上升通道，但在高位进入了一个横向盘整区间，形成了"震荡幅度相当，整体方向向右"的横向盘整区间，而且成交额大体上也呈现递增的趋势。（如图3-112）

这个形态出现的位置通常伴随着一个筹码的密集区，如果股价随后能向上突破并带动20天均线向上穿越这个筹码密集区，就是一个很好的买入时机，另外股价上破区间上延或是回调到区间下延并得到支撑，也都是很好的买点。

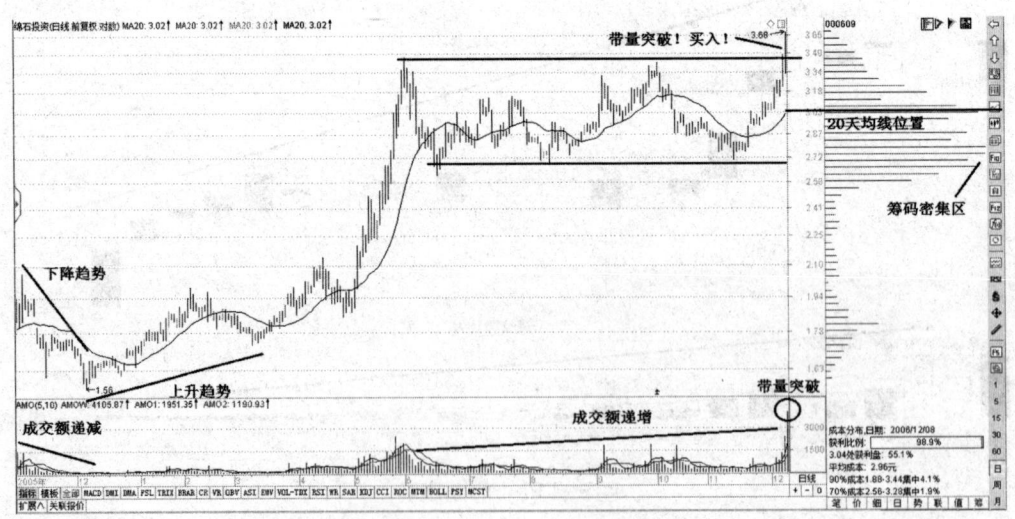

图3-113　股价带量向上突破区间上延！且20天均线也越过了筹码密集区，买入勿疑

从图3-113中我们可以看到，除了股价带量向上突破成功之外，20天均线站到了

筹码密集区之上，是极为可靠的买入信号，可以不必参考当日分时图。

图3-114　后续走势

买入后股价直接向上飞驰，延着20天均线不断攀升。（如图3-114）

卖点——股价跌破支撑线或20天均线跌到筹码密集区之下

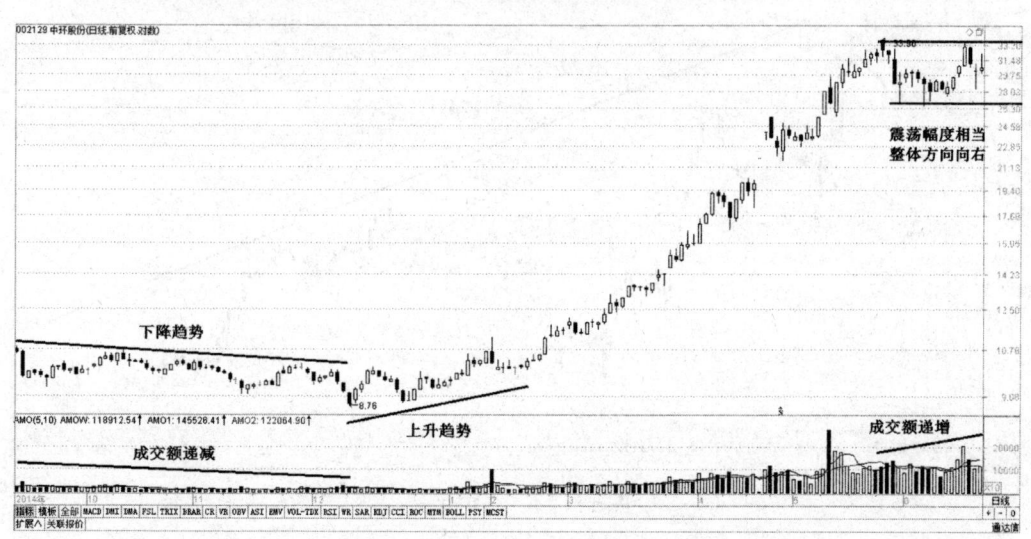

图3-115　形态出现

"震荡幅度相当，整体方向向右"的形态出现了。（见图3-115）

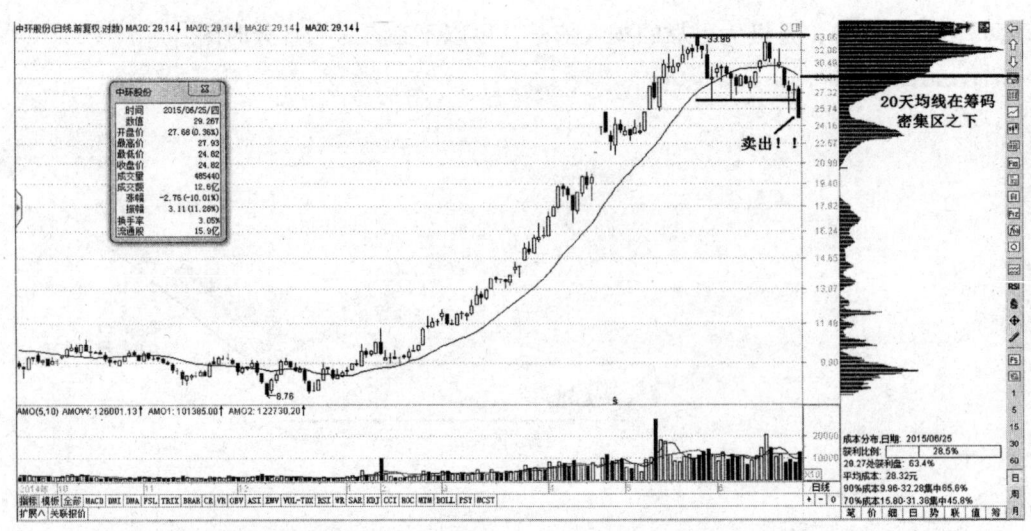

图3-116 股价跌破支撑线，而且20天均线处在筹码密集区之下——卖出

除了股价跌破通道支撑线之外，从图3-116中还可以看到20天均线也已经转为掉入了筹码密集区之下了，卖出无疑，不得恋战。

图3-117 后续走势

卖出之后不久，股价开始大幅震荡下行，多头弱势较为明显，整体下跌了不少，让投资者遭受到了亏损。（如图3-117）

2.成交额递减

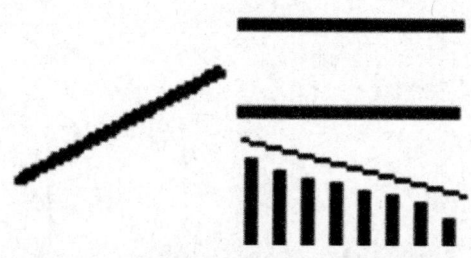

图3-118 震荡幅度相当，成交额递减

股价原先处在上升趋势中，这就说明股价走势一直是向好的，适合看多做多或买入持有，而20天均线或短期整体向上则表示短线行情向好，适合短线操作。

从震荡幅度来看，震荡的幅度都是一样的，说明买卖双方对原有的上升趋势是赞同的，但是随着成交额的逐渐缩减，这一区间内愿意交易的投资者越来越少，交易越来越趋于冷淡，未来是否还能延续之前的上升趋势还很难说。（见图3-118）

买点——股价带量突破趋势上延或股价回调并得到支撑和量能的支持或等待20天均线向上穿越筹码密集区

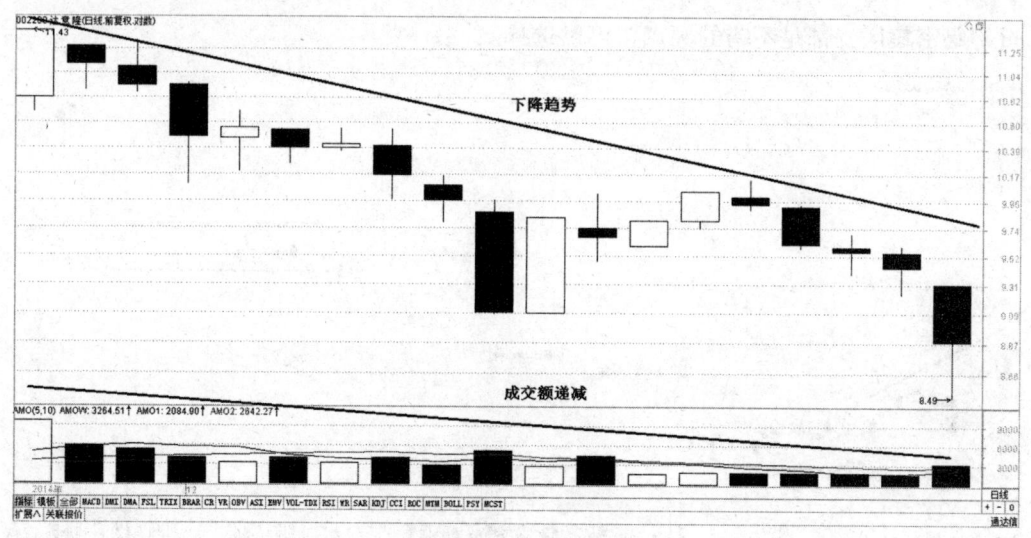

图3-119 前期走势

一段下降趋势并伴随着成交额的递减，预示了行情即将反转进入上升趋势。（如图3-119）

从之前的下降趋势转为上升趋势后，股价直接拉开了低价区，逐步上涨到较高

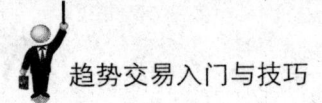

的位置，然后进入了"震荡幅度相当，整体方向向右"的横向盘整区间，在这一区间里成交额是递减的。（见图3-120）

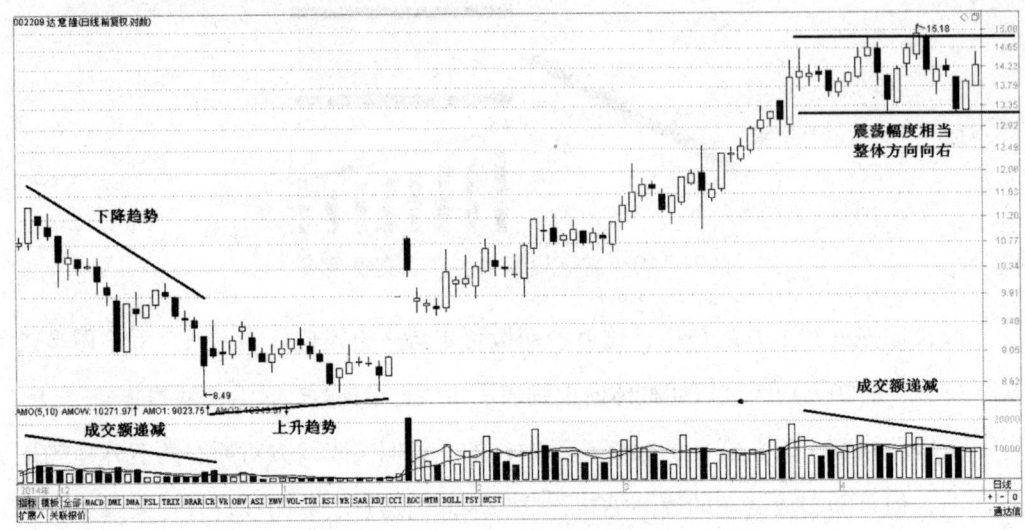

图3-120　形态出现

如果股价未来向上突破了区间上延或是创出新高，并有量的支持，就可以在突破或创出新高时择机买入，或者股价回调到区间下延并得到支撑或20天均线向上越过筹码密集区，都是不错的买点，可供选择。

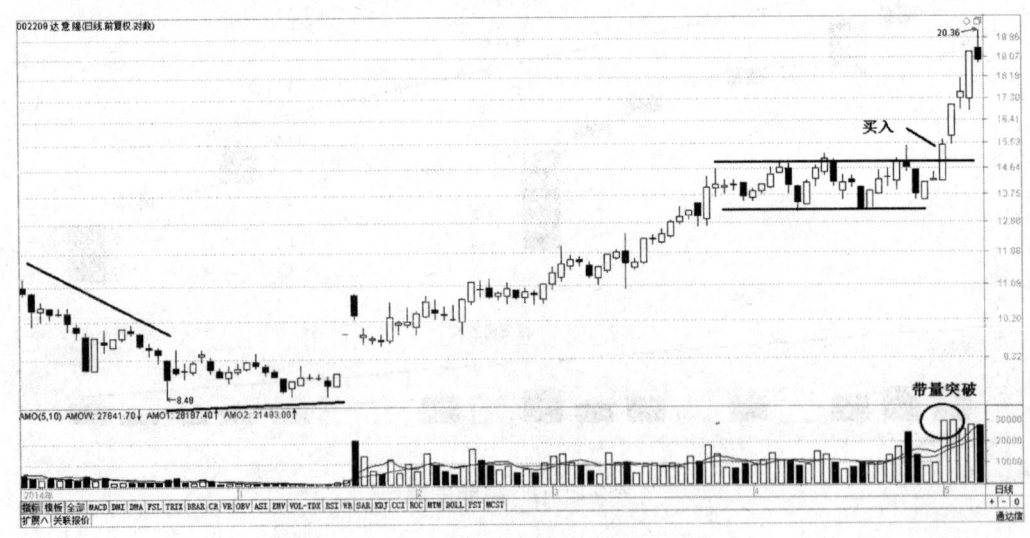

图3-121　股价带量向上突破——买入

在图3-121中，股价已经向上成功突破了区间上延，并且有成交量的支持。

虽然后续的上涨幅度并不多，但是知足常乐，只要有盈利就行，不能老是想着

翻倍翻N倍，否则会丧失理智，投资不是赌博，千万不能意气用事。（见图3-122）

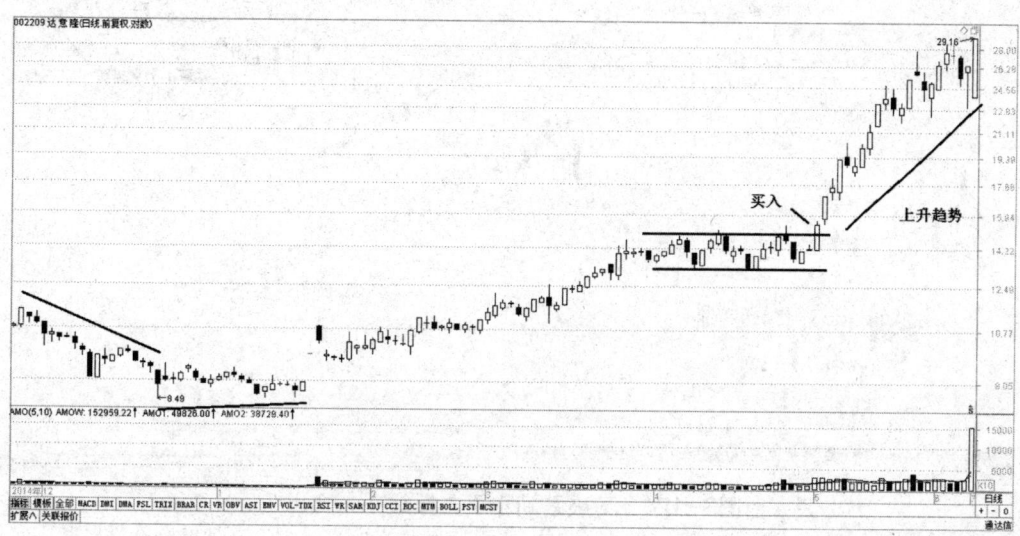

图3-122　后续走势

卖点——股价跌破区间支撑线

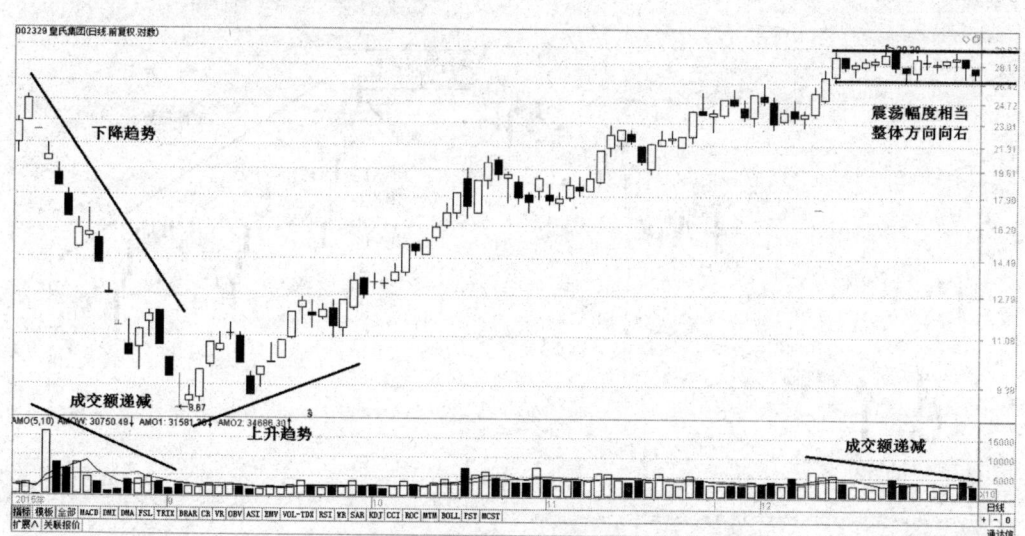

图3-123　形态出现

"震荡幅度相当，整体方向向右"的形态出现了。（见图3-123）

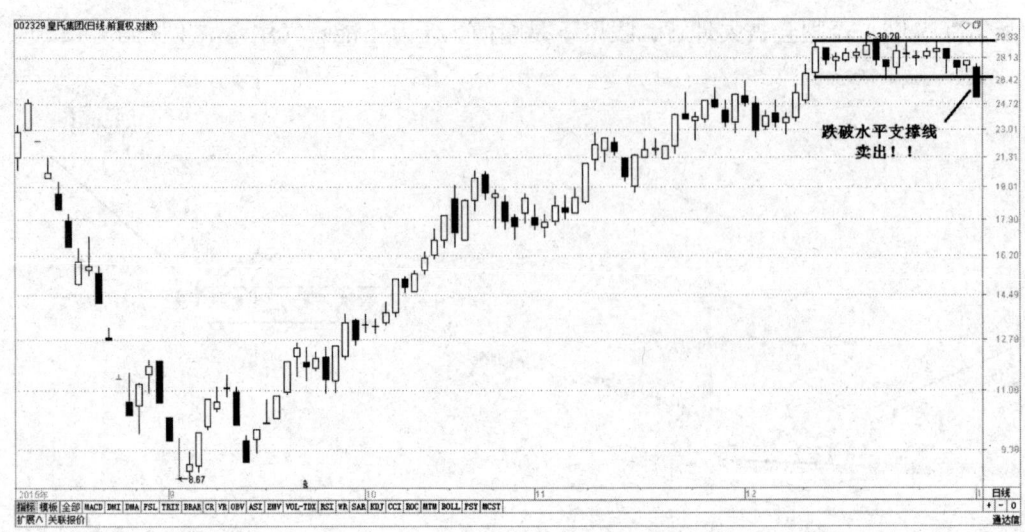

图3-124　下破区间水平支撑线——卖出

　　股价在高位横向区间窄幅震荡了数个交易日后，开始以大阴线下破区间的水平支撑线，卖出。（图3-124）

图3-125　后续走势

　　就在我们刚卖出不久，股价开始震荡下行，一路跌到差不多接近此次上升趋势的起点，让持有它的投资者损失惨重。（见图3-125）

八、震荡幅度相当，整体方向向下

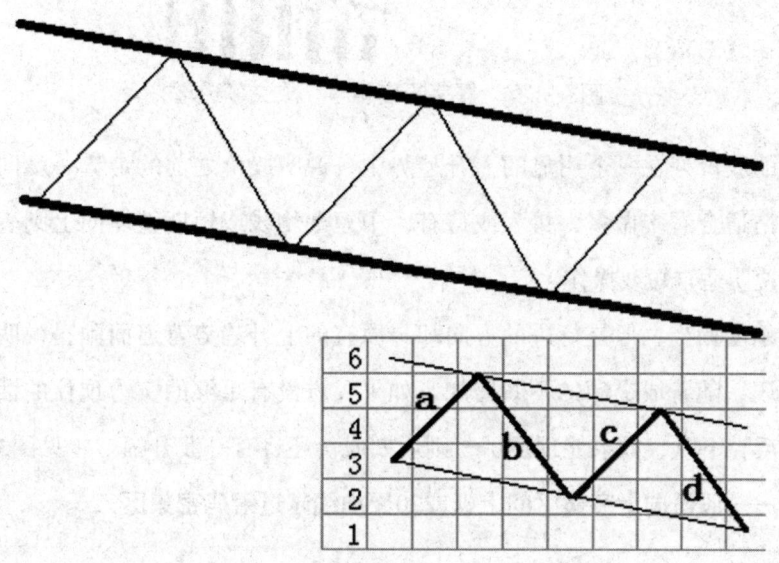

图3-126　震荡幅度相当，整体方向向下

震荡幅度相当，而整体行进的方向是向右下的。（如图3-126）

a波段股价从3元涨到5.5元，上涨83.33%；

b波段从5.5元跌到2元，下跌63.63%；

c波段从2元涨至4.5元，上涨125%；

d波段从4.5元跌至1元，下跌77.78%。

该形态整体向右下方行进，要是从abcd波段的涨跌幅变化来看的话，涨幅从83.33%升至125%，跌幅也由63%增加到77%，下行的风险越来越大，涨幅跌幅都在相应的扩大，利润与风险同在，需要提防。

这类向下的盘整行情也很常见，后市走向主要还是看股价的突破方向，向上突破则对看多买入有利，向下跌破则只有跌得更深更惨。

至于未来行情会怎么变化，要视具体的突破情况而定。

下面我们用成交额指标将本形态分为成交额递增和成交额递减两大类。

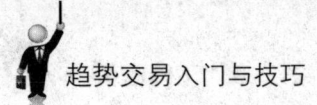

1.成交额递增

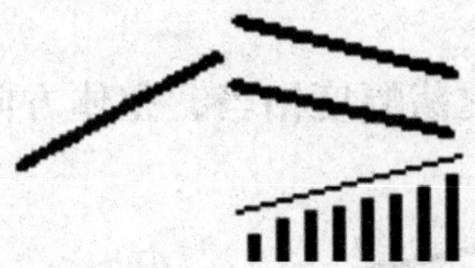

图3-127　震荡幅度相当，成交额递增

之前的股价处在一个明显的上升趋势中，说明股价之前的走势一度向好，而且也说明行情适合看多做多，买入或持有，中短期均线或短期整体向上则表示短线行情向好，说明适合短线操作。

震荡幅度相当，但是行进的方向却与原有的上升趋势背道而驰，说明卖方开始向买方施压，随着成交额的不断增加，如果买方没有足够的实力顶住的话，未来行情将就此反转下跌，如果能顶住了，则后期股价还将有一波升幅。（见图3-127）

买点——股价向上突破区间上延或20天均线越过筹码密集区

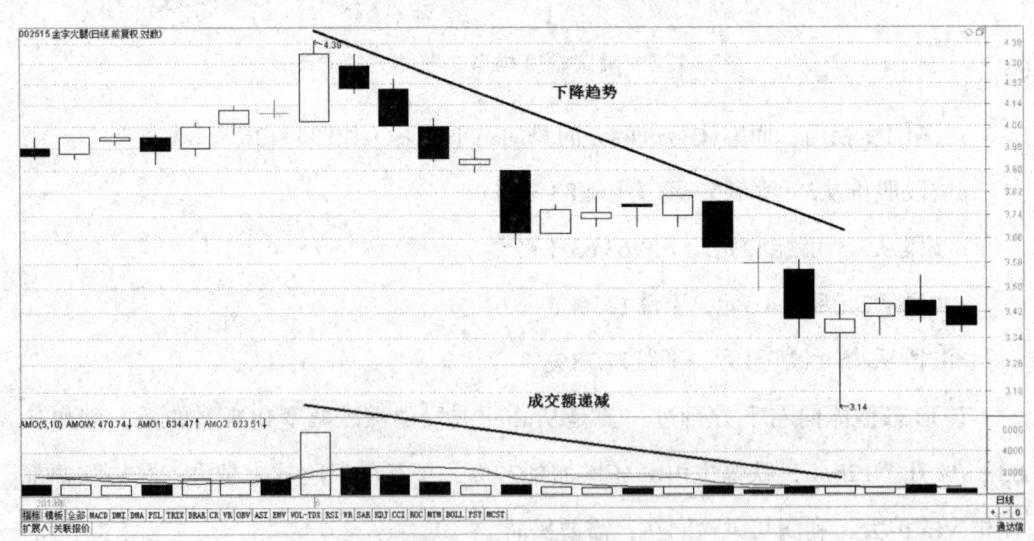

图3-128　前期走势

图3-128中是一段下降趋势，同时成交额递减，说明这个下降趋势已经接近尾声，卖无可卖，跌无可跌。后面将反转进入新一轮的上升趋势。

就在下降趋势反转进入上升趋势后，股价进入了一个新的上升通道，但在高位

进入了一个向下的下降通道，形成了"震荡幅度相当，整体方向向下"的震荡下行区间，而且成交额有逐步放大的趋势。（如图3-129）

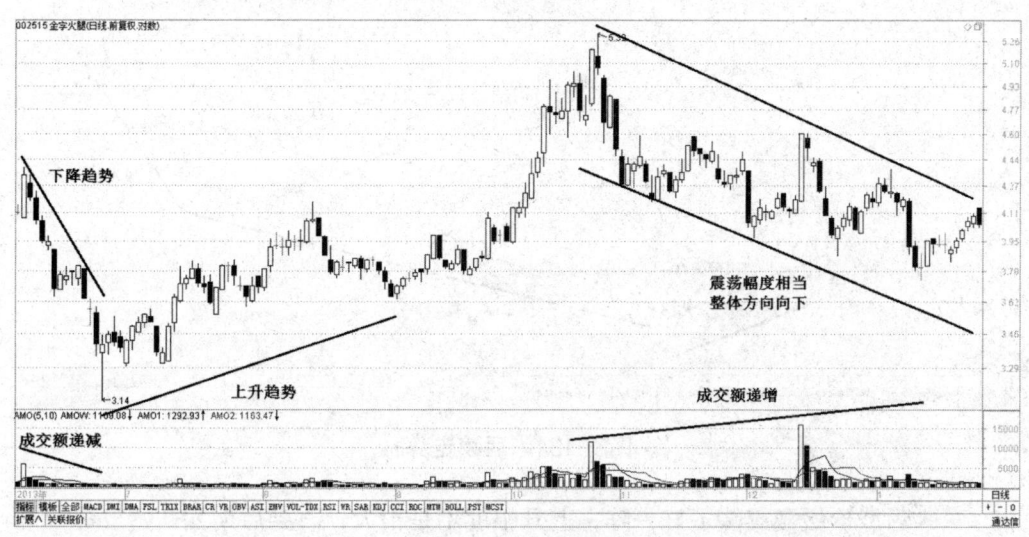

图3-129 形态出现

如果股价随后能向上突破并带动20天均线向上穿越某一筹码密集区，这将是一个很好的买入时机，另外股价上破区间上延也是很好的买点。

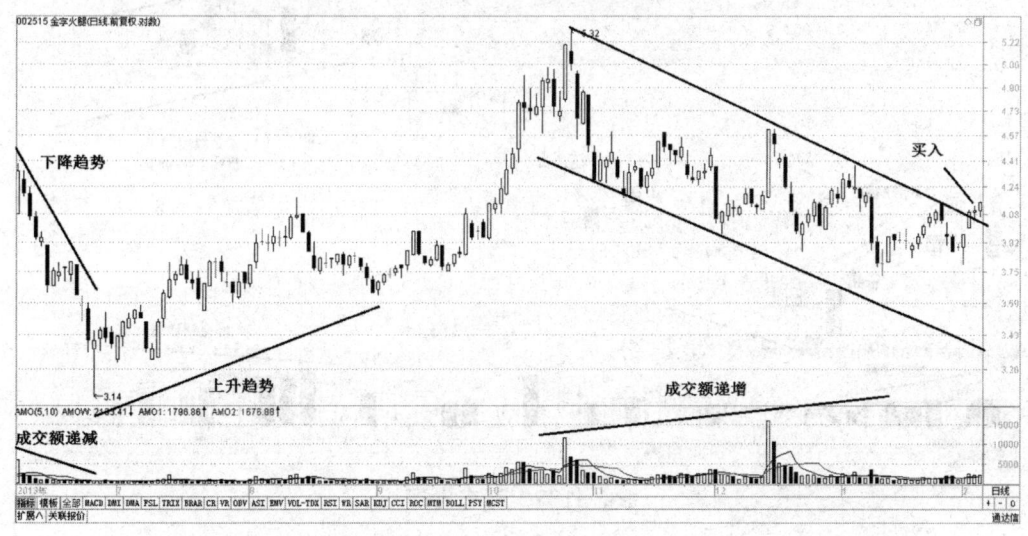

图3-130 股价突破下降通道的上延，买入，并以90天均线做为止盈线

从图3-130中我们可以看到股价向上突破区间上延线的压制，这就是一个较好的买点。

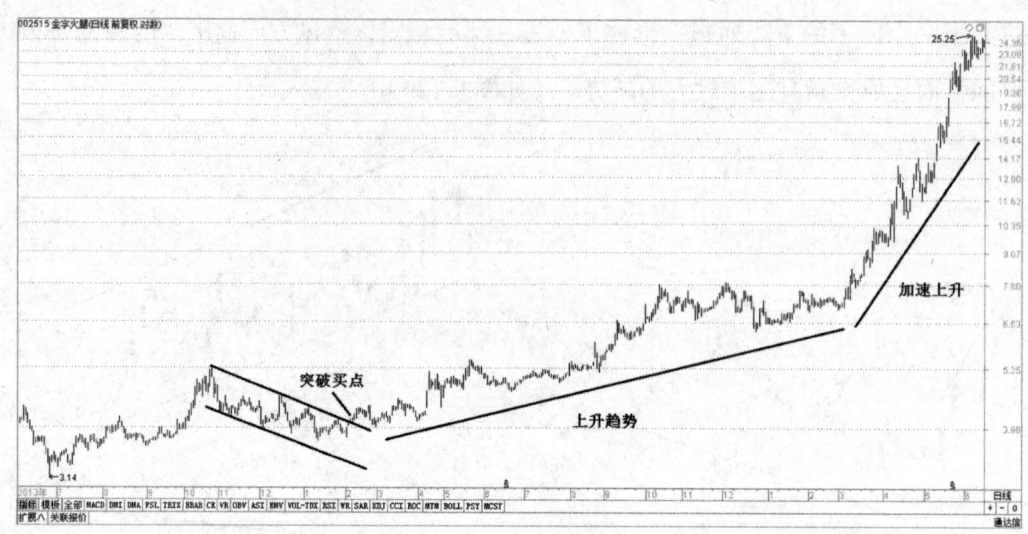

图3-131　后续走势

买入后股价缓慢震荡了好一阵，上升幅度不是很大，直到后期才开始放量拉升进入主升段，涨幅惊人。（如图3-131）

卖点——股价跌破支撑线

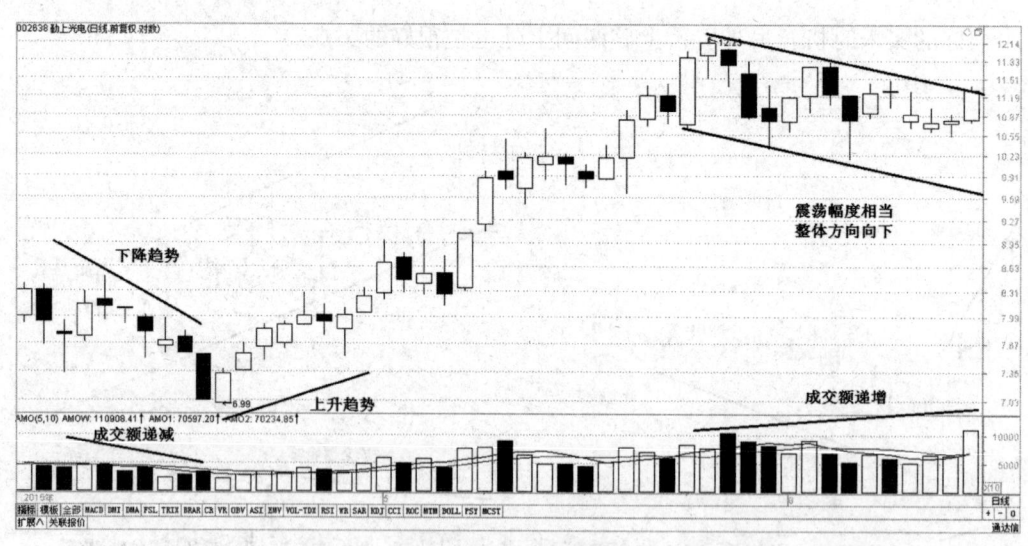

图3-132　形态出现

"震荡幅度相当，整体方向向下"的形态出现了。（图3-132）

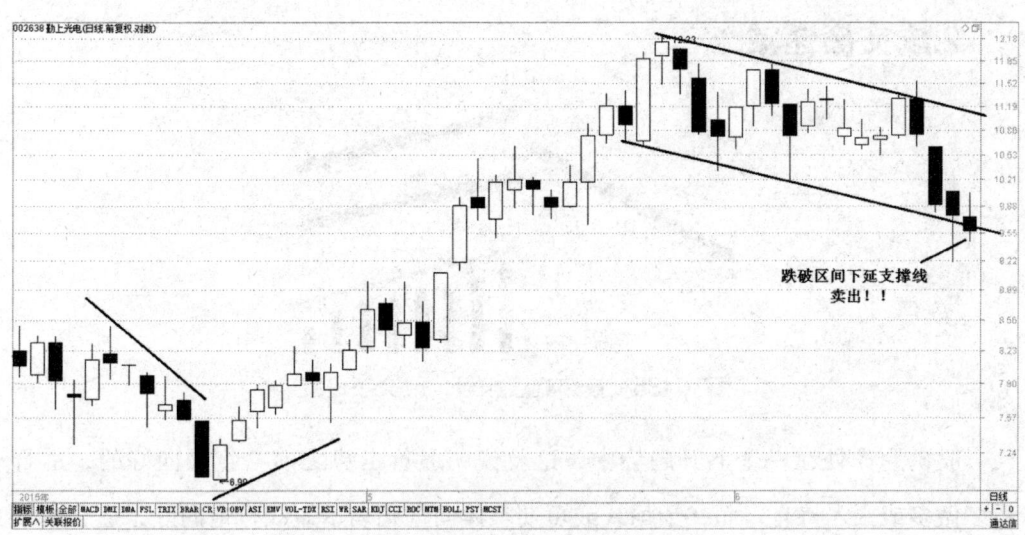

图3-133 股价跌破支撑线，卖出为妙

从图3-133中可以看到，该股股价跌破了通道的下延支撑线，卖出勿疑。

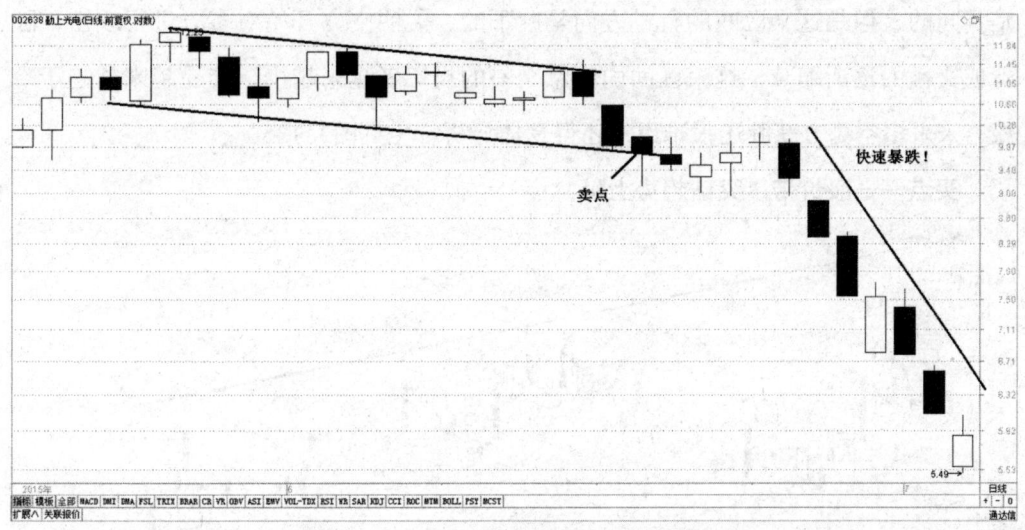

图3-134 后续走势

卖出之后不久，股价曾试图重新站稳到通道中去，但没能坚持几个交易日，便开始了直线暴跌。（见图3-134）

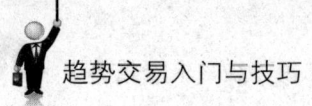

2.成交额递减

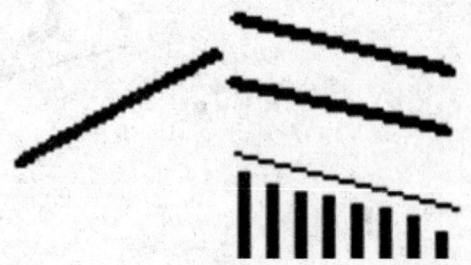

图3-135　震荡幅度相当，成交额递减

　　股价原先处在一个上升趋势中，这就说明股价走势之前一直是向好的，适合看多做多或买入持有，而20天均线或短期整体向上则表示短线行情向好，适合短线操作。

　　从震荡幅度来看，震荡的幅度都是一样的，说明买卖双方对原有的上升趋势是赞同的，但是这个区间的行进方向是向下的，说明空方开始对多方进行攻击，随着成交额的逐渐缩减，这一区间内愿意交易的投资者越来越少，交易越来越趋于冷淡，未来多空哪方获胜还很难说，还得具体分析。（见图3-135）

　　买点——股价带量突破趋势上延

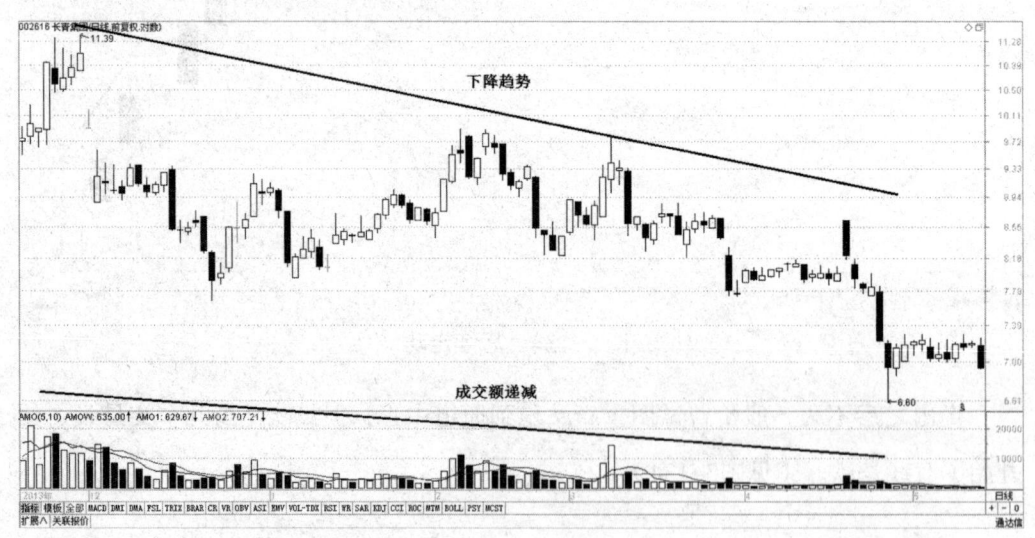

图3-136　前期走势

　　一段下降趋势并伴随着成交额的递减，预示着行情即将反转进入上升趋势。（如图3-136）

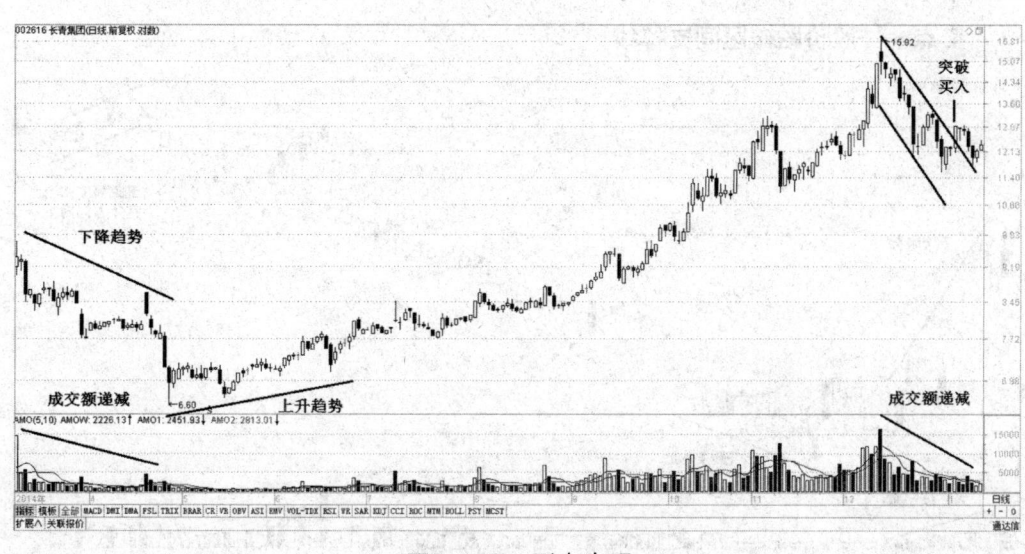

图3-137　形态出现

从之前的下降趋势转为上升趋势后，股价直接拉开了一个漫长的上升趋势，不断创出新高，并在高位出现了"震荡幅度相当，整体方向向下"的下行通道，而且在这一区间里成交额是递减的。（见图3-137）

尽管如此，股价还是向上突破了区间的上延，形成买入信号。

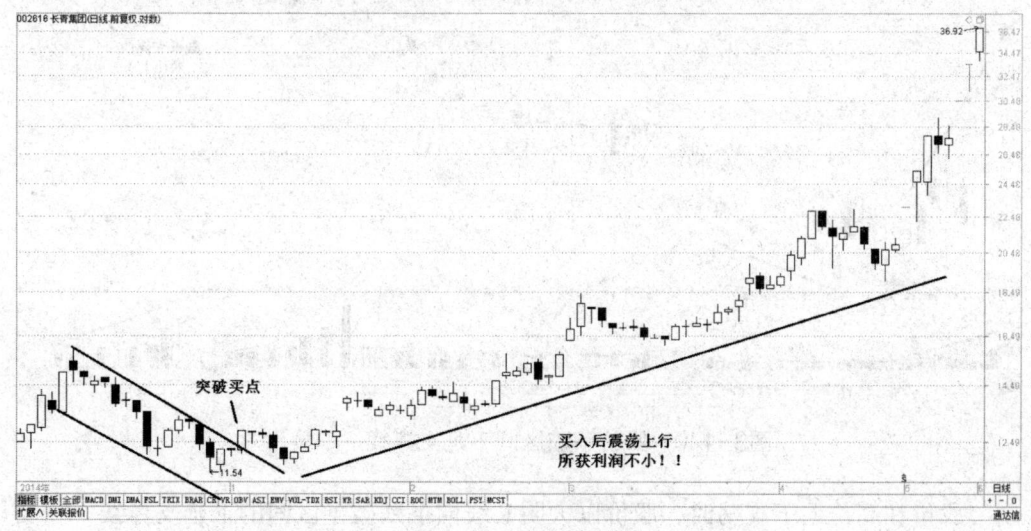

图3-138　后续走势

虽然后续的上涨幅度并不大，但是知足常乐，只要有盈利就行，不能老是想着翻倍翻N倍，投资不是赌博，不能意气用事。（如图3-138）

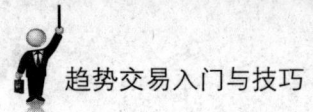

卖点——股价跌破区间支撑线

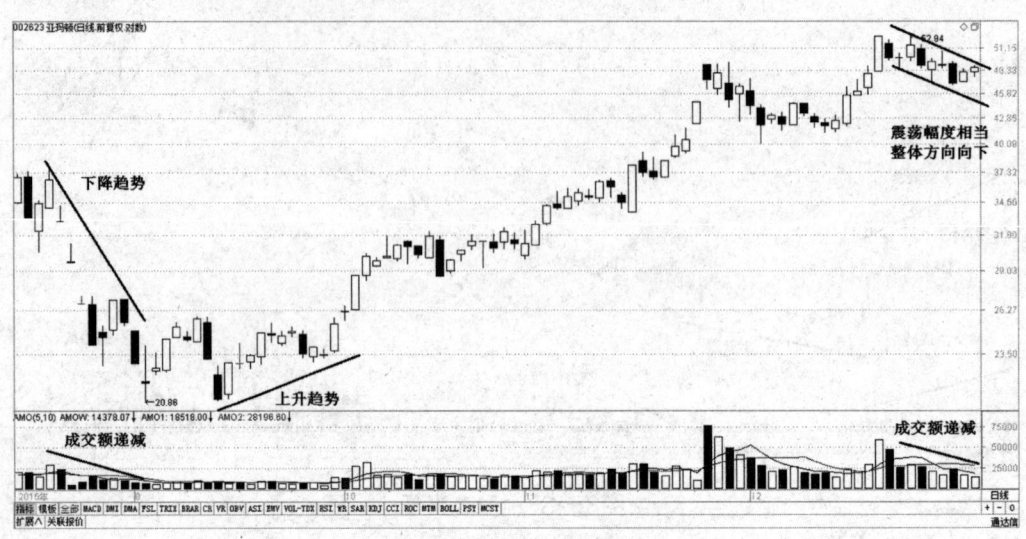

图3-139 形态出现

"震荡幅度相当，整体方向向下"的下降通道形态出现了。（图3-139）

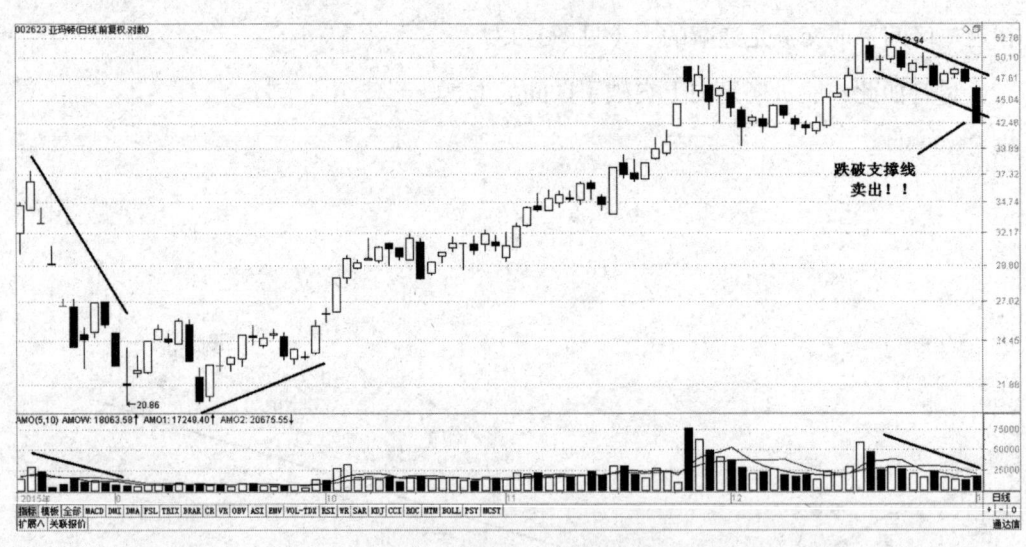

图3-140 股价下破区间下延支撑线——卖出

股价在高位向下震荡时，股价以大阴K线向下跌破了区间的下延支撑线——卖出。（图3-140）

就在我们卖出不久，股价开始向下拉跌，然后继续震荡下行，让持有它的投资者损失不少本钱。（见图3-141）

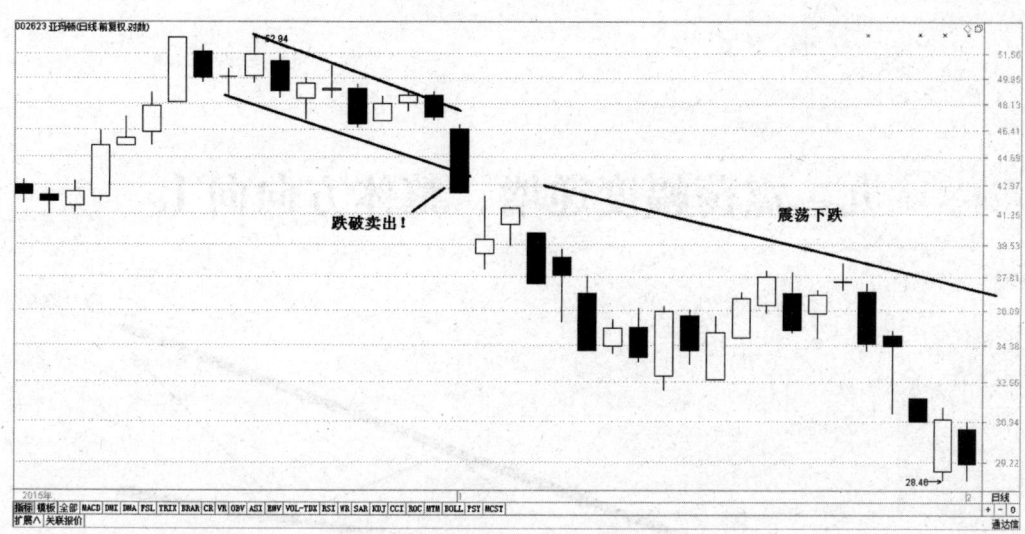

图3-141 后续走势

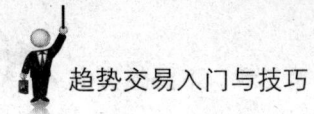

九、震荡幅度递增，整体方向向上

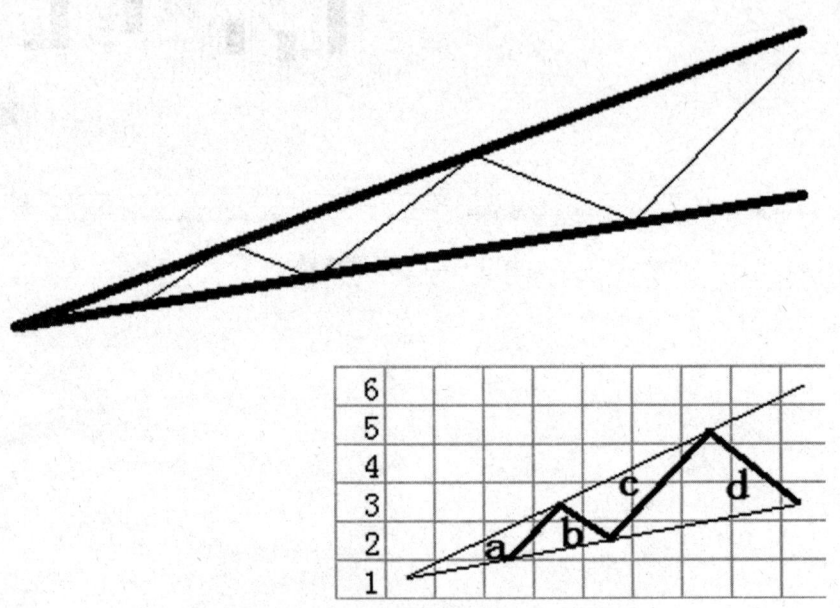

图3-142　震荡幅度递增，整体方向向上

本趋势形态震荡幅度递增，整体行进的方向是向上的。（见图3-142）

a波段股价从1.5元涨到3元，上涨100％；

b波段从3元跌到2元，下跌33.33％；

c波段从2元涨至4.7元，上涨135％；

d波段从4.7元跌至3元，下跌36.17％。

该形态整体向右上方行进，要是从abcd波段的涨跌幅变化来看，涨幅从100％升至135％，跌幅也由33％增加到36％。这类形态中，利润不断增加，同时风险也一同跟着增涨，利润与风险是孪生兄弟，在这类趋势形态中需要小心提防。

这类向上的盘整行情预示后市走向主要还是向上的，最终还是要看股价的突破方向，向上突破则利于买入，向下跌破则不利于买进。

下面我们用成交额指标将本形态分为成交额递增和成交额递减两大类。

1.成交额递增

图3-143　震荡幅度递增，成交额递增

之前的股价处在一个明显的上升趋势中，说明股价之前的走势一度向好，而且也说明行情适合看多做多，买入或持有，另外中短期均线或短期整体向上则表示短线行情向好，适合短线操作。

震荡幅度递增，行进的方向向上，说明当前多方还有足够的抗衡空方的实力，但是空方虽然没有占到优势，但也展现出了强大的破坏力，如果多方没有支撑住的话，行情就将跌破支撑线，转而进入下降趋势。（见图3-143）

买点——股价向上突破区间上延或20天均线越过筹码密集区或股价回调到支撑线上并得到支撑反转向上时

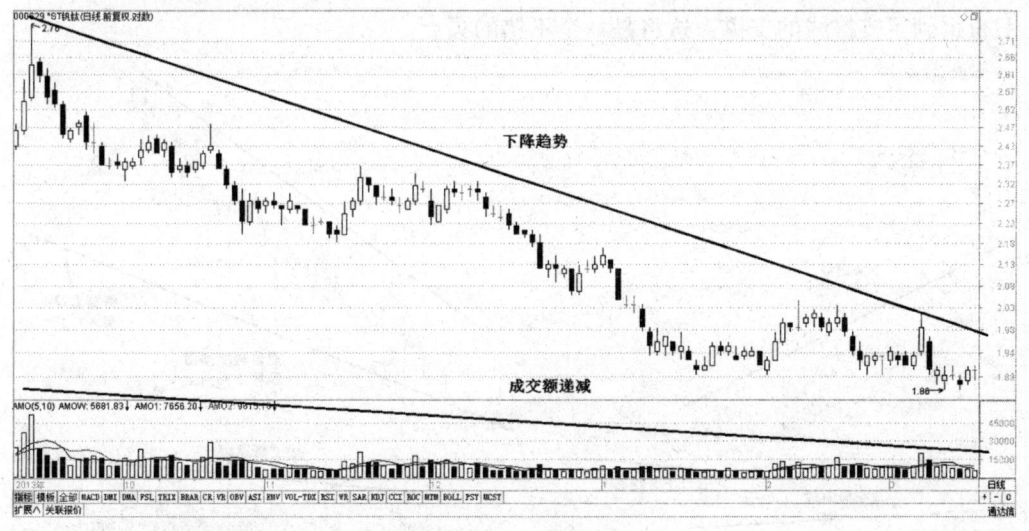

图3-144　前期走势

从图3-144中可以看到一段较长的下降趋势，同时伴随成交额的递减，说明这个下降趋势已经接近尾声，卖无可卖，跌无可跌，后面很可能将反转进入新的上升趋势。

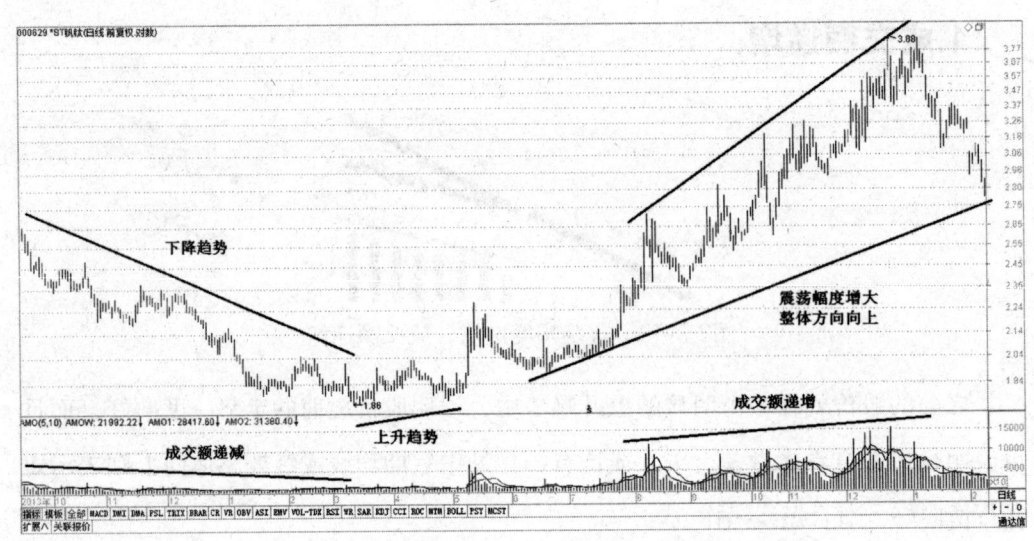

图3-145　形态出现

就在下降趋势反转进入上升趋势后，股价进入了一个新的大幅震荡并缓慢上行的上升趋势，在高价位逐渐形成了"震荡幅度增加，整体方向向上"的震荡上行区间，而且成交额有逐步放大的趋势。（如图3-145）

从图上看，目前股价已经回调至区间下延，如果股价随后能向上反转，就证明股价得到了支撑线的支撑，这将是一个不错的买点。

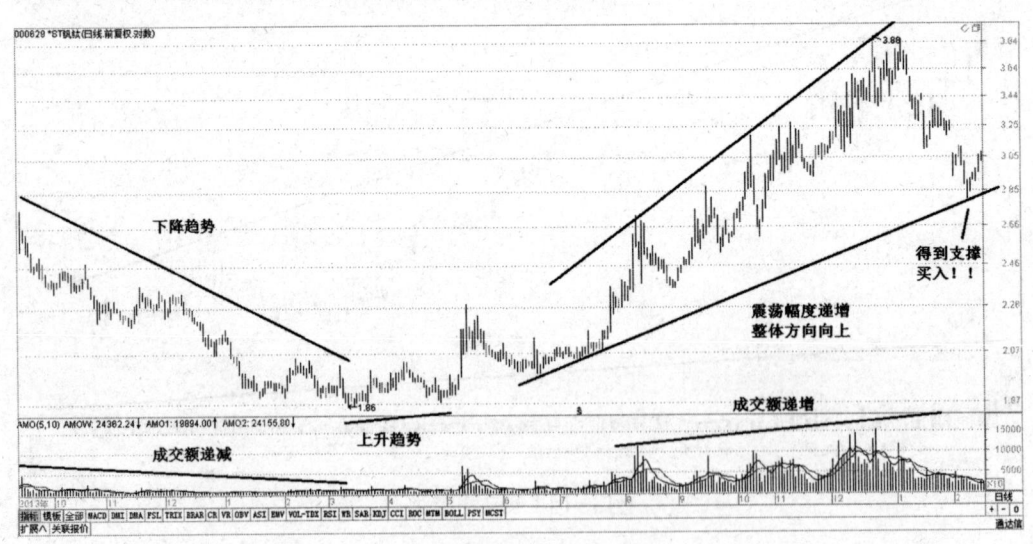

图3-146　股价得到支撑线的支撑——买入

从图3-146中可以看到股价回调到区间的下延即支撑线上时，得到了支撑线的支撑，并开始止跌反转向上，这是一个不错的买点——买入。

236

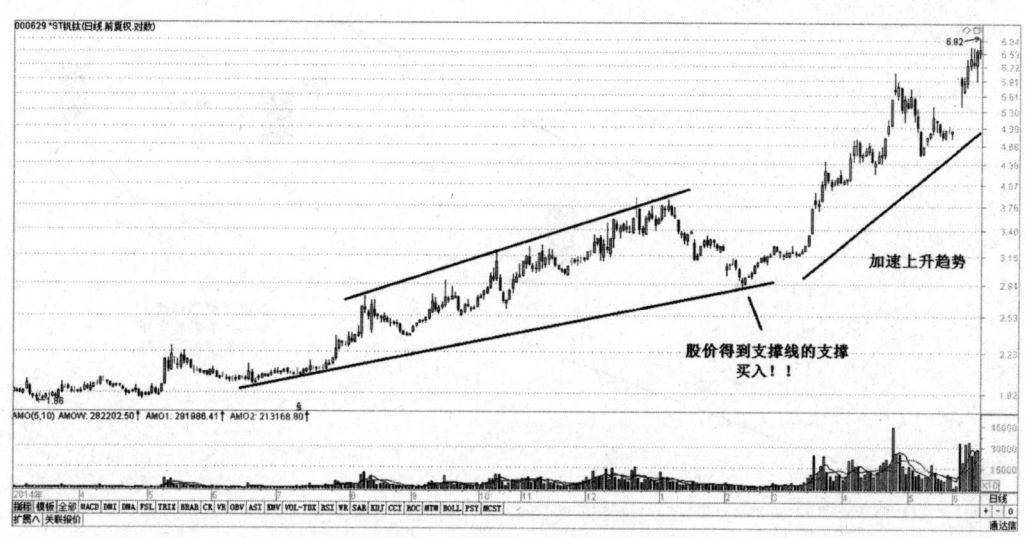

图3-147　后续走势

买入后股价立刻脱离了支撑线，直接进入了新一轮的加速上升的趋势，我们买到的价位正好是这个加速上升趋势的最低起点位置。（见图3-147）

卖点——股价跌破支撑线

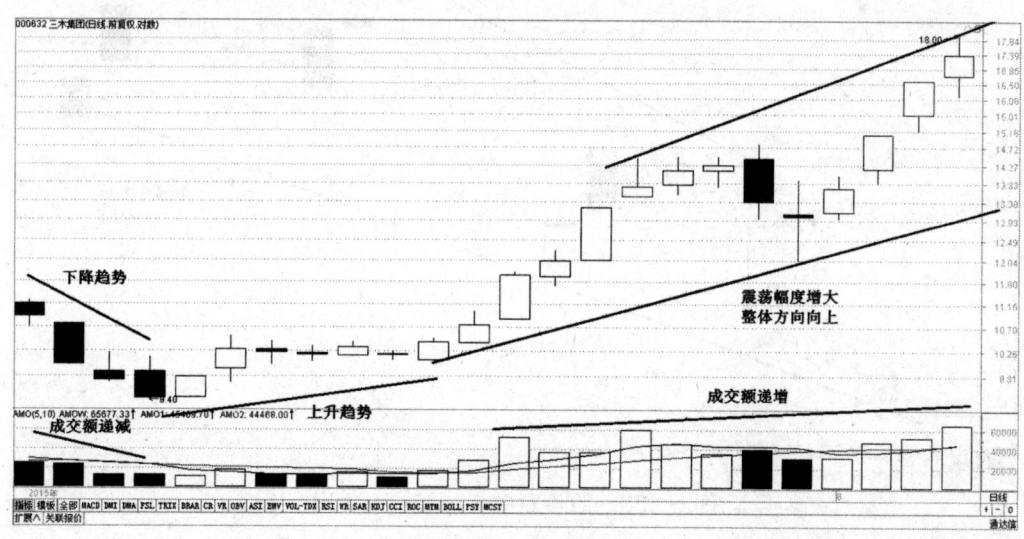

图3-148　形态出现

"震荡幅度增大，整体方向向上"的形态出现了。（图3-148）

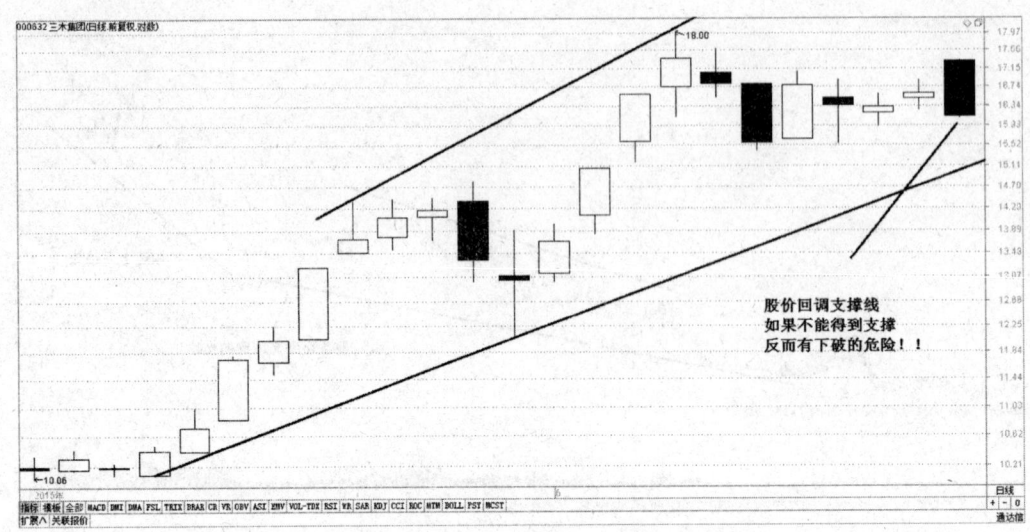

图3-149　股价回调支撑线，做好两手准备

　　从图3-149中可以看到，股价开始回调至支撑线附近，如果得到其支撑而反转向上，则对看多做多有利，如果一再向下并跌破了通道的下延支撑线，卖出勿疑。

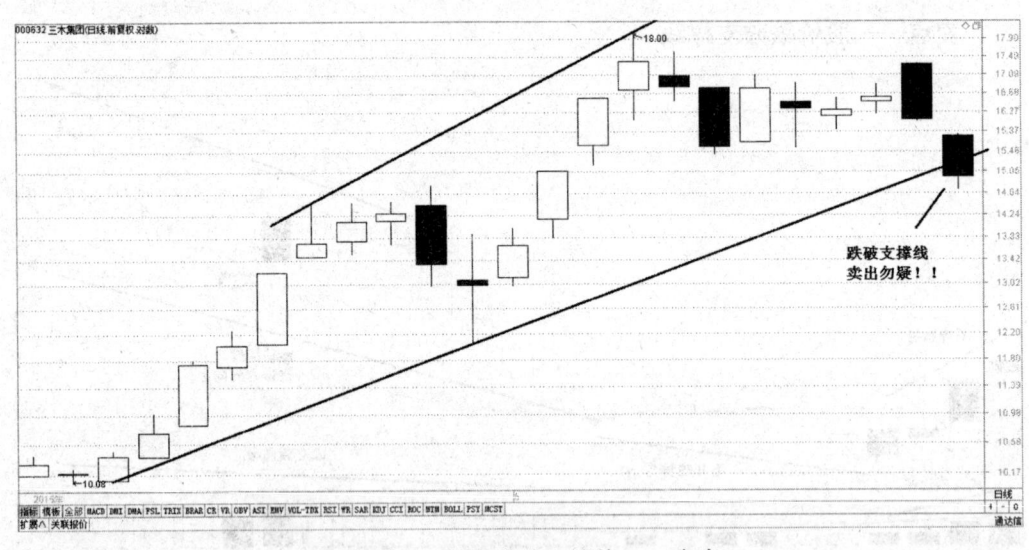

图3-150　股价跌破支撑线——卖出

　　果然，股价一再向下并跌破了支撑线的支撑价位，出现了卖出信号，卖出勿疑。（见图3-150）

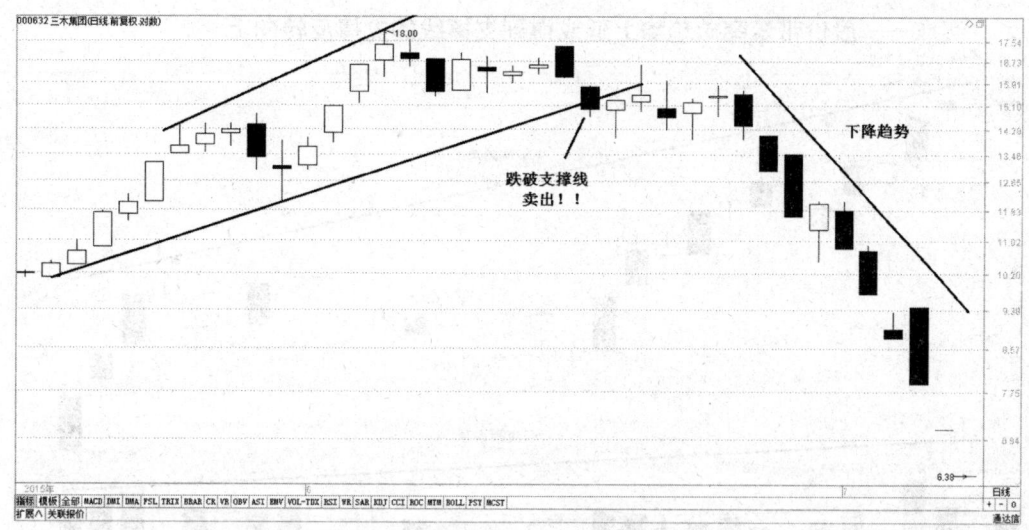

图3-151　卖出后的后续走势

　　卖出之后不久，股价曾试图维持在一个水平区间震荡。但是这个狭小的横向区间没能坚持多久，股价再次下破区间下延的支撑线，以连续下跌的形态结束了本次上升趋势。（如图3-151）

2.成交额递减

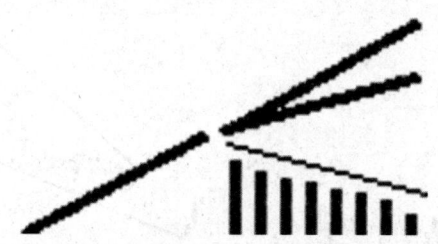

图3-152　震荡幅度递增，成交额递减

　　股价原先处在一个明显的上升趋势中，这就说明股价走势之前一直是向好的，适合看多做多或买入持有，中短期均线或短期整体向上则表示短线行情向好，适合短线操作。

　　从震荡幅度来看，震荡的幅度不断增加，说明卖方不断给买方施加压力，只要买方实力足够，这种形态还会持续下去，随着成交额的逐渐缩减，这一区间内愿意交易的投资者越来越少，交易越来越趋于冷淡，未来多空哪方获胜还很难说，还得具体分析。（见图3-152）

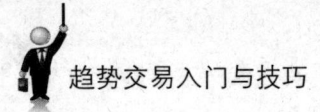

买点——股价带量突破趋势上延或得到支撑线的支撑反转向上

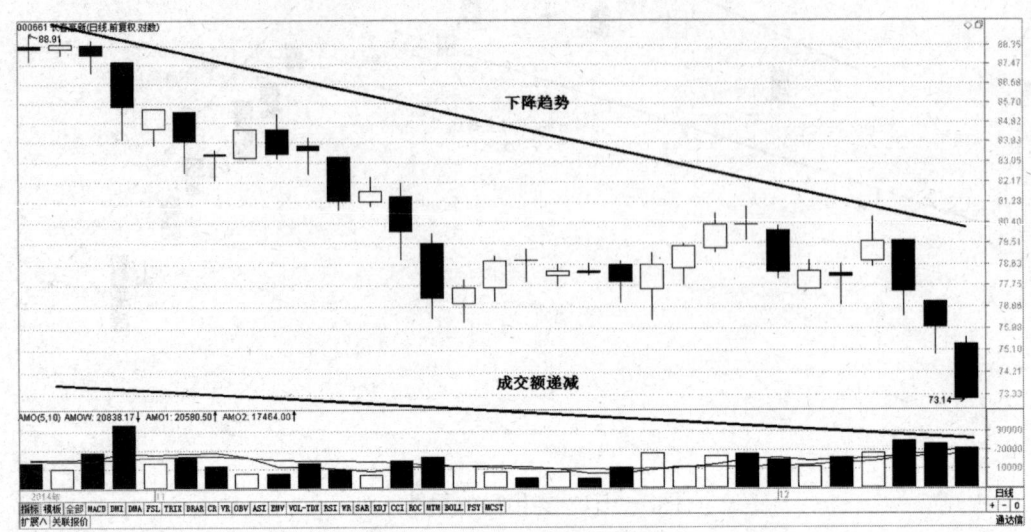

图3-153　前期走势

在上升趋势出现之前，总是以一段成交额递减的下降趋势结束为标志。（如图 3-153）

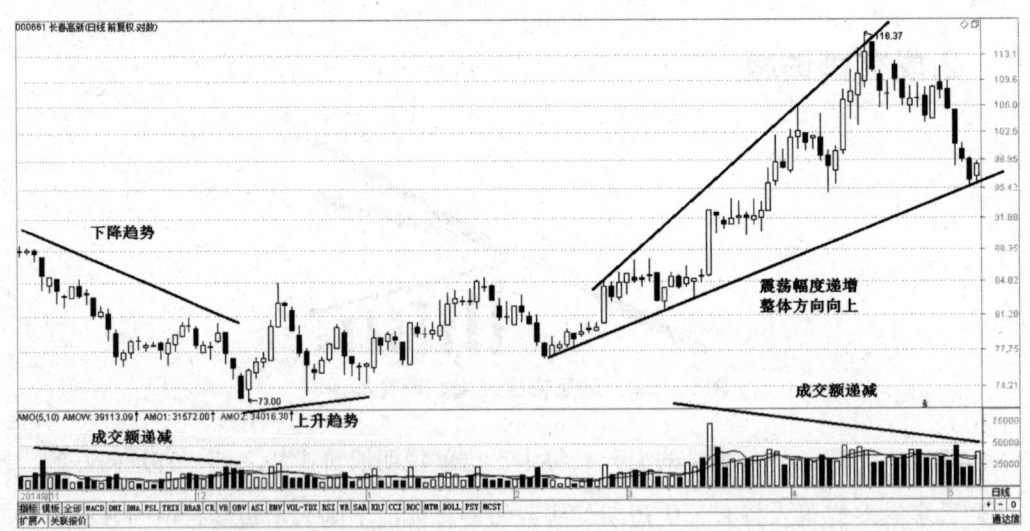

图3-154　形态出现

从之前的下降趋势转为上升趋势后，股价仍然在低位横向大幅震荡了好一阵，然后才慢慢拉开了高度，并出现了"震荡幅度递增，整体方向向上"的上行区间，并且这一区间是以成交额递减的形式出现。（见图3-154）

尽管如此，股价似乎还是在支撑线上得到了支撑，是不是买入信号呢？还有待

后续观察。

图3-155 多次得到支撑线支撑

图3-155中，股价短期内多次获得支撑线上的支撑而止跌反涨，是不是买点出现了呢？调出获得支撑的当日分时图。

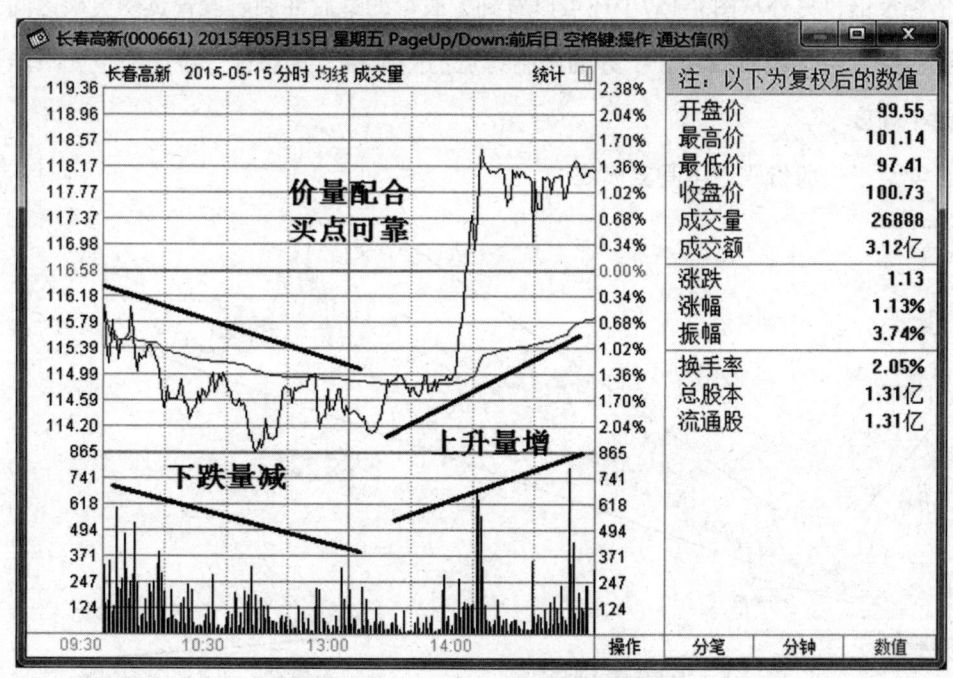

图3-156 得到支撑当日分时图走势

从分时图3-156中可以看到，股价早盘一直以震荡下跌为主，量能呈递减趋势，说明下跌能洗出的筹码越来越少了，午盘后开始放量拉升，这是要进入主升段的节奏。

图3-157　后续走势

　　虽然后续的上涨幅度并不大，但是知足常乐，只要有盈利就行，不能老是想着翻倍翻N倍，另外从图3-157中还可以看到，股价的最后冲刺阶段曾试图突破区间上延的压制，可惜没有成功，上方的压制力道仍然雄厚，我们这一波交易也就只能做到这个高度了。

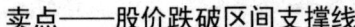

卖点——股价跌破区间支撑线

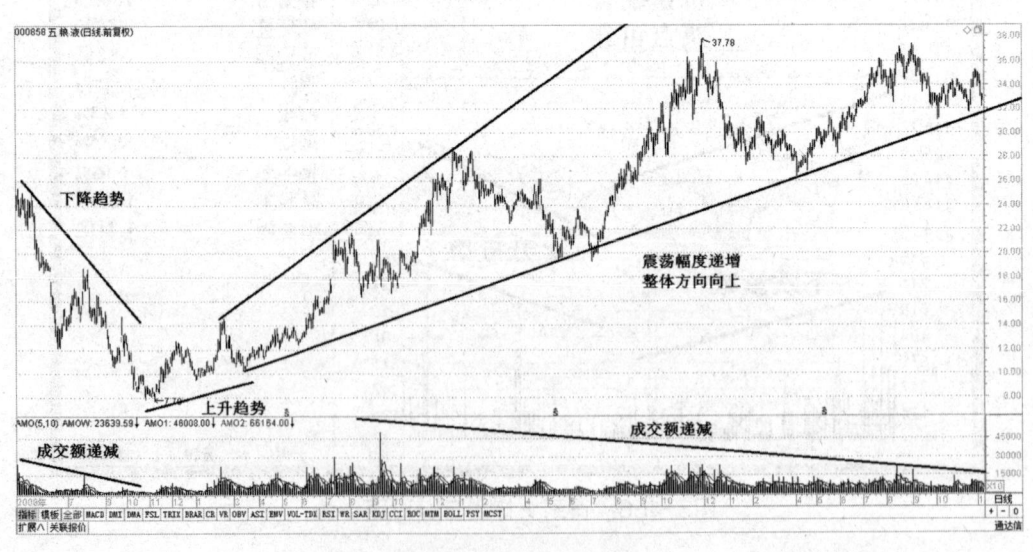

图3-158　形态出现

　　"震荡幅度递增，整体方向向上"的上升通道形态出现了。（见图3-158）

图3-159 股价下破区间下延支撑线——卖出

股价在高位震荡，股价不慎跌破了长期的上升支撑线时，就应该卖出。（图3-159）

图3-160 后续走势

股价跌穿这么一个长期的支撑线的话，将会带来很严重的后果，下跌更深、用时更长的长期下降趋势在等着没有卖出该股的投资者，让更多坚定持有者受到严重损失。从图3-160中可以看到，股价从32元跌到12元，跌幅超过50%。

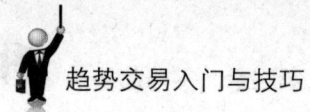

十、震荡幅度递增，整体方向略微向上

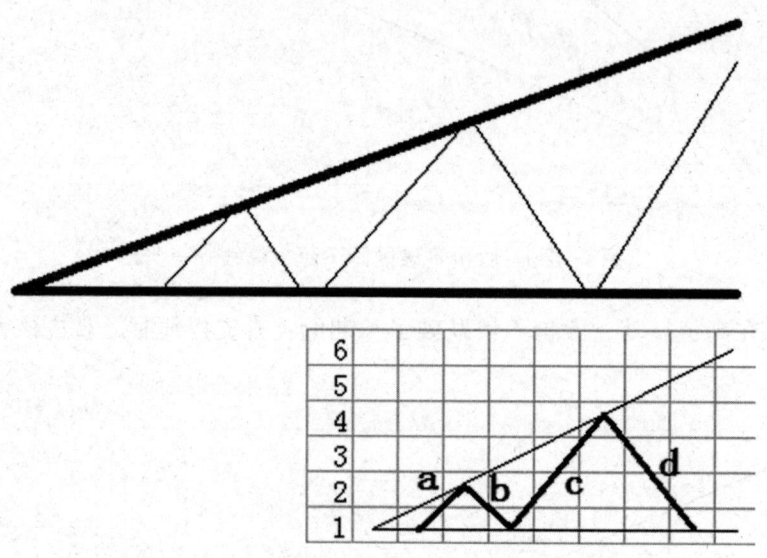

图3-161　震荡幅度递增，整体方向略微向上

此类形态震荡幅度呈递增趋势，整体行进的方向是向上的，并有一条水平支撑线。（见图3-161）

a波段股价从1元涨到2元，上涨100%；

b波段从2元跌到1元，下跌50%；

c波段从1元涨至4元，上涨300%；

d波段从4元跌至1元，下跌75%。

本形态整体向右上方行进，要是从abcd波段的涨跌幅变化来看，涨幅从100%升至300%，跌幅也由50%增加到75%，形态中的利润不断增加，同时风险也一同跟着增涨，利润与风险是孪生兄弟，在这类趋势形态中需要小心提防。

这类向上的盘整行情预示后市走向主要还是向上的，但是限于那条水平的支撑线，股价的回调有时幅度也是很大的，未来的走势还是要看股价的突破方向。

下面我们用成交额指标将本形态分为成交额递增和成交额递减两大类。

1.成交额递增

图3-162　震荡幅度递增，成交额递增

之前的股价处在一个明显的上升趋势中，说明股价之前的走势一度向好，而且也说明行情适合看多做多，买入或持有，中短期均线或短期整体向上则表示短线行情向好，也适合于短线操作。

震荡幅度递增，行进的方向大体也是向上的，说明当前多方还有足够的抗衡空方的实力，但是空方虽然没有占到优势，但也展现出了强大的破坏力，如果多方没有支撑住的话，即那条水平支撑线失守的话，行情就将转入下降趋势。（见图3-162）

买点——股价向上突破区间上延或20天均线越过筹码密集区或股价回调到支撑线上并得到支撑反转向上

图3-163　前期走势

从图3-163中可以看到一段较长的中长期下降趋势，同时伴随成交额的递减，说明这个下降趋势已经临近尾声了，该卖出的人都卖完了，跌无可跌，这样的话，后面的上升趋势才更有盼头。

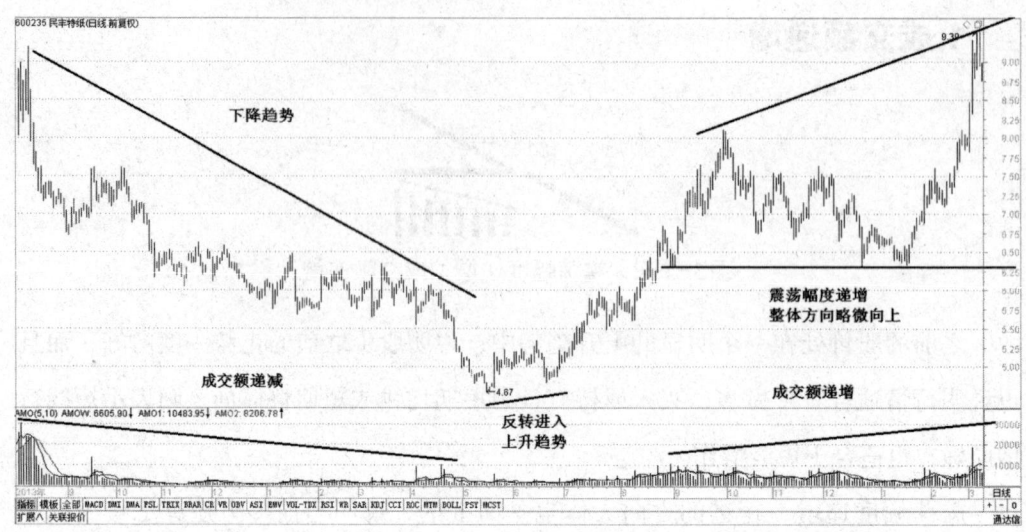

图3-164　形态出现

就在下降趋势反转进入上升趋势后，股价拉升到了一个新的高度，直接在高位大幅震荡，近期还形成了"震荡幅度递增，整体方向略微向上"的震荡上行区间，对应的成交额也呈现逐步放大的趋势。（如图3-164）

从图3-164中可以看到，目前股价仍处在高位向下的回调中，如果股价随后能向上突破区间上延，表明多方仍然强势，可以买入，否则就等待其他可靠的买入信号出现。

图3-165　股价带量向上突破区间上延——买入

从图3-165中可以看到股价在区间上延徘徊了一阵，最后向上发力，以一大阳K

线和明显的放量突破了上延长期以来以股价上行的压制，这是一个不错的买点，赶紧买入。

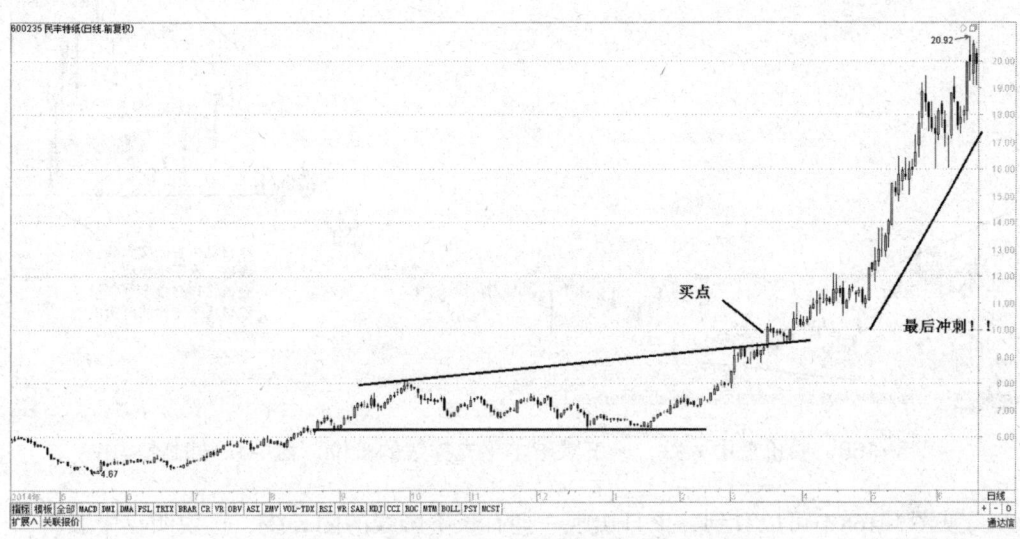

图3-166　后续走势

买入后股价略有回调，并在区间上延反而得到了支撑、自此股价进入最后的拉升阶段，翻倍行情开始。（见图3-166）

卖点——股价跌破支撑线

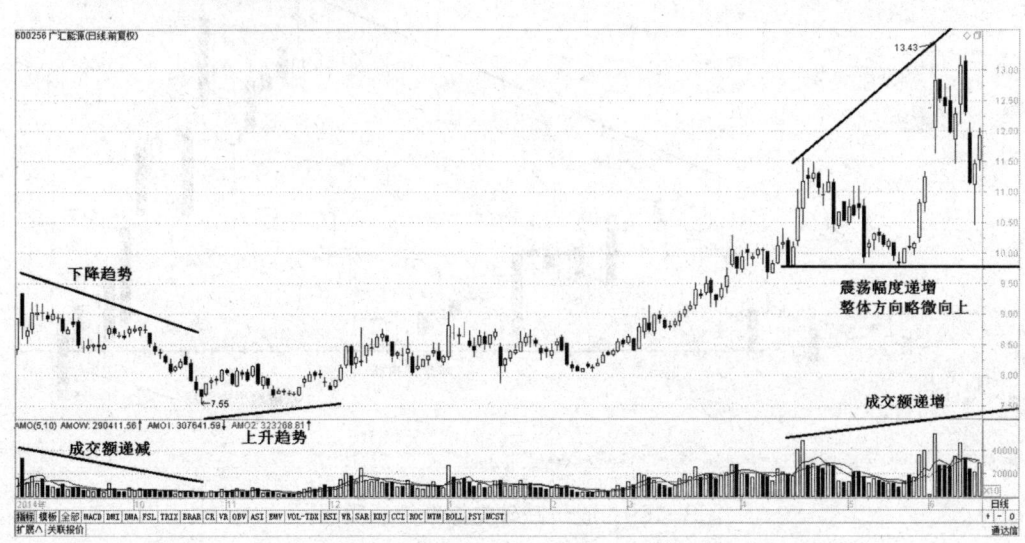

图3-167　形态出现

"震荡幅度递增，整体方向略微向上"的形态出现了。（图3-167）

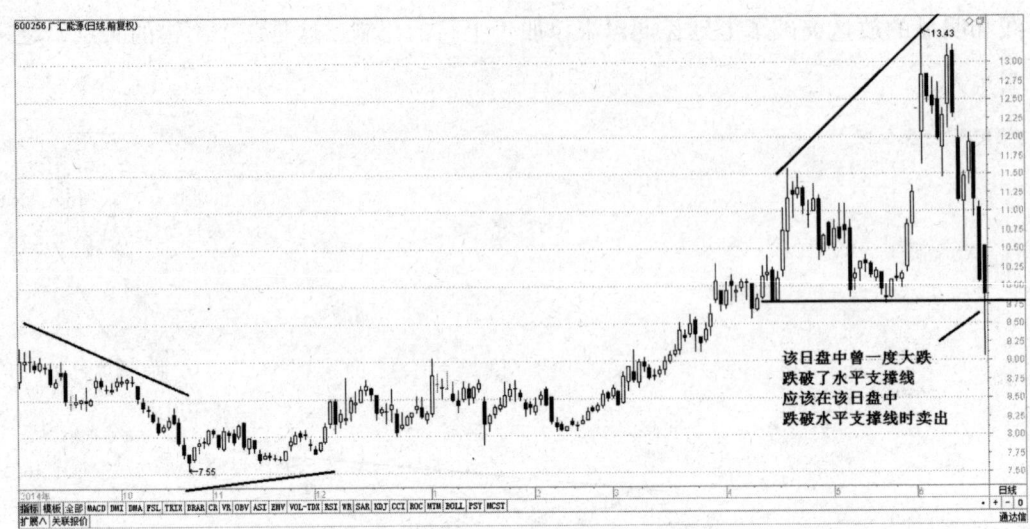

图3-168　股价盘中大跌，一度跌破水平支撑线的价位，盘中跌破时就卖出

从图3-168中可以看到，该日出现一拥有长下影线的阴K线，这说明盘中股价一度跌破水平支撑线的价位，预示水平支撑线的支撑作用在逐渐降低，如果盘中没有及时卖出的话，后期应该时刻关注，一旦股价再次跌破水平支撑线，就立即市价成交，卖出勿疑。

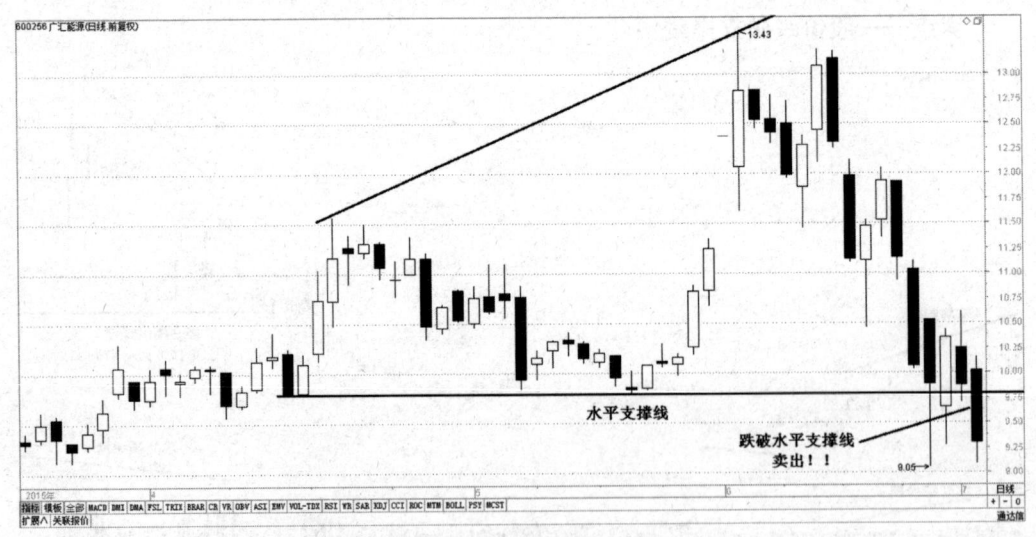

图3-169　股价跌破支撑线——卖出

果然，股价再次向下并跌破了水平支撑线的支撑位置，发出了卖出信号，卖出勿疑。（见图3-169）

卖出之后不久，股价曾试图维持在一个水平区间震荡。但原来的水平支撑线现

在已经转换成压制线了，股价两次试图突破都没能成功，最后进入漫漫阴跌的下降
趋势。（如图3-170）

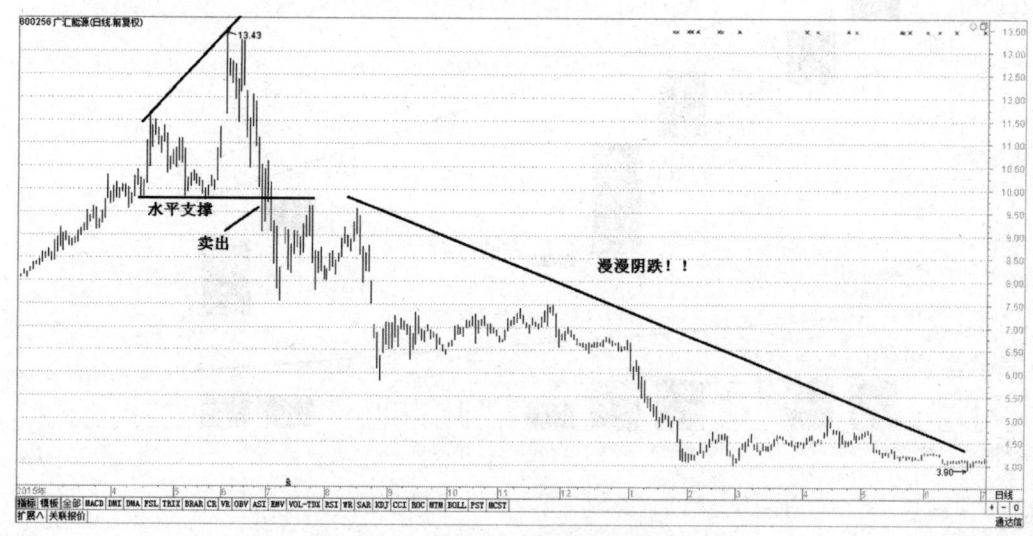

图3-170　卖出后的后续走势

2.成交额递减

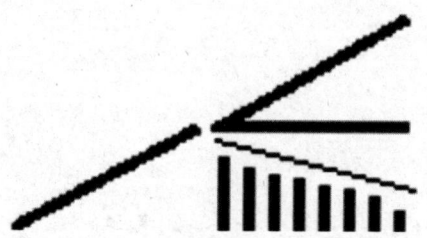

图3-171　震荡幅度递增，成交额递减

股价原先处在一个明显的上升趋势中，说明股价走势之前一直是向好的，适合
看多做多或买入持有，中短期均线或短期整体向上则表示短线行情向好，适合短线
操作。

从震荡幅度来看，震荡的幅度也在不断增加，这就说明卖方在不断给买方施加
压力，只要买方实力足够，这种形态还会持续下去，但如果买方实在扛不住的话，
那条水平支撑线也不会支撑得了股价的，另外，随着成交额的逐渐缩减，这一区间
内愿意交易的投资者越来越少，交易越来越趋于冷淡，未来多空哪方获胜还很难
说，还得具体分析。（见图3-171）

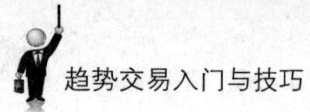

买点——股价带量突破趋势上延或得到支撑线的支撑反转向上

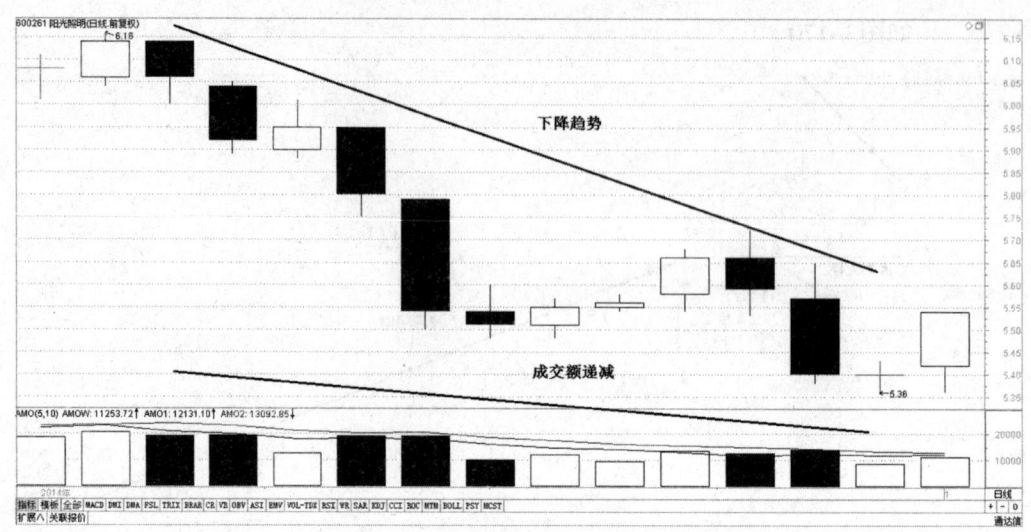

图3-172　前期走势

上升趋势出现之前，大都是以一段成交额递减的下降趋势结束为标志。（如图3-172）

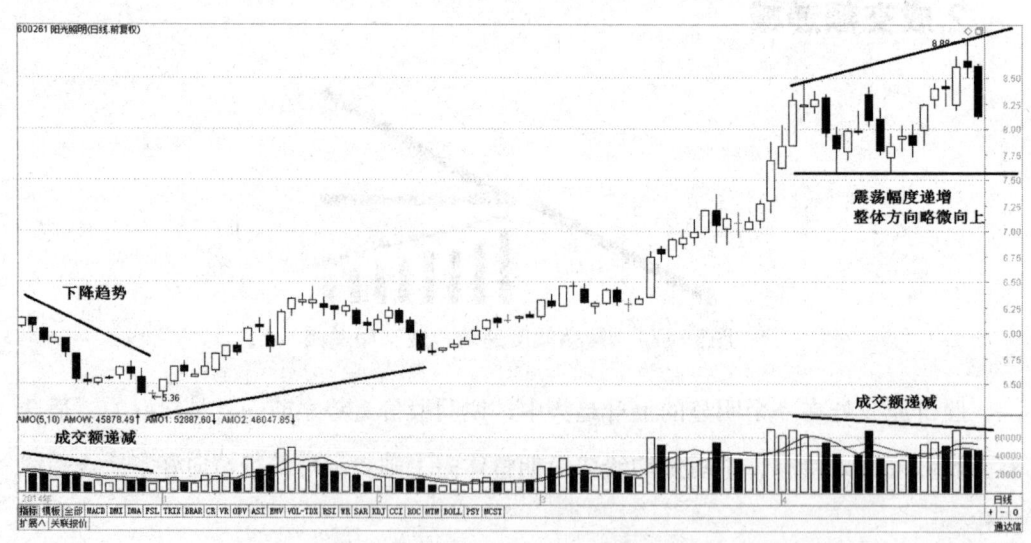

图3-173　形态出现

股价从之前的下降趋势转成上升趋势后，股价仍然在低位横向震荡了好一阵，然后才慢慢拉开了高度，并出现了"震荡幅度递增，整体方向略微向上"的趋势通道，并且这一区间是以成交额递减的形式出现的。（见图3-173）

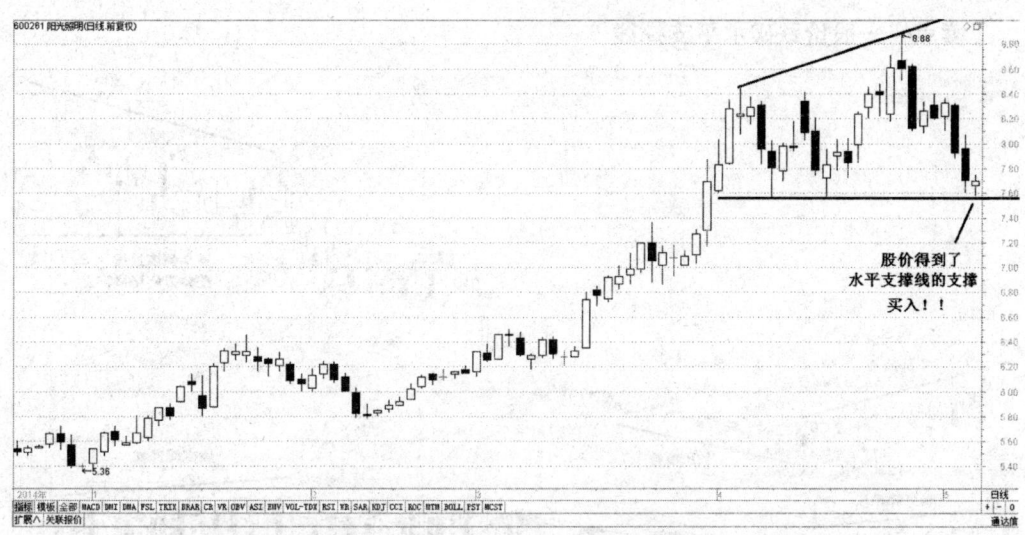

图3-174　股价回调至水平支撑线并得到支撑——买入

在图3-174中，股价又回落至水平支撑线上，并且最低价也没有跌破水平支撑线的价位，更重要的是尾盘收盘价站在水平支撑线之上，这就是一个不错的捡低价买入的机会。

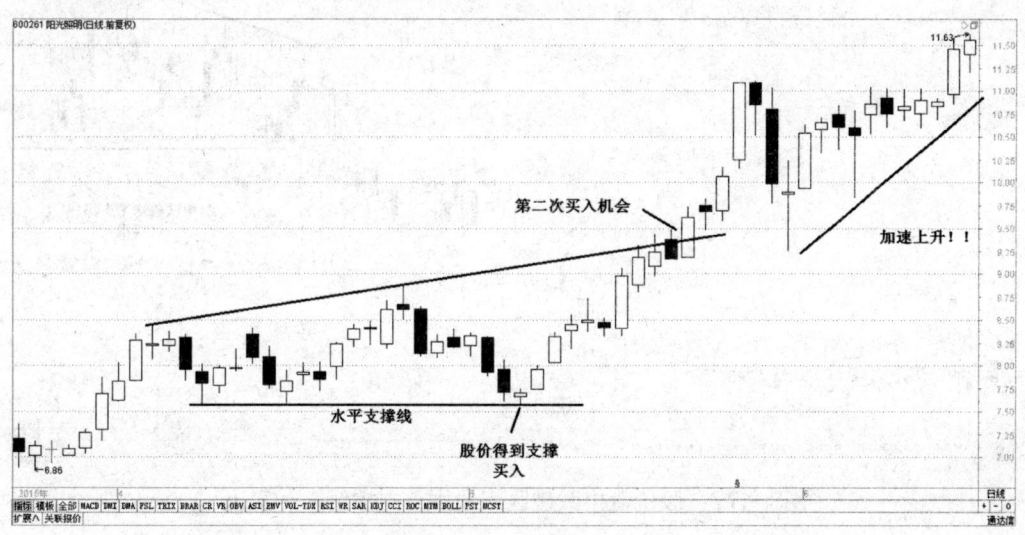

图3-175　后续走势

从图3-175中可以看到，在我们买入后，股价直接奔向区间上延，并成功突破了上延的压制，这是第二次买点，然后股价进入最后冲刺阶段。

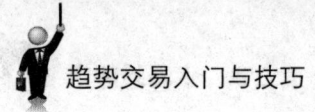

卖点——股价跌破水平支撑线

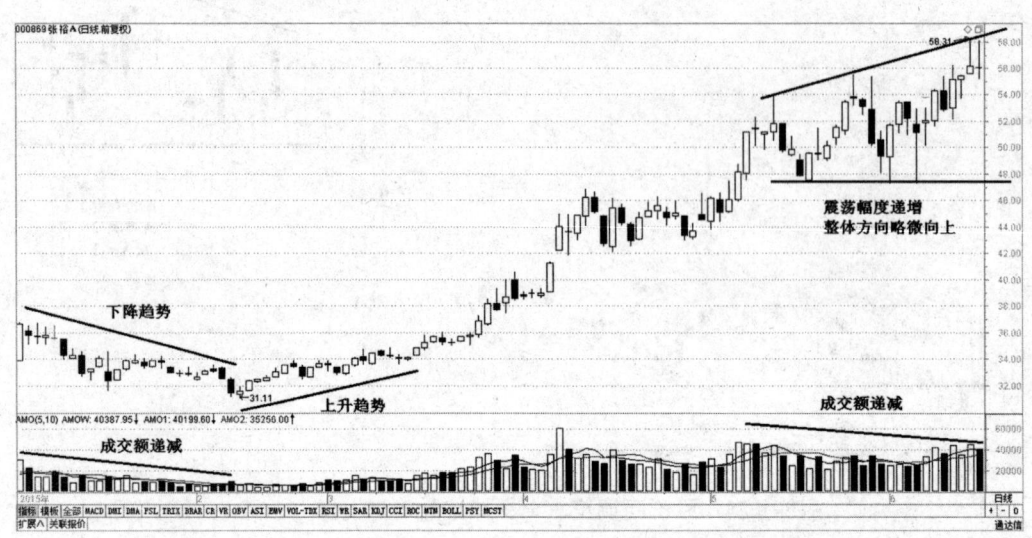

图3-176　形态出现

"震荡幅度递增，整体方向略微向上"的上升通道形态出现了。（见图3-176）

图3-177　股价盘中跌破区间的水平支撑线——卖出

股价在高位震荡，股价一度不慎跌破了区间的水平支撑线，不管是不是急于用现钱，都应该及时出手卖出手中该股的股票。（图3-177）

就在我们卖出该股之后，股价开始连续大跌，然后在低位大幅震荡，震荡结束后又开始新一轮的下跌，让更多的投资者感受到绝望，所幸，我们卖对了。（如图3-178）

图3-178 后续走势

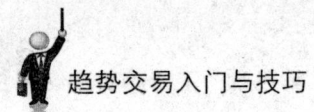

十一、震荡幅度递增，整体方向向右

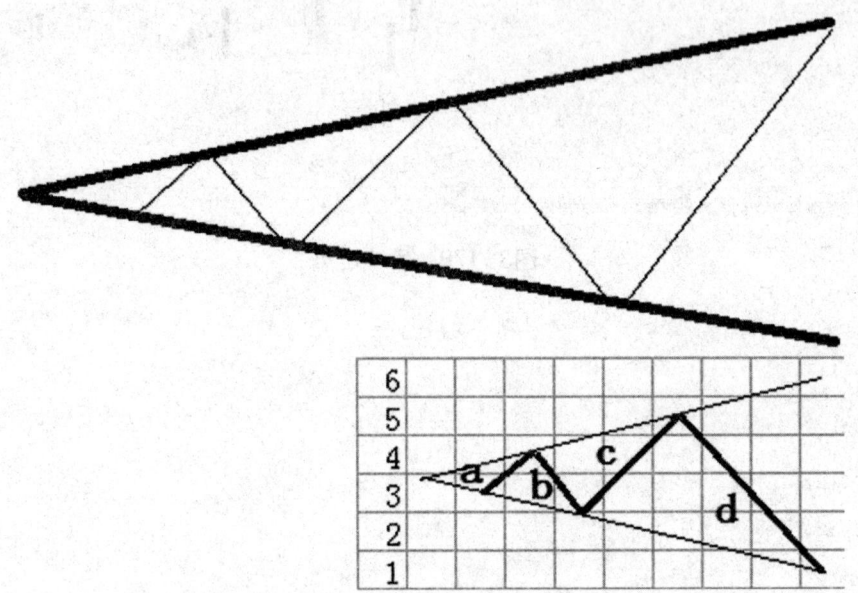

图3-179　震荡幅度递增，整体方向向右

这类形态震荡的幅度呈递增趋势，越到后期震荡的幅度越大，像个喇叭，喇叭口向右开。（见图3-179）

a波段股价从3元涨到4元，上涨33.33%；

b波段从4元跌到2.5元，下跌37.5%；

c波段从2.5元涨至5元，上涨100%；

d波段从5元跌至1元，下跌80%。

本形态整体向右上方行进，要是从abcd波段的涨跌幅变化来看，涨幅从33%升至100%，跌幅由37%增加到80%，形态中的利润不断增加，同时风险也一同跟着增涨，利润与风险总是同时存在的孪生兄弟，在这类趋势形态中需要小心提防，不要只顾利润而忘记了风险。

下面我们用成交额指标将本形态分为成交额递增和成交额递减两大类。

1.成交额递增

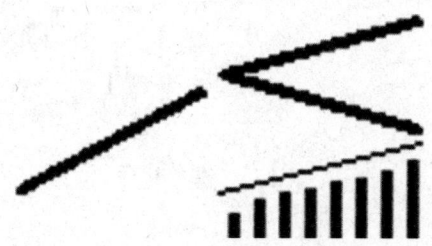

图3-180　震荡幅度递增，成交额递增

之前的股价处在一个明显的上升趋势中，预示股价之前的走势一度向好，而且也说明了行情适合看多做多，买入或持有，适合于短线操作。

震荡幅度递增，行进的方向大体也是向右的，说明当前多空双方的分歧越来越大，成僵持阶段，谁也没有办法完全占据上风。（见图3-180）

买点——股价向上突破区间上延（如果震荡幅度过大，以20天均线越过筹码密集区为买点）或股价得到区间下延的支撑而反转上涨

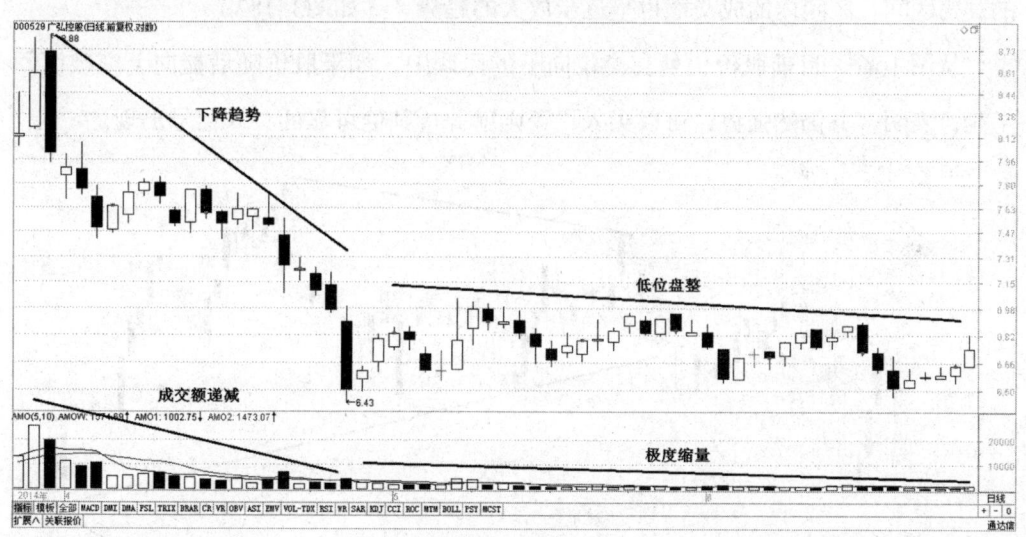

图3-181　前期走势

从图3-181中可以看到一段较快速的下降趋势，成交额也由高额迅速降低，股价到了还在窄幅横向盘整的地步，可以看到成交额已经是极度缩量了，这么盘整出来的行情可以想象它未来会涨多高。

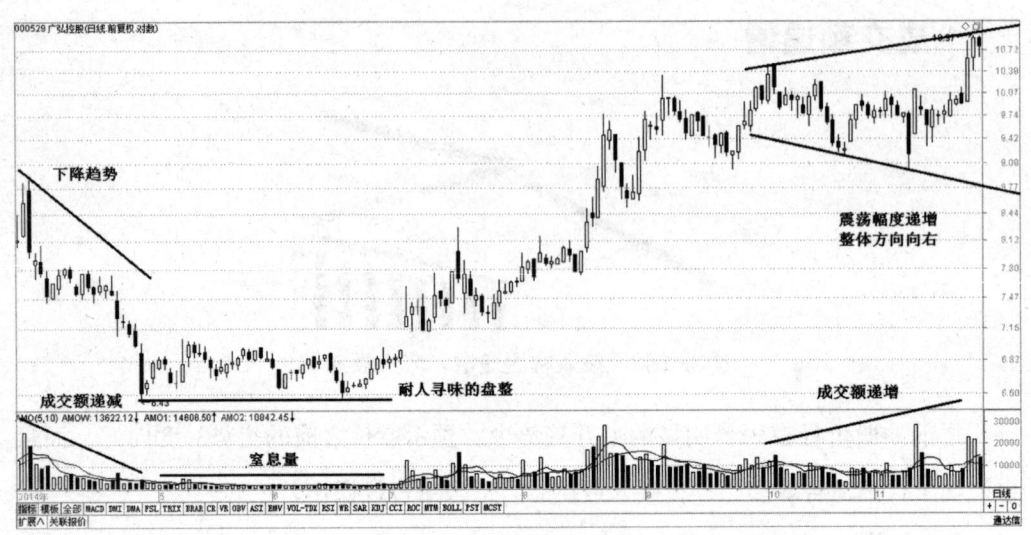

图3-182　形态出现

就在低位耐人寻味的盘整结束后，股价拉升到了一个新的高度开始新一轮的震荡，震荡的幅度开始不断增大，像个喇叭口，即"震荡幅度递增，整体方向向右"的震荡区间，区间内的成交额也呈逐步放大的趋势。（如图3-182）

从图上看，目前股价仍处在高位向下的回调中，如果股价随后能向上突破区间上延，表明多方仍然强势，可以买入，否则就等待其他可靠的买入信号出现。

图3-183　股价得到区间下延支撑线的支撑而止跌上涨——买入

从图3-183中可以看到股价在区间下延的支撑线上得到了支撑，前一个交易日还是大幅下跌的，今日跌到接近支撑线附近时反倒是反跌为涨，似乎是得到了某种

力量，这说明股价在支撑线得到了支撑，这是一个不错的买进点，而且价位相当低廉。

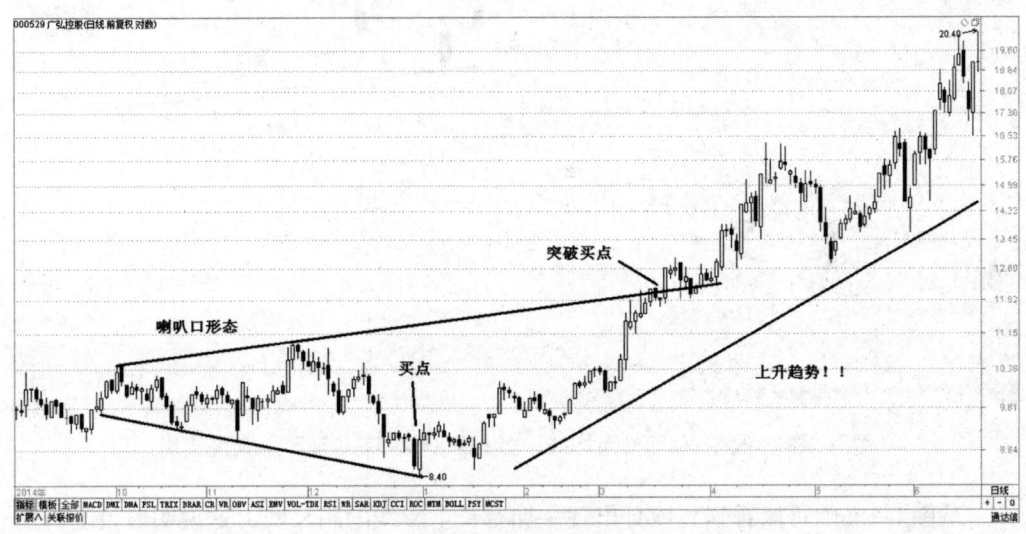

图3-184　后续走势

买入后股价开始震荡上行，在更高的位置突破了区间上延，形成第二买点，本次上涨又形成了新一轮的上升趋势，股价一直上行不断，获利不菲。（如图3-184）

卖点——喇叭口形态的卖点较难把握，如可用20天均线做为参考

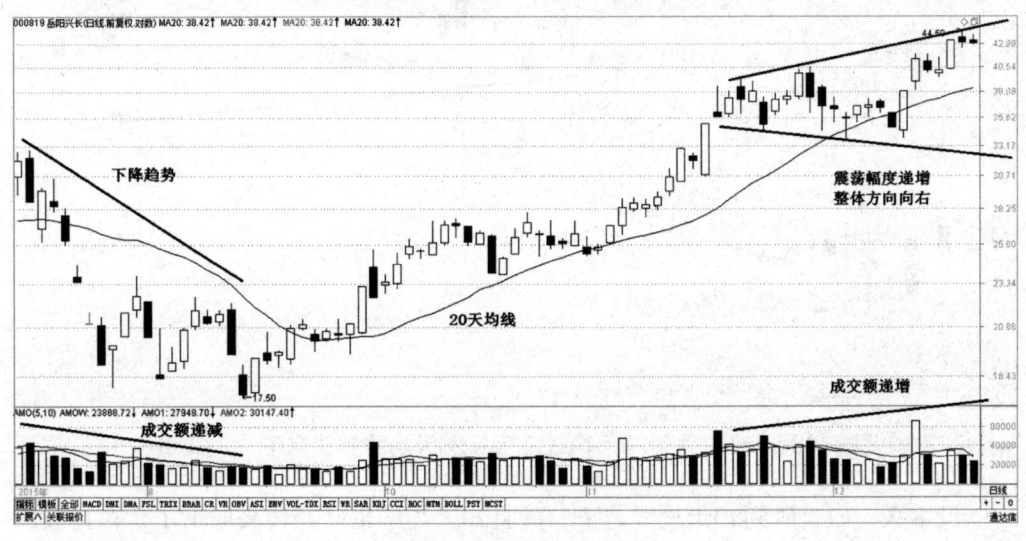

图3-185　形态出现

"震荡幅度递增，整体方向向右"的"喇叭口"形态出现了。（见图3-185）

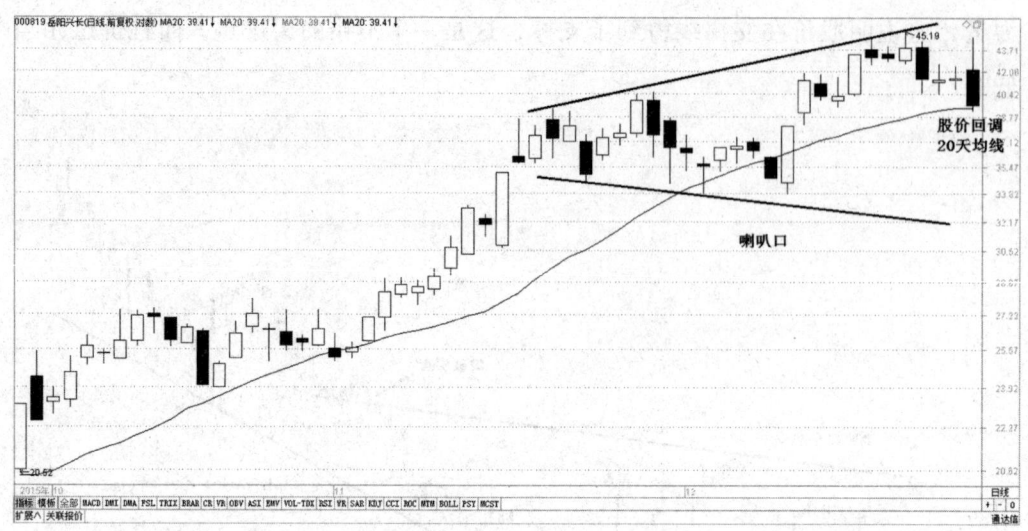

图3-186　股价回调20天均线，如果20天均转头向下，应该卖出

从图3-186中可以看到，该日出现一拥有长上影线的阴K线，这说明股价上行的
压力开始增大，所以形成了较长的上影线，盘中股价也接近20天均价，今后如果股
价还继续下跌的话，20天均线也肯定离调头向下不远了。

图3-187　股价跌到20天均线之下且20天均线转头向下——卖出

没多久，股价跌到20天均线之下，并且20天均线也已经转头向下了，再持股就
没有多大意义，卖出勿疑。（见图3-187）

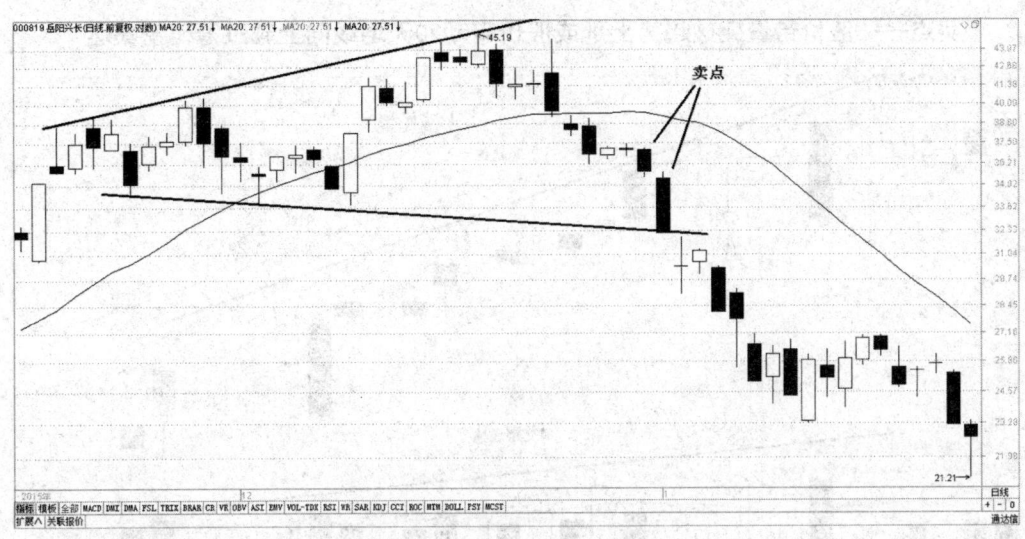

图3-188　后续走势

卖出之后不久，股价快速跌落到更低的价位，基本没有给持股者喘息的机会。（如图3-188）

2.成交额递减

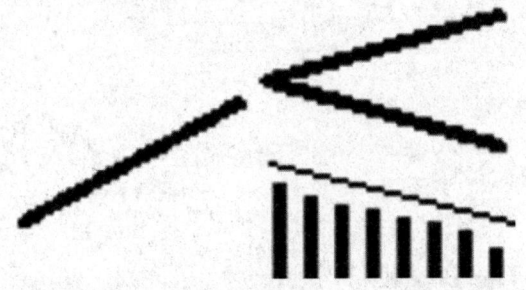

图3-189　震荡幅度递增，成交额递减

股价原先处在一个明显的上升趋势中，说明股价走势之前一直是向好的，适合看多做多或买入持有，中短期均线或短期整体向上也表示了短线行情向好，较适合短线操作。

从震荡幅度来看，震荡的幅度也在不断增加，这就说明卖方在不断给买方施加压力，只要买方实力足够，这种形态还会持续下去。另外，随着成交额的逐渐缩减，区间内愿意交易的投资者越来越少，交易越来越趋于冷淡，未来多空哪方获胜还很难说，得具体事情具体分析。（见图3-189）

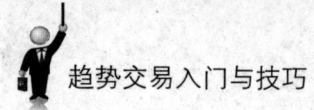

买点——股价带量突破趋势上延或股价带动20天均线向上越过筹码密集区

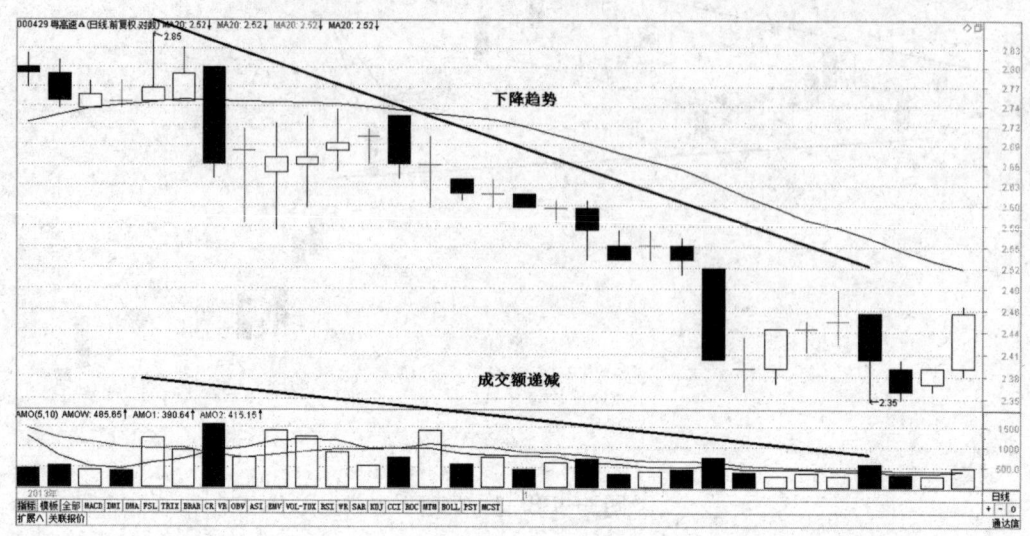

图3-190　前期走势

上升趋势的出现大都是以一段成交额递减的下降趋势结束为标志。（如图3-190）

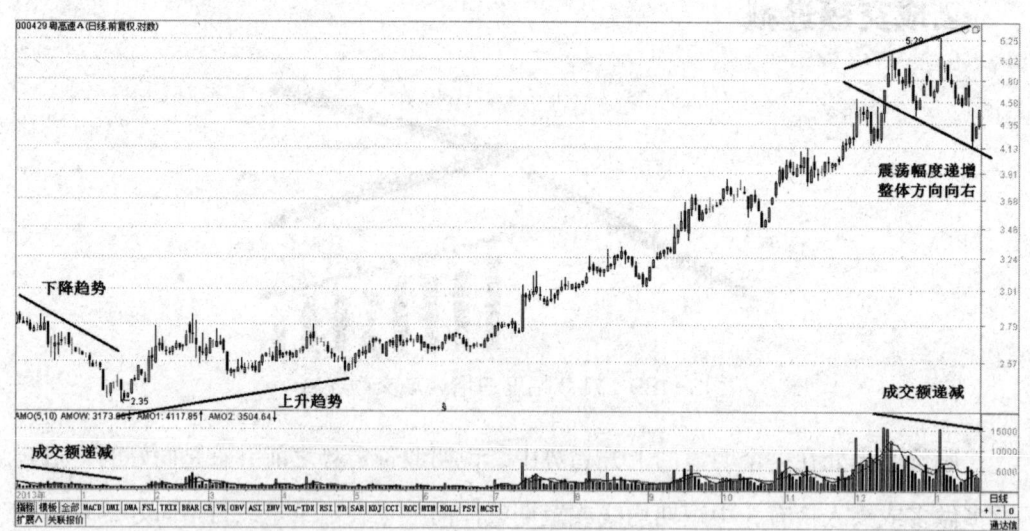

图3-191　形态出现

股价从之前的下降趋势转成上升趋势后，股价仍然在低位横向震荡了好一阵，然后才慢慢拉出了低价区，并在高位出现了"震荡幅度递增，整体方向向右"的"喇叭口"整理形态，并且这一区间是以成交额递减的形式出现。（见图3-191）

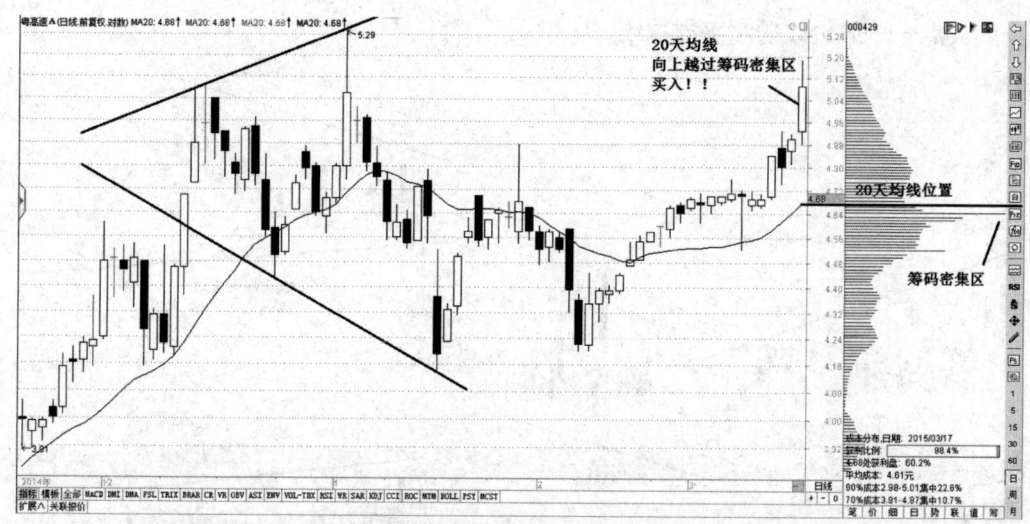

图3-192 20天均线向上越过筹码密集区——买入

在图3-192中，股价向上拉升，同时20天均线的位置也向上越过了筹码密集区，这是一个买入机会。

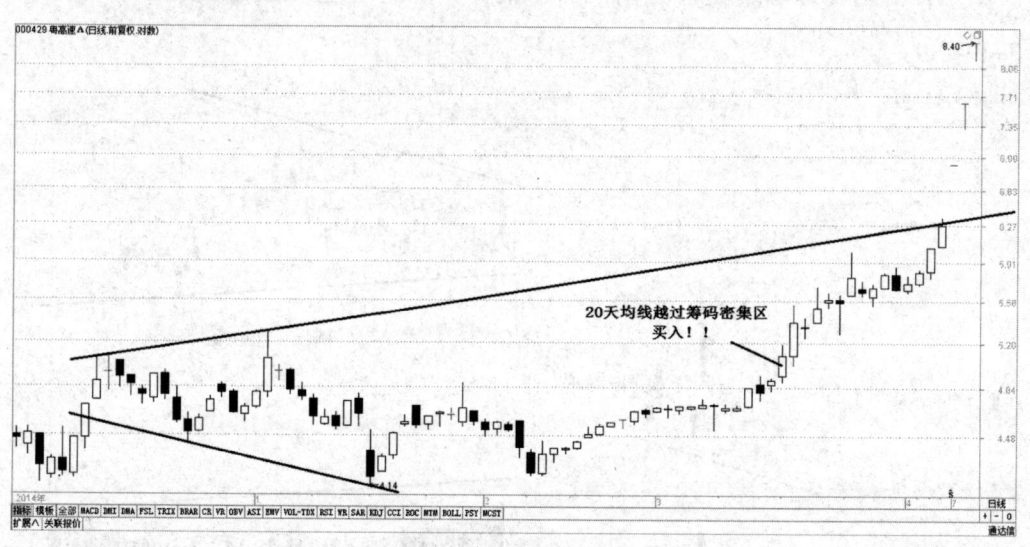

图3-193 后续走势

从图3-193中可以看到，在我们买入后，股价直接奔向区间上延，并成功突破了上延的压制（本来可以是第二买点，但由于次日是直封涨停板，没有办法买到），股价进入最后冲刺阶段，连续涨停。

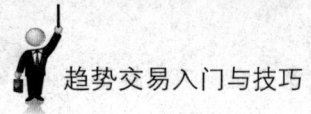

卖点——股价跌破水平支撑线

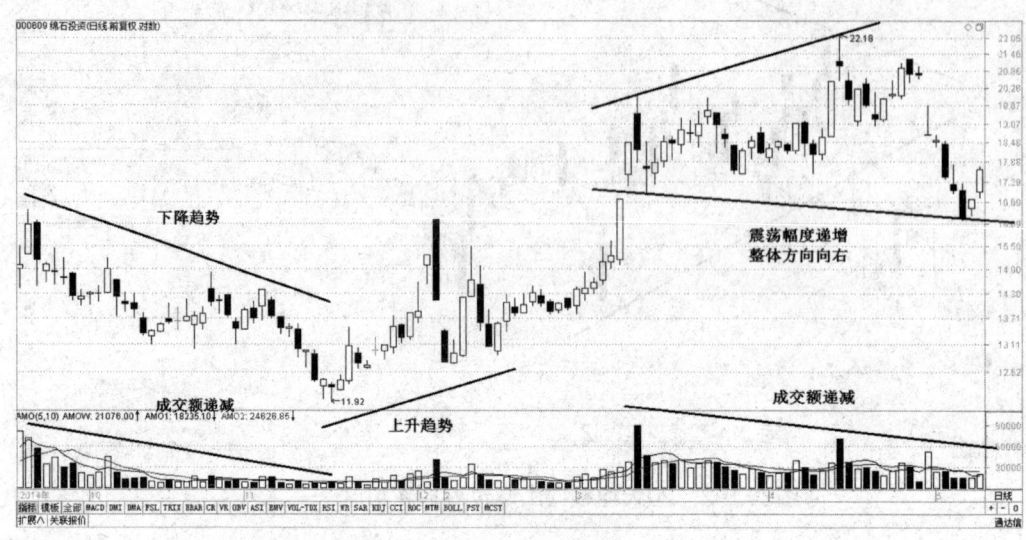

图3-194　形态出现

"震荡幅度递增，整体方向向右"的"喇叭口"整理形态出现了。（见图3-194）

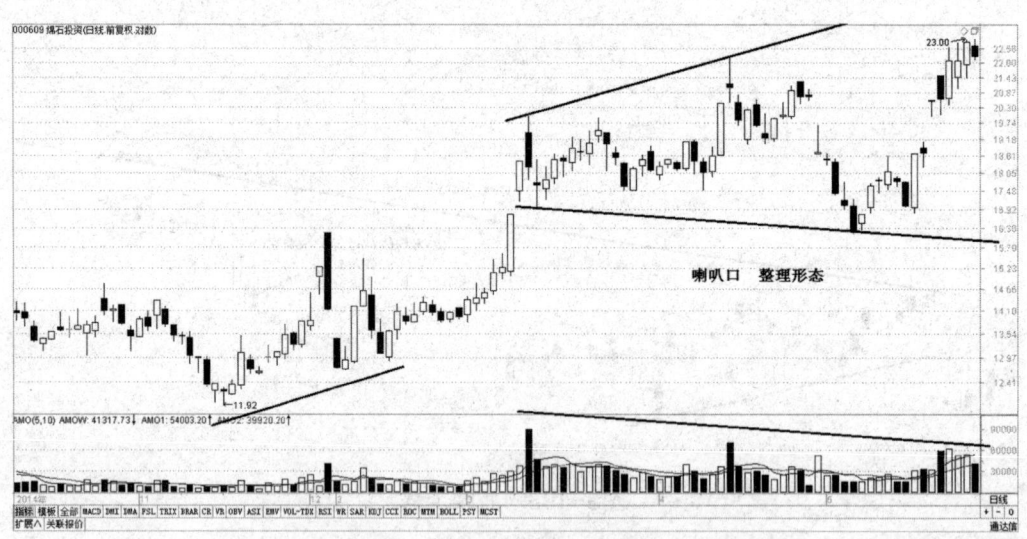

图3-195　股价盘中回升自区间上延附近，会否上破

股价在高位震荡，震荡的幅度越来越大，近期股价曾意图向上突破区间上延，能成功突破吗？突破了的话就是一个突破买点。（图3-195）

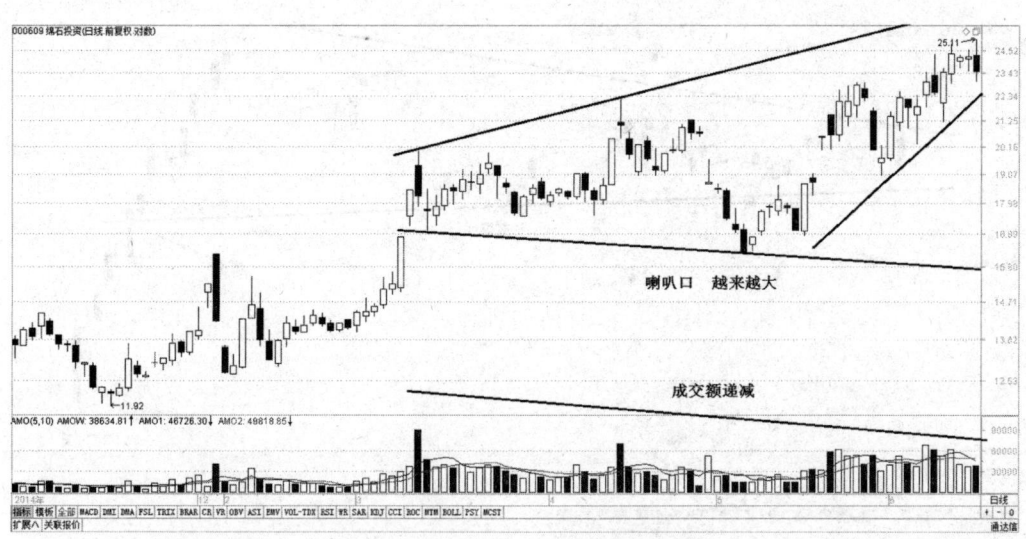

图3-196 股价意图上破区间上延，可是量能跟不上，难成功

股价之前曾试图上破区间上延的压制，但是限于量能的递减，很难成功。（见图3-196）

图3-197 股价下破区间支撑线——卖出

股价曾试图上破区间上延，但最后还是没能如愿，回落了下来，近期更是一路下跌，跌穿了形态下延那条支撑线，卖出勿疑。（见图3-197）

图3-198　股价下破区间支撑线——卖出

就在我们卖出该股之后，股价直线下跌，这种下跌让大多数投资者感到措手不及，值得庆幸的是，我们提前卖出了，避免了损失扩大。（如图3-198）

十二、震荡幅度递增，整体方向略微向下

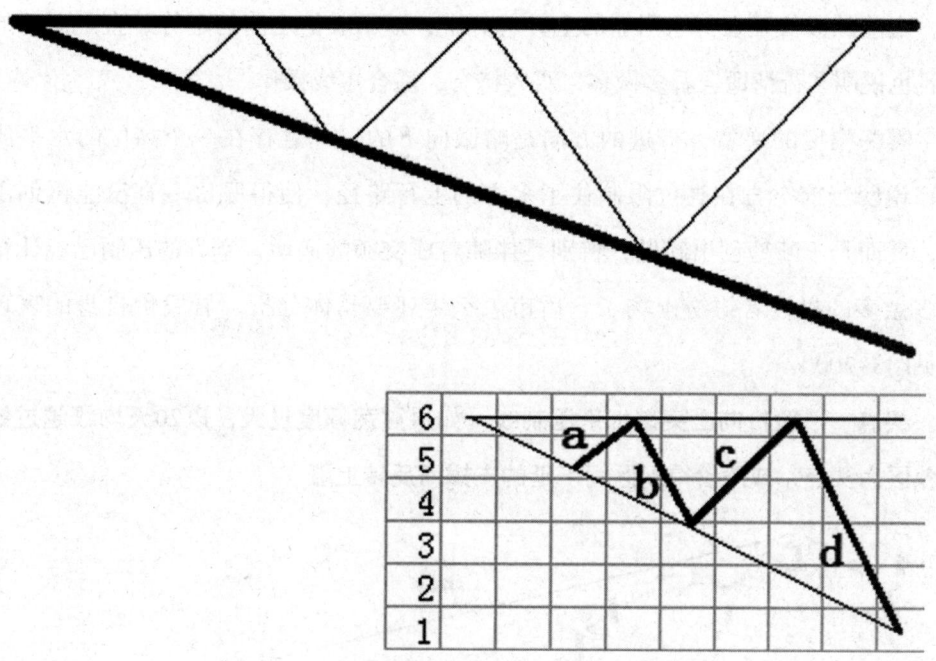

图3-199 震荡幅度递增，整体方向略微向下

这类形态震荡的幅度呈递增趋势，越到后期震荡的幅度越大。（见图3-199）

a波段股价从5元涨到6元，上涨20%；

b波段从6元跌到3.5元，下跌41.67%；

c波段从3.5元涨至6元，上涨71.43%；

d波段从6元跌至1元，下跌83.33%。

本形态整体向右下方行进，从abcd波段的涨跌幅变化来看，涨幅从20%升至71%，跌幅由41%增加到83%，形态中的利润不断增加，同时风险也一同跟着增长，利润与风险总是同时存在，在这类趋势形态中需要小心提防，不要只顾利润而忘了风险。

下面我们用成交额指标将本形态分为成交额递增和成交额递减两大类。

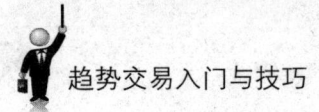

1.成交额递增

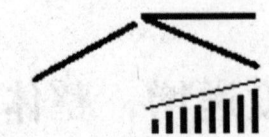

图3-200　震荡幅度递增，成交额递增

之前的股价处在一个明显的上升趋势中，预示股价之前的走势一直是向好的，而且也说明了行情适合看多做多，买入持有，适合短线操作。

震荡幅度的递增，行进的方向是略微向下的，并且存在一个高位的水平压制线，说明当前空方在高位限制住了多方的上行路径，使得股价一直没能再创出新高，反而是不断地创出新低，特别是伴随着成交额的递增，空方的压制已经让很多看多做多的投资者纷纷出场了，后市怎么走还要具体分析，看股价自身的表现。（见图3-200）

买点——股价向上突破水平压制线（如果震荡幅度过大，以20天均线越过筹码密集区为买点）或股价得到区间下延的支撑而反转上涨

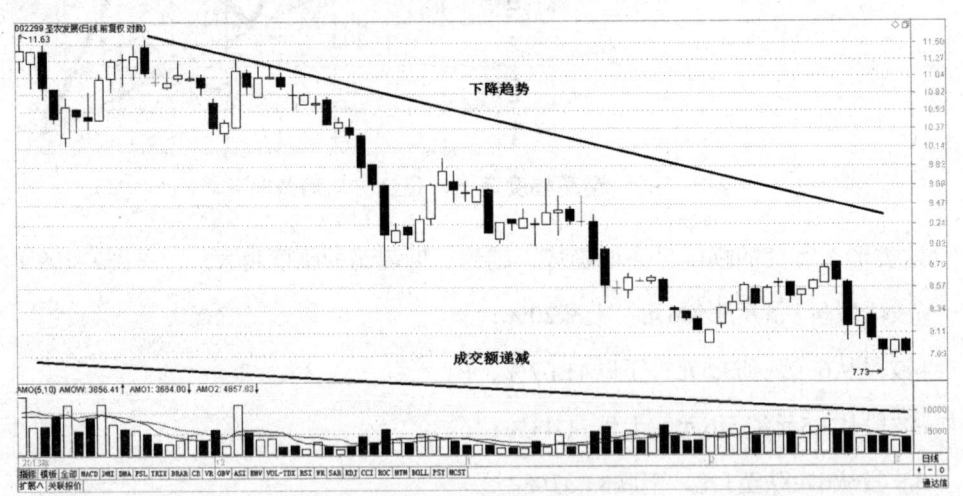

图3-201　前期走势

从图3-201中可以看到一段震荡下行的下降趋势，成交额也大体上呈现了递减的态势，只是减的幅度不是很大，后期也不够低，所以会对以后反转进入的上升趋势有所拖累，类似高位水平压制的情况通常都是因为之前的下降趋势缩量不足所导致。

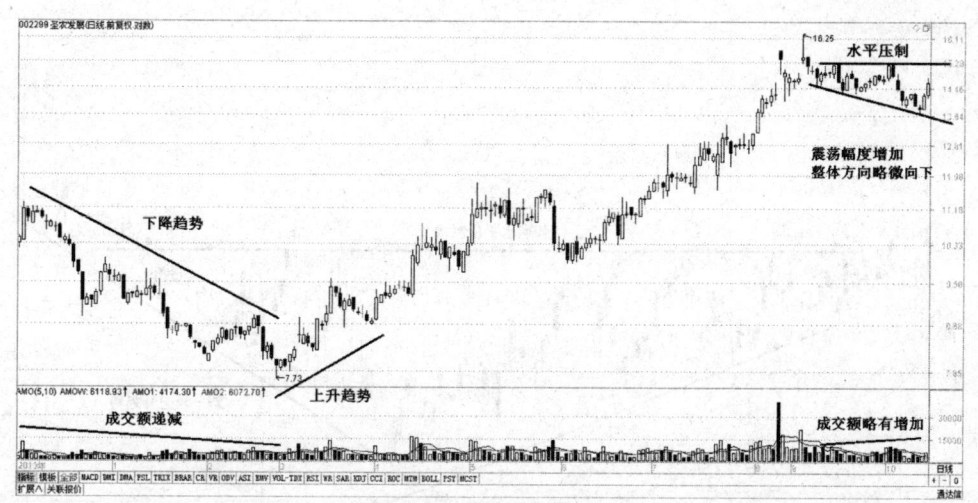

图3-202 形态出现

股价反转进入新一轮的上升趋势后，在高位开始震荡，震荡的幅度开始不断增大，可以看到有一条水平压制线的存在，这是将来的一个阻力价位。（如图3-202）

图3-203 高位盘整中的机会

从图3-203中可以看到，A点处股价也曾回落至区间下延，也得到了支撑，但是细看之下，这次支撑并没有量的支持，反转上涨后也没有如愿向上突破水平压制线，而是继续在区间内震荡下行。

B点处股价最低价也正好回落到区间下延，并且也得到了支撑并有大幅度的回涨，更重要的是有量能的增加，这说明这次股价回调下延而得到支撑回涨是个不错的捡低价式的买点。（见图3-203）

267

图3-204　买入之后股价走势

　　从图3-204中可以看到，我们在B点买入后，股价开始拉离低价区，曾试图直接向上突破上方的水平线压制，可惜没有马上成功，而是再接再厉，再次突破并成功站于其上，接着就是直线彪升的节奏。

　　卖点——喇叭口形态的卖点较难把握，如可用20天均线做为参考或股价跌破区间下延

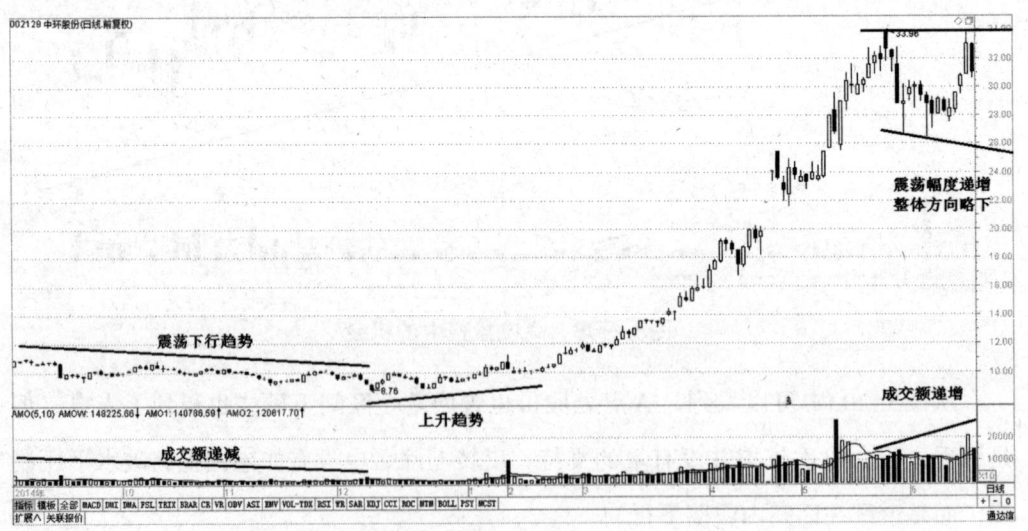

图3-205　形态出现

　　"震荡幅度递增，整体方向略微向下"的整理形态出现了。（图3-205）

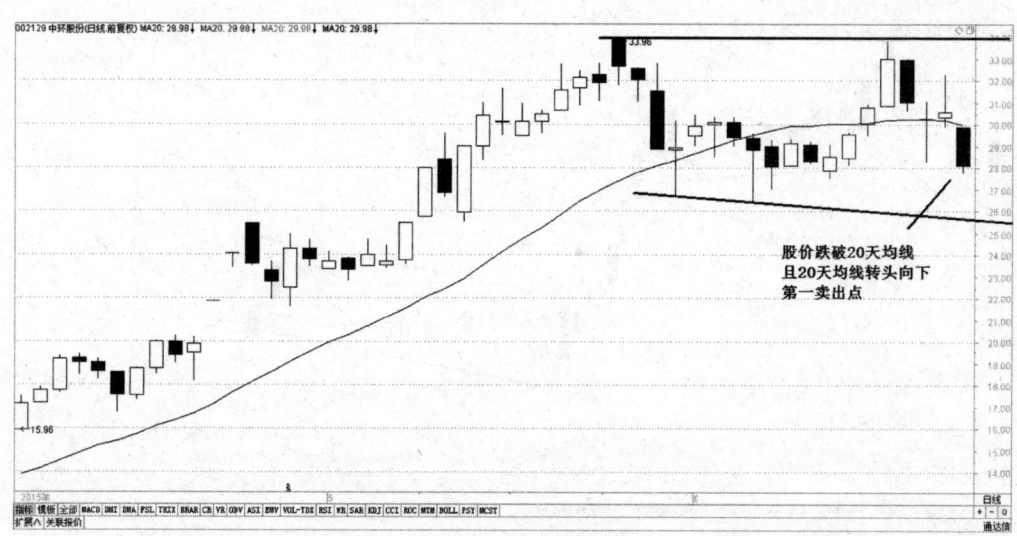

图3-206　股价跌破20天均线且该均线转头向下，第一个卖出点

从图3-206中可以看到，股价回调时跌破了20天均线，并且20天均线也转头向下了，这就是卖点之一，由于最早出现，所以称为第一个卖出点。

图3-207　股价跌破区间下延，第二个卖出点

三个交易日后，股价再次下跌并跌破区间下延，这是第二个卖出点，再继续持股就十分不利了，所以卖出不要再犹豫。（见图3-207）

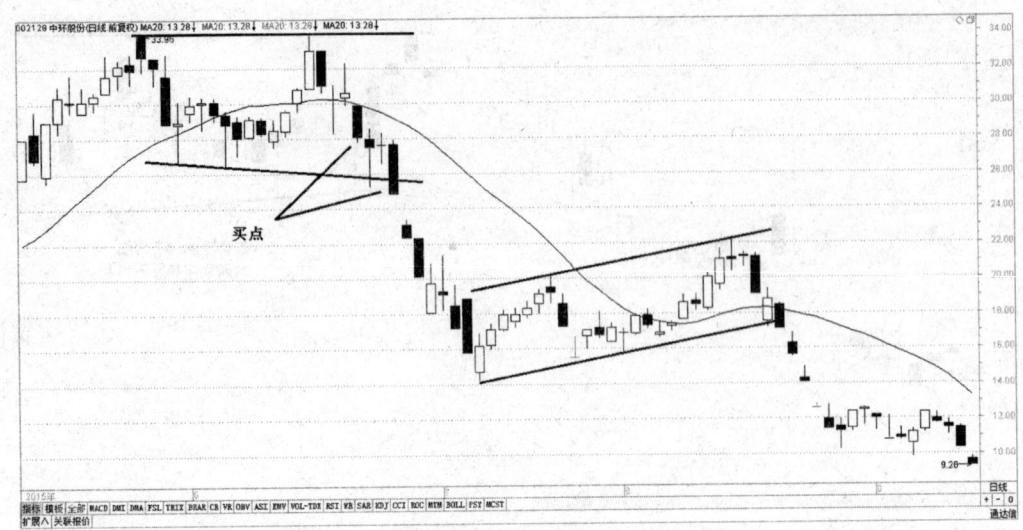

图3-208　后续走势

　　就在卖出之后的下一个交易日，股价直接低开低走，根本没有给持股者喘息的机会，一路下跌，然后进入一个略微向上的平行区间中，震荡也没多久，又再次向下跌破了这个平行区间的下延，再次连续下跌，让众多投资者遭到严重损失。（见图3-208）

2.成交额递减

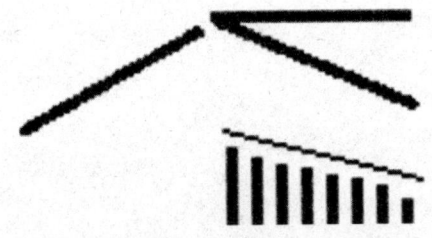

图3-209　震荡幅度递增，成交额递减

　　股价之前处在一个明显的上升趋势中，说明股价走势之前一直是向好的，适合于看多做多或买入持有，而中短期均线或短期整体向上也表示了短线行情向好，也较适合短线操作。

　　从震荡幅度来看，震荡的幅度也在不断地增加，这说明卖方在不断给买方施加压力，特别是区间上方那条水平压制线，买方要是没有能力向上突破的话，未来很可能就会向下跌破区间下延了。（见图3-209）

买点——股价带量突破趋势上延或股价带动20天均线向上越过筹码密集区

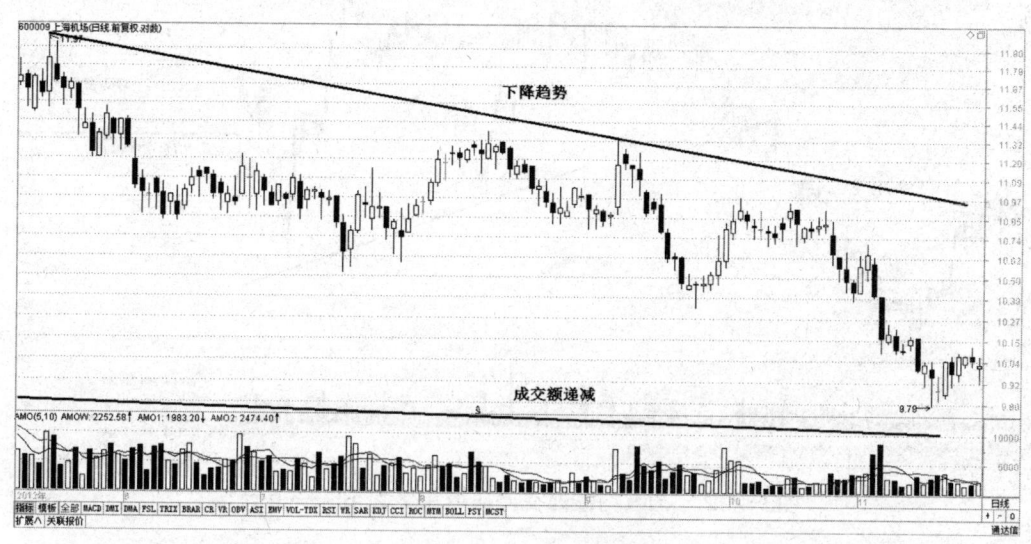

图3-210　前期走势

在上升趋势出现前，总能见到一段成交额递减的下降趋势。（如图3-210）

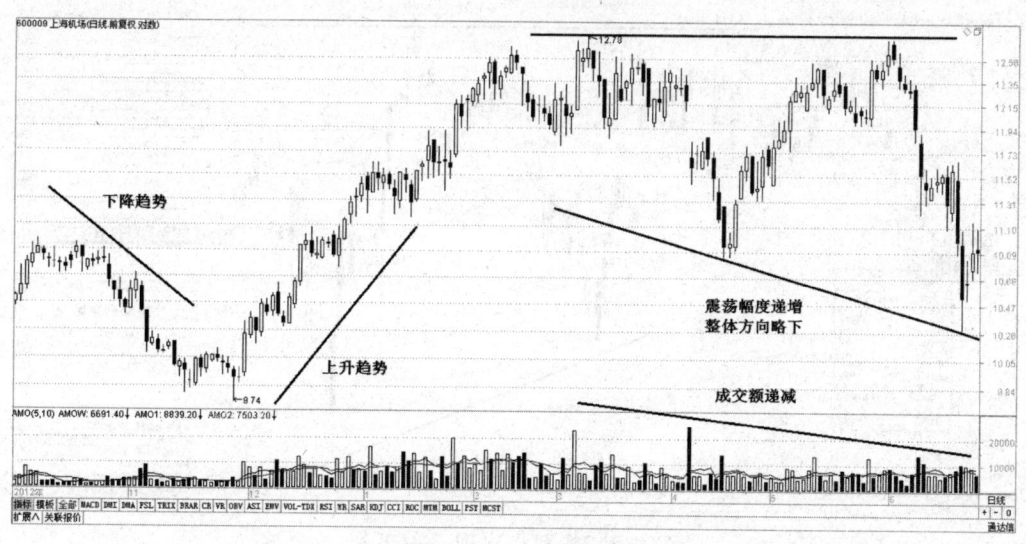

图3-211　形态出现

　　股价从之前的下降趋势转成上升趋势后，快速拉开了与低价区的距离，但股价开始在高位大幅震荡，高点未见再创新高，反而是低点位置越来越低，从而导致了"震荡幅度递增，整体方向略向下"的整理形态，区间内的成交额呈递减趋势。（见图3-211）

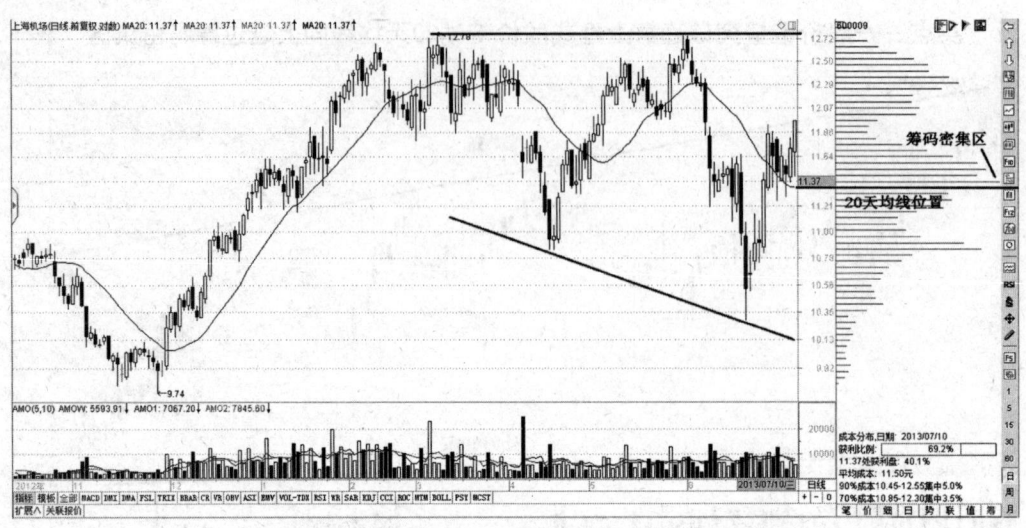

图3-212　20天均线处在筹码密集区之下——等待

在图3-212中，股价向上拉升，但20天均线仍处在筹码密集区之下，需要等均线向上转头并且越过筹码密集区时才能买入。

图3-213　买点出现——买入

从图3-213中可以看到，股价开始在区间中段震荡上行，其中20天均线已经转头向上，另外该均线也向上越过了筹码密集区，说明这是一个可靠的买点——买入。

图3-214　后续走势

从图3-214中可以看到，在我们买入后，股价还横向震荡了一小段，期间也曾跌到一个更低的位置，但不需紧张，股价一定会上涨的，果然，股价迅速拉开了低价区，进入新一轮的上升趋势。

卖点——股价跌破支撑线

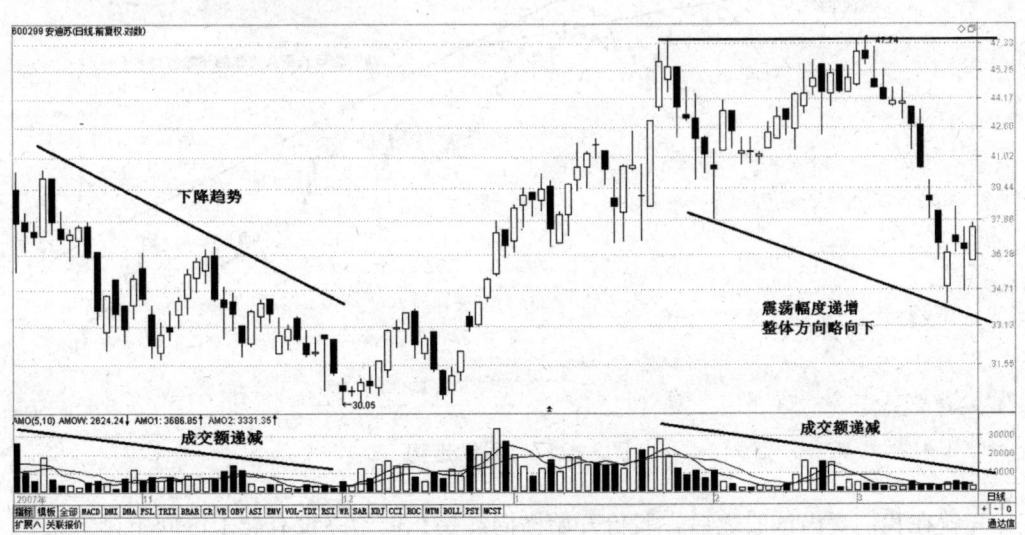

图3-215　形态出现

"震荡幅度递增，整体方向略微向下"的整理形态出现了。（见图3-215）

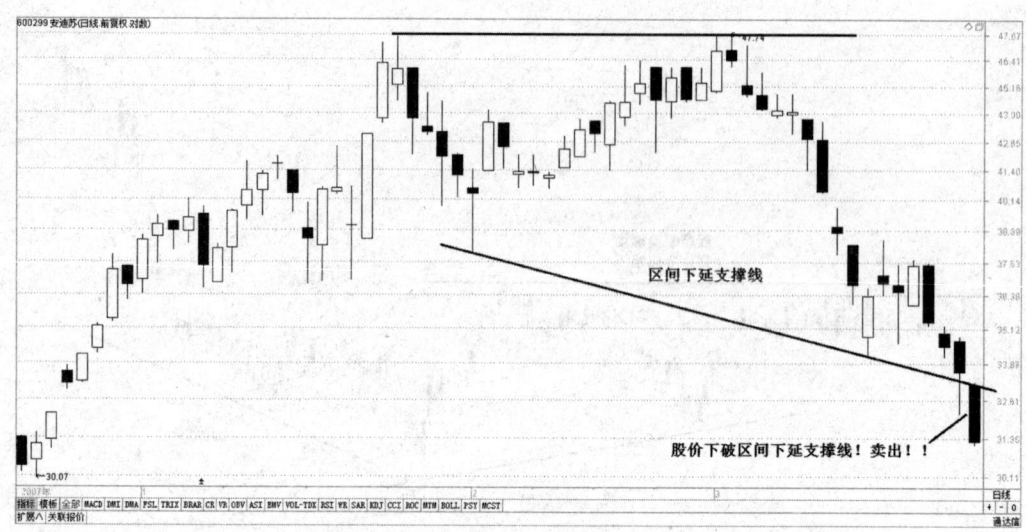

图3-216 股价盘中回升自区间上延附近，会否上破

　　股价在高位震荡，震荡的幅度越来越大，近期股价一路挫败下跌，一个劲下跌直到跌破区间的下延，支撑线已经失去了支撑作用，卖出要快。（图3-216）

图3-217 后续走势

　　就在我们卖出该股之后，股价开始横向震荡，但始终没有爬上区间下延这条延长线，说明支撑作用已经不再，已经成为上涨的阻力压制线，股价随后没有办法，只好进入了一条新的更长期、更惨的下跌行情去，大约从45元跌到了只剩5元，所幸我们提前卖出了，避免了这一严重亏损的发生。（如图3-217）

十三、震荡幅度递增，整体方向向下

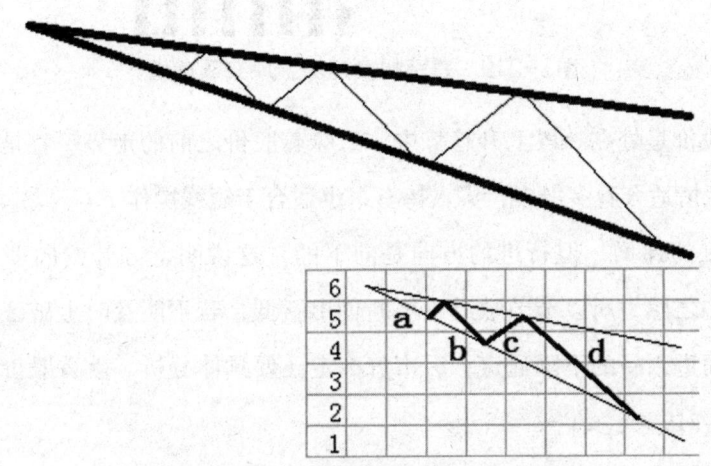

图3-218 震荡幅度递增，整体方向向下

此类形态震荡的幅度呈递增趋势，像个向下斜的"喇叭口"形态。（见图3-218）

从图上abcd各波段的涨跌幅度的变化来分析：

a波段从5元涨到5.5元，上涨10%；

b波段从5.5元跌到4.4元，下跌20%；

c波段从4.4元涨至5元，上涨13.64%；

d波段从6元跌至1.5元，下跌75%。

这类形态整体上看是向右下方行进的。而从abcd各波段的涨跌幅变化来看，涨幅从10%升至13%，跌幅由20%增加到75%，形态中的利润不断增加，但增加的幅度没有风险增加的幅度大，这个很要命，在这类趋势形态中操作需要格外小心。利润可以减少越来越小，风险反而越来越大，也只有股价带量上破区间上延时是好的买点。

下面我们用成交额指标将本形态分为成交额递增和成交额递减两大类。

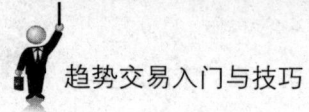
1.成交额递增

图3-219　震荡幅度递增，成交额递增

之前的股价是处在一段上升趋势中，意味着股价之前的走势一直是向好的，而且也说明了行情适合看多做多，买入持有，也适合于短线操作。

震荡幅度的递增，但行进的方向是向下的，这说明空方开始向多方施压，多方有力不从心之感，所以节节败退，不断创出新低，若不能及时上破区间上延线，就很可能转而进入新的下降通道，后市怎么走还要具体分析，就看股价自身的表现了。（见图3-219）

买点——股价向上突破区间上延或股价得到区间下延的支撑

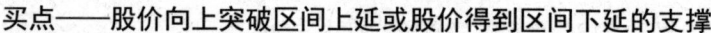

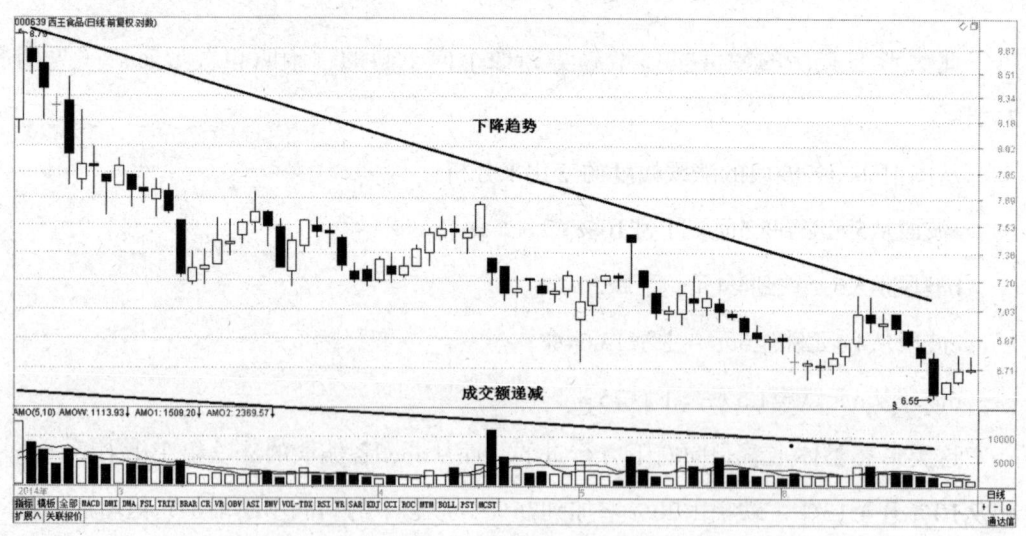

图3-220　前期走势

从图3-220中可以看到一段震荡下行的下降趋势，但成交额虽然也呈现出了递减的态势，但是期间曾有过明显的放量，这会给即将到来的上升趋势增加一些不稳定因素。

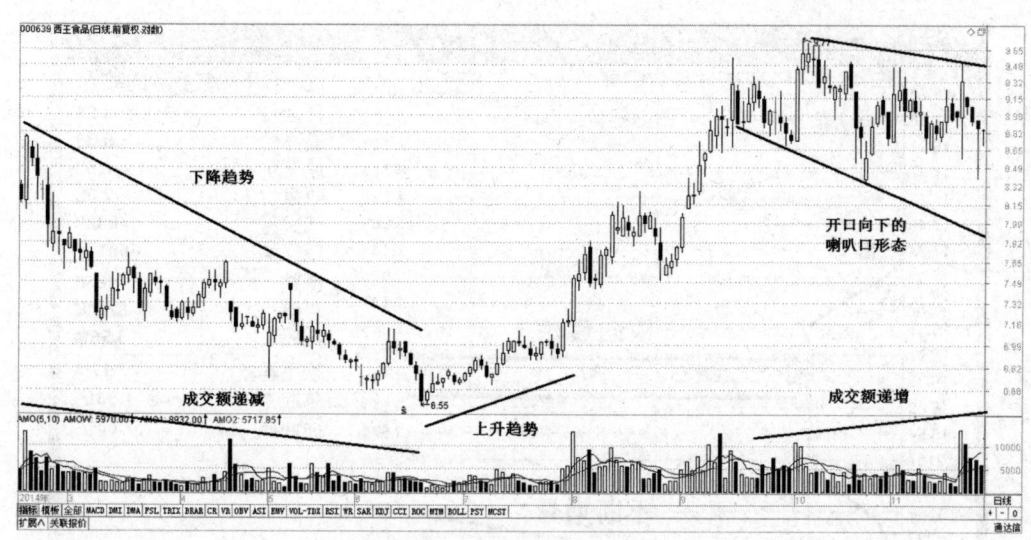

图3-221 形态出现

股价开始反转进入上升趋势后,在高位开始震荡,不仅震荡的幅度不断增大,而且震荡的方向是向下的,还伴随着成交额的递增,这说明风险在逐渐加大,成交额的递增说明更多的投资者开始慌忙卖出手中的股票,如果后续股价上破区间上延,倒是一个不错的买点。(如图3-221)

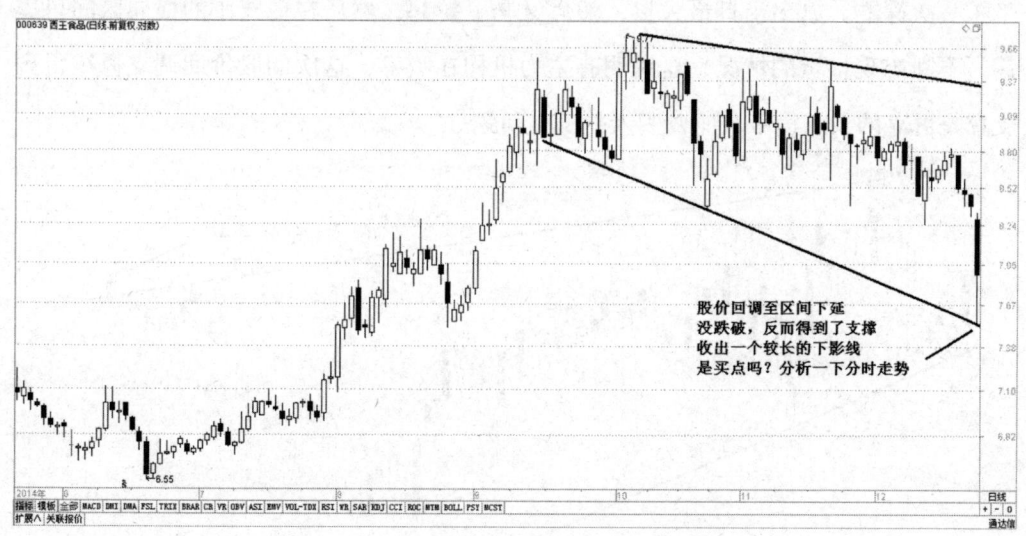

图3-222 股价回调区间下延,获得支撑

从图3-222中可以看到,股价似乎在回调区间下延时获得了支撑,如果分析分时图确认确实获得支撑的话,就是一个很好的捡低价买入的机会。

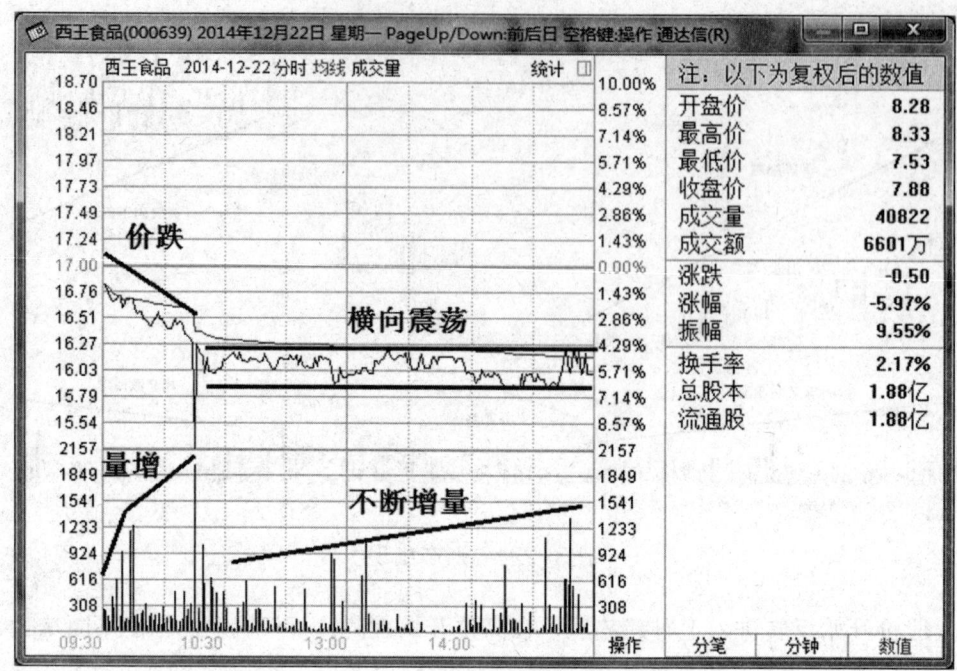

图3-223　获得支撑当日分时图

从图3-223中可以看到，股价当日开盘后直接下跌，伴随着不断的放量，最后来了一次深跌，放出当日最大量，然后又马上拉起，然后在更狭小的横向区间里震荡，不断出现量增的情况，这说明有主力机构在吸筹，这次的股价回调支撑线得到支撑是可靠的买入信号，所以买入并没有问题。

图3-224　买点位置

从图3-224中可以看到，股价在得到支撑后，马上进入上攻状态，最后上破了区

间上延的压制，出现了突破区间上延的买点。

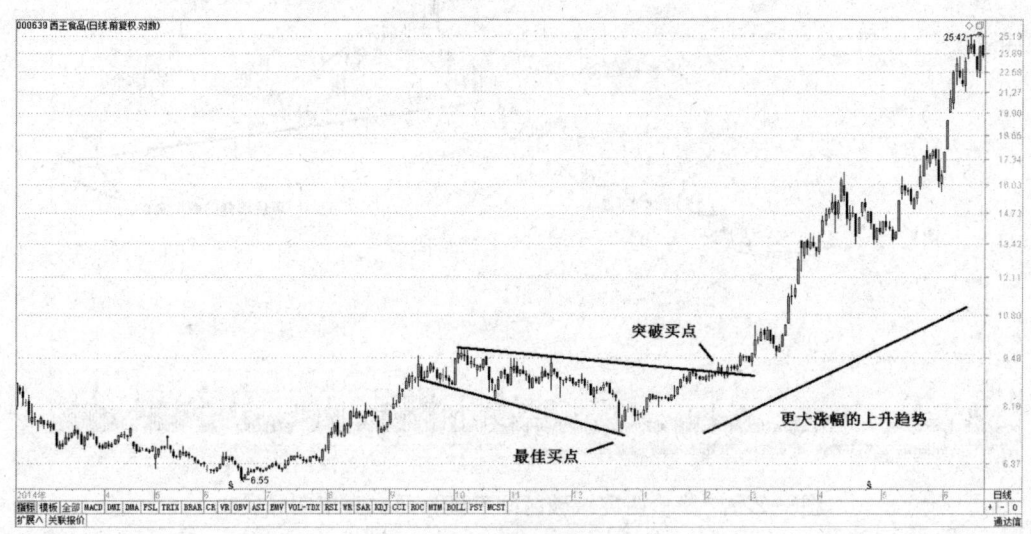

图3-225 后续走势

图3-225是两次买点出现后的后续走势，证明了买点的可靠性，最佳买点买到了此次上升波段的相对低位。

卖点——喇叭口形态的卖点较难把握，如可用20天均线做为参考或股价跌破区间下延

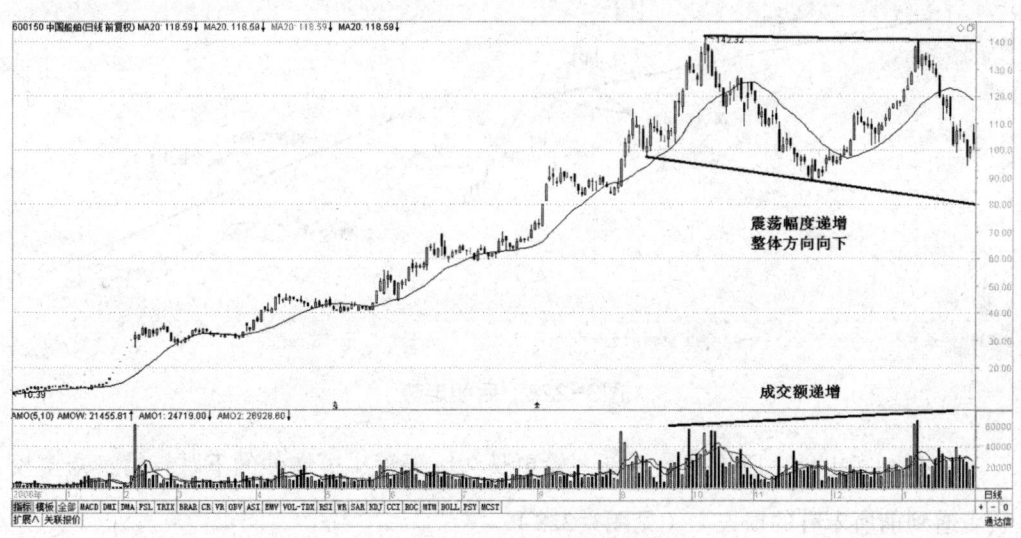

图3-226 形态出现

"震荡幅度递增，整体方向向下"的整理形态出现了。（见图3-226）

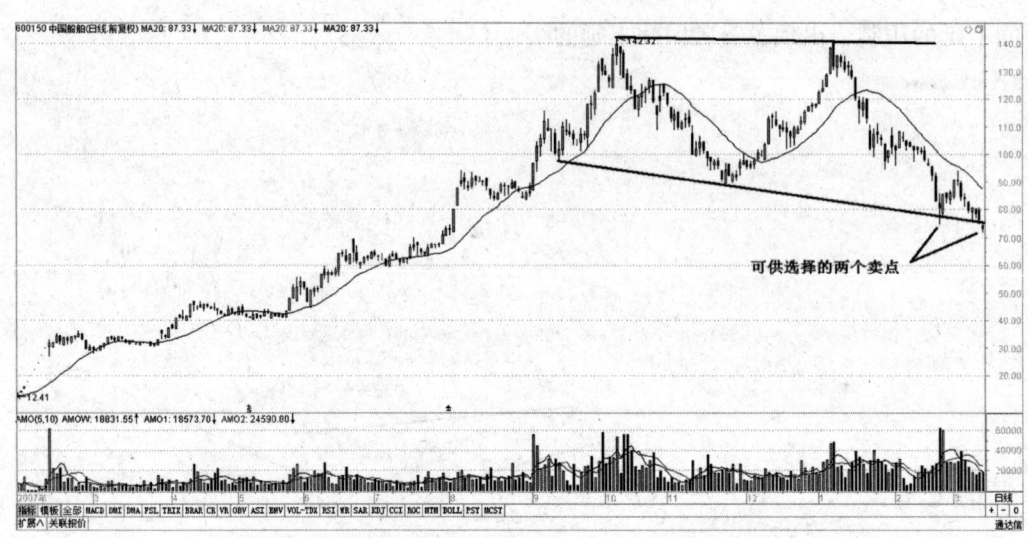

图3-227　股价两度跌破区间下延，两次卖出信号发生

　　图3-227可以看到，股价开始回调区间下延时，曾两度跌破其下，说明支撑线已经失去了支撑股价的作用，应当卖出。

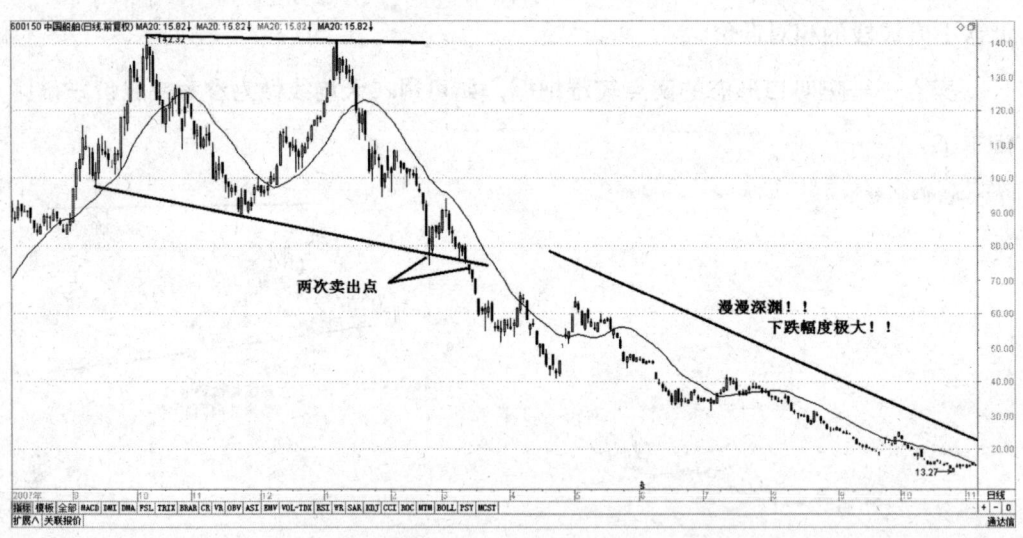

图3-228　后续走势

　　就在刚卖出后，股价开始了新一轮更长久、更深、更惨烈的下跌行情，众多投资者遭到前所未有的损失。（见图3-228）

2.成交额递减

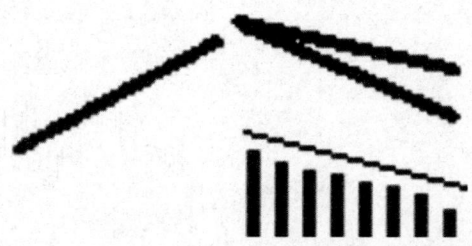

图3-229 震荡幅度递增,成交额递减

股价之前处在明显的上升趋势中,说明股价走势一直是被看好的,适合看多做多或买入持有,而中短期均线或短期整体向上也表明短线行情向好,适合短线操作。

从震荡幅度来看,震荡的幅度不断增加,这说明卖方在不断给买方施加压力,特别是区间不断向下方行走,多方有支撑不住之感,如果股价始终没能上破区间上延的压制的话,多方始终会败于空方,并导致趋势的反转下跌。(见图3-229)

买点——股价带量突破趋势上延

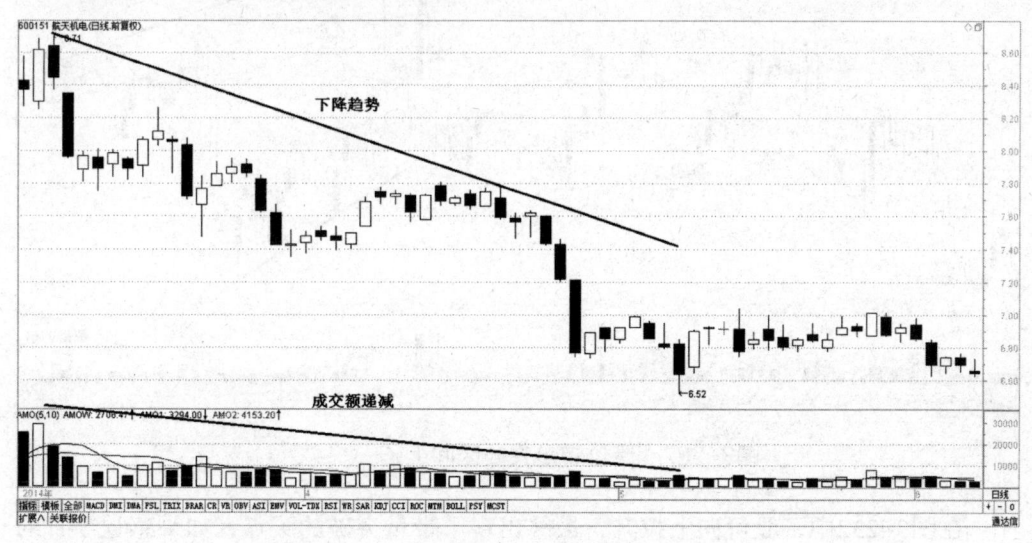

图3-230 前期走势

上升趋势出现之前是一段成交额递减的下降趋势。(如图3-230)

股价从之前的下降趋势转成上升趋势后,快速拉开了与低价区的距离,但股价开始在高位大幅震荡,高点未见再创新高,反而是低点位置越来越低,从而导致了

"震荡幅度递增，整体方向向下"的整理形态，区间内的成交额呈递减趋势，如果后市要想制造买点，必须要有成交量的支持。（见图3-231）

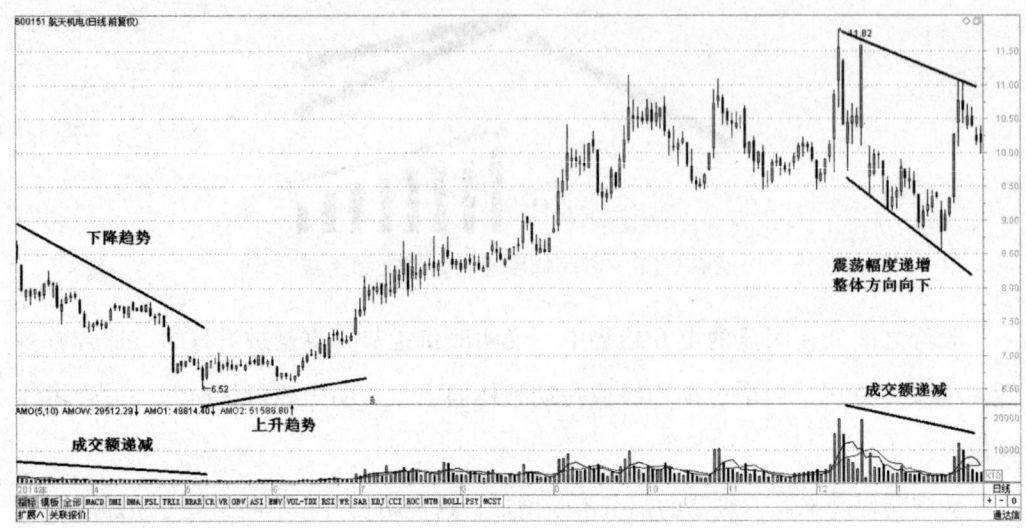

图3-231　形态出现

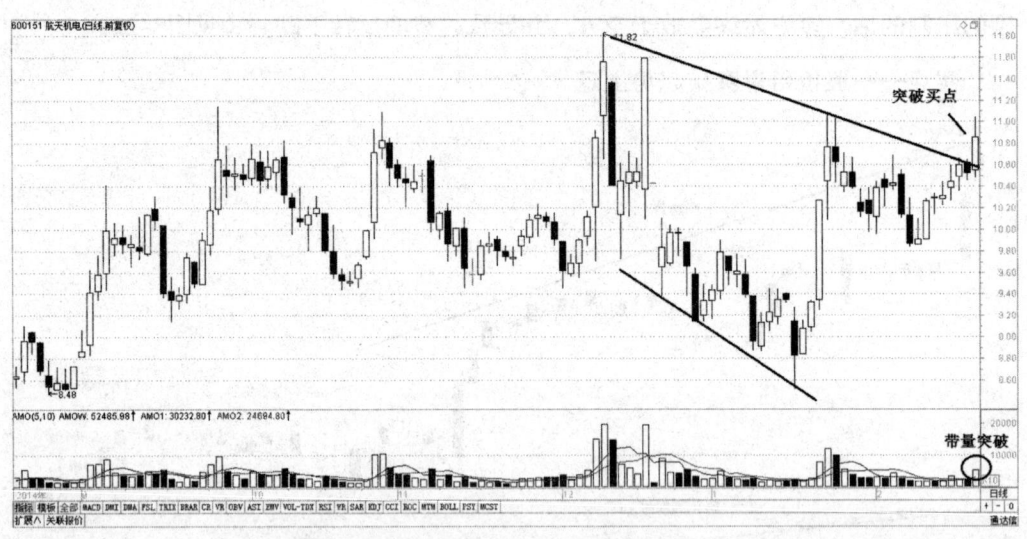

图3-232　股价带量突破区间上延——买入

在图3-232中，股价向上拉升，最终出现了带量突破的买点，如果感觉今日的量不够多的话，可以延长一两个交易日再看，如果成交量又有所增加，也可以追加买入。

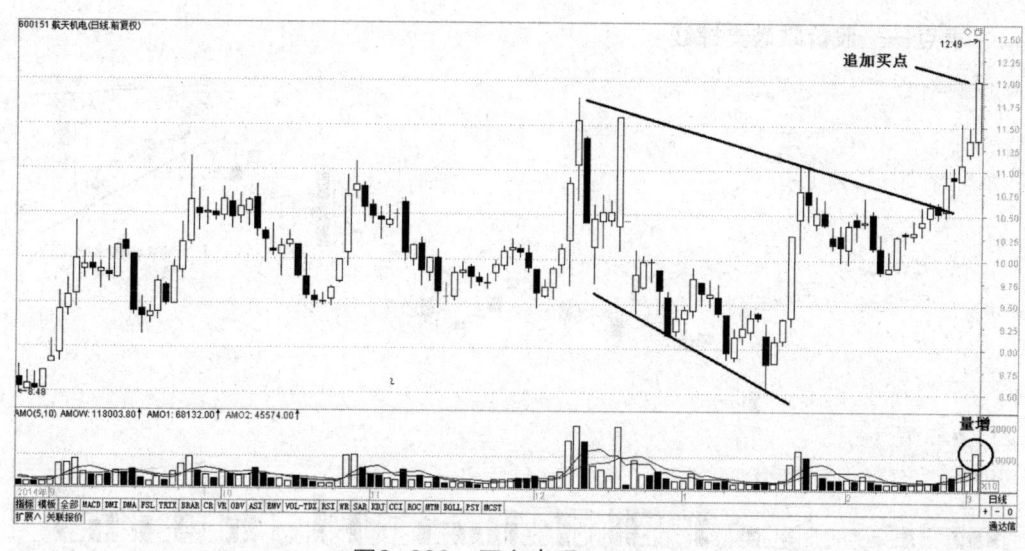

图3-233 买点出现——买入

股价继续上涨，且量能比前几个交易日更强，股价也有大幅的拉升，此时是追加买入的时机。（如图3-233）

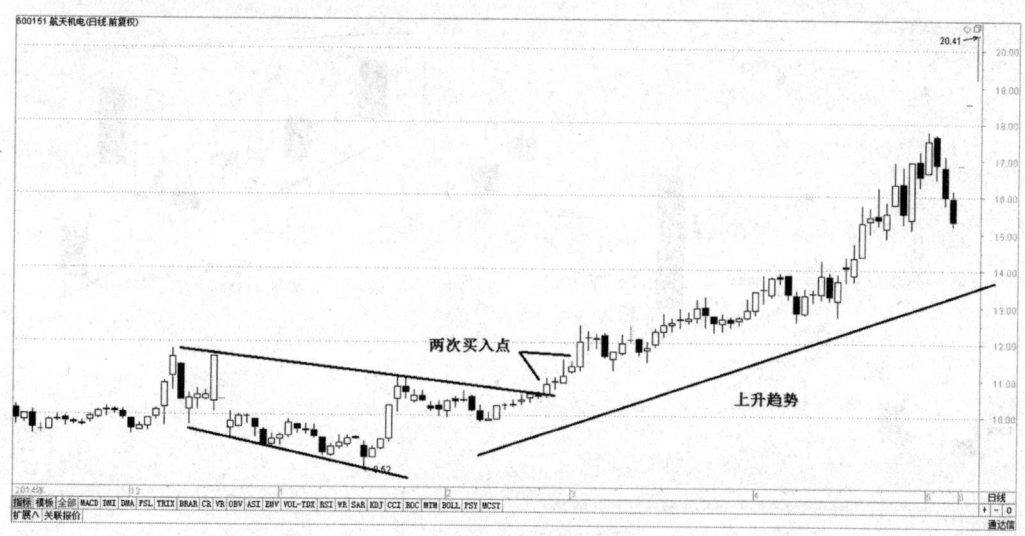

图3-234 后续走势

从图3-234中可以看到，在我们买入后，股价还延续着之前的强势，一路有序地攀升，最后几个交易日甚至以连续涨停板的形式冲顶。

卖点——股价跌破支撑线

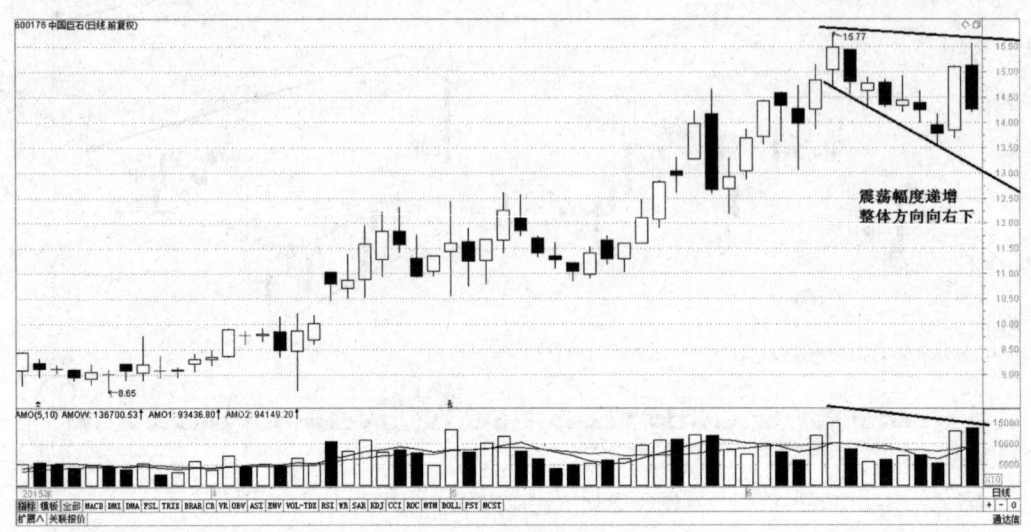

图3-235　形态出现

"震荡幅度递增，整体方向向下"的整理形态出现了。（见图3-235）

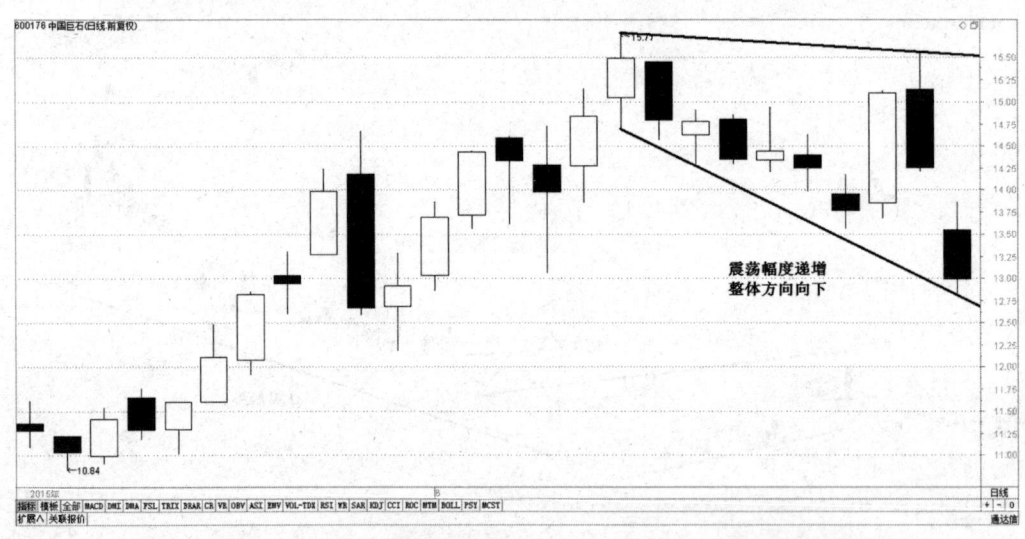

图3-236　股价盘中回落区间下延，似乎得到了支撑，继续观察

　　股价在高位震荡，但今日回落幅度有些大，最低价曾接近区间下延的价位，似乎得到了支撑，还有待后续观察。（图3-236）

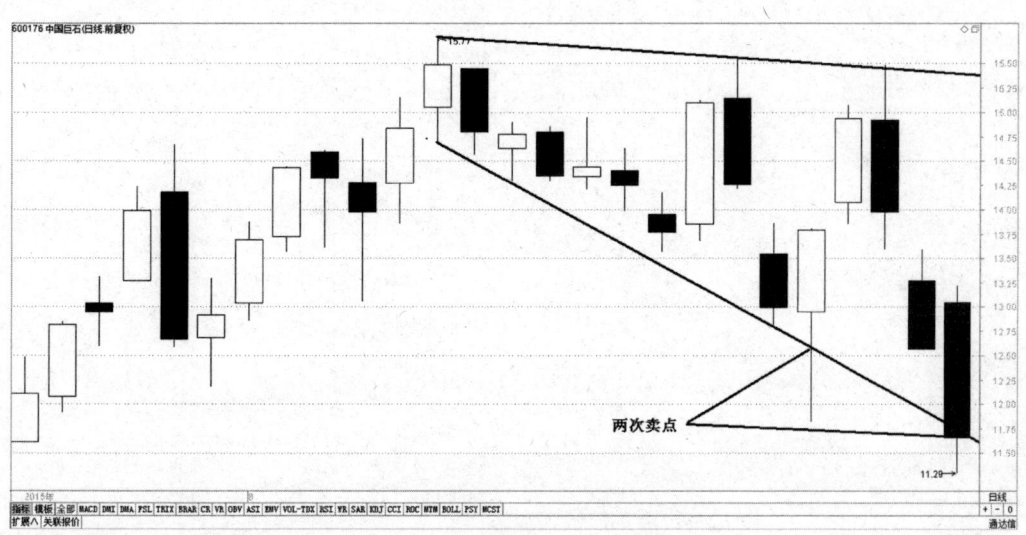

图3-237　两次卖出机会

　　股价在后续走势中曾两度试图向上方突破，但是没有成功，并且还两次下破了区间下延，倒是发出了两次卖出信号，故卖出不要犹豫。（见图3-237）

图3-238　后续走势

　　就在我们卖出该股之后，股价开始持续的下跌行情，幸好我们提前卖出去了，避免了亏损发生。（如图3-238）

　　下一章我们将结合其他技术指标来综合研判行情的走势。

第四章

综合应用案例

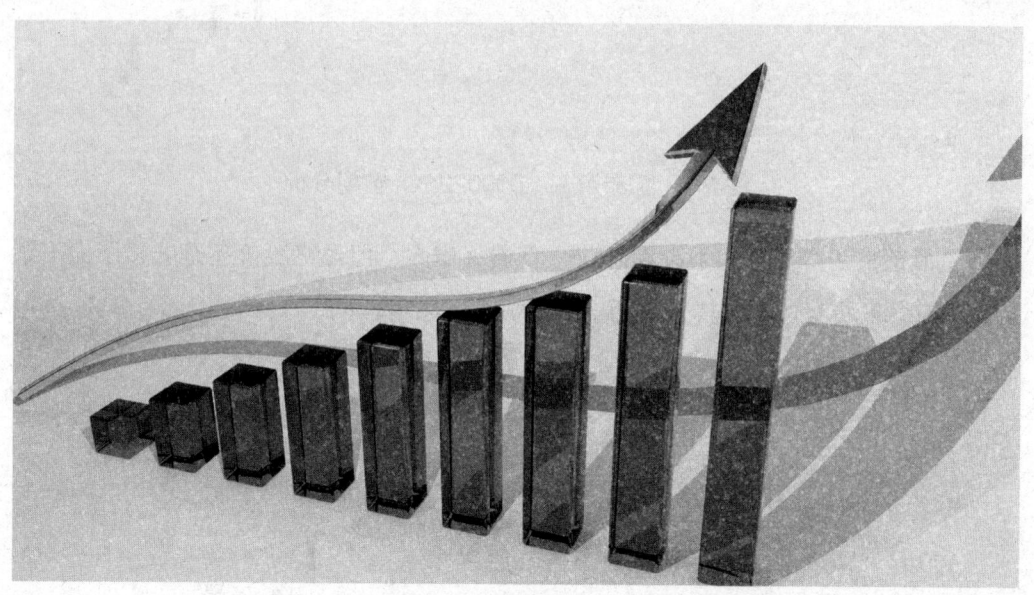

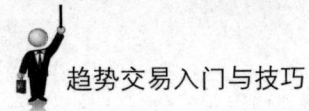
一、案例一——（000022）深赤湾A（结合 MACD 指标）

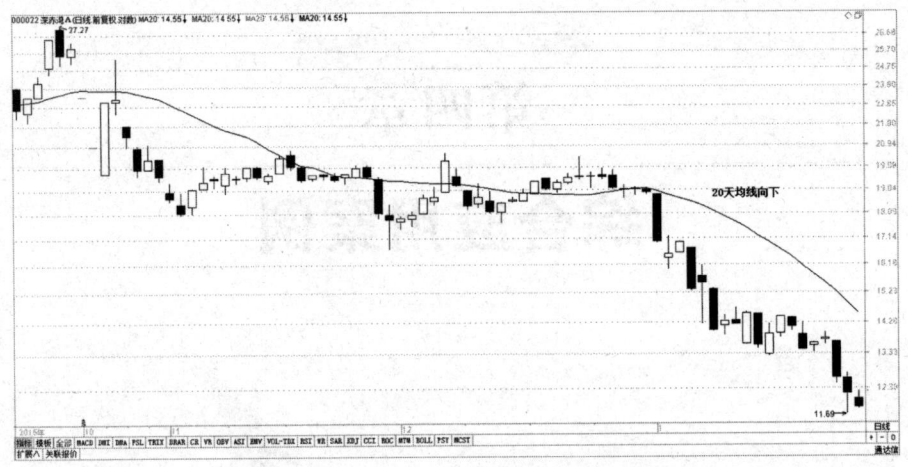

图4-1　深赤湾A（000022），前期分析

个股前期走势基本向下，期间曾一度震荡横向，但最终股价还是选择了向下跌破均线和趋势支撑线而延续之前的下降趋势。（如图4-1）

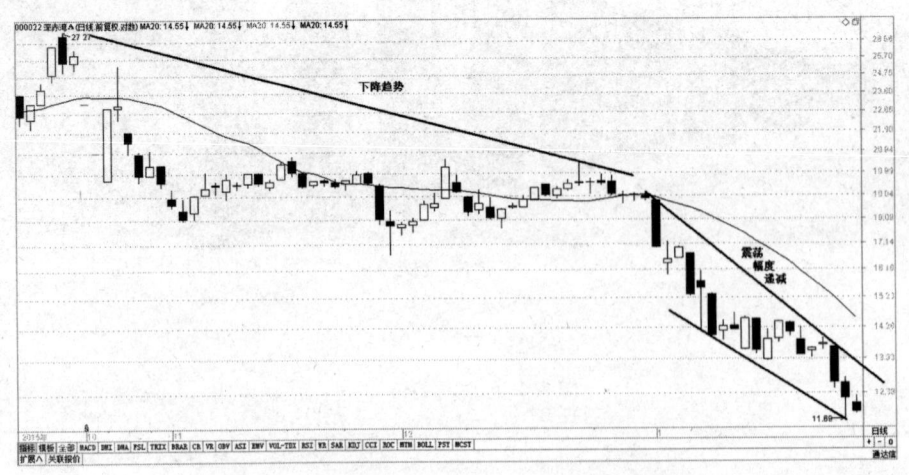

图4-2　深赤湾A（000022），趋势分析

　　再观察近期下跌所走出的趋势形态，从图4-2中可以看到个股近期的趋势形态是向下并且震荡的幅度越来越小的形态。

　　如果这一阶段成交额是递减的话，就是个不错出待买入机会。

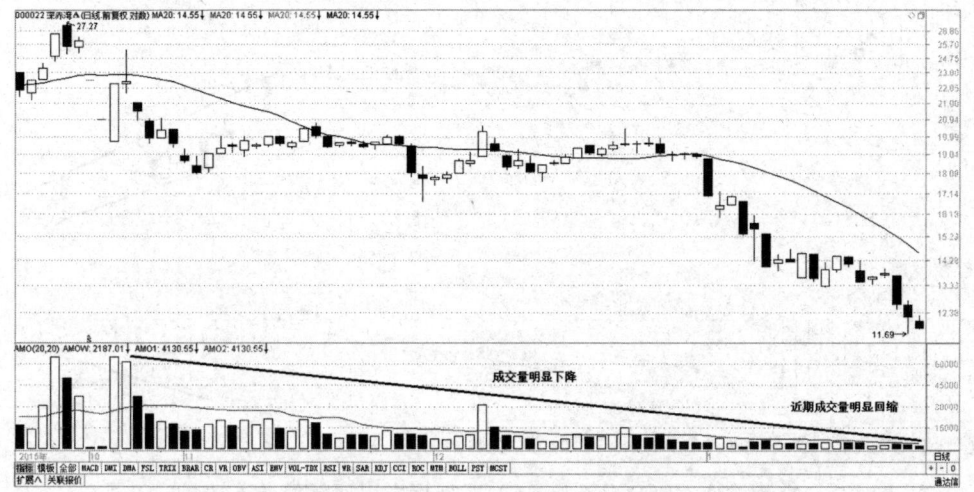

图4-3　深赤湾A（000022），成交量分析

　　如图4-3，再调出成交额或成交量指标图，可以看到股价从一开始的下跌就一直伴随着量能的递减，而最近出现的三个阴K线的实体逐渐变小，这提示下跌的动力开始缩小。

　　虽然股价还没有发出买入信号，但已经提示我们将有买入的机会出现。

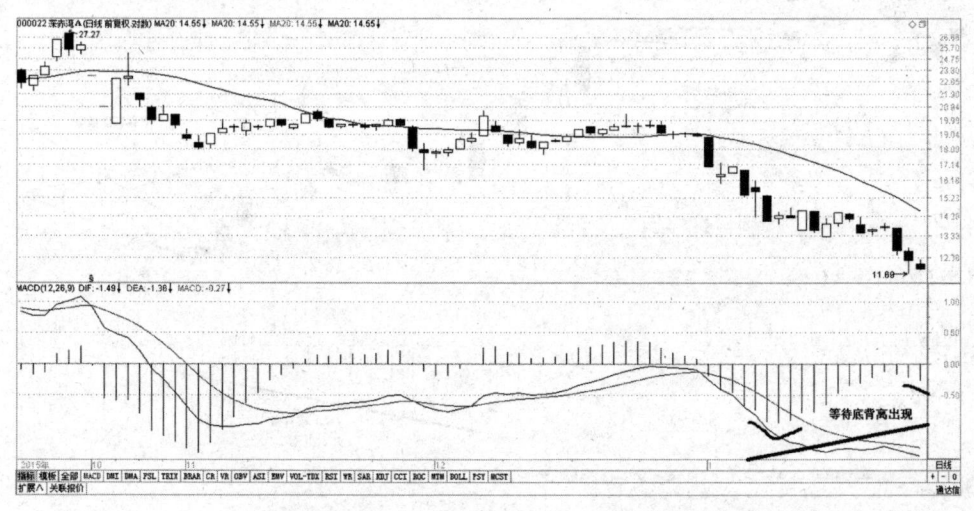

图4-4　深赤湾A（000022），MACD指标分析

　　如图4-4，调出MACD指标，我们发现MACD指标的柱状线有形成"底背离"

的买入形态，所以看好这只股票的投资者应该关注这个背离信号形成或者趋势被有效突破这两种买入信号。

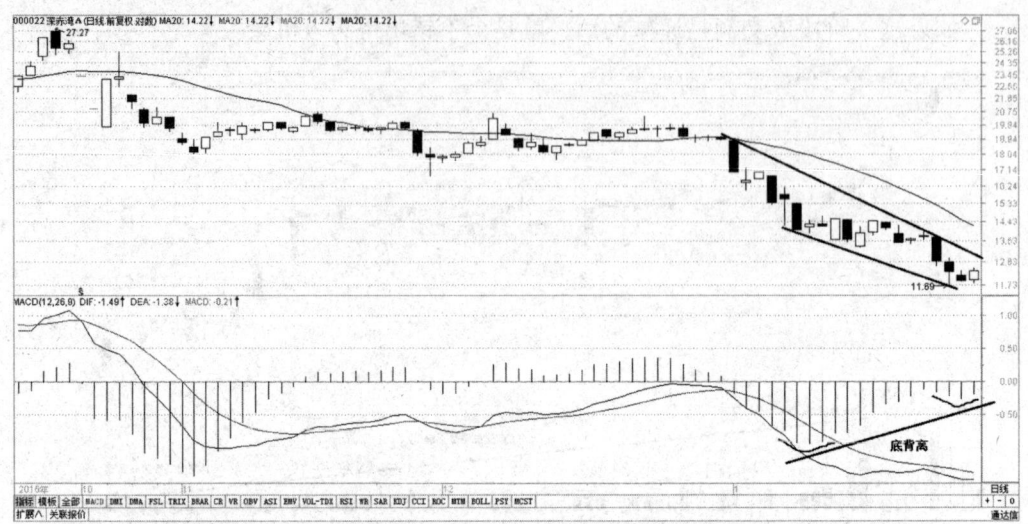

图4-5　深赤湾A（000022），MACD指标发出底背离买入信号——买入

　　就在一个交易日后，股价出现了回涨，距离收盘还有数分钟时，可以看到股价基本形成了一个小阳K线，预示行情有所回暖，而且更重要的是 MACD 指标发出了明显的"底背离"买入信号（如图4-5），这两个信号相当可靠，激进的投资者可以在收盘前数分钟买入该股，不用等到股价上破下降趋势线。

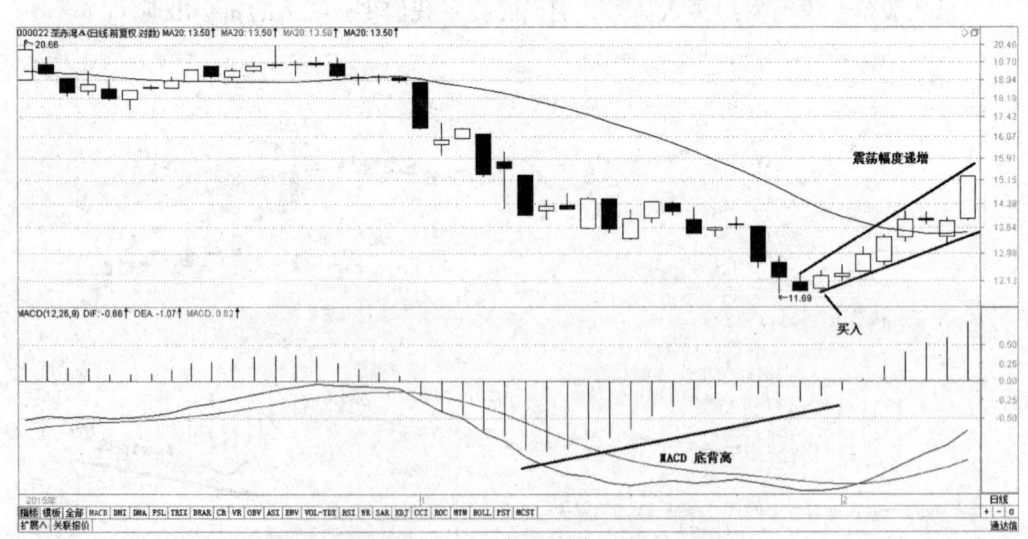

图4-6　深赤湾A（000022），行情分析

　　买入后股价一直攀升，形成一个方向向上，震荡幅度递增的上行区间，预示未

来行情可能会有巨大的波动。（如图4-6）

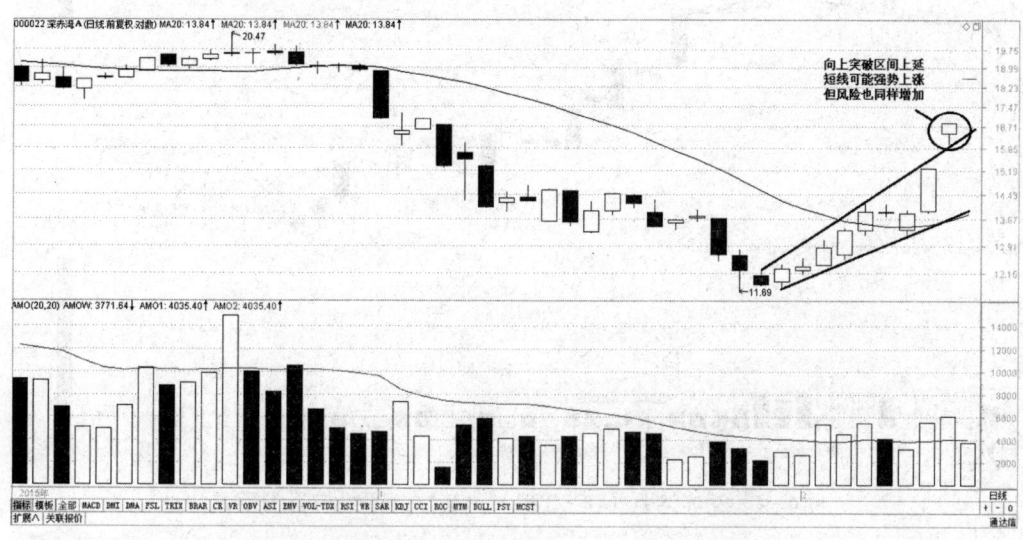

图4-7　深赤湾Ａ（000022），区间上延被突破

区间上延被突破时，预示着一个买点的出现，但图4-7上的买点却不怎么令人放心，因为股价突破时当日的成交量并没有相应增加，持股者也不必当天就卖出手中的股票，由于短线出现强势，所以可以借势小赚一笔。

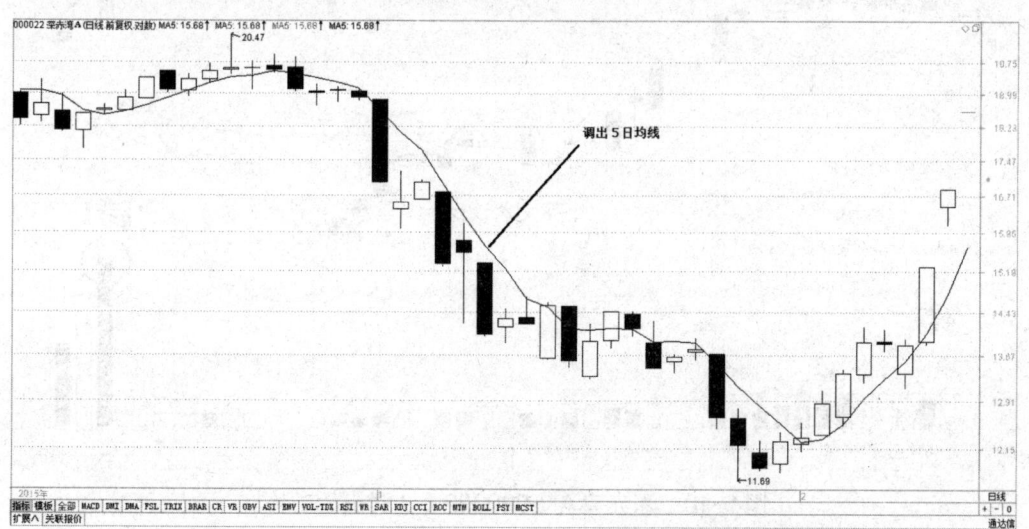

图4-8　深赤湾Ａ（000022），调出5日均线，跟踪短期趋势

调出跟踪短期趋势的5日均线。（如图4-8）

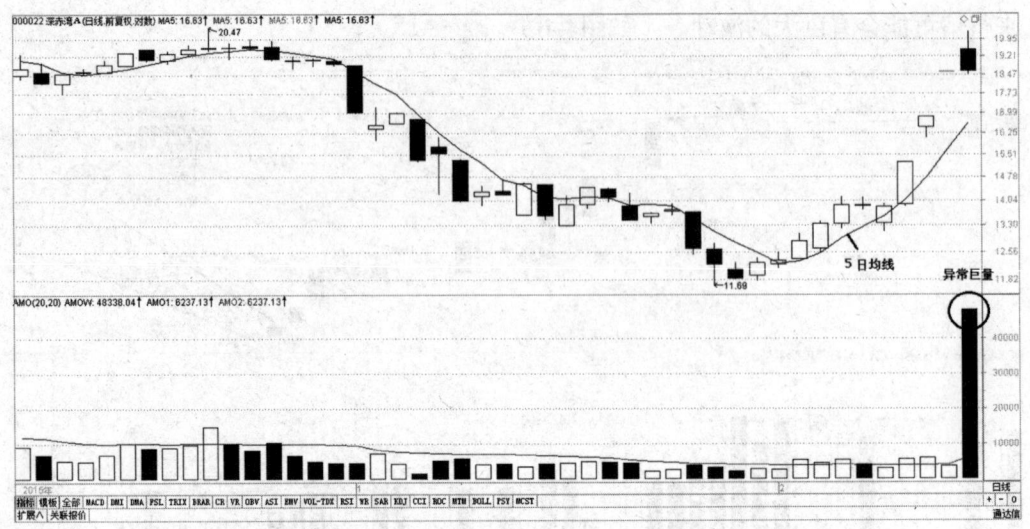

图4-9　深赤湾A（000022），高位倒锤线与异常巨量

　　如图4-9所示，个股该日在高位出现一个倒锤子似的阴K线，并伴随着超强巨量，这种放量非常异常，所以我们不等短期均线被跌破或是支撑线被跌破，而直接就在当日卖出。

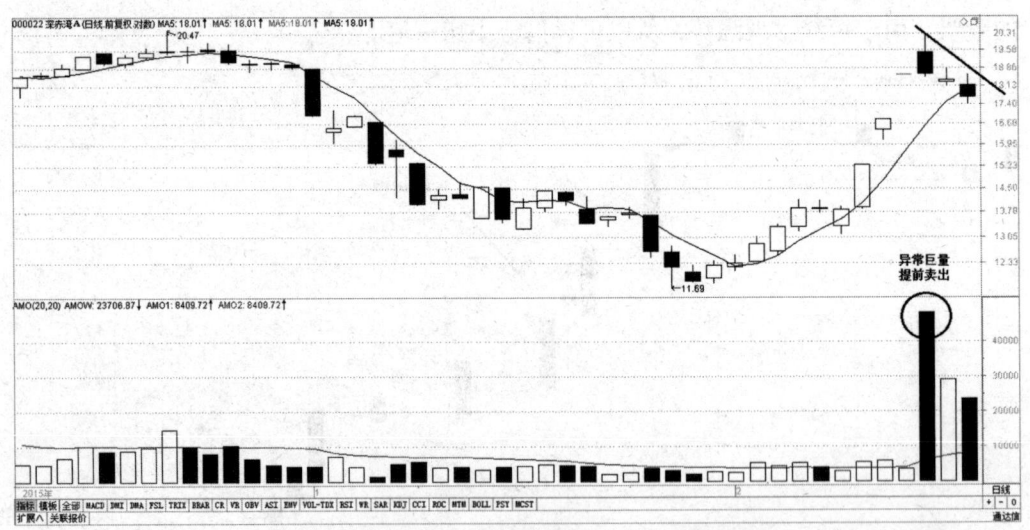

图4-10　深赤湾A（000022），卖出后走势

　　果然，股价开始回调，并跌破了5日均线的支撑，而我们在该股的交易，共获利49%，相当可观。（如图4-10）

　　本案在突破趋势压制之前已经出现了可靠的底背离看涨买入信号，所以可以优先买入，以买到较低的价位，把握时机。

　　而在异常放出巨量时，若感觉到不妙，则应迅速调整策略，做卖出观望，以便及时在高位卖出。

　　不管什么方法都要懂得灵活变通，才能立于不败之地。

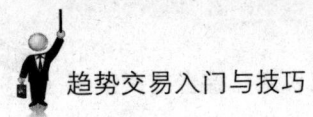

二、案例二——（000068）华控塞格（周线）

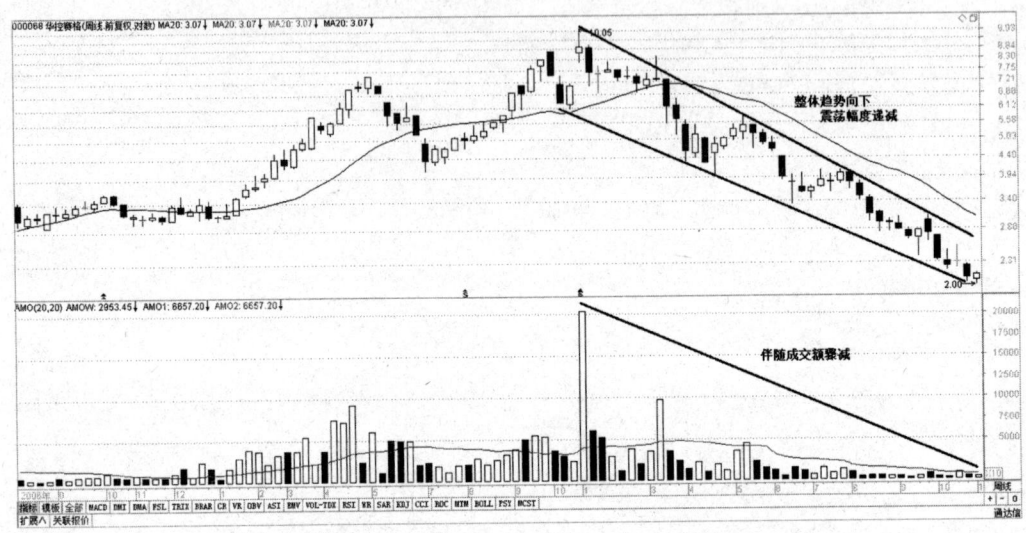

图4-11　华控塞格（000068），前期分析

个股华控塞格（000068）近期走势明显向下，可以看到整体趋势向下并且区间内的震荡幅度在逐渐减小。（如图4-11）

另外，可以从成交额或成交量上发现这一阶段下降趋势伴随着量能的明显递减。

以上情况说明行情将有向上的转机。

后续只要行情能够向上突破下降趋势的上延即可视为买入信号。

一个交易周后，股价回升，多方大举反攻开始了。（如图4-12）

我们要做的就是等待股价向上突破趋势线的压制，只要下一个交易周的最后一个交易日收盘前5分钟能站稳在下降趋势线之上，就可以确认并买入了。

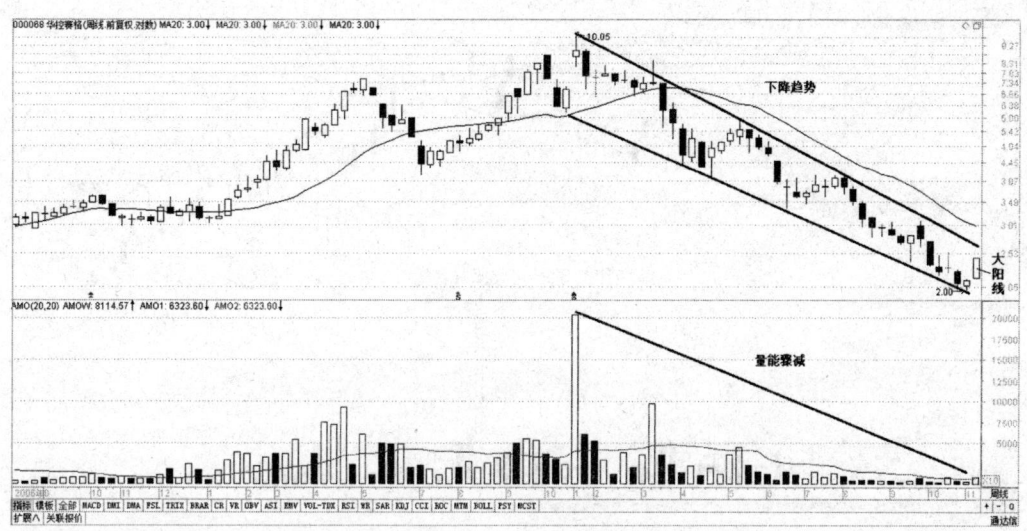

图4-12　华控塞格（000068），大阳反转

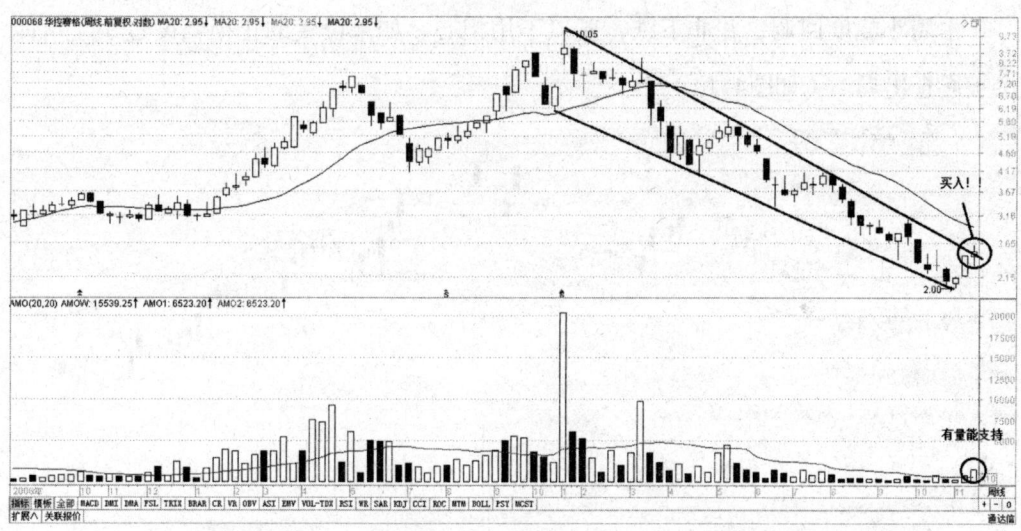

图4-13　华控塞格（000068），买点出现——买入

　　和我们之前预料的正好，本周最后一个交易日在收盘前5分钟时，股价基本站上了下降趋势的上延，更重要的是有成交量的支持，这是买点，最后数分钟内足够完成交易了。（如图4-13）

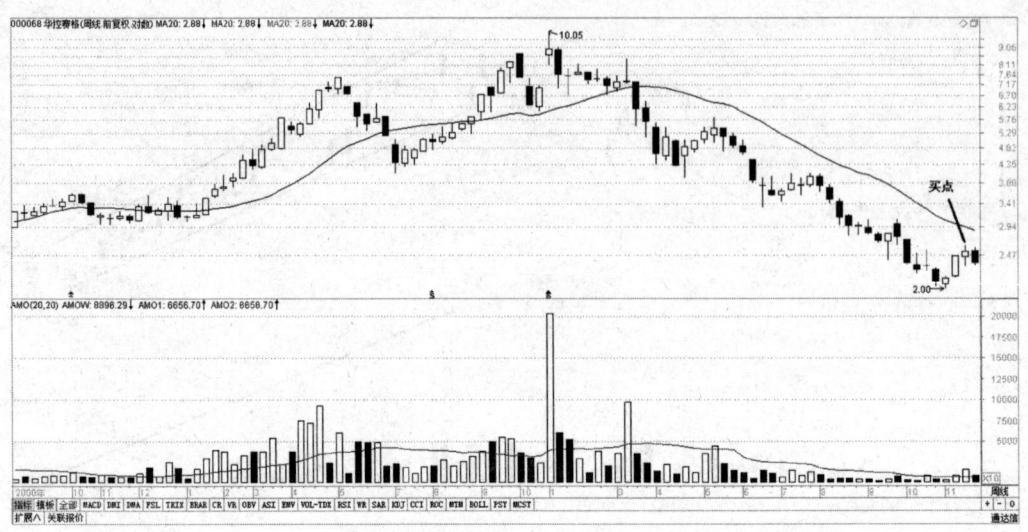

图4-14　华控塞格（000068），买入后便下跌？不要怕

本周小幅度回调，并非下跌，所以不用担心，如果设置的止损幅度过小，可能会被震仓出局。（如图4-14）

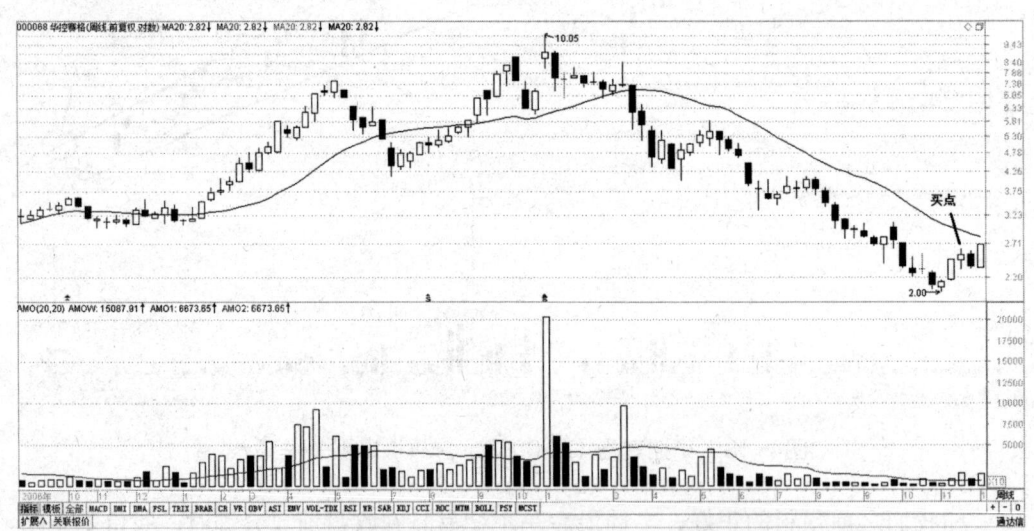

图4-15　华控塞格（000068），坚持就有回报

本周大幅回涨，坚持挺过了上一周的漫漫阴跌后，本周大涨又重新回到我们之前的成本价之上，出现账面盈利。（如图4-15）

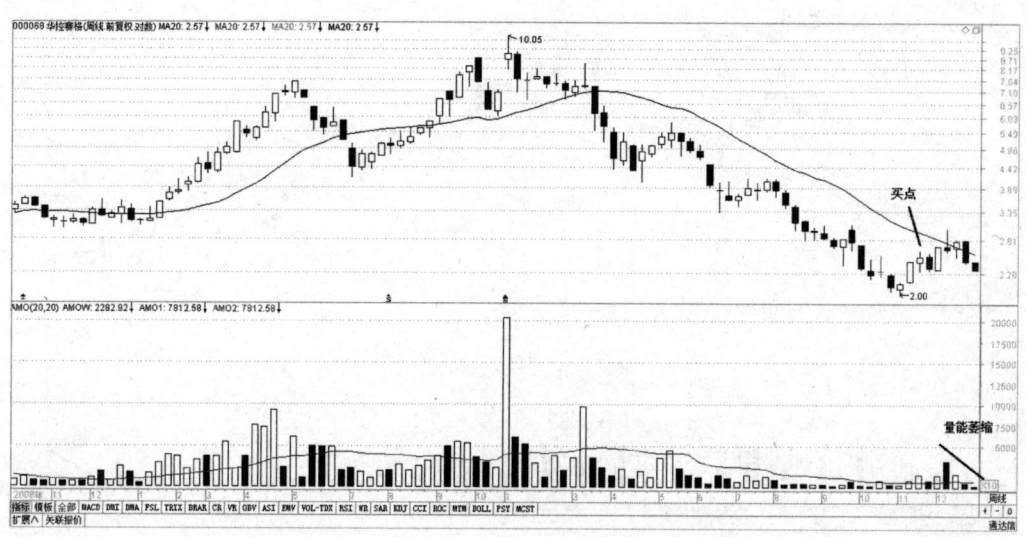

图4-16　华控赛格（000068），该不该卖？

但是四周后，股价又重新跌回之前的低价位，账面又出现了亏损，怎么办？该不该卖？（如图4-16）

看一下成交量指标，可见最近两周的下跌并没有什么可怕的，因为量能萎缩，说明这是震仓行为，仍可以继续持股待涨。

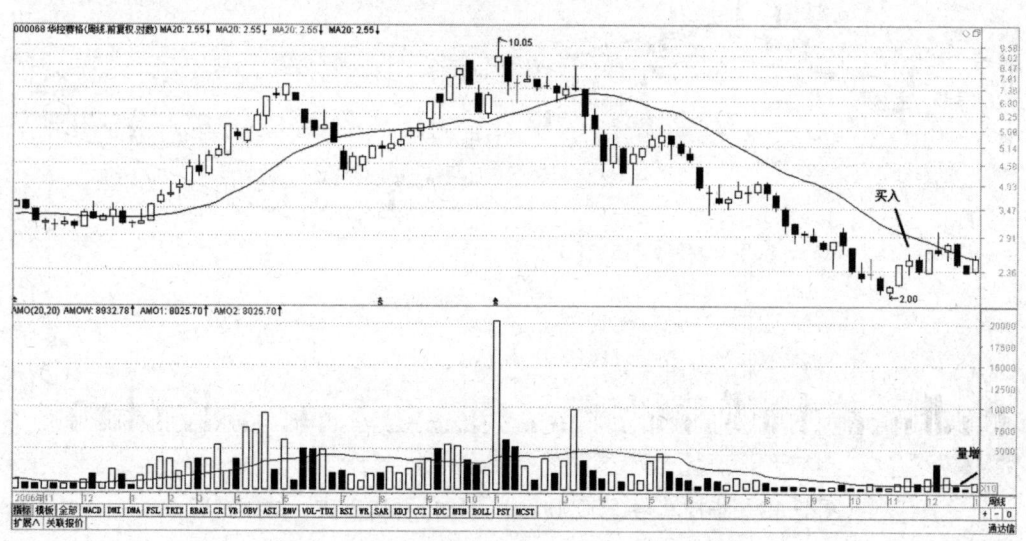

图4-17　华控赛格（000068），果然是震仓

再次坚持了一周后，股价之前数周果然是在震仓，本周股价回升并有量能支撑，可见未来还会继续上涨。（如图4-17）

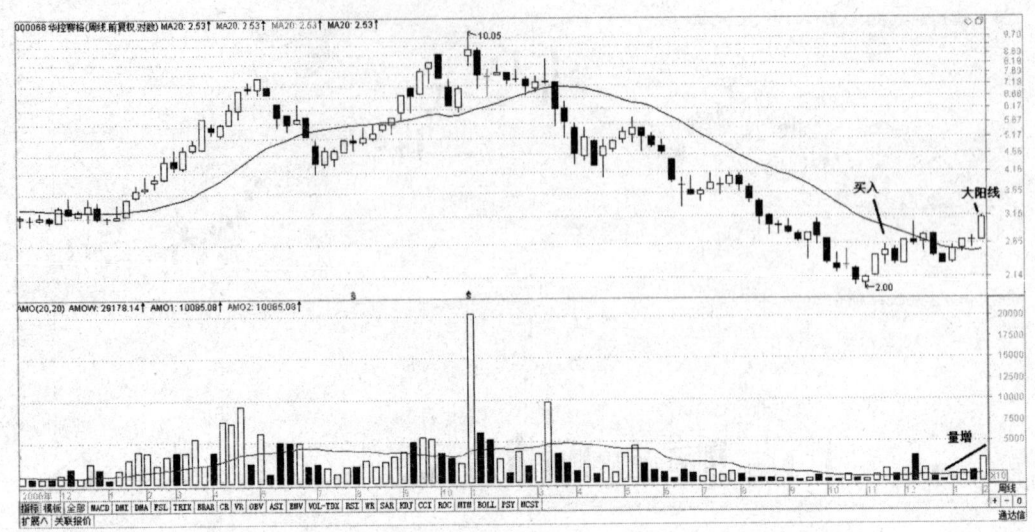

图4-18　华控塞格（000068），既要乐观，也要谨慎

　　在后来的几个交易周之后，股价如愿开始了连续上涨，上涨虽然是好事，但容易让人对未来产生幻想，忘记了谨慎，保持一个平常心，才不会被一时的盈亏左右。（如图4-18）

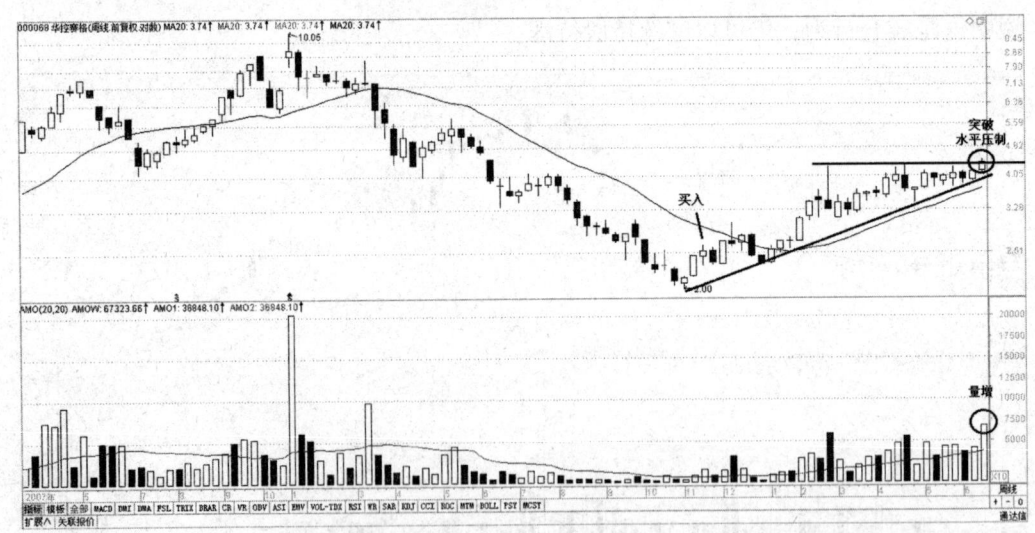

图4-19　华控塞格（000068），股价再次上破，继续持股

　　之后股价一直处在上边有一条水平压制线的向上震荡区间里，本周最后一个交易日收盘前股价向上突破了这个水平压制线，并且有量能的支持，提示可以继续持股待涨。（如图4-19）

图4-20　华控赛格（000068），各种卖出

持股相对容易，卖出相对较难，股价不断上涨，开始出现跌破上升趋势线或跌破均线之后，可以任意选择一个做为卖出信号，本次交易直接获利244%。（如图4-20）

本案以周线为主，每一K线代表一个交易周，操作周线周期时，要求交易者有过硬的心理承受能力，不会因短期的小幅或大幅震荡而改变之前的计划。

三、案例三——（000150）宜华健康（周线）

图4-21　宜华健康（000150），前期分析

如图4-21所示，个股宜华健康（000150）在最近一年的时间里一直处在下降通道中，而且通道里的震荡幅度越来越窄，另外调出成交量的指标后，可以发现量能也随着股价区间的下移而减少，说明这个下降区间属于震仓行情，未来还有可能上涨，手中持币的投资者可以关注这只个股，以备及时发现买入信号。

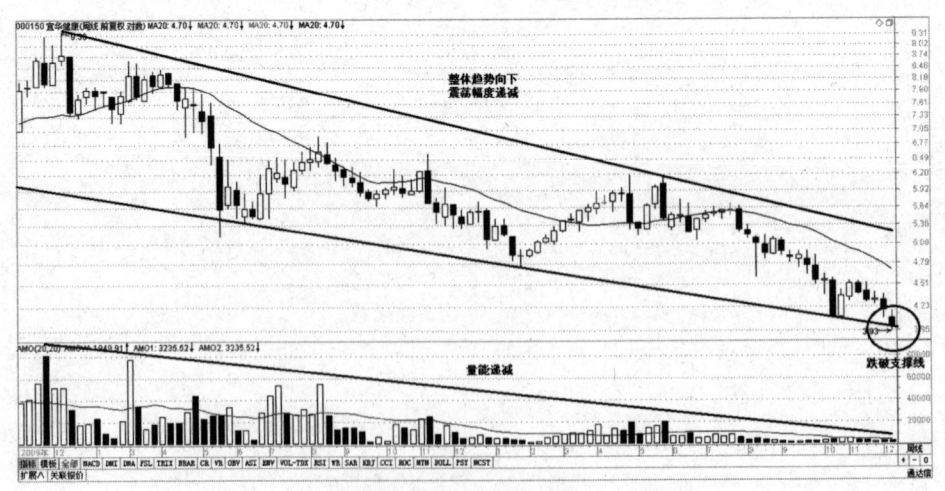

图4-22　宜华健康（000150），谨慎

本周股价向下跌破了整个一年以来形成的支持线，说明股价还没有跌够，还有继续深跌震仓的可能，持币观望的投资者需要继续耐心等待，以便能买到一个好价钱。（如图4-22）

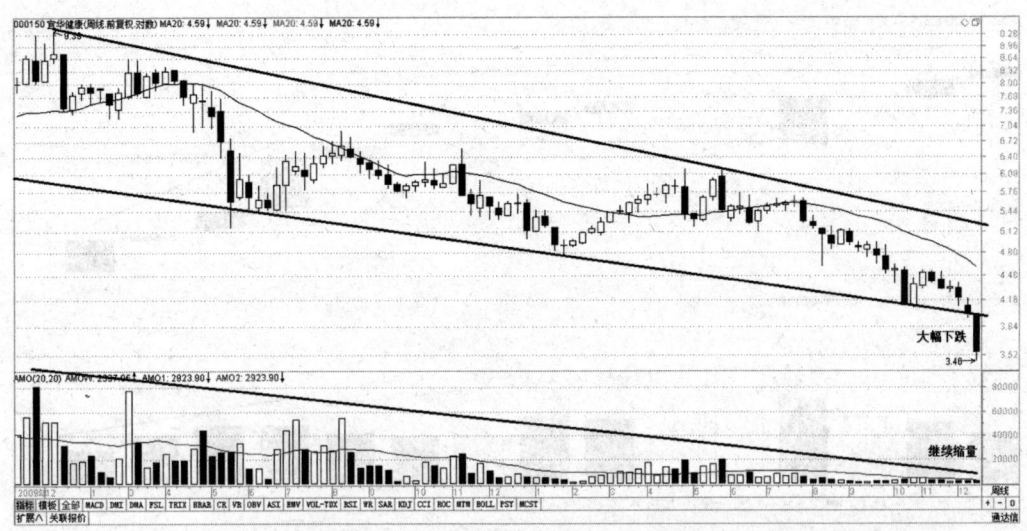

图4-23 宜华健康（000150），大幅震仓开始了

一根大阴K线直接跌穿区间下延的支撑线，幅度不小，但是奇怪的是并没有引发明显的量能变化，说明这是震仓性的下跌行情，持币观望者仍可继续关注这只个股。（如图4-23）

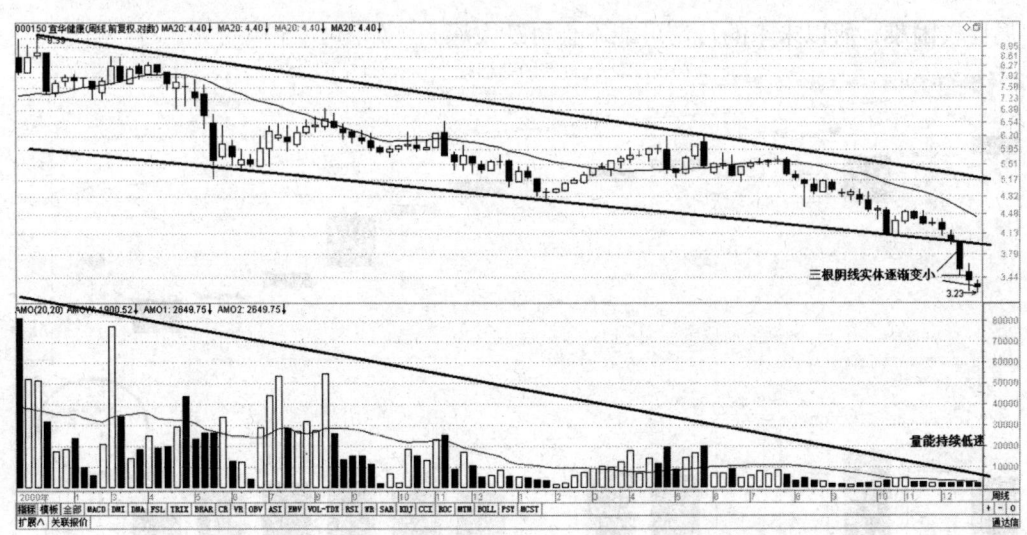

图4-24 宜华健康（000150），震仓结束了

如图4-24，股价连续下跌了三周，并且量能依然没有起色，可见震仓快接近尾

趋势交易入门与技巧

声了，另外从阴线的实体上看，最近三个交易周的实体是逐渐变小的，说明有反转上涨的可能，但从MACD指标却不支持这个看法，预计震仓还没有结束，继续持币观望。

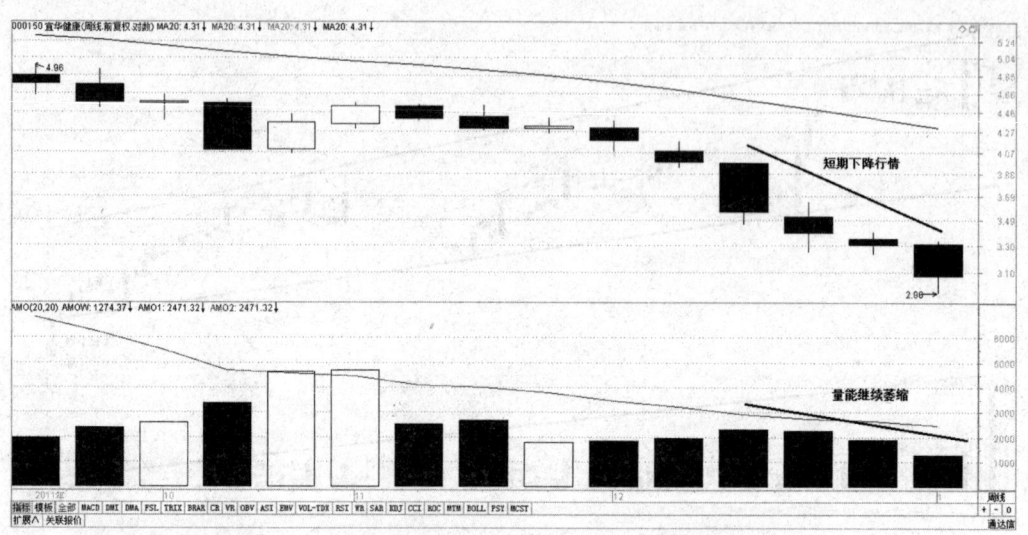

图4-25 宜华健康（000150），查找蛛丝马迹

本周股价又大幅下跌，再创新低，但这次大幅下跌并没有明显的量能增加，反而变得较上周更少了，这说明大幅下跌所导致的恐慌已经威胁不了多少人卖出手中的个股了，持股的大都是坚定了必涨信心的投资者，主力机构再想把这些人震仓出局比较困难，所以未来的行情可能不会再跌太深。（如图4-25）

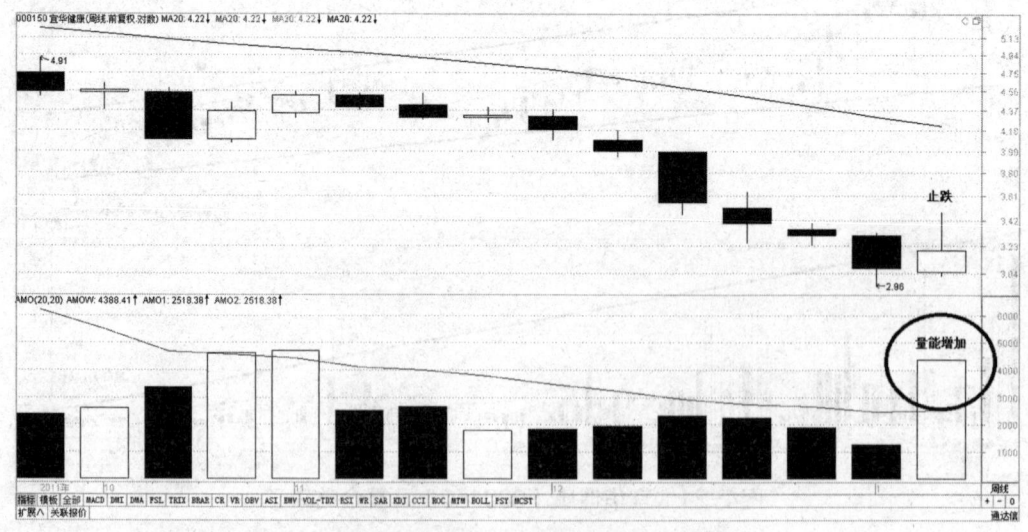

图4-26 宜华健康（000150），预判正确

伴随着成交量的明显增加，本周股价止跌回升，虽然幅度不是很高，但意味着震仓行情已接近尾声。（如图4-26）

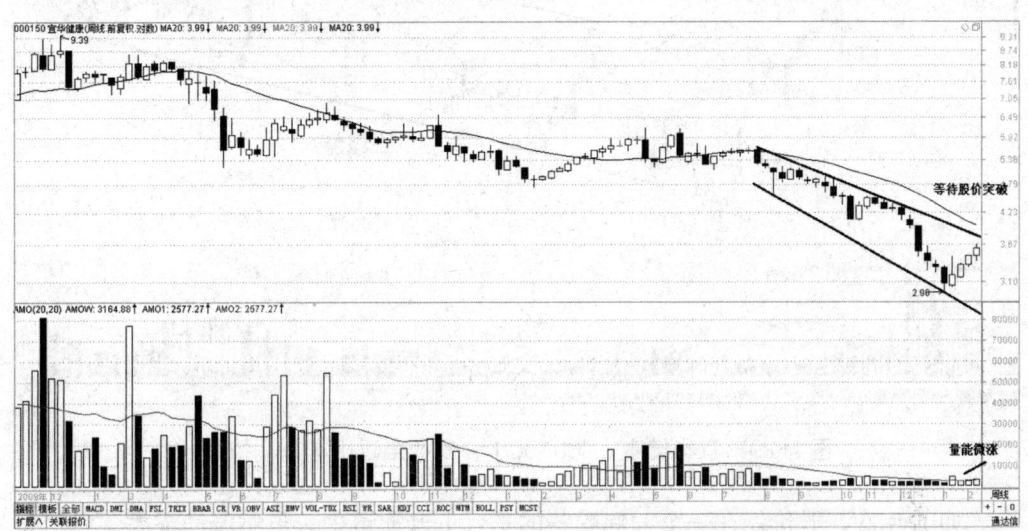

图4-27 宜华健康（000150），等待股价向上突破

如图4-27，股价在下降区间内逐步攀升至区间上延附近，如果后续走势股价能成功站上区间上延的话，那就是个不错的买入时机。

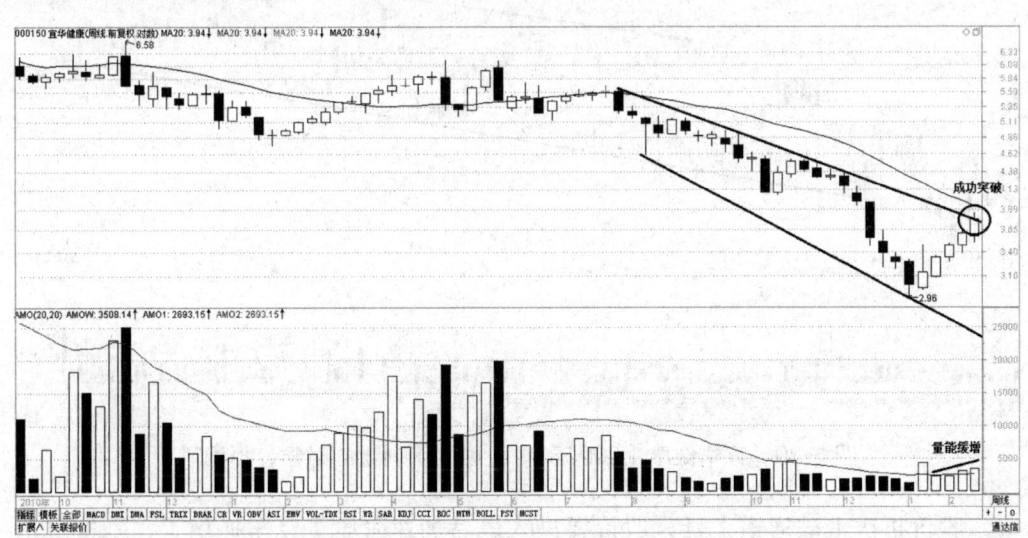

图4-28 宜华健康（000150），股价向上突破——买入

如图4-28，股价终于在本周末勉强站上了区间上缘，量能也有同步增加，而且量能增加得不多，股价反而上涨得不少，说明该股的上涨后劲必定不弱，买入无疑。

图4-29　宜华健康（000150），安心坐过山车——持股

　　如图4-29，股价处在一个大幅震荡的平行上升通道中，虽然波动很大，但是整体行情仍然是上涨的，不要被这种震荡吓得卖出手中的股票。

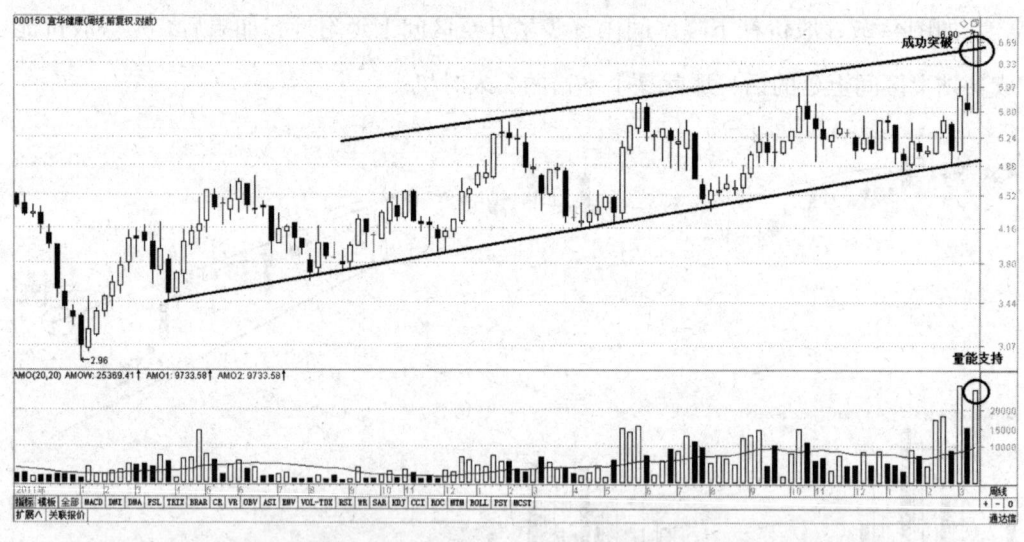

图4-30　宜华健康（000150），最紧张刺激的时候，抓稳了

　　股价再次上破通道上延，股价要进入最后加速阶段了，车抓稳了，别被甩出去。（如图4-30）

　　股价开始疯涨，别忘了调出20周均线，以便及时在高位出场，不要被暴涨冲昏了头脑，它总会有结束的一天，看紧20周均线，如果跌破就及时卖出。（如图4-31）

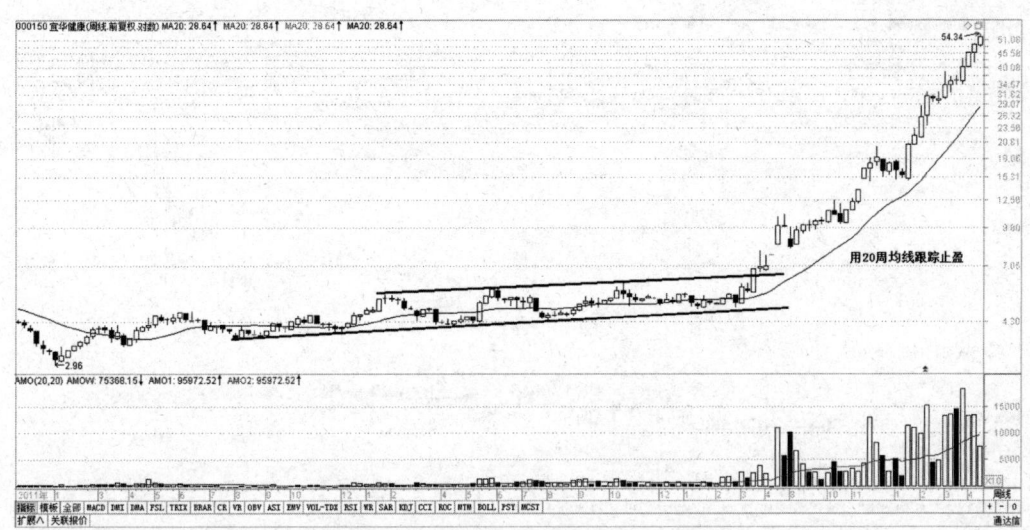

图4-31　宜华健康（000150），暴涨，过山车快到山顶了

　　股价一段疯涨之后，突然来了黑暗的一周，下跌了约35％，多少资金被高处套牢，但出局的没有多少人，可从窒息到没有的成交量看得出，多少人还指望股价继续之前的疯涨。（如图4-32）

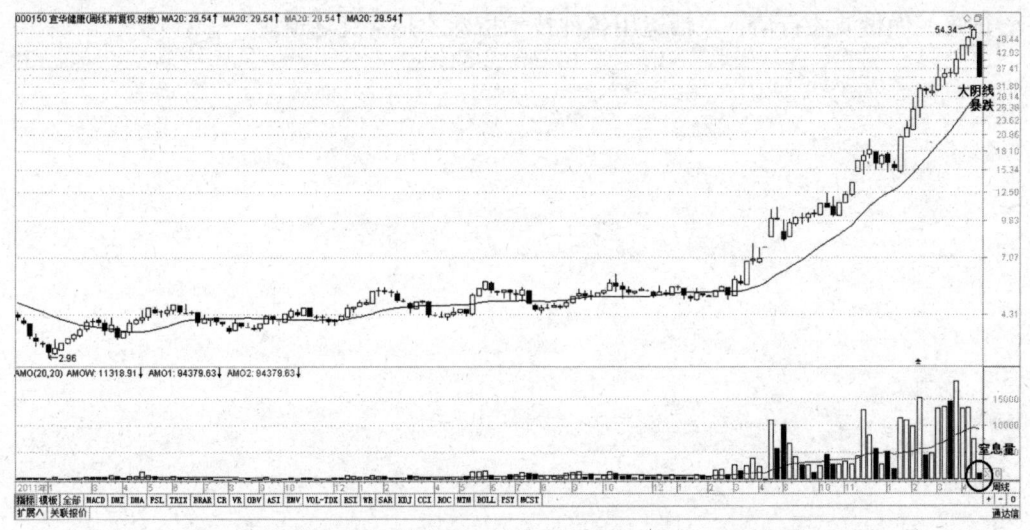

图4-32　宜华健康（000150），大多数人对未来还抱有幻想

　　鉴于20周均线未被跌破，那就多拿几周，急于变现用钱的投资者当然可以随时卖出。

图4-33　宜华健康（000150），大多数人对未来还抱有幻想

　　股价在高位盘整了数周后，开始选择向下跌破20周均线，不管怎样，我们得按照之前的计划行事，卖出手中的股票。（如图4-33）

　　本次交易共获利850%，当然用时也比较长，但在大势看好的情况下，倒是可以尝试短线做做波段行情，灵活运用各种技术指标才是常胜之道。